CUADERNOS PARA EL ANÁLISIS

17

CELIA ROMEA CASTRO
(Coord.)

JUAN MARSÉ,
SU OBRA LITERARIA.
Lectura, recepción y
posibilidades didácticas

Editora: Núria Casals Girons

Primera Edición: septiembre 2005

Diseño de cubierta: J. Ramon Raubert
© Fotografía de la cubierta: Francesc Català-Roca (del Archivo histórico de fotografías Català- Roca, gracias a la generosidad de sus herederos)

Horsori Editorial, S.L.
Rbla. Fabra i Puig, 10-12, 1r 1a
(08030) Barcelona
http://www.horsori.net

© Horsori Editorial, S.L.
© De cada autor por su artículo

Depósito Legal: B. 37.510-2005
I.S.B.N.: 84-96108-21-X
Impresión y encuadernación: Zero preimpresión, S.L.

Índice

1. EL ENTORNO DE LA OBRA Y SU AUTOR

2. EL CINE EN MARSÉ, MARSÉ EN EL CINE

Prolegómenos

En la noche de octubre,
mientras leo entre líneas el periódico,
me he parado a escuchar el latido
del silencio en mi cuarto, las conversaciones
de los vecinos acostándose,
todos esos rumores
que recobran de pronto una vida
y un significado propio, misterioso.

Jaime Gil de Biedma.
"Noche triste de octubre", 1959,
a Juan Marsé (Fragmento).

A los cuarenta de Teresa y El Pijoaparte.

Este estudio es el recuerdo de lo producido en el ***I Simposium Internacional Juan Marsé****. Su obra literaria. Lectura, recepción y posibilidades didácticas,*[1] gracias a las aportaciones de una serie de profesores, expertos y estudiosos de su obra literaria y de su relación con el cine. Expresamos a todos, nuestro más sincero agradecimiento, a los ponentes de aquí y a los venidos de diversas partes del mundo, en nombre de la Universitat de Barcelona, y de los departamentos organizadores, porque sin sus aportaciones, el evento y el libro que tiene en sus manos no hubieran sido posible. No podemos dejar de recordar, una ausencia que esperábamos encandilados y que muy a pesar suyo, no pudo cumplir con su compromiso. Nos referimos a Manolo Vázquez Montalbán (1939-2003) que ilusionado, deseaba participar del evento para glosar al compañero y amigo pero, poco tiempo antes se iba a las antípodas persiguiendo al detective Pepe Carvalho, donde había decidido ir junto con su inseparable criado Biscuter. Al regreso de su viaje por Oceanía, Vázquez Montalbán quería atar los últimos cabos de la última novela del detective, *Milenio;* dar el visto bueno a las galeradas

---

[1] Organizado por el Departamento de Filología Española y por el Departamento de Didáctica de la Lengua y la Literatura de la Universitat de Barcelona y celebrado los días 3, 4 y 5 de noviembre de 2003 en el Aula Magna de la propia Universidad.

y a la portada... Pero ya no hubo más correcciones, ni vuelta, ni... nada; se quedaba en el aeropuerto de Bangkok en un ir, sin retorno posible.

El propósito[2] fue entonces, y lo es ahora, gozar de sus textos de la forma más rica y creativa, propiciar el acercamiento desde las perspectivas topográfica, histórica, literaria y crítica y, al mismo tiempo, dar pautas que permitan tomar el contenido de sus relatos como marco y como recurso didáctico; la lectura de los textos y su representación cinematográfica guiada, permite elaborar propuestas variadas de gran atractivo, sugeridas por los recorridos literarios a través de los barrios del Carmel, del Guinardó y de Gràcia y por la actuación de los personajes contenidos. Por tanto, suscita el interés por el espacio y el tiempo de la narración, y por la acción desarrollada, desde un punto de vista interdisciplinario.

La trayectoria literaria del novelista Juan Marsé es de una calidad reconocida. Obras como *Últimas tardes con Teresa*, *Si te dicen que caí*, *La Ronda del Guinardó*, *El embrujo de Shanghai*, *La muchacha de las bragas de oro* o *El amante bilingüe*, por citar sólo algunas, así como sus cuentos, han deleitado a lectores de todas las latitudes del globo y merecen ser estudiados y analizados con detenimiento, para llegar a comprenderlos mejor. Sus relatos, traducidos a la mayor parte de las lenguas del mundo, han hecho llegar y dado a conocer la ciudad de Barcelona a los países más lejanos; ha sido una evocación que ha permitido mantener la memoria de los oscuros años de la posguerra de la Guerra Civil española (1936-1939), a veces de forma dramática, otras lírica; siempre con un punto de ironía no exenta de ternura y consiguiendo además que muchos de sus personajes hayan adquirido un perfil arquetípico. Ofrecemos una documentación que tiene en cuenta a la mayoría de sus novelas, –sin atender a *Canciones de amor en Lolitas's Club* (2005) que acaba de publicarse, y su lectura cuidadosa y su análisis nos resta como propósito–.

Muchos lo sabemos y lo hemos comentado de forma reiterada y, otros, sin haberlo hecho con una conciencia crítica explícita, lo demuestran cada día con la lectura y adhesión a sus obras; Marsé es querido y respetado por ser el creador de un mundo novelesco personal, y un escritor de intachable ética. Trabajador paciente y meticuloso, orfebre del lenguaje que teje urdimbres cual encajero de bolillos –casi como una excepción, en este tiempo y en este idioma–. Relata, con aparente sencillez, sin el énfasis de la prosa-sonajero que tanto le repugna, experiencias, sensaciones, amores y desamores. Enmascara con una estética depurada –casi imperceptible– y con gran fidelidad histórica, hechos ocurridos a ciudadanos anónimos, pero con nombres y apellidos, reconocibles y reconocidos por muchos lectores, porque habla de situaciones vividas y padecidas por familiares, amigos o vecinos. Muestra truculencias históricas que exigen ser contadas con aparente desmemoria y vacilantes inexactitudes para ser

2 Llevado a cabo gracias a las ayudas del Ministerio de Ciencia y Tecnología, de la Obra Social de Caja Madrid y de la Universitat de Barcelona.

más digeribles, como hace en *Si te dicen que caí,* en *Un día volveré, El embrujo de Shanghai, Rabos de lagartija,* o ahora en *Canciones de amor en Lolitas's Club,* en otras circunstancias y por otros motivos. Recurre al artilugio del relato cooperativo en el que el recuerdo se transforma y se restituye, al amparo de la visión entre real e imaginada de unos niños –que se valen de las *aventis*– para hablar de unos adultos –de padres o de padres de amigos y conocidos– que huyen o desaparecen. La sombra del noctámbulo o el disonante testimonio de algún alienado –recordemos el Capitán Blay a lo largo de varias obras– resaltan, sin palabras, la denuncia de insufribles torturas o las angustias padecidas. En su última novela, el suicidio de una camarera de alterne, llegada de países lejanos, explicita y delata las vejaciones y extorsiones sufridas para huir de la miseria. Sus diálogos aparentemente espontáneos rescatan el habla de la calle lleno de barbarismos y formas de decir locales; un castellano con acento, giros, estructuras y léxico catalán. Como alguien dijo, Marsé pícaro, Marsé murrio, Marsé poeta.

Congratula celebrar los cuarenta años de Teresa Serrat y de Manolo Reyes, el Pijoaparte, de *Últimas tardes con Teresa,* con la publicación de una serie de estudios que analicen las características de las obras de Juan Marsé –recordemos que la obra ganaba el *Premio Biblioteca Breve*[3] en la primavera de 1965–. Aunque no era la primera novela, antes había publicado *Encerrados con un solo juguete* (1960) y *Esta cara de la luna* (1962), *Últimas tardes...* marcaba el nacimiento de Manolo Reyes, apodado "El Pijoaparte"; uno de los personajes más fuertes, originales y sugestivos de toda la literatura contemporánea. El relato consigue una precisión y una eficacia demoledoras; empieza como relato amoroso entre una niña bien, rebelde e ingenua (Teresa) y un charnego desarraigado y ladrón de motos (el Pijoaparte), y termina siendo una magnífica sátira

---

[3] El *Premio Biblioteca Breve,* se convocó entre 1958 y 1972, tuvo una significación singular en el ámbito de las literaturas hispánicas contemporáneas y definió el papel que respecto a ellas se propuso desempeñar la Editorial Seix Barral. El 14 de junio de 1958, en Sitges (Barcelona) se fallaba el «primer Premio Biblioteca Breve de novela en lengua española», que tomaba su nombre de la colección Biblioteca Breve, ininterrumpida hasta hoy, y la más característica de Editorial Seix Barral. Los rasgos distintivos del premio se desprenden de las declaraciones de los miembros del jurado, en esa convocatoria. Para Víctor Seix, director de la Editorial Seix Barral, «la principal misión del premio es estimular a los escritores jóvenes para que se incorporen al movimiento de renovación de la literatura europea actual». Para el director literario de Seix Barral, Juan Petit, «su principal interés reside en que debe concederse a una obra que por su temática, estilo o contenido represente una innovación». Para el director de la Biblioteca Breve, Carlos Barral, se aspiraba a que la obra premiada «se cuente entre las que delatan una auténtica vocación renovadora o entre las que se presumen adscritas a la problemática literaria y humana estrictamente de nuestro tiempo. Para J. M. Castellet, «el premio de novela Biblioteca Breve debe aspirar a ser un premio que reúna a su alrededor a jóvenes novelistas españoles que, de un modo u otro, se sientan partícipes de la literatura de su tiempo en lo que ésta tiene de renovación y avance dentro de una línea de conciencia social y de responsabilidad histórica». Por último, para José María Valverde, «la iniciativa de este premio tiende a buscar la calidad absoluta en la realización literaria, prescindiendo de toda consideración comercial». En aquella primera convocatoria, recayó en *Las afueras,* de Luis Goytisolo, y en la siguiente en *Nuevas amistades,* de Juan García Hortelano. En 1960 quedaba desierto, aunque la obra finalista con más votos fue *Encerrados con un solo juguete* de Juan Marsé.

social por todo lo que ocurre en esa breve, intensa y equívoca relación pasional. El Pijoaparte, claro protagonista de la novela, es uno de esos afortunados personajes de ficción que se han incorporado al imaginario colectivo y al lenguaje común, como representación magistral de un tipo de la clase baja y marginada que posee el atractivo de la juventud; con descaro y aspiración de conseguir el ascenso social de forma fácil –arquetipo de la picaresca clásica–; y, Teresa, la hermosa muchacha rubia, estudiante e hija de la burguesía, que incide cual hada madrina para hacer realidad su quimera; como es lógico, sin final feliz. Sus amores servirán de excusa para enlazar un mundo de hampones y burgueses, criadas e hijos de papá progresistas que configuran la novela, a la vez romántica y sarcástica, ideal y dura. Patética… y una de las mejores obras literarias de las últimas décadas.

Los objetivos de la exposición son:

- Presentar la geografía urbana de las novelas marsianas.
- Analizar el cronotopo social contenido dentro de su narrativa.
- Estudiar la estética literaria de los relatos.
- Atender a la ética contenida.
- Elaborar un estudio diacrónico de los aspectos que pueden resaltarse.
- Elaborar un análisis crítico-literario de su obra.
- Relacionar las obras literarias con la correspondiente representación cinematográfica.
- Dar pautas que permitan entender el contenido de sus relatos como material didáctico en la educación formal y no formal.

El contenido de *Juan Marsé, su obra literaria. Lectura, recepción y posibilidades didácticas*, tiene dos partes: "El entorno de la obra y su autor" y "El cine en Marsé, Marsé en el cine".

El entorno de la obra y su autor. Trata de los aspectos que acercan al estudio del autor y a las características de su obra narrativa. Asimismo, se proponen algunas sugerencias didácticas que permitan una mejor lectura y recepción de sus obras.

Esta primera parte del ensayo se abre con la aportación de Luis Izquierdo (Departamento Filología Hispánica, de la Universitat de Barcelona): "La imagen literaria de Barcelona en las novelas de Juan Marsé". En ella, en un discurso próximo a la prosa poética, el autor disecciona los espacios marsianos y resalta su aureola, hasta convertirlos en lugares míticos a los que se ha de ir o volver con la mirada prestada de nuestro ponente.

Le sigue Jorge Gracia (crítico literario y profesor de la Universitat de Barcelona) que, en "Noticia del mundo viejo, o de la España de *ora pro nobis* y gorra de plato", señala las diferencias que permiten distinguir un historiador de un literato en el uso de los espacios y los tiempos históricos;

muestra el atractivo que suele tener, como acicate de la memoria, la oscura posguerra, y el valor que le confiere Marsé, en su cocina de escritor.

Samuel Amell (Department of Spanish And Portuguese, The Ohio State University, EE.UU.) en su artículo "Voz narrativa y memoria en la obra de Juan Marsé", señala el interés por el autor desde latitudes lejanas y por hablantes de otras lenguas; se lamenta de la escasa atención crítica hecha a su obra, capaz de movilizar a tantos lectores, y analiza su complejidad a partir de una aparente sencillez narrativa, basada en la oralidad.

Joaquín Marco (Departamento de Filología Hispánica, Universitat de Barcelona) en "Lo imaginario en Juan Marsé" rechaza el recurso de considerar su obra como un testimonio realista; según su análisis, tiende a evadirse de la realidad trazando, a través de múltiples caminos, uno imaginario, coherente, que llegará hasta *El embrujo de Shanghai* del año 1993 o *Rabos de lagartija* del 2000. Señala, además, que Marsé no siempre escribe la misma novela, aunque trabaja con el mismo mundo: su Barcelona de ficción, en varios tiempos.

Marcos Maurel (Departamento de Filología Hispánica, Universitat de Barcelona) presenta en *"Este sol de la infancia:* vertientes de la memoria en la obra narrativa de Juan Marsé", la función y los mecanismos de la memoria como formas de supervivencia del niño derrotado de la guerra. El estudio presenta a Marsé mostrando lo vivido: amargo e incompresible para él y para muchos de sus coetáneos. Precisa que su relato es una representación de la memoria colectiva, generacional, y él, el escritor, representa la conciencia moral de la sociedad para no olvidar el tiempo pasado. El trabajo concluye señalando que, la autobiografía marsiana hecha novela, se nutre de la ambigua relación entre imaginación y memoria, como pozo del que el novelista extrae el material de sus ficciones.

Carmen Echazarreta (Departamento Comunicación Audiovisual, Universitat de Girona y Catedrática IES Serrallarga, Blanes) presenta las "Variaciones del léxico de Juan Marsé: una lección magistral de palabra y obra". Destaca los aspectos formales y las figuras retóricas de que se sirve el autor: metáforas, personificaciones, símiles, epítetos, sinestesias y otros recursos. Señala el léxico y los registros comunes en su producción así como las frases hechas, refranes, extranjerismos y coloquialismos. Es un trabajo con función didáctica que permite ser utilizado para una lectura que atienda a los aspectos formales y retóricos de la obra, y su significado contextual.

A continuación, David Castillo (Director del Suplement Cultural del diario Avui) resalta el valor histórico de "Los anarquistas en las obras de Marsé"; hace un seguimiento de algunos de los personajes maquis aparecidos en su obra y los asocia a los que existieron en realidad, incluso respetando sus propios nombres, en forma de homenaje al sufrimiento de héroes anónimos que perdieron su oportunidad personal en la vida, en aras de un ideal.

Sigue la exposición con el coloquio mantenido entre: Arturo Pérez Reverte (autor literario) Joan de Sagarra (periodista) y Javier Coma (escritor y crítico). Se encontraron en una mesa redonda para hablar de la *Perso-nalidad literaria y humana del autor,* moderado por Beatriz de Moura (editora), y presentaron, desde su respectiva relación y conocimiento del autor, un perfil que permitió descubrir o matizar detalles de importancia del autor. Como puede comprobarse, por los textos recogidos, fue un lujo poder contar con una polifonía como la que aquí se expresa.

William M. Sherzer (The Department of Modern Languages and Li-teratures. Brooklin College, New York, EE.UU.) en el minucioso análisis de "Manolo Reyes: evolución de un estereotipo" resalta el valor de El Pi-joaparte, como paradigma del personaje arribista, que con distintos matices recrea Marsé a lo largo de varias novelas. Fue creado una década después de Joe Lampton, y siguiendo pistas Julien Sorel y la tradición del XIX, Hyacinth Robinson, Fréderic Moreau o Clyde Griffiths: Todos con deseos de salir de su ambiente y triunfar y vinculándose a la mujer supuesta-mente amada con su ambición que, en el caso del Pijoaparte, termina por buscar trabajo, como paso necesario hacia cualquier nivel de legitimación personal.

Adolfo Sotelo (Departamento de Filología Hispánica, Universitat de Barcelona) analiza el discurso de la "Historia y relato en *El amante bilin-güe*", obra en la que se presenta la imagen de un hombre que anhela ser otro, cambiar de lengua y de aspecto y tal vez de identidad, con la finalidad de ser amado por su mujer, que le ha abandonado. El autor señala que el texto de la novela contiene varias voces (la confesional de Marés narrador, la esquizofrénica de Marés protagonista y la sarcástica del narrador del re-lato); el autor muestra que la palabra de Marsé es *polifónica,* como expre-sión sincrética de la conciencia dialéctica de una época. De acuerdo con Sherzer, asegura que *El amante bilingüe* bascula entre la ironía y la dia-léctica, muestra el escepticismo de Marsé ante el mundo monológico y refleja la pluralidad de voces de la Barcelona contemporánea.

José Belmonte (Departamento Didáctica de la Lengua y la Literatura, Universidad de Murcia) estudia "*La muchacha de las bragas de oro.* Propuesta didáctica". Precisa que es la novela peor entendida y la menos estudiada por críticos y estudiosos. Justifica la situación dando como causa dos circunstancias ajenas a la calidad de la obra: que obtuviera el polémico Premio Planeta y que fuera la novela siguiente a *Si te dicen que caí,* –que le consagró como autor y confirmaba que *Últimas tardes con Teresa* no era una casualidad–. A lo largo del estudio, el autor muestra y demuestra que Juan Marsé ofrece pistas sobre la creación literaria y sobre su propia poética. De acuerdo con su trayectoria, el autor barcelonés muestra su deseo de convertir al lector en cómplice de sus teorías; observa que, en medio de lo que parece una sencilla lección magistral, aparece la parodia, la ironía e, incluso, el humor que nos vuelve a la realidad de la ficción. Este procedimiento, proporciona un material valioso, al margen del placer por la lectura, desde el punto de vista didáctico.

José Manuel López de Abiada y Augusta López Barnasocchi del (Ins-tituto de Lengua y Literatura Española. Universiät Bern Suissa) dirimen

"Sobre las variantes de *Si te dicen que caí*: Una interpretación" de las que hacen un estudio detallado y de gran precisión, entre la primera versión de 1973 y publicada en España en 1976 y la segunda, revisada minuciosamente por el autor en 1988. Señalan las variantes estructurales, de puntuación, gráficas, sintácticas, morfológicas, léxicas, añadidos, omisiones, etc. Lo que muestra haber hecho una lectura de gran valor analítico y que supondrá una novedad de relieve en el análisis crítico de la obra.

Antonio Mendoza (Departament de Didàctica de la Llengua i la Literatura, Universitat de Barcelona), en "Lectura y recepción de los relatos cortos", toma *El fantasma del cine Roxy* como referente; la recomienda para quien se acerque por vez primera a la narrativa de Marsé. Considera que a pesar de su brevedad, recoge rasgos específicos de forma, estilo, estructura, temática y juego de muchas de sus obras y la afinidad de ese cuento con otros relatos introduce al lector en la senda de un lector implícito del conjunto de su obra. El ponente hace el análisis de la obra desde una perspectiva atractiva, en la que muestra como Marsé elabora el desarrollo de la narración a modo de juego; establece paralelismos entre las expectativas de dos receptores: el 'director' y el lector (implícito). Con una salvedad, el director receptor carece de conocimientos suficientes para ser un lector receptor implícito; el autor confía en que su lector fenomenológico sea capaz de captar su intencionalidad. El artículo lleva una propuesta didáctica que permite seguir las pistas del análisis de Mendoza con comodidad.

El cine en Marsé, Marsé en el cine. Trata de los aspectos cinematográficos de la obra literaria, por una parte; y, de su puesta en escena por otra. Con aplicaciones didácticas que permitan una mejor lectura y recepción de sus obras.

En primer término, la aportación de Jorge Marí (North Carolina State University, Contemporary Spanish Cultural Studies, Literature and Film) presenta "Las interacciones de Marsé con el cine". Presta atención a algunas de las estrategias discursivas de los textos marsianos para evocar recursos expresivos del cine, y efectos propios de la retórica cinematográfica; con ello, el ponente observa cómo Marsé acerca la experiencia lectora a la experiencia de espectador; transforma estímulos, percepciones y sensaciones del lector para asociarlos a los de un espectador de cine para vislumbrar las posibilidades y los límites de la interacción entre los dos medios.

Celia Romea Castro (Departament de Didàctica de la Llengua i la Literatura, Universitat de Barcelona) muestra el significado de "El cine en la vida cotidiana de los personajes marsianos". El cine, como industria en esa época, fue un impulso para crear nuevas profesiones y, por lo tanto, un elemento generador de empleo; empleo que tienen los personajes (acomodadores, taquilleras, guionistas, comerciales, diseñadores de carteles, pajilleras, etc.). Señala cómo, en las obras, se percibe el valor de los cines, para abrigarse del frío, para soñar y aislarse de las penalidades circundantes; como lugar de comercio sexual, de encuentro con cierto grado de libertad o, por lo menos de impunidad, etc. Se muestra que las obras inducen a reconocer prestigio del cine como espectáculo y como forma de entretenimiento por la fascinación que ejercía, así como el sentido que cobraban las películas y sus actores y actrices, para los espectadores de sesiones dobles que así recreaban historias inasequibles de otro modo.

Vicente Aranda (director de cine) en "Retos y dificultades en la realización de las películas: *Si te dicen que caí. La muchacha de las bragas de oro. El amante bilingüe*", en su diálogo con el autor, presenta con gran honestidad, su lectura de las novelas para hacer las películas de las que es director, y las dificultades intrínsecas y extrínsecas a las que ha tenido que enfrentarse para llevarlas adelante.

Asimismo, Fernando Trueba (director de cine) en "*El Embrujo de Shanghai*, de la novela a la película", dialoga con el autor, para justificar los problemas que tiene un director de cine ante el autor de la obra, dado que éste ya ha "hecho" antes su película mentalmente y es muy difícil acertar plenamente con los gustos y expectativas del autor. El tema no es baladí y cobra un gran interés y da motivos de reflexión.

Finalmente, Marcos Ordóñez (escritor y crítico de teatro de El País) en su aportación relacionada con "La obra de Marsé en el cine", hace una dura crítica a la mayoría de los aspectos tenidos en cuenta en las adaptaciones hechas y justifica las razones de muchas de las objeciones.

EL ENTORNO DE LA OBRA Y SU AUTOR

La imagen literaria de Barcelona en las novelas de Juan Marsé

Luis Izquierdo
Universitat de Barcelona

La república de las letras de Barcelona no está del todo de enhorabuena, aunque la obra del escritor que nos reúne desmienta felizmente estas palabras mías iniciales. Nos falta Manuel Vázquez Montalbán[1]. Justamente el universitario que sin desmayo, y en constante contacto con la sociedad, supo asumir la vocación crítica de nuestra época: poeta, escritor y cronista del devenir que ha ido haciendo de nosotros lo que somos. Un Manolo juvenil formuló ya su compromiso estético ejemplar, al entender la palabra como instrumento de vinculación moral, siguiendo a Marx y

---

[1] **Manuel Vázquez Montalbán** (1939-2003) Poeta, periodista y novelista nacido en Barcelona. La política y la crítica social fueron constantes en su obra, aliñadas con elementos de la cultura popular, aunque tuvo más alcance como narrador. Recibió el Premio Nacional de Literatura en 1991 por la novela *Galíndez* sobre el asesinato del político en la República Dominicana; el Premio Planeta por *Los mares del sur* (1978), el internacional de Literatura Policíaca en Francia y el Premio de la Crítica. Guionista de su novela *El laberinto griego* para la cinta dirigida en 1993 por Rafael Alcázar, es autor de numerosos artículos periodísticos y también de una antología de la canción popular española hasta 1975. Como periodista, colaboró con revistas y diarios con artículos sobre la actualidad española: Hermano Lobo, Triunfo, El País, Interviu y La Vanguardia. Entre sus obras destacan, *Una educación sentimental* (1967), *Movimientos sin éxito* (1969), *A la sombra de las muchachas sin flor* y *Coplas a la muerte de mi tía Daniela* (1973), *Praga* (1982); la recopilación *Memoria y deseo* (1986) y *Pero el viajero que huye* (1991). *Recordando a Dardé* (1969), *El pianista* (1985), *Los alegres muchachos de Atzavara* (1987), *Cuarteto* (1988), y el ciclo de novelas policíacas que protagoniza el detective Pepe Carvalho: *Yo maté a Kennedy* (1972), *Tatuaje* (1975), *Los mares del sur* (1978), *La soledad del manager* (1978), *Asesinato en el Comité Central* (1981), *La rosa de Alejandría* (1984), *El balneario* (1986), *El delantero centro fue asesinado al atardecer* (1988) y *El laberinto griego* (1991). También es autor de los ensayos *El estrangulador* (1994), *Manifiesto desde el planeta de los simios* y *Pasionaria y los siete enanitos* (1995) y *Un polaco en la corte del rey Juan Carlos* (1996). Murió el día 18 de octubre del 2003 debido a un paro cardíaco que sufrió en un viaje a Tailandia. *Milenium* (2004), es la última aventura de Carvalho. Se publicó como obra póstuma. Con seguridad Carvalho, esa madrugada de su muerte en el aeropuerto, le indicaba a Vázquez Montalbán el nombre de los pájaros de Bangkok.

Gramsci, relacionada con letras de canciones y talantes transeuropeos, transoceánicos. También, registró el rumor del tiempo y la odisea del escritor, desde la dedicación creativa y la inquietud humana como un solo latir de conciencia. El escritor está en su estudio y alerta con sus papeles, pero el viajero huye, sólo por volver, en principio. Había de retornar con otras experiencias sobre la realidad de nuestro mundo... Pero, el viaje, en su vivacidad escrita, no acabó, sigue con nosotros y nos emplaza a relecturas y a nuevas lecturas.

Vamos al mundo de Juan Marsé. Un mundo que ha transformado narrativamente el vivir y los sueños, a la vez, estimulantes y luctuosos sueños de la ciudad; primero, de los quiméricos e injustos años de dictadura, intolerantes y ambiguos; luego, los de la transición, para llegar a éstos, que de ambiguos poco, y que se encaminarán a las aproximaciones críticas y a la estimación global de su obra. Será con las aportaciones de tantos estudiosos de esta casa, aportaciones al grupo de los 50. Pienso en el detallista, estupendo, Laureano Bonet o en Joaquín Marco que pronto habló y siempre se ha dedicado a Marsé, también. Finalmente, cedo la mención a Jorge Gracia, que es el más amigo y lo conoce. A todo ello nos vamos a encaminar.

Será el sujeto principal, lo ha de ser, de estos días, como referente de un modo y de un tiempo que parecerían casi abolidos sino fuera por la proyección en ellos de su escritura, del rescate de la memoria. Dicho en términos deudores del grupo poético de los años cincuenta, aquí vamos a tratar de su obra, lo haremos naturalmente asociándonos a sus preocupaciones. El eco oral de la realidad del habla urbana cruzada de inmigrantes y de arraigados supone un verdadero punto de inflexión en el devenir literario de Barcelona que Juan Marsé ilustra abriéndose paso entre los burgueses, los "saltataulells", los gildebiedmianos y, la figura hoy emblemática o mítica, de "el charnego". El solo título *Si te dicen que caí*, esconde y revela la íntima lejanía de un heroísmo mercenario que la auscultación infantil o adolescente preserva en su mitología particular de retornos legionarios y es también un guiño avizorador. La sombra del poder que es alargada y que sigue por ahí más o menos recortada por el ejercicio consecuente, cuando lo es, y si lo es, de la democracia. En las novelas de Marsé, la indagación de Barcelona es una recurrencia tan evidente que huelga reiterarlo, pero no lo es pensar en dos notas preliminares que caracterizan o presiden la andadura progresiva, intensiva diría yo, de los títulos. Dos notas o fijaciones como retornos al núcleo central que es el despertar adolescente a un mundo áspero y ajeno, como alusión a Ángel González, de quien hay una cita, y el poema transcrito dentro de *El embrujo de Shanghai* «mundo áspero y ajeno». Estas dos notas son la idea de caída, desde una querencia de ascensión social o ambición desapoderada o ilusa, y el acento puesto en una parte del espacio físico urbano como contrafigura a la imagen cómoda que para sí recaba cualquier ciudadano. En el tiempo que estamos, ello equivale a reivindicar la memoria y a derivar la preocupación personal en personajes concretos, como cifra de desgracias colectivas. Los personajes son así transposición mental y a la vez histórica; una curiosa sinécdoque indicativa y algo visionaria. Son, al fin y al cabo, ficciones representativas de toda una época y de una ciudad hoy difuminadas por el embellecimiento y la especulación. El rigor imaginativo, con la memoria, no es la historia, pero ofrece los mejores retornos de sus huellas, de los más aparentemente sin huella, que constituyen el precario heroísmo de personajes anónimos.

Por la sola atención a las palabras, y aquí, me gustaría destacar la dimensión artesanal, decente como pocas, rarísima en el conjunto; esa atención a las palabras de Juan Marsé alcanza una gravedad discursiva que no distrae de la historia y establece un envite lúcido de exigencia paradójica. Lo mismo que nos distrae cuestiona la sola distracción y el virtuosismo de las imágenes, rasgo cabal de sus obras. Obliga a fijarlas en la memoria, como peldaños para remontar el tiempo que pasa. Un tiempo, en definitiva nuestro, o que así lo sentimos, gracias a un estilo habitado de arranques líricos y de puntualidad descriptiva: La minuciosidad del callejero en *Ronda del Guinardó*, la nomenclatura de las salas de cine o las estaciones de una experiencia que es el reverso estricto de un noticiario, de aquel NODO que siempre ocultaba el mundo entero «al alcance de todos los españoles». Las resistencias de la realidad para transformarse en materia estética, pocas veces llegan a un grado de conciencia tan palmario como el que acredita su obra, en un tiempo áfono, liquidador de la crónica de los nacidos en los años treinta.

Marsé imprime el tiempo de los nacidos en 1900; el tiempo de los abuelos, transmisible, así, a tantos nietos entretenidos oficialmente y globalmente en el limbo de la amnesia. Ésta, la de Marsé, es una narrativa equivalente a la transmisión moral de la memoria, subrayando lo oral de la memoria que documenta; además del rescate hablado de una convivencia abolida o secuestrada. Juan Marsé manifiesta su condición urbana ejemplar con recurrencias emblemáticas a su mundo, en el que una realidad es paralela a la otra. Esas recurrencias son el itinerario y las vistas mentales, las vistas históricas que devienen viñetas memorables y de metafórica nostalgia perfecta en *Rabos de lagartija*, como muestras indicativas. O, polaridades que desembocan: podríamos citar *Ronda del Guinardó* o *El embrujo de Shanghai*.

El punto de arranque es la encrucijada de un sujeto y sus sueños con el entorno social y sus obstáculos. Tal intersección centra la exploración narrativa de Juan Marsé y conforma la realidad alterna que nos importa: ese núcleo visionario y radiador de imágenes que evidencian sus títulos, con personajes de un desapoderamiento paradójico. Al contrastar su realidad y el relieve lírico con el que aparecen perfilados, Marsé consigue efectos persuasivos memorables; un ejemplo cabal es la configuración del "Pijoaparte" en un Carmelo que vertebra los dos primeros capítulos de *Últimas tardes con Teresa*. El primero de ellos traza la irrupción del personaje en un medio ajeno y extraño, su asedio a ilusiones transgresoras que hagan de él su propia figura ideal soñada. En el segundo, tal dimensión onírica parece trasladarse al propio Monte Carmelo descrito a la manera de un personaje que atalaya la ciudad y que parece reduplicar monumentalmente al propio joven. «El Monte Carmelo es una colina desnuda y árida situada al noroeste de la ciudad […] la colina se levanta junto al Parque Güell cuyas verdes frondosidades y fantasías arquitectónicas de cuento de hadas mira con escepticismo por encima del hombro y forma cadena con el Turó de la Rovira habitada en sus laderas y con la montaña pelada.»[2] Se trata de una descripción tácitamente subversiva o falaz, porque lo es de un monte tan dotado de anímicos recelos ante los perifollos gaudinianos que adopta o remeda el talante psicológico del Pijoaparte. Monte y charnego trenzan así un paso a dos de sendos capítulos que en la sensibilidad del lector imprimen la imagen de un sentido indivisible desde la perspectiva de una cadena que acaba en la montaña pelada; el escepticismo de un Carmelo lumpen, proletario y dejado de la mano de Dios, ante la ciudad escenario. Se comprenden, pero no tanto su capacidad geológica de sentir, aunque esa antropomorfización solape la figura del protagonista y logre un enlace proyectivo determinante del imaginario real de la novela. A partir de ese par de capítulos, el personaje y el lugar del personaje conforman un topo mental, una simbiosis entre ambos y su interacción funcional, acaso inadvertida por el lector prendido en las redes del mecanismo narrativo; un mecanismo narrativo sutil que lo llevará a leer en el Carmelo, al Pijoaparte, y a éste a ver el símbolo de aquél. Los personajes muestran progresivamente la andadura tangible de una épica a contrapelo; son los auténticos representantes de una resistencia anónima y empecinada.

La combinación de espacios y de tiempos supone la indagación reincidente sobre Barcelona y los años entorno al fin de la Segunda Guerra Mundial; ahí, hay un compromiso con la memoria que, quienes claman por reivindicarla, deberían volver a las páginas de Marsé para ver en ellas la protesta constante y nada implícita frente a las amnesias establecidas más o menos transicionales. El binomio fundamental de espacio y tiempo de lo narrativo se une al perfil de los personajes y su función ilustrativa paralela al momento histórico. Progresivamente, las novelas de Marsé lo son "en" y no sólo "de" personajes, en personajes que nunca adolecen de genéricos, ni sólo de anecdóticos; a su lado obvio en ocasiones, festivo pronto, se añade un lado de sombra. En la ingenuidad del Daniel de *El embrujo de Shanghai* se filtra simultáneamente un humor melancólico que augura su pronta madurez y su fatal desencanto.

Lo individual es una marca decisiva, hasta el punto que el autor imprime siempre una cierta dosis de piedad, incluso en personajes como el del inspector de *Ronda del Guinardó:* piedad muy ambigua ya que su pasado torturador queda bien claro. Este personaje ingrato está tratado en su desapoderamiento crepuscular. El autor lo presenta diciendo: «el inspector tropezó consigo mismo en el umbral del sueño» y unas páginas

---

2 *Últimas tardes con Teresa* (1975), p. 24.

después leemos: «el inspector tropezó consigo mismo en el recuerdo y con las piernas inermes»[3] y estiradas de un sospechoso, que evidentemente ha recibido una paliza en la comisaría. El inspector no es sólo el averiguador rutinario de un violador al que la víctima Rosita ha de reconocer, ya cadáver, sino un índice de la violencia durante el franquismo que va atravesando todo el texto. De la violencia establecida y torpe, de la impermeabilidad ante el medio, Marsé desenmascarará el pasado, pero con rasgos de verosimilitud; por la normalidad con que lo describe, por la pericia divertida de la muchacha; el inspector, en este caso no nos parece de un tiempo tan lejano, lo acerca a nosotros lo hace casi presente. El acierto en aproximar lo mental y lo físico es un rasgo definidor de esta producción; por ejemplo: al principio, el sueño del inspector es, en rigor, una pesadilla. Si tropieza con su recuerdo, lo hace también con las piernas de un detenido torturado y ello puede despertar en él viejas y crueles aficiones. *Ronda del Guinardó* es una invención ágil y evocadora imaginativamente de la mísera grisura de posguerra; una suerte de *travelling,* mantenido con pulso constante hasta llegar a la desolación de Rosita y al fiasco absoluto de la llamada brigada social. Al hilo de sus páginas, surgen personajes, como un engarce proyectivo de Betty Boop, Concha, Blay que asumirán, sobre todo el último, el fabuloso Capitán Blay. Un perfil memorable en la novela más transparentemente emotiva del autor.

El embrujo de Shanghai, cuyo cartel contempla Rosita en el capítulo segundo de *Ronda del Guinardó,* es el título de la novela de 1993. La idea de la novela, la sugestión del tema y la estructura del texto debieron acompañar sin cesar al autor. Las correcciones a que procede Marsé en 1997 muestran una atención de orfebre en el cuidado por la economía estética del texto. No me refiero sólo a añadidos tan característicos como el regocijante episodio del capitán Blay, hablando súbitamente en catalán frente a un tan intempestivo español que le despierta, en la maniobra de robarle la cartera, como una pulsión de resistencia. La responsabilidad de su oficio se revela estricta con los numerosos cambios, casi imperceptibles, a menudo: algún adjetivo, la ampliación sucinta de un diálogo, etc. Pone así de manifiesto no sólo la habilidad, sino también la dedicación para redondear el efecto constructivo de atmósferas determinadas.

La amenidad mencionada a propósito de estas novelas marcha paralela a una conciencia de hurgar sin desmayo en el doble estar de los personajes, doble estar que acentúa la convivencia conflictiva por otra parte de dos lenguas. Las apariciones del catalán configuran un telón de fondo real, prohibido, que en ocasiones estalla para liberar la memoria en el presente de la narración. El caso de Blay, enajenado en lo doméstico –le lleva a hablar en castellano con su mujer– desafiado por un energúmeno, se tomará la venganza de hablarle en el lenguaje que quiere, pero de robarle la cartera.

---

3 *Ronda del Guinardó* (1984), pp. 9 y 41.

Interesar al lector ha sido siempre el objetivo cabal de Juan Marsé, pero más allá de la habilidad de sus tramas, su creatividad destaca en la parición de visiones insólitas que confieren otra perspectiva, otro aspecto a la mera apariencia fáctica. Las locuras del Capitán Blay son premoniciones disparatadas de la catástrofe que abriga un lunático, pero quedan en el ánimo del lector como metáfora real de contaminaciones imprevisibles, aunque ciertas. En la novela de Shanghai, las divagaciones sobre el Kim, desde su relación con Nando Forcat, en un cuento dentro de la novela –un cuento en un cuento– llegan a momentos en los que sabiamente mezcla lo real con su paso a carácter de símbolo. Así, el crepúsculo reflejándose en un interior y adaptándolo en el suelo con la forma de una araña parece ser lúgubremente premonitoria de lo que va a ocurrir después. El mundo no es sólo una entidad siempre verificable, la tarea del escritor es también alumbrar aspectos de lo imprevisible: los fantasmas, lo afantasmado recorre como un recelo las pretendidas garantías de un universo estable. De modo que hay líneas de escape y, sobre todo, la libertad imaginativa de precisas vislumbres de esa realidad afantasmada; como hay también una rigurosa exploración de la aleatoriedad de las situaciones y de su complejidad; de lo heroico y su mitificación, en la ambigüedad que da siempre la conciencia lúcida de la precariedad de los mitos. Ello va en aumento en la producción de títulos sucesivos y, a partir de *El embrujo de Shanghai,* se entrega el autor a una expresa manifestación de libertad imaginativa, del gas que el capitán Blay denuncia infatigable, al "pestucio" o al "atomicio" de *Rabos de Lagartija.* Asistimos a una progresiva delación del entorno contaminante y, no sólo metafóricamente, que anestesia. Hay mucho suelo por descubrir bajo el cielo repetido de Barcelona, mucho gas, mucho suelo y, tal vez, demasiada especulación, también. La estilización de este mundo de memorias dispersas y adheridas al suelo de la ciudad concentra su imaginario en *Rabos...,* donde el divertimento marsiano marcha parejo con la libérrima y exigente puesta en escena de figuras que son ya la plasmación emblemática de su obra; imágenes, documentos, hazañas bélicas del aviador de Larraz, auriga mítico abatido en las arenas de Mataró. Travestismo desafiante de David, aura de ensoñación mítico en torno a la figura de la madre, de la pelirroja, de los ecos y las voces que retornan. En el despeñadero, en el barranco, la idea de verticalidad hacia abajo que empieza desde *Últimas tardes...,* de una manera emblemática. Se deduce de una manera estupenda el simbolismo de ese barranco, por el que se va pudiendo despeñar. El padre de David, idea la caída en la posguerra, a superar con calmantes, los que utilizábamos todos: mentiras como proyecciones. El Mundial, el Roxy, *Los tambores de Fumanchú, El ladrón de Bagdad* y *La jungla en armas,* con autores que no se han vuelto a repetir y que interfieren el tiempo muerto de los años cuarenta y cincuenta. En la página 192 de *Rabos de Lagartija* se retorna a unos años presos, encarcelados de algún modo entre la precariedad y las evasiones de ocios adolescentes; se plasma en estas líneas: «por la mañana temprano arrebujada bajo un cielo aplomado y espectral, la ciudad que se extiende allá abajo parece un espejismo chafado, reverberando su descalabro de grises frente al mar, un decorado maltrecho que acabaron de repintar los ángeles nocturnos, ésos que remiendan nuestros sueños al despuntar el día». Juan Marsé «ciudad arrebujada» contra el frío de la historia «espejismo chafado» «ángeles que remiendan» es el constructor de un espacio escrito, de una Barcelona en letras adherida ya como una segunda piel a la material por la que transitamos. Por este espacio compartido y que necesita atención discurrimos más allá del espejo, sabiéndonos partícipes en la interacción de la realidad y las letras.

El novelista Juan Marsé escribe en castellano y habla en catalán con los amigos, como Sagarra, como otros. Ese paso a conciencia, de dos lenguas en una, se ha transformado en una de las reivindicaciones del catalán más eficaces y de mejor proyección cultural de Barcelona y supone una oxigenación transitiva de la cultura que no siempre se ha reconocido como debiera. El novelista nos lega un paisaje y una referencia de culto laico y hoy solemne con la descripción del Carmelo, asociando a dicho accidente topográfico, la figura del Pijoaparte como motor espiritual, espiritualmente motorizado de su imaginario. El Carmelo y los barrios adyacentes conforman la narrativa de Barcelona, gracias a este Cézanne inaparente, trabajador constante y al cabo tan fiel a su mundo como el pintor. A su constancia escrita, de exploración en las franjas convulsas del tiempo, añade el empeño estético del detalle preciso, de la huella personal en los espacios íngrimos e historias anónimas. Mantiene, así, el interés de la trama su revés incisivo, confiriendo o incitando a la reflexión imaginativa sobre los hechos.

Imaginar la realidad es exagerarla y se debe hacer por puro realismo o anhelo de lo real, si se prefiere; pues, su descripción nos llega a menudo desdibujada, o deformada a veces, por el mismo empeño informativo; sin interferencias de sentido, sin opinión. La realidad, para hacerla nuestra, necesita que sacudamos la monotonía o la liturgia de su regularidad. En el fondo, la llamada exageración implica una estrategia precisa para despabilarnos. Marsé nos retorna la ciudad como el lugar de la memoria, mejor todavía, como algo vinculado al compromiso con las imágenes del pasado; sin ignorar su mitología, sabe extraer de ellas una apuesta por el futuro: Juan Marsé ha elaborado una radiografía de Barcelona. En *Rabos de Lagartija* recurre a un otorrinolaringólogo que vele por los quebrantos de garganta, nariz y oídos. Condensa la necesidad de cura de tantas limitaciones, de no saber oír, de no poder respirar. Se trata de un aguafuerte que nos emplaza, con mayor exigencia que nunca, a comprendernos en sus páginas. Las novelas de Juan Marsé enlazan el juego de imágenes con una acuidad visual precisa, cuyo secreto es la posesión de una voz inconfundible en la elaboración meticulosa del texto; horas y horas empeñadas en trabajarlo para transmitir un goce depurado para el lector, vuelve siempre a las palabras para conseguir un castellano lo más alejado posible de la retórica, a cierto uso que llama de sonajero. Su estilo persuasivo y eficaz va en busca de la prosa más difícil, aquélla que logra momentos de poesía, como en las memorables líneas iniciales de sus *Últimas tardes con Teresa,* imágenes y poesía que atraviesan el discurso, pautando la progresión narrativa. Desde sus *Últimas tardes con Teresa* a *Si te dicen que caí, Ronda del Guinardó...* los relatos del *Teniente Bravo,* se llega a la intensidad de *El embrujo.* Se trata también de una muestra de imaginación elegíaca por una ciudad de adolescentes cinéfilos, en el reconocimiento tierno y a la vez distante (pensemos en la imagen de Susana en las dos fases de la idealización y del total desengaño a su respecto, como taquillera en el Cine Mundial); de la imagen de uno mismo insertándose en la corriente del pasado como una alegoría alusiva a toda una generación, el grupo de los 50 de Barcelona. Con el tiempo, retorna el mensaje de las verdades ocultas, al desenmascarar los precarios consuelos de la posguerra y su anónima heroicidad colectiva. Esta épica de Marsé es, también, la muy catalana de saber que llegar a un día más, supone acumular años, distancia y un respeto irreductible por la vida. Si los personajes como Susana o el padre David decaen, no ocurre lo mismo con la impronta que dejaron. La mano sobre el papel ha de seguir: Daniel seguirá. Porque no otro es el mensaje de los sueños por otros vividos. También, en *Rabos de Lagartija* cuando David habla o imagina que habla con su padre o con el fantasma de su padre, éste le transmite el conocimiento fantástico de no rendirse, un mandato sin nostalgia, porque siempre retorna el tiempo del arrebato que dilucidará el mensaje de una calma aparente y de sus insidias. Estar a la contra, en muchos casos es inseparable de aquel funesto ejercicio de pensar como el Ripalda. Tanto predican quienes sólo pretenden imponer su catecismo.

El mensaje del tiempo, de un laconismo constante en el autor no cede en su quimera de liberar citándolos a tantos fantasmas. Todo tiene un mismo término, su reverso perfecto; y los fantasmas pueden ser instancias imperativas de conducta decente en el devenir *light* de este escenario que supuestamente disfrutamos. Nada es tan natural como la frase final del libro «y es que todavía me cuesta hacerme entender».[4] Por ello importa volver a la voz del fantasma tan real del capítulo "Voces en el barranco" que resume lo que la experiencia sabe. La consigna introductoria al peregrino milenio que estamos iniciando «mira de enterarte», «ahora vuelve a casa y no te preocupes por mí, sueño verdaderos horrores pero me despierto muerto de risa». Este consejo ideal como un abanico de ironías, dramatismo y compasión conducentes a sus obras, resume la sobriedad elocuente de Juan Marsé; ahí nos reconocemos por toda la realidad que gracias a un imaginario hecho de concreciones y sueños nos ha sabido devolver «la poesía es la palabra a la que se vuelve» dijo en más de una ocasión José María Valverde, tanto más poética añadiríamos cuando nos lleva con la limpidez exigente del escritor que tan merecidamente homenajeamos hoy. Muchas gracias, Juan Marsé.

---

4 *Rabos de Lagartija* (2000), p. 354.

Novelas del tiempo viejo

Jorge Gracia
Universitat de Barcelona

Quizá porque es un paisaje furtivo, la posguerra ha seguido creciendo como matriz novelesca. Escurridizo e invisible, hecho de simulaciones y mentiras directas, ese lugar remoto no existe; existe sólo porque lo fabulan con mirada esquinada y piadosa unos cuantos novelistas. Algunos lo han hecho hasta hoy mismo, como si de veras la posguerra hubiese dejado de ser un tiempo histórico para quedar sumido en otro orden de cosas, el de los lugares míticos donde las cosas suceden de acuerdo con la memoria y la inventiva de los novelistas y no según reglas evidentes para todos. Y es que cuando la realidad padece averías tan profundas como las de la posguerra es posible que nada llegue a ser lo que parece... hasta que no lo reinventa con palabras ordenadas un escritor. Todo pasado se restituye por medios interpuestos, evidentemente, palabras o imágenes que atraigan hasta el presente ese espacio abolido, ese tiempo muerto que es lo ido. Pero la situación específica de la posguerra es traumática, tan acentuadamente inverosímil, tan desequilibrada y delirante, que el mecanismo de restitución de lo que fue (y lo que la gente vivió entonces) ha debido pasar necesariamente por la alquimia del artificio: cine, novela, arte. Incluso los historiadores que hemos ensayado regresar a los olores y las vivencias, a la vida cotidiana o las experiencia rutinaria de la posguerra hemos tenido que reforzar las formas de un relato historiográfico y dotarlo de alguna estructura propia, específica: aludo al mosaico, casi al *trencadís*, como técnica de descripción y análisis, porque el relato lineal parece incapaz de dar cuenta suficiente de los repliegues que esconde ese pasado.

Quizá una imagen que sintetiza bien aquel tiempo viejo sea el teatro bufo, como si los actores no supiesen que los papeles que representan en posiciones marciales y solemnes son de escayola, chatarra revestida de protocolos solemnes y verdades retóricas, triunfales... La posguerra tuvo algo de un teatro sin público porque todos eran actores sin quererlo, y no había espectadores ajenos al drama porque de uno u otro modo se era parte de un teatro sanguinario del que no podía huirse, ni tan siquiera esconderse. A lo sumo se podía asistir, invocando el *soporta y renuncia* de Séneca (o sin invocarlo, mejor) a una escenografía barroca y chillona, histérica y católica, grandilocuente y hortera. En la gomina y en el estraperlo, en los correajes de falange y los infinitos trajes talares por las calles, en los tullidos y los pobres de solemnidad se reconocen los pedazos dispersos de una escenografía delirante para un tiempo sin razón y sin piedad: los tiempos heroicos de los muchachos de falange, de las palizas, de los cantos patrióticos y los himnos.

Pocos tiempos más densos de literatura que la posguerra, quizá también porque su humillación y su complejidad interior sólo pueden ser asediados al fondo por las formas del arte y la conciencia, cuando la literatura deja de creer en las apariencias y empieza a fabricar conocimiento, cuando la literatura empieza a utilizar las apariencias para asediar el conocimiento. El historiador enuncia imperturbable las leyes que se promulgan, las normas que se inventan, la persecución a la que somete a los derrotados en nuevo régimen; el historiador explica lo que es un régimen fascista y enumera sus atropellos y cuenta los muertos en los campos de concentración, los secuestros y la pluralidad de formas del ventajismo y la revancha. Informa de los hechos y los sucesos del pasado, como si de veras hubiese de conseguir elaborar una síntesis aceptable de la España de la posguerra. Y sin embargo la inventiva del novelista mira burlón los afanes del historiador porque uno y otro desconfían de los modos de la historia para restituir el pasado al presente, para darle la compleja integridad de la memoria. Y entonces Juan Marsé tira del hilo de sus personajes, y enseña la textura moral de la posguerra: prepara el encuentro de la puta roja y el Java en el cine, precisamente mientras ven *Arturo Lupin*, y ella tiene miedo y él tiene ansiedad, y debe él encoger y guardar su miembro enhiesto mientras enhiesto tiene el brazo la puta roja que ha estado trabajándoselo. Y la sigue fuera del cine, la quiere coger del brazo y no se deja ella, y él sólo intuye a medias por qué titubea y se niega, y al mismo tiempo le oye confesar, como en un quejido de animal, el hartazgo del oficio, la urgencia con la que necesita trabajar, volver a trabajar en otra cosa que no sea de puta y pajillera, mientras la furtiva presencia de una camisa azul, todavía antes de 1945, acaba haciendo entender al Java el miedo y la huida de ella, la imposibilidad de prolongar el diálogo un poco más, como si de veras hubiese prisa por hacer algo, o ella tuviese algo más urgente que la ternura de él.

Contar la realidad por dentro de los sentimientos, remontando el curso de las evidencias y los datos para ir al origen, es el oficio del novelista, y no se me ocurre historiador capaz de dar luz a un espacio que no existe, que es pasado, mejor que este Juan Marsé tan emotivamente incrédulo. Porque todo nace en Marsé de ese escéptico burlón que anida en los ojos, en los ojos achinados de un hombre que ríe y desconfía de las apariencias porque suelen quedarse cortas para explicar tanto la historia como la pena.

Cuando Manuel Vázquez Montalbán lo entrevistó para *La Soli*, con 21 años, Marsé era un tímido de 27. Era en 1960, y estaban viviendo el principio de todo: esa rareza, el estupor de pensar a esos personajes tan fuera de sitio, en otro tiempo prehistórico, anterior a la civilización, enseña que efectivamente algo iba a empezar a cambiar desde entonces. Pero no por la gracia del azar o de la providencia sino porque unos cuantos muchachos y mayores, y entre ellos esos dos, estaban dispuestos a contar la verdad de un pasado con la verdad de las novelas.

Elementos constitutivos de la narrativa de Juan Marsé

Samuel Amell
The Ohio State University

Es para mí un honor y una gran satisfacción el encontrarme hoy aquí dirigiéndome a ustedes en este primer simposio internacional Juan Marsé. Quiero agradecer y felicitar a los coordinadores y a la Universidad de Barcelona el haber llevado a cabo esta reunión y haber sido los primeros en el mundo académico español en prestar el homenaje que el novelista que aquí nos reúne merece.

Hace ya muchos años, en mi época de estudiante de bachillerato, empecé a leer las novelas de Juan Marsé y al momento me sentí arrastrado por unos personajes que pronto se convirtieron en algo propio a un mundo hasta entonces desconocido, pero que página a página iba haciéndose cada vez más mío. Las figuras de Tina Climent, Andrés Ferrán, Teresa Serrat, Manuel Reyes, Paco Bodegas, Montse Claramunt, comenzaron inmediatamente a tener vida propia y a formar parte de mi imaginario. La lectura de las novelas de Marsé deja una huella indeleble en el lector; son libros que, como ha dicho Antonio Muñoz Molina refiriéndose a dos de sus novelas, *Si te dicen que caí* y *Un día volveré*, «pertenecen menos a nuestra biblioteca que a nuestra biografía: aunque los perdamos, aunque no volvamos a leerlos, ya nunca nos abandonarán, porque van con nosotros como nuestra cara y nuestra memoria inconsciente y forman parte de nuestra manera de imaginar y de mirar»[1]. Por ello cuando más adelante, ya en la universidad, llegó el momento de elegir tema para mi tesis doctoral no dudé un momento en recurrir a un mundo que me había deslumbrado y estaba poblado de una serie de seres que bien conocía y ya eran parte de mí: las novelas de Juan Marsé.

---

[1] "Un día volveré", en *El Urogallo* (1989), pp. 68-69.

Lo primero que me sorprendió al comenzar mi investigación fue que la crítica hasta aquel momento, al comenzar los años ochenta, parecía haberse casi olvidado de la obra de mi escritor. Los estudios que sobre ella existían eran pocos, algún artículo, un que otro fragmento en estudios sobre la novela de la posguerra, pero ningún libro dedicado en exclusiva a ella. En 1982 apareció el estudio de Bill Sherzer, *Juan Marsé. Entre la ironía y la dialéctica* y en 1984 el mío, *La narrativa de Juan Marsé, contador de aventis*. A partir de entonces y poco a poco se ha ido extendiendo el interés de la crítica por la obra de este gran novelista. Pero aún es obvio que existe un marcado desnivel entre la cantidad de aquélla y la enorme calidad e importancia de ésta. Todavía ahora, los estudios antes citados (el de Sherzer y el mío) son los únicos libros sobre Marsé, hecho destacable si tenemos en cuenta el caso de otros escritores del período sobre los que la labor crítica se ha volcado. Cierto es que en las dos últimas décadas se han publicado excelentes estudios sobre Marsé (los artículos de Joan Gilabert, Jean Tena y José Carlos Mainer son un buen ejemplo) y que el análisis de su obra ha sido parte sustancial de algunos libros de conjunto (como es el caso del editado en 1999 por Fernando Valls); pero todavía este interés crítico no llega a la altura del despertado en el mismo período por escritores de mucha menor entidad. Esto todavía se nota más si centramos nuestra atención en la crítica académica proveniente de universidades estadounidenses generalmente tan pródiga en estudios sobre los diversos aspectos y autores de la novela española contemporánea. No hay más que fijarse en las tesis doctorales producidas por dichas universidades para ver que las dedicadas a Juan Marsé no son todas las que debieran haber sido.

Curiosamente, el estudiante de la universidad norteamericana goza con las lecturas de las novelas de nuestro escritor y hace suyos los sueños y peripecias de sus personajes. Entiende sus problemas y se identifica con ellos. Por lo tanto, tenemos que llegar a la conclusión de que a menudo los temas de tesis no dependen tanto del gusto del estudiante como del profesor que dirigirá el trabajo. Esto nos lleva al error básico en que han caído algunos críticos y que les ha llevado a emitir juicios totalmente erróneos sobre la obra de nuestro novelista:

> *Escritor popular que trata en lengua española –algo dialectal– temas catalanes y cuyo único registro es el recuerdo de la guerra en un concreto barrio barcelonés que limitan la ronda del Guinardó y la Travesera de Dalt, la plaza de Lesseps y la parte alta del barrio de Gracia* (Mainer, p. 66).

José Carlos Mainer que aporta este testimonio sin indicarnos el nombre de su autor, en el mismo artículo en que lo citaba se preguntaba hace ya más de una década «¿va a seguir siendo Juan Marsé un escritor que tenga más lectores fieles que críticos atentos?» (p. 66). Espero que el presente simposio sirva de una vez por todas para demostrar que en la obra de Juan Marsé hay mucho más que una narrativa más o menos "dialectal" y costumbrista y que en sus novelas nos encontramos con una conjunción de valores que hacen de ellas verdaderas obras de arte que atraen el interés del público lector y de otros escritores. Ya he citado las palabras de Antonio Muñoz Molina, pero puede añadirse la opinión de escritores de la misma generación que Marsé, como José Manuel Caballero Bonald o el recientemente desaparecido Manuel Vázquez Montalbán, o las de novelistas pertenecientes a generaciones posteriores como José María Merino, Luis Mateo Díez, Rosa Montero, Almudena Grandes, Benjamín Prado, etc. Es más van a ser estos narradores que comienzan a escribir tras la muerte del general Franco, quienes a menudo enfrentados con los escritores que los preceden, van sin embargo a aceptar sin reparos el magisterio de Marsé y a afirmar como lo ha hecho Rosa Montero en varias ocasiones que Juan Marsé es el único novelista de la generación anterior que tiene una relación con el público lector como la que ellos buscan.

A menudo se ha confundido lo difícil con lo valioso y se ha identificado lo popular con la falta de valores estéticos, nada más alejado de la verdad como ya explicara Antonio Machado. Hace casi dos décadas comenzaba mi libro sobre Marsé, con una alusión a las palabras de Amando de Miguel, diciendo que «en nuestro país los escritores que se leen están generalmente mal vistos en la costa intelectual» (p. 7). Creo que ahora es conveniente considerar la cita completa del sociólogo:

> *En la costa intelectual no se considera bien vista la actitud de los cofrades que escriben "demasiado" o los que tienen más éxito editorial... Escribir mucho es síntoma de "frivolidad", más todavía si lo que se escribe es claro y no digamos si los libros resulta que se venden* (de Miguel, p. 67).

La celebración de este simposio y la participación en él de algunos de los más relevantes críticos de la España actual, son una buena muestra de que esta situación está cambiando. Esperemos que cambie en su totalidad y que la obra de Juan Marsé ocupe en el universo de la crítica literaria el primerísimo puesto que por su importancia merece.

Quiero pasar ahora a examinar algunos de los elementos que dan a esta obra su valor capital dentro de la narrativa española contemporánea y comentar los rasgos de la misma que atraen al lector al tiempo que aportan una calidad estética y una importancia ética poco comunes en la novela actual.

Lo que hace a Juan Marsé ser uno de los primeros novelistas de nuestro tiempo y a sus novelas verdaderas novelas es el gran sentido de la narratividad que Marsé demuestra junto con el valor ético y moral de sus creaciones. En cuanto al primero se refiere es obvio que reside en muy diversos factores, pero me gustaría comentar algunos que creo básicos en la construcción del mundo novelesco de nuestro autor.

Comenzaré por la imagen visual que está en el fondo de lo que para muchos es el aspecto más destacable de la narrativa de Marsé, la capacidad extraordinaria que éste tiene en la creación de personajes. Mario Vargas Llosa ya llamaba la atención sobre este punto cuando en su reseña de *Últimas tardes con Teresa* escribía en 1966 en *Ínsula*:

Cuando un personaje se levanta de la horizontal y quieta realidad literaria y anula la conciencia del lector y la reemplaza con la suya y le contagia su espíritu y se consuma esa posesión mágica entre un hombre y un fantasma, el novelista es un verdadero creador y su libro una auténtica novela (p. 12).

Lo que debemos ver es cómo estos personajes de Marsé superan la realidad literaria y se introducen dentro de la realidad del lector. En mi opinión ello es debido a la manera en que su autor concibe a sus criaturas. No son algo que provenga de una concepción intelectual, sino que tienen un origen cordial; proceden directamente del corazón del escritor y se crean a partir de una imagen a menudo elaborada por la memoria (sobre esto volveré mas adelante). Va a ser precisamente esta creación de los personajes a partir de una imagen lo que va a otorgar vida propia a las criaturas de Marsé al tiempo que será el germen de la técnica cinematográfica que encontramos en sus novelas.

Claro está que la presencia del cine en la obra de Marsé no se reduce a esto y el séptimo arte toma en las novelas de este escritor un papel importantísimo. No voy ahora a extenderme en esto, ya que lo he hecho en otro lugar, pero sí quiero indicar que va a ser en su relación con el cine, relación simbiótica, como ya ha señalado Joan Gilabert, en donde si queremos habrá que estudiar lo relativo a la experimentación en la narrativa de Marsé. Pero si ahora nos centramos en la creación de los personajes creo que sería muy difícil negar que el origen de los mismos está en el cine, es más en sus mitos. Hay que clarificar que cuando nos referimos en Marsé a los mitos del cine estamos refiriéndonos a un cine muy específico: las películas de Hollywood de los años treinta y cuarenta que llenaron su infancia y adolescencia. El mismo escritor ha dicho que era en esos años «cuando las películas andaban enredadas en la hojarasca mítica de la adolescencia, cuando precisamente más nos ilustraban sobre la ensoñación del mundo» (*El cine de hoy*). Como muy acertadamente ha señalado José Carlos Mainer:

Los personajes de Marsé –aquello que es su fuerte– son fundamentalmente lo mismo que ha sabido convocar la pantalla: enigmas físicos y tangibles –un determinado color de cabello, unos ojos inquisitivos, un gesto ambiguo, un atuendo característico– que, a la vez, recubre y desvela toda una historia. Una presencia que por su propio peso específico concita una tensa expectativa de acción (p. 6).

Manuel Vázquez Montalbán señala en su relectura de *Últimas tardes con Teresa*, publicada en *El País* en 1985 que «Marsé tiene el don de adjetivación imprevisible y la capacidad de describir un cuerpo humano y su conducta a partir de la hipérbole de un gesto o un rasgo físico» y José Méndez nos dice lo siguiente en su introducción a *Las mujeres de Juanito Marés*:

En las novelas de Marsé no existe el famoso, traído y llevado punto de vista, sino la voz que cuenta y canta, que no constituye "exactamente un punto de vista", sino más bien un color de la mirada, una temperatura de la emoción (p. 17).

La afirmación de Mainer de que ante los personajes de las novelas de Marsé lo primero que tiene el lector es una "certidumbre física" puede servir de colofón a los testimonios críticos antes citados. Todos ellos al referirse a las criaturas de Marsé nos hablan de sensaciones físicas, parece ser que podemos ver, sentir, oler, casi tocar a estos personajes. No nos extraña pues al pensar en Tina hacerlo como lo hace Andrés y pensar «en la posición de sus piernas sobre la acera cuando le esperaba, en aquel anhelo de cálidas distancias que envolvía sus curvas, sus hombros» (p. 10). Ni que al recordar al Pijoaparte le veamos bajar del Carmelo «vestido con un flamante traje de verano color canela» (p. 13) en el que se resalta «su rostro... de piel cetrina» (p. 13), «el color oliváceo de sus manos» (p. 14) y «los negros cabellos peinados hacia atrás» (p. 14) o al pensar en Jan Julivert tengamos de él una imagen que pudiéramos haber sacado de cualquier película de Humprhey Bogart:

La negra silueta de un hombre con sombrero y gabardina se encaramó lentamente por el muro...

Apareció de pronto bajo la luz macilenta del farol como surgido del mismo asfalto o de una grieta de la noche. Llevaba una trinchera color caqui con muchos botones y complicadas hebillas, las solapas alzadas y la mano derecha en el bolsillo. Bajo la sombra del ala del sombrero sus ojos emitían un destello acerado (pp. 9-10).

Es fácil concluir que en Marsé siempre «en el principio es la imagen, después vendrá el relato» (Mainer, p. 6). Y el relato vendrá a menudo marcado por un indiscutible carácter oral, oralidad que está claramente presente en el uso de los tiempos verbales. Walter Ong nos indica en su estudio sobre oralidad que la retención y el recuerdo son elementos básicos en las culturas orales. En ellas es necesaria una retención de lo contado por medio de la memoria y una transmisión que implica un diálogo con el oyente. En las novelas de Marsé, el lugar del oyente es ocupado por el lector, pero la transmisión de lo contado es efectuada mediante una estructura similar a la de un relato oral. Todo el concepto de la célula narrativa creada por Marsé, "la *aventi*" tiene precisamente su base en el relato oral. El relato oral que el mismo autor llevaba a cabo cuando era niño/adolescente bajo diversos disfraces, a veces escondido tras el antifaz del Coyote, y por el que aún hoy día siente nostalgia. En el autorretrato que se incluye en la segunda serie de *Señoras y señores* aparecida en *El País* y publicada como libro por Tusquets, Marsé nos dice:

Hay en los ojos harapientos, arrimados a la nariz tumultuosa, una incurable nostalgia del payaso de circo que siempre quiso ser. Enmascararse, disfrazarse, camuflarse, ser otro. El Coyote de las Ánimas. El jorobado del cine Delicias. El vampiro del cine Rovira. El monstruo del cine Verdi. El fantasma del cine Roxy (p. 173).

La oralidad del relato va a ser el lazo que una otras dos características clave en las novelas de Marsé: la presencia en ellas del mito y el uso que el autor hace de la memoria. Jo Labanyi en las páginas que dedica a Marsé en su excelente estudio *Myth and History in Contemporary Spanish Narrative,* al referirse a la presencia de estos tres elementos en *Si te dicen que caí,* pone de relieve la importancia y la interrelación de la cultura oral tradicional, de los mitos a ella adscritos y del uso de la memoria en esta novela, lo que es fácilmente extensible al resto de la obra de Juan Marsé.

La mitología de las novelas de Marsé proviene de la literatura de quiosco y del cine. Es una mitología que nace de la imaginación popular y que como ha destacado Labanyi «no tiene pretensiones de hablar con la voz de autoridad» (p. 126). Hay que señalar que en Marsé no encontramos el mero rechazo de una mitología (la impuesta por el franquismo) o su suplantación por otra (la propuesta por la resistencia). En sus obras existe un rechazo de ambas. Marsé las sustituye con una mitología basada en los mitos de la adolescencia, mitos que, como nos dice en la primera línea de *El embrujo de Shanghai*, «se corrompen en boca de los adultos» (p. 11). Ya en *Últimas tardes con Teresa* nos encontramos con el enfrentamiento y posterior destrucción de dos mitos populares. El mismo Marsé ha declarado:

> *Mi intención era simplemente contar la historia de Teresa y el Pijoaparte desde dos mitos, enfrentándolos (romanticismo ideológico de ella; fe en la escalada social de él a través del amor)* (citado en Amell, p. 62).

En un interesante artículo de 1973 el crítico chileno, Enrique Margery Peña, estudia, siguiendo en parte las teorías de Todorov, los aspectos míticos de la novela, prestando especial atención a los espacios míticos presentes en ella: el Carmelo y los suburbios, espacio mítico de Teresa y los locales burgueses, mundo mítico del Pijoaparte. Pero va a ser a partir de *Si te dicen que caí* cuando el mundo mítico de Marsé va a tomar una consistencia propia que no abandonará en novelas posteriores. Esto lo podemos ver bien claro en *Ronda del Guinardó, Un día volveré,* los relatos de *Teniente Bravo, El embrujo de Shanghai* y su hasta ahora última novela *Rabos de lagartija*.

Ya he indicado como Jo Labanyi daba énfasis a la ausencia del concepto de autoridad en los mitos de las novelas de Marsé, precisamente por estar originados y ser al mismo tiempo puestos en boca de unos personajes niños/adolescentes (entre los ocho y los trece años aproximadamente) pertenecientes a las clases menos favorecidas de la sociedad y en cierto modo marginados por la cultura oficial. Estos mitos se convierten en una expresión de la memoria colectiva sin ninguna pretensión de adherirse al discurso del poder de la sociedad vigente. En las novelas de Marsé nos encontramos la figura mítica de un héroe muy *sui generis*, cuyas características son la derrota y el fracaso. Una figura mitificada por las mentes de unos niños/adolescentes que viven en una situación histórica muy concreta, tanto temporal como espacialmente, la Barcelona de los años cuarenta. Incluso podríamos ser más específicos y limitar el espacio al comprendido por la parte alta del barrio de Gracia, el barrio de la Salud y el Guinardó.

Los niños/adolescentes de las novelas de Marsé son forzados a la creación de un espacio mítico frente a la imposibilidad de aceptar o ser aceptados en el "espacio real" en que están insertos. Los mitos de estos jóvenes provienen de las murmuraciones de los adultos que les rodean pasadas por el tamiz de sus propias lecturas (tebeos) y del cine y se crean para, a lo largo de la narrativa, destruirlos. La destrucción del mito es paralela en las novelas de Marsé a la destrucción de la adolescencia, al paso a la edad adulta. Antonio Muñoz Molina en el artículo ya citado escribía, refiriéndose a su primera lectura de *Si te dicen que caí*:

> *De pronto leí esa novela y me deslumbró la certeza de que lo habría dado todo por escribirla. Había en ella coraje, y dolor y piedad, y estaba escrita con una pasión que se trasladaba íntegra a la lectura y que me maniataba a sus páginas. Su técnica no era un juego petulante, al uso de los que se llevaban entonces, sino la metáfora necesaria de la imaginación y la memoria, porque escribir una novela es inventar y recordar y erigir la palabra contra el silencio del olvido y convertir en mitología la propia historia y el pasado inmediato, los paraísos amargos de la infancia, las narraciones de heroísmo y desgracia que nuestros mayores nos legaron (p. 69).*

Los "paraísos amargos" a los que Muñoz Molina se refiere desaparecen cuando la infancia/adolescencia desaparece y las narraciones legadas por los mayores son más de desgracia que de heroísmo. Pero aun así, existe en toda la obra de Marsé un intento de los adultos de refugiarse en los sueños juveniles, que siempre resulta imposible, terminando en el fracaso. Como ya he señalado, al comienzo de *El embrujo de Shanghai* podemos leer el siguiente párrafo: «Los sueños juveniles se corrompen en boca de los adultos» (p. 11); y en la antepenúltima página de la misma novela encontramos las siguientes palabras: «a pesar de crecer y por mucho que uno mire hacia el futuro, uno crece siempre hacia el pasado, en busca tal vez del primer deslumbramiento» (p. 203). Recordemos ahora cómo termina *Si te dicen que caí,* «Hombres de hierro, forjados en tantas batallas, soñando como niños» (p. 277). Esta frase, hoy día ya mítica, vuelve a aparecer con una ligera variante al final de *Un día volveré,* «Hombres de hierro, le oímos decir alguna vez al viejo Suau, forjados en tantas batallas, hoy llorando por los rincones de las tabernas» (p. 315). Queda claro que el mito para Marsé sólo puede existir en la edad de la inocencia, cuando ésta se pierde, el mito se destruye. El intentar hacer de él una estrategia de la vida no lleva a los personajes adultos de las novelas de Marsé a ninguna parte. La búsqueda "del primer deslumbramiento" está de antemano condenada al fracaso. A este respecto y al escribir sobre *El embrujo de Shanghai*, Francisco Solano nos dice:

> *Esa búsqueda ha llevado a Marsé a contar con la perceptible desesperanza que tiembla en la primera línea, el desengaño ante las vidas de aquellos pistoleros míticos de las novelas anteriores –aquí ya absorbidos por la trivialidad de los años– a quienes sólo les queda, como a Nandu Forcat, la facultad de imaginar historias, de inventar un padre heroico para una niña enferma de tuberculosis, usando los mismos énfasis y pausas que los mundos de ficción creados por el cine y la literatura de quiosco. Un legado imaginario, que será una impostura a los ojos del niño que los creyó «hombres de hierro, forjados en tantas batallas» pero que nutrirá esa naturaleza desvalida de los recuerdos con que se cierra la novela (p. 29).*

No podemos insistir bastante en que la relación de Marsé con el cine es de básica importancia en la valoración y comprensión total de sus novelas. Sus narraciones se encuentran repletas de personajes fracasados que alcanzan un valor casi mítico y que hacen de sus ensueños una forma de vida. Esto es precisamente lo que sucede en los filmes que Marsé trae a sus novelas. Una de las críticas que siempre ha tenido que soportar nuestro novelista es su sencillez, su supuesta falta de técnica y su atención a temas menores. Claro está que estas críticas demuestran una falta de total comprensión de la obra de Marsé y suelen provenir de aquéllos para los que el mundo de los sentimientos no debe entrar en la obra literaria.

Antonio Soler, en su artículo "El embrujo de Marsé", compara a los que critican a Marsé con «ese tipo de personas a las que *Casablanca* les parece una ñoñería sin credibilidad y *Raíces profundas* una película de tiros y puñetazos» (p. 22). Continúa el crítico poniendo énfasis en los sentimientos que en el espectador suscita la visión de Ingrid Bergman acodada sobre el piano del Café Americain o de Alan Ladd despidiéndose de Joey, y añade:

> *De la misma pasta que los personajes mencionados están hechos esos anarquistas de Marsé, idealizados por las mentes enfebrecidas por la miseria y el cinematógrafo de los adolescentes de posguerra... Sueñan igual que un niño y se niegan a aceptar el final absurdo de sus propias biografías. Como el desengañado Rick, la idealista Ilsa que desaparece en la niebla de un aeropuerto marroquí, o como Shane, el pistolero de pasado turbio, Marsé y los suyos tienen conciencia de que la vida no es como la esperábamos. Derrota y memoria, pues, son dos palabras sagradas en la memoria de este viejo contador de aventuras* (p. 22).

Para Soler, los elementos que elevan a *Casablanca* a la categoría de mito y que separan a *Raíces profundas* de tantas otras películas de vaqueros son los mismos que hacen que las novelas de Marsé estén entre las mejores escritas en castellano en nuestro siglo. La historia fríamente analizada de las novelas y los filmes a los que me estoy refiriendo no nos diría mucho. Mario Vargas Llosa ya escribió hace casi tres décadas, en el artículo que ya he citado refiriéndose a *Últimas tardes con Teresa*, que «pocas veces ha reunido un autor tan variados y eficaces recursos para escribir una mala novela, y por eso mismo resulta tan notable y asombrosa la victoria de su talento sobre su razón. El libro, en efecto, no sólo es bueno, sino tal vez el más vigoroso y convincente de los escritos estos últimos años en España» (p. 1). Antonio Soler, por su parte, ve en la capacidad de seducción de estas obras la razón que las eleva a la categoría de obras de arte:

> *El narrador de historias –no importa si son en imágenes, habladas o en letra impresa– ha de seducir a aquéllos a quienes se dirige, ha de saber introducirlos y llevarlos hipnotizados por ese mundo en el que memoria y sueño se confunden para crear una realidad nueva, independiente. No hay pesos ni medidas que puedan calibrar el embrujo de un fabulador, hay un ritmo oculto, una mirada, un quiebro en el relato, un adjetivo, y también una palabra que no se pronuncia, un silencio* (p. 22).

Conviene no olvidar que el predominio del ensueño, la memoria o los sentimientos no elimina el dominio de la técnica que en sus oficios puedan tener el novelista o el director cinematográfico. No hay nada más equivocado que creer que la técnica más lograda es la más rebuscada. En el cine, las comedias americanas de los años a los que me estoy refiriendo son buena prueba de ello. No hay técnica más difícil que lograr que una comedia, que no recurra a la sentimentalidad del espectador, funcione manteniendo a éste prendido del principio al fin. Claro ejemplo de esto son los filmes de los años treinta y cuarenta de Ernst Lubitsch y Frank Capra, así como los de los años cincuenta y sesenta de Billy Wilder: *La tentación vive arriba* (*The Seven Year Itch*, 1955), *Con faldas y a lo loco* (Some Like it Hot, 1959), *El apartamento* (*The Apartment*, 1960), *En bandeja de plata* (*The Fortune Cookie*, 1966). Filmes, a menudo, considerados como menores (quizá a este respecto se salve *El apartamento*), cuando la realidad es todo lo contrario y encontramos en ellos un excepcional dominio de la técnica cinematográfica. Juan Marsé, por su parte, ha logrado a lo largo de sus novelas una técnica asimismo difícilmente superable.

El uso que Marsé hace de la memoria es crucial en la construcción de sus novelas. Es el germen del que todo parte. En su elaboración de los hechos a través de la memoria Marsé entrelaza pasado, presente y futuro y dota a los hechos y personajes de sus narraciones de un carácter ambiguo donde la verdad, la mentira, la imaginación y la ilusión se mezclan sin que el lector pueda atrapar con seguridad ninguna de ellas. El psicólogo José María Ruiz Vargas ha escrito:

La memoria de las personas es un sistema dinámico que recoge, guarda, moldea, cambia, completa, transforma y nos devuelve la experiencia vivida, individual y compartida, después de recorrer los interminables vericuetos de nuestra identidad personal (citado en Tena, *L'ecriture de la memoire*, p. 242).

Esto es lo que encontramos en las novelas de Marsé: las acciones, sentimientos y pensamientos de sus personajes y las incidencias del relato se presentan ante el lector pasadas por el tamiz de la memoria de las diversas voces narrativas. La llamada novela de la memoria ya ha sido certeramente estudiada por Gonzalo Sobejano y más recientemente por Jean Tena, por lo que no voy a hacerlo yo aquí, pero sí quiero destacar que en el caso de Marsé la memoria va unida a la imaginación y como ya he dicho, no es sólo memoria del pasado sino por muy paradójico que parezca memoria del futuro.

Quizá sea *Si te dicen que caí* donde se vea más claramente este proceso de invención y memoria al que me he referido. Los hechos aparecen en repetidas ocasiones de diversa manera, unas veces recordados, otras, anticipados (por ejemplo, las muertes de Menchu y de el Taylor, las acciones de la guerrilla urbana, la explosión de la bomba final, etc.). Las diversas voces narrativas de la novela unas veces recuerdan hechos pasados y otras anticipan hechos futuros. Esto puede verse con claridad en los continuos ensayos, ya sean de los cuadros sexuales dirigidos por el alférez Conrado, de las representaciones teatrales de los niños de las Ánimas, o de la recreación de hechos de la guerra por estos últimos. Hay un momento clave en que la voz narrativa, no sabemos a ciencia cierta si habla Sarnita o lo hace Java, dice a la Fueguiña: «No está escrito…son cosas que aún tienen que pasar pero las sabemos de memoria y tú las aprenderás» (p. 138).

Este mismo juego con la memoria que conduce a la ambigüedad que un discurso de este tipo conlleva está presente en todas las novelas posteriores de Marsé. En *Un día volveré* el lector nunca llega a estar seguro de la resolución de algunos de los hechos que en ella se incluyen. No hay certeza alguna y la ambigüedad de las motivaciones de los personajes es constante a lo largo de la narración. Las palabras de Antonio Machado, dejar "confusa la historia y clara la pena", que aparecen en el texto de *Si te dicen que caí*, son si es posible aún más aplicables a esta novela, que a primera vista pudiera equivocadamente considerarse simplemente como una obra mimética. Pero nada más lejos de la realidad, bajo una estructura engañosamente tradicional, Marsé obliga al lector a convertirse en historiador, ya que como indica Anne-Marie Vanderlynden, «*Un día volveré* en lugar de entregarnos la verdad se interroga continuamente sobre ella poniendo de manifiesto al mismo tiempo que la verdad es inaccesible» (p. 156).

La misma idea que encierran las palabras dichas a la Fueguiña en *Si te dicen que caí* que anteriormente he citado, aparece de forma más elaborada en la cita de Luis García Montero que encabeza el texto de *El embrujo de Shanghai*:

> La verdadera nostalgia, la más honda, no tiene que ver con el pasado, sino con el futuro. Yo siento con frecuencia la nostalgia de aquellos días de fiesta, cuando todo merodeaba por delante y el futuro estaba aún en su sitio (p. 9).

Es curioso que se parta de esta especie de confusión temporal en una novela caracterizada, como todas las de Marsé, por su narratividad. Pero la confusión y ambigüedad no son óbice para que la narratividad se logre, sino todo lo contrario, ayudan a su consecución. Jorge Marí en la discusión de *Beltenebros* y *El embrujo de Shanghai* que efectúa en su excelente artículo "Embrujos visuales: cine y narración en Marsé y Muñoz Molina", tras notar el énfasis que en ambas novelas existe en la narratividad y señalar que en la primera de ellas «la narración se construye como una conquista de la verdad, que culmina en el momento en que se aclara el último misterio» (p. 464), afirma:

> En El embrujo…, en cambio, la existencia misma de una verdad única se pone en duda, y la posibilidad de acceder a ella mediante la narración parece desecharse por completo. A diferencia de Beltenebros, en El embrujo…, el relato no sirve para desenmascarar "la única verdad verdadera", por decirlo en palabras del capitán Blay (El embrujo…, p. 46), sino precisamente para poner de manifiesto las ambigüedades y contradicciones de toda realidad y las deficiencias de la memoria como instrumento de recomposición del pasado (p. 464).

El contenido de la cita de Marí puede, lo mismo que a *El embrujo*, aplicarse como hemos visto a *Un día volveré* o a cualquiera de las novelas posteriores de Marsé y las palabras a que se refiere pueden provenir lo mismo del capitán Blay que de cualquiera de las voces narrativas de *Si te dicen que caí*. A menudo en los personajes y las situaciones que encontramos en las novelas de Marsé, la dicotomía ilusión/realidad y la ambigüedad que la falta de resolución de ella trae consigo está centrada en el cine, más específicamente en la sala del cine. La sala de cine ocupa un espacio central en las novelas de Marsé y funciona como un microcosmos de la sociedad. Refiriéndose a *El fantasma del cine Roxy*, Sánchez Harguindey señala que en la narración se mezclan dos mundos, dos niveles de percepción:

> De un lado, el recuerdo del escritor de una infancia sórdida, dura y socialmente represiva en la que los cines de barrio eran los únicos oasis asequibles, remansos de ficción ante una realidad cutre y desabrida. De otro, un tiempo actual, con comodidades y en donde el aliciente es una discusión teórica, alejada de la vida. El escritor de hoy no es otro que el niño de ayer. De la pobreza a la confortabilidad, de la represión a la tolerancia y, sin embargo, escritor y lector saben que la aventura, las ganas de vivir, estaban de parte de quienes encontraban en los cines de barrio el poder de la imaginación (p. 3).

A este respecto ha sido Jean Tena quien mejor ha estudiado el funcionamiento de la memoria dentro de la voz narrativa en las novelas de Marsé. En su artículo "Les voix (voies) de la memoire: *Ronda del Guinardó* et *Teniente Bravo* de Juan Marsé", se refiere al poder que la memoria alcanza en los personajes de Marsé, perdedores todos ellos, al ser el único recurso que poseen para recuperar un pasado que como al novelista les fue sustraído. Recordemos que Marsé al retratarse a sí mismo nos dice: «la escarcha triste de su mirada y el incongruente rizo indómito son memoria de una adolescencia que le fue escamoteada» (*Señoras y señores*, Planeta, p. 83). Tena va mas allá que Sánchez Harguindey e incluso sostiene, refiriéndose a los relatos de *Teniente Bravo* ("Historias de detectives" y "El fantasma del cine Roxy") que «el Roxy es más que un simple lugar. También simboliza este espacio temporal –"espacio mágico" (*Teniente Bravo* 48)– a través del cual la memoria individual de Marsé recupera la memoria colectiva, en particular la de su propia generación: el cine» (p. 128).

La falta de fiabilidad de la memoria nos lleva a otro de los puntos clave de la narrativa de Marsé al que ya hemos aludido: la oposición mentira/verdad, ilusión/realidad. Lo que Don Quijote dice al canónigo de que «tanto la mentira es mejor cuanto más parece verdadera, y tanto más agrada cuanto más tiene de lo dudoso y posible» (I, p. 565) es puesto en práctica por Marsé a lo largo de su obra. Ya en *Últimas tardes con Teresa* podemos ver las ilusiones que Manolo tiene, sus sueños rescatando heroínas en los que ficción y realidad se entremezclan no pudiendo el personaje mismo distinguir entre lo que es ilusión y lo que es realidad. Esto se amplía en novelas posteriores y a partir de *Si te dicen que caí*, ya no son sólo los personajes los que no pueden distinguir la apariencia de la realidad, sino que ahora los lectores en muchas ocasiones tampoco pueden.

Quisiera ahora centrar mis comentarios en una novela cuya importancia, con el tiempo, ha ido creciendo para mí. Me refiero a *La muchacha de las bragas de oro*. En mi libro sobre Marsé, ya exponía una opinión positiva hacia esta novela en oposición a la mayoría de la crítica que por aquel entonces la caracterizaba como una novela fallida. Pero mis argumentos en su favor no fueron todo lo contundentes que hoy día serían. En los años que han transcurrido desde entonces han aparecido algunos excelentes estudios sobre *La muchacha* –hay que destacar el de Patrick Collard– que han dado primacía, junto al funcionamiento de la memoria, a la presencia de la ironía y a los aspectos paródicos. La relectura de la novela nos hace dejar de lado su supuesto apresuramiento y comercialidad y centrarnos en lo que en ella es verdaderamente importante: el juego de la memoria y la dicotomía apariencia/realidad, al tiempo que reconocer la importancia del carácter vodevilesco del texto.

Ya en mi libro señalaba que «el uso que el autor hace de la memoria enlaza directamente con *La oscura historia de la prima Montse* y *Si te dicen que caí* por un lado y con *Un día volveré* por el otro». También está en relación directa con la dicotomía apariencia-realidad que se encuentra presente en toda la obra de Marsé, agudizándose de novela a novela… Al no ser la memoria algo infalible y existir lagunas inintencionadas algunas veces e intencionadas otras, se llega a un momento en la novela en que el protagonista mismo no sabe a ciencia cierta donde las apariencias terminan y la realidad empieza, lo que por ende es trasmitido al lector. Al comenzar el libro es obvio para éste que Luys Forest está manipulando la realidad. Ya en el primer capítulo el protagonista dice, refiriéndose a sus memorias: «Pero no hablo de cómo soy ni de cómo fui, sino de cómo hubiese querido ser» (p. 14). Un poco más tarde en el capítulo tercero el narrador nos comunica:

> *Así, al introducir en las memorias la segunda falacia, alterando un dato trivial (la fecha, el lugar y la ocasión en que se afeitó el bigote para siempre), Luys Forest se adentró sin remedio en el juego de buscarse a sí mismo en el otro recuerdo sin fechas, espectral y frágil, sostenido con invenciones, de lo que pudo haber sido y no fue… Considero que en el peor de los casos, en el supuesto de verse desmentido por un lector avisado…, siempre podría alegar un desgaste de la memoria, un error de fechas* (pp. 26-27).

El protagonista prosigue fabricando lo que hubiera querido fuese su biografía, rectificando hechos y actitudes del pasado. Todo esto se efectúa por medio del uso de la memoria y con un juego en el que llega un momento en el que el autor no deja claro cuáles son los hechos reales y cuáles los imaginarios. Luys Forest modifica e inventa circunstancias a su gusto para autojustificarse con ellas en sus memorias: la supuesta enfermedad de su mujer, que le impide abandonar su puesto en el régimen; el supuesto adulterio de la misma; las diferentes causas de su cojera (herida de guerra, accidente fortuito en el frente, accidente de tráfico en la ciudad y atentado); la existencia o no de su denuncia que lleva a un habitante del pueblo a la cárcel; las diversas versiones que explican las señales de balas en la fachada de la casa, etc. A medida que avanza el discurso narrativo van sucediendo hechos imprevistos que comienzan a hacer dudar al lector sobre qué es real y qué es inventado. Comenzando por el encuentro fortuito de una caja de inyecciones que resultan ser del medicamento que su mujer hubiera tenido que tomar en caso de haber padecido la enfermedad que él en sus memorias había asegurado que padecía, continúan con nuevos encuentros de otras medicinas; del cuadro que, según lo que él había inventado en sus memorias, demostraba la infidelidad de su mujer; de la pistola de la que se había desprendido hacía tiempo, etc. La situación llega a su clímax cuando, al final de la novela, en dos ocasiones las circunstancias inventadas de sus memorias son corroboradas primeramente por su cuñado Juan y más tarde por su cuñada, Mariana Monteys, cuando le comunica que en realidad «su mujer estaba enferma y le había engañado con Chema» (pp. 102-104).

A todo esto hay que añadir el carácter vodevilesco del texto al que me refería antes, su tono lúdico que sin embargo no le ha hecho perder su intención crítica. Si por una parte es cierto, como ha destacado Carlos Rojas, al referirse a *La muchachada la bragas de oro* como «la mejor y más lograda novela de Marsé» (p. 126), que ésta «supera el supuesto testimonio de los sentidos y se convierte en […] "realismo total" […] donde lo percibido y lo imaginado, la vivencia y el sueño se entreveran en el texto, para luego rendir testimonio conjunto y analítico en la apreciación crítica de otro hombre» (p. 127), no lo es menos que «la auto-referencialidad de la obra; la parodia de autores, de tendencias y de procedimientos literarios; el juego con la forma; la intertextualidad; lo kitsch; la ausencia de pretensiones intelectuales; la inspiración en formas de expresión populares (el folletín, el melodrama)» (p. 101) están muy presentes y sitúan la novela dentro de la posmodernidad.

El último punto que quiero tratar es el referido a la falta de tesis política en las novelas de Juan Marsé. Al hacerlo no confundo «politicidad y actividad política regimentada» como equivocadamente piensa Ignacio Soldevila. Lo que sostengo, al igual que hacía en el texto motivo del comentario de Soldevila, es que no podemos achacar ningún credo político ni a Marsé ni a sus novelas. Alguien que satiriza obras de Arbo o García Serrano al tiempo que de Tamames o Semprún, que parodia tanto la falta de autenticidad de unos estudiantes e intelectuales supuestamente revolucionarios como la de una Iglesia inmovilista que intenta hacerse pasar por liberal, que ridiculiza a los defensores de la lengua vernácula que sólo se defienden a sí mismos, a los intelectuales que viven de serlo, ya sean de una u otra ideología, no puede ser el defensor de ningún credo específico. Marsé nunca toma partido por ninguna opción política, cuando toma partido es por sus criaturas que sufren precisamente debido a la inautenticidad de la sociedad y de las diversas ideologías políticas. Precisamente ha sido esta independencia de pensamiento la que ya desde el principio de su carrera como escritor ha traído a Marsé molestias y sinsabores.

Juan Antonio Masoliver ha afirmado que en la novelas de Marsé «no hay discurso sino narración» y que al no tomar el autor «más partido que el de su compasión» y no existir un discurso ideológico, ni denuncia hay que «concluir que poco o nada le une con la literatura comprometida» (p. 91). Aunque a Masoliver no le falta la razón, tendríamos que matizar sus palabras y tomar el término "literatura comprometida" en su acepción más restringida. Sólo así podríamos aceptar totalmente su conclusión. No puede negarse que Marsé está comprometido, y muy comprometido, con el ser humano, con las víctimas, los perdedores y los fracasados de una sociedad que devora a todos aquéllos que no se adaptan a sus reglas. Como ha señalado Gilabert, «detrás del humor sarcástico se halla siempre un moralista» y en el caso de Marsé, sus imágenes, recordemos que en sus novelas todo parte de una imagen, «cultivan con esmero la independencia ideológica, pero no por ello son huérfanas de credo ético» (p. 96).

Para terminar quisiera destacar que las novelas de Marsé no se limitan a contarnos historias de un pasado concreto, sino que lo que en ellas es algo relevante para el lector y que está vigente en el momento actual. Creo que unas palabras recientes del mismo autor son la mejor manera de explicar lo que quiero decir:

> *Me parece que tanto la crítica como los estudios sobre mi obra ponen demasiado énfasis sobre la época de la posguerra en que ambiento mis novelas. Es cierto que pasan en la posguerra, pero no por un afán arqueológico ni por nostalgia. Lo que me interesa es explicar historias que tienen que ver con aquellos hechos, pero no lo hago con afán de crónica periodística, sino para rescatar unas experiencias personales y unas emociones que también pueden darse en la época actual* (p. 2).

Toda su obra es un buen ejemplo de lo que aquí Marsé expresa. Desde *Encerrados con un solo juguete* a *Rabos de lagartija*, han pasado más de cuatro décadas, pero en ambas novelas encontramos historias que el lector de hoy día puede hacer suyas. En *Rabos de lagartija* vuelven a estar presentes todos los elementos constitutivos de la narrativa de Marsé a los que me he venido refiriendo en mi charla, esta vez guiados por una voz narrativa original, la de un narrador nonato, que aún se encuentra en el útero de su madre. Pero la memoria, la imaginación, el mito, el testimonio, las dicotomías verdad/mentira, apariencia/realidad, todo ello está allí como siempre ha estado presente a lo largo de la obra de nuestro escritor.

Creo que para terminar merece la pena citar la reciente opinión de Rafael Conte sobre la obra de Marsé que la define a la perfección:

> *Qué decir de nuevo sobre la obra de Marsé, sino que se ha convertido ya en la de un clásico de nuestro tiempo, que se enraíza en lo más hondo del realismo crítico de los primeros años de mediados de siglo...y que, conservando un riguroso compromiso ético y moral, ha sabido crear un mundo propio tan fantástico como real, de una sabiduría cada vez más intensa, imaginación, aventura y realidad, sentido de la narratividad y densidad poética a la vez. Desde sus principios existencialistas y realistas o sus críticas a veces irónicas y paródicas de la burguesía barcelonesa, ha llegado a un tipo de narración más mítica e imaginativa con la que sin abandonar su carácter testimonial, ha renovado aquel realismo de sus orígenes, de cuyo movimiento es el mejor de sus herederos. Un prosista además inimitable, ceñido e intenso, un narrador aparte, que se ha convertido ya en un paradigma de la novela española de nuestros días.*

El título del artículo de Conte es el mejor elogio y la mejor definición de Juan Marsé: "Un narrador aparte".

«Este sol de la infancia»: vertientes de la memoria en la obra narrativa de Juan Marsé

Marcos Maurel
Universitat de Barcelona

Siempre que se pregunta a Juan Marsé acerca de la posibilidad de que escriba sus memorias o su autobiografía da un no por respuesta, y dice algo así: «Yo suelo decir que mis memorias están en las novelas. No las voy a escribir nunca. Seguro. Qué pereza, ¿no?»[1] Esta contestación guarda relación con otras afirmaciones acerca del hecho narrativo y de su talante de escritor: «El novelista no es visionario; al contrario: es memoria. Y si no es memoria, no es nada. El novelista dirige la mirada hacia atrás [...]».[2] Y otra declaración más en que une lo que intuitivamente puede parecer distinto: «Para mí la imaginación es memoria».[3]

De estos comentarios extraigo varias consideraciones. En primer lugar, obviamente, se constata la raíz autobiográfica de los escritos marsianos; la naturaleza de esa raíz, su relación con la memoria y su plasmación en los textos es lo que intentaré analizar. Vaya por delante que se trata

---

1 J.R. Iborra, "Juan Marsé: «Si no conservas al chaval que fuiste, estás muerto», *El Dominical*, 30-7-2000, p. 62. Entrevista recogida en Juan R. Iborra, *Confesionario 2*. Barcelona. Ediciones B, 2002, pp. 439-454. La cita, con una mínima variación, en p. 451.

2 J. Parra Ramos (ed.), *Actas del Congreso Narrativa Española (1950 – 1975) "Del realismo a la renovación"*. Jerez de la Frontera. Fundación Caballero Bonald, 2001, p. 50.

3 Por ejemplo, en la extensa y suculenta entrevista de Samuel Amell "Conversación con Juan Marsé", en *España Contemporánea*, 2, 100, 1988, p. 86. Para un enfoque filosófico del asunto, cf., por ejemplo, Jean-Paul Sartre, *La imaginación* (Barcelona. Edhasa/Sudamericana, 1978) y Paul Ricoeur, *La imaginación, la historia, el olvido* (Madrid. Trotta, 2003), del que extraigo esta cita en la que se matiza la posible igualdad entre imaginación y memoria: «Es cierto que [...] la imaginación y la memoria poseen como rasgo común la presencia de lo ausente y, como rasgo diferencial, por un lado, la suspensión de cualquier posición de realidad y la visión de lo irreal, y, por otro, la posición de una realidad anterior» (p. 67).

del cúmulo de experiencias personales, vivencias íntimas que forjan la personalidad, pero siempre filtradas por el cedazo, y por tanto manipuladas, corregidas, de las leyes narrativas de la ficción. Este es el punto de partida, el suelo desde el que se levanta la novela, como hacen la práctica mayoría de los narradores, por otra parte. A este poso verídico que late en el fondo de la ficción se ha referido Mario Vargas Llosa en *Historia secreta de una novela* con estas palabras: «[…] al comienzo [de escribir una novela] el novelista está desnudo y al final vestido. Las experiencias personales (vividas, soñadas, oídas, leídas) que fueron el estímulo primero para escribir la historia quedan tan maliciosamente disfrazadas durante el proceso de creación que, cuando la novela está terminada, nadie, a menudo ni el propio novelista, puede escuchar con facilidad ese corazón autobiográfico que fatalmente late en toda ficción».[4]

En segundo lugar, se me antoja crucial el análisis de esa compleja relación de igualdad entre imaginación y memoria propuesta por el autor para alcanzar una interpretación adecuada de su obra.

Otros autores han realizado consideraciones análogas a las de Marsé sobre el asunto de las promiscuas relaciones entre la memoria y la imaginación. Quiero recordar estas palabras de Jorge Luis Borges: «La memoria humana que, ayudada por el olvido, tiene el hermoso hábito de inventar».[5] Y estas otras de Fernando Savater que introducen una variación en este asunto al referirse al carácter selectivo de la imaginación, y a las virtudes del cristalizado resultante: «[…] sólo la fantasía comprende lo que de la experiencia puede contarse, lo que en la experiencia quiere ser contado. Y eso que se cuenta, el puro cuento, es verdad».[6] Y, cómo no, Antonio Machado, que nos acompañará de principio a fin en estas páginas: «La memoria es infiel: no sólo borra y confunde, sino que, a veces, inventa para desorientarnos».[7] Como vemos, realidad y ficción, memoria e imaginación, son conceptos y funciones mentales difíciles de desenredar. Y parece que críticos, psiquiatras y neuropsicólogos (menos los filósofos) están dispuestos a dar la razón a todos estos creadores. Lo escrito por Kathleen M. Vernon nos sirve para iluminar nuestro tema de estudio básico: la función y los mecanismos de la memoria en la obra de Juan Marsé: «En cierto sentido toda narración, autobiográfica o novelesca, histórica o inventada, depende de la memoria de alguien. Pero la memoria a la que recurre la novela o el cuento es una memoria ficticia (puede ser o no verídica): aquí se trata de la representación, la imitación del proceso rememorativo y no de una transcripción literal e inmediata del acto de recordar. Aunque la memoria también llega a tener una importancia te-

---

4 M.Vargas Llosa, *Historia secreta de una novela*. Barcelona. Tusquets, 2001, pp. 11-12.
5 La frase no consta en las *Obras Completas* del autor (Barcelona. Emecé, 1989, 3 vols.). La ha empleado como lema a su obra *Estrategias sagradas* Danubio Torres Fierro (Barcelona. Seix Barral, 2001).
6 F. Savater, *Loor al leer*. Madrid. Aguilar, 1998, p. 149.
7 A. Machado, *Poesia y Prosa, tomo IV, Prosas Completas (1936-1939)*, edición crítica de Oreste Macrì, Madrid. Espasa-Calpe/Fundación Antonio Machado, 1989, p. 2.478.

mática en muchas obras de ficción, es al nivel de la estructura temporal y lógica que la memoria se hace sentir de forma más radical y significativa en la ficción. Impone un orden en el pasado de lo contado, establece vínculos entre recuerdos e imágenes que, si no son los de la cronología "histórica" ni de la lógica aristotélica, poseen una lógica subjetiva, propia de un *logos* rememorante, con su particular fuerza expresiva».[8]

Y es que la memoria, en la realidad y en la ficción, es absolutamente imprescindible para vivir. La memoria funciona a su modo y los estudiosos de la psicología cognitiva opinan que está bien que así sea. El cerebro humano, aunque habitualmente nos juegue malas pasadas, es una máquina extraordinaria y ultraeficaz, cuya función primordial es la de que nos relacionemos con el mundo sin demasiadas perplejidades. Los científicos y médicos reconocen en algunas obras recientes (cf. nota 47) no saber mucho acerca de los trabajos de la memoria.

La memoria que se nos presenta en las novelas de Juan Marsé es la memoria de una supervivencia. Él lo ha comentado con estas palabras: «[La Barcelona de sus libros] Es una imagen del deseo de la ciudad de sobrevivir a la Guerra Civil; aunque ninguna novela mía tuviera que ver con la Guerra Civil, todo lo que he escrito parte de esa sensación».[9]

Como casi todos los miembros de su generación, la llamada del Medio Siglo, niño derrotado de la guerra, la cosmovisión marsiana se erizó demasiado pronto de rabia y de resentimiento para con unas circunstancias vitales nefastas (el padre casi siempre en la cárcel, el ambiente represivo general de los años cuarenta, las hambrunas, el frío, las falacias de la oficialidad, etc.). Todo lo tuvo que ver Marsé amargo e incompresible, como muchos de sus coetáneos, se dedicaran o no después ha contarlo. A este respecto escribió José María Castellet: «[Los niños de la guerra] empezaron a manifestarse literariamente años después de terminada ésta, en la larga posguerra que le sucedió. En todos ellos late la inquietud de penetrar, de comprender y aun de asumir el sentido de la guerra civil en la que ellos no participaron más que como testigos mudos, lo que les lleva a volverse hacia el pasado, hacia su niñez [...]».[10]

---

8 K. M. Vernon, "El lenguaje de la memoria en la narrativa española contemporánea", en Sebastian Neumeister (ed.), *Actas del IX Congreso de la Asociación Internacional de Hispanistas*, 2 vols., Frankfurt. Vervuert Verlag, 1989, vol. II, p. 429.

9 J Cruz, "La ciudad confortable", en *El País, Domingo*, 24-8-2003, p. 9.

10 J.M. Castellet, *Veinte años de poesía española (1939-1959)*. Barcelona, Seix Barral, 1960³, p. 103. La admiración generacional hacia la figura de Antonio Machado se hace explícita en la dedicatoria del libro: «A la memoria de Antonio Machado, en el XX aniversario de su muerte». Para los niños de la guerra, cf. el libro de Teresa Pàmies *Los niños de la guerra*. Barcelona. Bruguera, 1977. Otro que comentó lúcidamente esta forma de entender la literatura fue el también niño de la guerra Manuel Vázquez Montalbán: «A lo sumo somos unos escritores incapaces de deshacernos de nuestras obsesiones críticas y hemos mantenido la reivindicación de la memoria y de la sospecha como instrumentos de conocimiento, enfrentados a la conjuración de la cultura, a la pérdida de la memoria y a la integración de lo inevitable», en Georges Tyras, *Geometrías de la memoria (Conversaciones con Manuel Vázquez Montalbán*. Granada, Zoela ediciones, 2003, p. 169. Estas palabras se pueden leer como un rotundo comentario crítico a la novelas de Marsé.

Marsé se forjó una identidad cultural de forma autodidacta, atiborrándose de lo que tenía a mano, cine y novelas de todo tipo, hasta que conoció a los integrantes de la conocida como "Escuela de Barcelona". Ello le inclinó a aceptar los postulados estéticos del grupo, pero sobre todo le influyó su amistad con Jaime Gil de Biedma, como bien han estudiado, entre otros, José-Carlos Mainer y Carme Riera.[11] Gracias al acercamiento a ese grupo Marsé aprendió a utilizar la máscara tras la cual se escondía la sinceridad, supo que el engolamiento en la voz literaria tiene fecha de caducidad fija, se decantó hacia el saludable hedonismo que se agarraba a la juventud como a un clavo ardiendo, y que la llamada vida literaria poco o nada tenía que ver con escribir. Su fecundo aprendizaje junto a Gil de Biedma, quién no iba a hacer caso a los consejos de un lector llamado Jaime Gil de Biedma, le llevó a incorporar a sus novelas un punto de vista moral que ya no le abandonaría. Pero formar parte del grupo no le alteró su talante radicalmente individualista, barojianamente anarquizante, que optaba ante todo por la libertad, sin aceptar imposiciones, ni postizos. Marsé dirige sus ficciones a lo más raigal del ser humano. Su subjetividad tiende a lo emocional, a lo sentimental, más que a lo abstracto o a lo ideológico. Por eso, me parece, reniega de las ideologías, porque éstas restringen de algún modo la libertad con la que nacemos. Entiéndaseme, en todo texto late una ideología, claro está, pero los intereses primordiales del Marsé narrador no tienen como finalidad exponer las excelencias de tal o tal sistema ideológico. Las ficciones marsianas apelan a estratos profundos del ser humano, al amasijo de sueños, esperanzas, frustraciones, sentimientos y derrotas que nos configura íntimamente. Luego, según nos vaya en la fiesta, uno se forja una visión del mundo y su consiguiente ideología sustentadora. Pero siempre en un segundo momento. Es decir, Marsé apunta con su obra a la defensa de unos principios morales (la verdad, la justicia, la bondad, la decencia, la comprensión, la civilidad...), más que a ensalzar o machacar planteamientos políticos. Eso sería coartar de algún modo la libertad del lector. Y eso, la libertad, es el bien supremo de todo ser humano por el que Marsé no ha parado de batallar denunciando a todo aquél que, a su entender, ha caído en la mentira o en la ignominia, ya sea ésta moral o política, si es que ambos conceptos pueden separarse. Me refiero, en definitiva, a lo que comenta Clifford Geertz: «El hombre se hace, para bien o para mal, un animal político por obra de la construcción de ideologías, de imágenes esquemáticas de orden social».[12] En fin, gracias a las ideologías podemos los seres humanos, más o menos, vivir organizadamente, pero éstos no son elementos primigenios de definición del ser humano.

Memoria personal de Marsé, compuesta por una serie de imágenes emblemáticas, que conforme avanza en su aventura narrativa irá temati-

---

11 "Juan Marsé", de la serie "Novelistas españoles del siglo XX (IV)", *Boletín Informativo* (Fundación Juan March), 320, mayo 2002, pp. 3-12; Carme Riera, "El río común de Juan Marsé y Jaime Gil de Biedma", *Quimera*, 41, 1984, pp. 56-61.
12 C. Geertz, *La interpretación de las culturas*. Barcelona, Gedisa, 2003[12], p. 190.

zándose hasta convertirse en eje axial de su novelar. Desde *Si te dicen que caí* (1973), en cada novela publicada la memoria diegética va adensándose, va hundiéndose en el pasado para sacar de ese pozo de fondo desconocido sentidos y conocimientos que sirven para entretener al lector, pero también para interpretar el presente, es decir, el novelista hace un uso moral de la memoria y apunta a conflictos y vicisitudes que se pueden dar en cualquier tiempo: desenmascaramiento de la mentira, reflexiones acerca del choque realidad-deseo, interpretación certera de los sentimientos humanos... En definitiva, Marsé sabe «ver en lo que es», que dijo su bienamado Stendhal. Esto lo logra el autor porque tiene una capacidad asombrosa para crear historias en las que se cargan de semanticidad objetos (en *El fantasma del cine Roxy*, por ejemplo, hay un momento en el que unos flechas rompen el escaparate de una papelería de barrio porque expone libros en catalán. Violencia, intolerancia, persecución del catalán, que el autor ofrece así: «Fragmento curvo puntiagudo del cristal, como una daga, sobre la cubierta del libro catalán ilustrada con flores y pájaros ahora salpicados de fango»),[13] actitudes (ese Jan Julivert de *Un día volveré* tejiendo una bufanda de punto), situaciones (la llegada del Denis en *El embrujo de Shanghai*) y escenarios (el teatro de la capilla de las Ánimas en *Si te dicen que caí*).

Sus continuas apelaciones al recuerdo y a su funcionamiento descubren a un narrador que ha encontrado su cuerda en la evocación del tiempo pasado, en la elegía descarnada por lo que ya no volverá, en la distorsión y añoranza de lo que pudo haber sido y no fue (José-Carlos Mainer habla de «memoria en carne viva»; Juan Antonio Masoliver Ródenas de «memoria herida»).[14] De todo ello encontraremos ejemplos en las novelas marsianas. La memoria personal como andamiaje de la narración y como instrumento de conocimiento que le hace tomar, cuando se ha atemperado la rabia por la juventud birlada, una distancia en la que ya cabe la conciencia de que todos llevamos a cuestas la misma condena, cambio de mirada en la que ya se es capaz de la comprensión para con el contrario. Éste es un modo de entender la novela como herramienta de conocimiento de la condición humana que yo emparentaría, por su cosmovisión y su tono, con Cervantes, Antonio Machado, Pío Baroja, el Valle-Inclán de *Luces de bohemia*, Max Aub... Y memoria colectiva, generacional, el escritor como conciencia moral de la sociedad, que también está presente en sus obras, y que, como veremos más adelante, otorgará al autor una estatura moral reconocida por casi todos; la dicha del que da ejemplo sin quererlo. Pero no nos engañemos. Marsé sabe que mediante la literatura no se pueden cambiar ciertas cosas. El fondo moral de su narrativa apela

---

13 J. Marsé , *Teniente Bravo*, Lumen, Barcelona, 2000, p. 60. Dada la propensión del autor a la corrección de los textos, cito por las ediciones que el autor considera definitivas.
14 J.C. Mainer, "Juan Marsé o la memoria en carne viva", en *El Urogallo*, 43, 1989, pp. 66-71; Juan Antonio Masoliver Ródenas, "Juan Marsé: la memoria herida", *La jornada semanal*; 30-XI-1997, p. 2.

a la individualidad, porque sólo buscando el cambio individual se consigue el colectivo, y está cargado de sentido común. Todo ello se transmitirá magistralmente a través de los personajes de sus ficciones y de la manipulación necesaria para crear las mismas, como si la máscara novelesca atenuara algo del dolor de vivir. Ambas memorias caminan juntas y configurarán con cada nuevo libro el autorretrato con retoques de un novelista contundentemente sentimental, primoroso en lo artístico y humildemente íntegro en lo cívico. En referencia a esta fusión inextricable de ambas memorias podemos traer aquí las palabras de Amalio Blanco: «Hay […] una memoria individual y una memoria colectiva, idénticas en la dinámica de sus relaciones con la conciencia individual y la conciencia colectiva. Ambas se complementan, se apoyan y se penetran mutuamente; pero es la memoria colectiva, la que sirve de envoltura a la individual. Esta no pasa de ser una especie de *intuición sensible* muy limitada en el espacio y en el tiempo y de un marcado carácter autobiográfico. Lo mismo que decimos que el grupo está compuesto por individuos pero es algo más que la mera adición de ellos, tendremos que reconocer que son éstos los que recuerdan, pero ello no obsta para que podamos hablar de la existencia de una memoria que los trasciende, de una memoria que acaba por institucionalizarse y regularse transitando a lo largo de generaciones como signo de identidad de grupos, comunidades y sociedades».[15]

Marsé, que es un artista de la seducción, sólo escribe literatura para reflejar la radical ambigüedad que aqueja a los humanos, cargados como vamos por la vida con todos nuestros claroscuros. Por ejemplo, la muchacha de *Un día volveré* que se pone la crema en la pierna buena negando así su realidad de enferma, o el inspector Galván, tan violento y muy capaz de amar a Rosa. Se diría que su misma exigencia a la hora de ponerse al oficio de contarnos la vida de forma profunda y sencilla (y que difícil es eso) se la transmitiera al lector para entablar un diálogo del que sólo se puede salir ganando. Sus ficciones son una exploración moral de la vida que nos hablan integralmente de lo más definitorio de nosotros, y nos hace vivir y disfrutar con unos personajes que sentimos auténticos, porque nos reconocemos en ellos, cogidos siempre en su rasgo más característico. Son personajes que sueñan quimeras de amor y de libertad (en cada novela de Marsé hay una historia de amor), aunque la testaruda realidad siempre les arrastre al fracaso definitivo. Marsé es un maestro de la narración del proceso del desengaño, del momento en el que la realidad impone sus perfiles más crueles. Con su potente sensación de realidad, el mundo recreado en las obras

---

15 A. Blanco, "Los blancos afluentes del recuerdo: la memoria colectiva", en José María Ruiz-Vargas (comp.), *Claves de memoria*. Madrid. Trotta, 1997, p. 89. Y la literatura ha sido la que mejor ha reflejado las normas profundas de funcionamiento de la sociedad. Atendamos a lo expuesto por Antonio Vilanova: «La literatura ha sido en todos los tiempos la expresión de la sociedad porque, como reflejo de problemas humanos y formas de vida que atañen tanto a la conducta social del hombre como a su existencia personal e íntima, expresa la verdad esencial y profunda de la vida colectiva y de los individuos que la integran»; en *Novela y sociedad en la España de la posguerra*. Barcelona, Lumen, 1995, p. 22. Texto de 24-II-1962.

marsianas nos engulle. Es lo que demandaba Ortega (en esto no se equivocó) en *Ideas sobre la novela* (1925) para el género, que fuera capaz de crear una atmósfera hermética para que el lector desapareciera en su interior y no le quedara resquicio ni grieta por la que volver a la "realidad real". Marsé apunta lúcidamente al corazón, y siempre acierta. Se le pueden aplicar al fondo de su quehacer novelesco estas palabras de Don Miguel de Unamuno: «Los grandes pensamientos vienen del corazón, se ha dicho, y esto es sin duda verdadero hasta para aquellos pensamientos que nos parecen más ajenos y lejanos de las necesidades y los anhelos del corazón».[16] La definición marsiana de la literatura, su autorretrato en *Señoras y señores*, y la vergonzante estampa (para todos) de la famélica mujer africana del mismo libro nos ilustran magníficamente acerca de su ética y de su estética. Nuestro autor, así, define la literatura como «...una lucha contra el olvido, una mirada solidaria y cómplice a la alegría y al fracaso del hombre, una pasión y un empeño por fraguar sueños e ilusiones en un mundo inhóspito».[17]

Quien haya transitado las ficciones de este moralista que todo lo tiñe con ironía, ambigüedad y humor de buena ley, porque sabe que nada le va peor a la novela que la tendenciosidad y el envaramiento, habrá comprobado que la visión del mundo que se desprende de las mismas no es, digamos, edificante. Aquí, para salir de dudas y no confundir el pesimismo con el escepticismo hay que recordar lo escrito por Leopoldo Alas "Clarín": «Pintar las miserias de la vida no es ser pesimista. Que hay mucha tristeza en el mundo, es tal vez el resultado de la observación exacta».[18] Me parece que por ahí va la visión de la vida lúcidamente desencantada que se desprende de las novelas de Marsé.

«Lucha contra el olvido», escribía Marsé, es decir, la memoria, "alegría" y "fracaso" del hombre, sentimientos y emociones, la vida tal cual, sólo con los afeites necesarios para que dé más vida, más realidad, y descubra algunas de sus normas secretas. No son, ni más ni menos, que los «universales del sentimiento»[19] machadianos: sensación del paso del tiempo, soledad, alegría, sufrimiento, solidaridad, dolor, amor, ternura...

---

16 M. de Unamuno, "El secreto de la vida", *Obras completas*, vol. III, Ensayos I, Afrodisio Aguado Editores-libreros, pról. ed. y notas de Manuel García Blanco, 1958², p. 1.034.
17 *La Vanguardia*, 1-12-1997, p. 30. No deja de resultar sorprendente que un autor en apariencia tan separado por poética narrativa de Juan Marsé como es Enrique Vila-Matas escriba algo semejante en su justamente célebre *Bartleby y compañía*: «Todos deseamos rescatar a través de la memoria cada fragmento de vida que súbitamente vuelve a nosotros, por más indigno, por más doloroso que sea. Y la única manera de hacerlo es fijarlo con la escritura./La literatura, por mucho que nos apasione negarla, permite rescatar del olvido todo eso sobre lo que la mirada contemporánea, cada día más inmoral, pretende deslizarse con la más absoluta indiferencia.». (ob. cit., quinteto, Barcelona, 2002, p. 40) Y Gonzalo Sobejano, no vamos a insistir, escribe que las novelas de Marsé le parecen «ética y estéticamente admirables» ("Tres novelistas generosos", en Fernando Valls (ed.), *Miguel Espinosa, Juan Marsé, Luis Goytisolo*. El Puerto de Santa María. Fundación Luis Goytisolo, 1999, p. 20).
18 "Clarín", Leopoldo Alas, pról. a la 2ª ed. (1883) de *La cuestión palpitante,* de Emilia Pardo Bazán, edición de Rosa de Diego, Madrid. Biblioteca Nueva, 1998, p. 125.
19 A. Machado, *Poesías Completas,* edición de Manuel Alvar, Madrid. Espasa Calpe, colección Austral 33, 1996²², p. 78.

Y a la luz de estos universales leeremos a Marsé después. Manuel Vázquez Montalbán, siempre necesario, le llamó en 1975 «anarquista por lo libre»[20] y lo emparejó así con su maestro confeso (de Marsé), por talante personal y por búsqueda de la prosa transparente: Pío Baroja. Del novelista vasco, Miguel Sánchez-Ostiz escribió unas líneas en las que si intercambiamos los apellidos Baroja-Marsé en nada cambia el sentido de lo afirmado: «Barojiano es, para unos, ser colmillo retorcido, es decir, casi de la intención torcida, de la palabra amarga, de la crítica inclemente, para otros es ser un profesional de la retranca, mientras que para otros más es una forma emblemática de decir no, por ahí no paso, una pura cuestión de independencia de criterio, que en estos tiempos es uno de los peores pecados que pueden cometerse».[21]

Hasta *La oscura historia de la prima Montse* (1970) no hace Marsé una apuesta clara por la evocación, por la reconstrucción de un pasado que refulge en el presente como presencia inquietante y pérdida irremisible. Sus dos primeras novelas, *Encerrados con un solo juguete* (1960) y *Esta cara de la luna* (1962) se apuntalan sobre la experiencia personal, más la primera que la segunda, y nos presentan unas vidas sin futuro, una juventud que zozobra en medio de un tedio definitivo. *Últimas tardes con Teresa* (1966) ya es otra cosa. En estas tres novelas, el autor todavía no ha encontrado la distancia que le haga ser más ecuánime y comprensivo. La rabia por un sistema de cosas que no permite singularizarse, que coarta la libertad individual, está demasiado fresca todavía. Pero en las tres novelas ya se deja entrever que el peso del pasado marca el presente de los personajes, los cuales pagan unas culpas que no son suyas porque son resultado infame de la guerra civil. Solo un ejemplo: Andrés Ferrán, alter ego transparente de Marsé en *Encerrados con un solo juguete*, no entiende por qué su padre tuvo que morir por salvar de la quema una iglesia, él, que era de izquierdas.

Últimas tardes con Teresa es una novela cargada de personajes y de situaciones memorables que no ha envejecido nada. Todo humano sensible acaba amando a Teresa e identificándose con el quimérico Pijoaparte. Marsé demuestra que ya domina los resortes de la narración y el estilo para contar exactamente. El conflicto entre la apariencia y la realidad, entre la construcción de una ideología falseadora de lo empírico y un afán de medro imposible, se resuelve en el fracaso, como no podía ser de otra forma, más lamentable. En esta novela ya encontramos ciertas reflexiones acerca de la memoria y de la imaginación que concuerdan con lo que los psicólogos cognitivos han teorizado y experimentado acerca del funcionamiento de la memoria.

---

20 M. Vázquez Montalbán, prólogo a Juan Marsé, *Señoras y señores*. Barcelona. Punch Ediciones, 1975, p. 8.
21 M. Sánchez-Ostiz, *Derrotero de Pío Baroja*. Irún. Alga, 2000, pp. 203-204. Efectuaré, a partir de aquí, una lectura cronológica de la novelística marsiana porque resulta muy operativa para el asunto que estoy tratando. Obviamos en este análisis los cuentos del autor y la *nouvelle Ronda del Guinardó*, de la que Fernando Valls publicará próximamente una edición crítica.

En *La oscura historia...* la cruda tragedia de la desdichada Montse se narra desde un presente distanciado casi una década del nudo de sucesos que desencadenaron la desgracia. Marsé mete tiempo de por medio y la novela por primera vez tematiza la memoria y sus resortes. Ésta queda en un primer plano gracias a la figura del narrador, Paco Bodegas, pijoapartesco portavoz de la conciencia autorial. Se reconstruye el tiempo de la derrota personal de la juventud desde una atalaya algo culpable. Un lúcido pesimismo contrarrestado con fuertes dosis de sarcasmo se adueña del tono. Se comienza a elaborar un símbolo central para nuestra explicación. La infancia fue para Bodegas un «ilusión de paraíso».[22] El evocador narrador dice poseer «[...] cierta natural y obsesiva predisposición a lamentar no sé qué tiempo perdido o no sé qué bello sueño desvanecido».[23] Asimismo, Bodegas reconoce que lo no, o mal, recordado lo suple con la imaginación para hacer verosímil su relato. Los agujeros de la memoria se rellenan con la imaginación, que vuela guiada por el sentimiento. La maraña evocativa hace que se alternen las voces narrativas en un anticipo de lo que será la estructura narrativa de *Si te dicen que caí*.

El pasado recobrado se analiza en sus momentos más significativos. Por boca de Bodegas, Marsé anuncia su elección narrativa: «La memoria es todo para mí. Tanto recuerdas, tanto vales».[24] Una de las cualidades que hace de Marsé un narrador excepcional, aparte de todo lo comentado hasta ahora, es que sabe integrar los apuntes metanarrativos en el cuerpo de la ficción sin que se fuerce la verosimilitud. Todo en sus ficciones fluye narrativamente sin obstáculo. La evocación reiterada tiende a embellecer el recuerdo voluntario de situaciones y de los agentes provocadores. En una segunda persona autorreflexiva, Bodegas comenta: «Todos tus recuerdos de Montse Claramunt están hechos de una materia compleja donde es difícil deslindar las especies de las variedades o de las simples mezclas: semejantes a ciertos minerales sometidos a largas estancias marinas, el paso del tiempo, el esplendor y muerte de ocultas primaveras les ha ido pegando musgos, arenillas y costras de olvidada y remota procedencia, extrañas simpatías que los años han ido superponiendo caprichosamente. Como en esas conchas de hermoso fulgor irisado, distingues sobre todo en los recuerdos –que no acuden a la mente sujetos al hilo sin roturas del tiempo, sino al de los sentimientos, tan embrollado y quebradizo– adherencias y fulgores particularmente dorados, cuyo origen te es bien conocido: proviene de Nuria, del sol que irradiaba entonces para ti».[25]

El párrafo es enjundioso. Asistimos al tono que se hará, en general, el más característico de Marsé al abordar el tema de la memoria. La elegía se tiñe de lirismo y la nostalgia de un paraíso perdido prevalece sentimentalmente. La prosa visual, al analizar el vaivén desarticulado de los

---

22 J. Marsé, *La oscura historia de la prima Montse*. Barcelona. Lumen, 2000, p. 13.
23 *Ibídem*, p. 12.
24 *Ibídem*, p. 37.
25 *Ibídem*, p. 135.

recuerdos, utiliza imágenes de gran plasticidad. Pero, además, esta lírica concepción del asunto de la memoria coincide con los presupuestos teóricos que los psicólogos cognitivos apuntan como posible funcionamiento de la memoria humana. Se ha demostrado científicamente, por ejemplo, que la memoria recuerda sucesos que nunca existieron. Y que también manipula estos recuerdos apócrifos. En el pasado todo está nimbado por la luz de la belleza y de la felicidad. Es el sol machadiano de la infancia que anunciaba en el título de este artículo y que ya no nos habrá de abandonar.

Además, se inicia en *La oscura historia...* la serie de espacios íntimos que son, para el autor, los más adecuados para realizar confidencias, para sincerarse con el otro e invocar el pasado. Aquí son dos dormitorios, el de la torre en ruinas de los Claramunt y el de la casa de Nuria; en *Si te dicen que caí* el refugio y el calor de las fogatas; en *La muchacha de las bragas de oro* (1978) el cuarto de Mariana; en *El embrujo de Shanghai* (1993), la habitación-pecera de Susana, aislante contra el asco del mundo, por lo menos hasta que llega el Denis, y en *Rabos de lagartija* (2000) la habitación y el consultorio de la casa de David Bartra, frecuentador continuo de fantasmas y demás hijos de la imaginación. Estos espacios tienen su precedente en el opresivo cuarto de la Tina de *Encerrados con un solo juguete*.

Al llegar a *Si te dicen que caí*, para mí la mejor novela de Juan Marsé, el dolor por la infancia perdida y la nostalgia por el tiempo ido se intensifican, y con ellos el lirismo de la prosa. El majestuoso párrafo inicial de la novela marca un tono lírico-elegíaco que ya no se rebajará. La importancia de la novela, recreación sentimental de lo que fue la infancia del autor, queda especificada por él al contestar a una pregunta de Ana Rodríguez-Fischer: «[Las imágenes recurrentes que forman la intertextualidad de sus novelas] son retazos que forman parte de un todo que está por ahí. El libro central de todo eso yo creo que es *Si te dicen que caí*. Hay imágenes que pertenecen a esta novela y luego se han desarrollado de forma autónoma».[26] Volvemos a la alquimia de la memoria y de la imaginación. *Si te dicen que caí* es un matemático centrifugado narrativo que da una vertiginosa sensación de alucinada pesadilla a la par que de contundente verdad sentimental. Un infierno terrenal cargado de muerte, hambre, miedo, dolor, degradación moral y sufrimientos que se transmite a través de las *aventis*, fantasías con una base real que eran el juguete preferido de los chavales famélicos de Gracia y del Guinardó durante la década de 1940. Con éstas, Marsé actualiza la memoria colectiva del barrio, más cercana, más humana y más veraz que la falangista oficial. Así reivindica, a su vez, la transmisión oral de la misma.

Marsé se propuso recrear a sangre y fuego lo que fue su infancia dolorosa en el barrio, y de paso, echar por tierra la mentirosa oficialidad franquista. Escrita y estructurada con una exactitud que roza la perfección,

---

26 A. Rodríguez-Fischer, "Entrevista a Juan Marsé", en *Ínsula*, 534, junio 1991, p. 23.

la novela arrastra a su interior al lector como si de un personaje más se tratara. Ñito, narrador principal de la historia, comienza su trabajo de la memoria al ver los ojos del cadáver del que fue su amigo en la infancia, Daniel Javaloyes. El método de impresión sensorial de arranque de la memoria es casi proustiano. Ñito, Sarnita en la infancia, reflexionará sobre el funcionamiento de la memoria a la par que se adentrará en ella, pero la polifonía se encargará de hacer transmisores del fondo sentimental de la novela a muchos más personajes. Se canta una «década atroz», pero también la maldita caída en el tiempo: «[...] se dijo [Sarnita]: ya soy mayor, ya soy memoria».[27] Poco importa que la memoria del autor implícito (salvo alguna excepción, siempre tan cercano al autor real en las novelas de Marsé) cuente hechos que sucedieron en la realidad. Lo que importa es que aquel tiempo fue el de la infancia y de la juventud, cuando se forjó la derrota existencial (juventud escamoteada, caída en el tiempo...) que todavía en el presente narrativo persigue a todos. Ñito sabe, pasados los años, que nunca volverá a experimentar aquella libertad y aquella alegría, aquellos juegos feroces; «Nunca volvió a reír la primavera como entonces, nunca».[28] La posibilidad birlada de la elección de un futuro genera un sentimiento de frustración que se resuelve en deseo de venganza literaria. Leemos en otro lugar de la obra marsiana: «[...] no renuncio en mis *aventis*, siempre que haga el caso, a vengarme de un sistema que saqueó y falseó mi infancia y mi adolescencia, el sol de mis esquinas. Yo no olvido ni perdono [...]».[29]

La reconstrucción de «aquel paraíso infantil anegado por las aguas»[30] fue una purga del corazón que se convirtió, gracias a la maestría narrativa del autor, en una obra de arte turbadoramente bella. Su ataque al nacionalcatolicismo se producía transformando en mito de resistencia una experiencia atroz: «[...] nuestra tarea no es desmitificar, sino mitificar: ahí les duele».[31]

Cuando se publica la novela, Marsé tiene 40 años, y es consciente de que su lógica rabia inicial ha dado paso a la compasión. Su imposible perdón citado más arriba tiene que ver más con su historia personal y con el hecho de que la novela había sido secuestrada por censura que con un sentimiento estéril que sólo podía acabar en amargo resentimiento. Es paradigmático de todo ello el momento de la novela en que el autor funde al maquis Marcos Javaloyes, un topo, y al alférez Conrado, víctima de una vida de dolor y minusvalía, y hace de los dos un solo personaje, porque ambos han quedado marcados de por vida por el mismo drama bélico.

La siguiente novela, *La muchacha de las bragas de oro* (1978) no es su obra más lograda, pero sí es una obra importante porque en ella el autor expone buena parte de su poética narrativa. En tono de burla elegíaca y de

27 J. Marsé, *Confidencias de un chorizo*. Barcelona. Planeta, 1977, p. 172, y *Si te dicen que caí*. Barcelona. Lumen, 2000, p. 10, respectivamente.
28 *Si te dicen que caí*, p. 248.
29 J. Marsé, *Confidencias de un chorizo*, p. 174.
30 *Si te dicen que caí*, p. 103.
31 *Confidencias de un chorizo*, p. 172.

desengaño ideológico y vital, Luys Forest, cronista oficial de la España franquista, escribe sus memorias. Con él colabora su sobrina Mariana, una *hippy* desinhibida. Forest comienza a intercalar patrañas en su supuesta confesión sincera. Y se logra el sarcástico prodigio (positivo para el escritor, negativo para el ser humano) de que la mentira se convierta en verdad. Alucinado y mentalmente roto ante el fenómeno, Forest decide suicidarse sin éxito. Una última broma del autor hacia tanto falangista chaquetero cuando tocó la corneta democrática de la transición. De nuevo la capacidad ética y crítica de Marsé ataca al mentiroso, al cobarde, al que es incapaz de cargar con las consecuencias de sus propios actos. Pero a estos falangistas intelectuales que en su día quisieron pasar por liberales de toda la vida, la historia los ha acabado poniendo en su sitio. Cito a Santos Juliá: «El ejercicio de la memoria por parte de aquellos falangistas que soñaban con un régimen ocupado de arriba abajo por ellos no podía dejar de modificar, desde cada presente en que ese ejercicio se realiza, lo que fueron en el pasado».[32]

De todos modos, conforme avanza la novela, Forest se acerca más y más a los presupuestos teóricos del autor implícito. Y volvemos al asunto que nos interesa resaltar. Tras la caída en el tiempo, se intenta recobrar la infancia perdida a través del recuerdo: «— Querida niña de lengua viperina [Mariana], a mí sólo me interesa evocar la juventud perdida…».[33] Cierto es que éste no es el único interés del autor, pero sus novelas, sobre todo desde *La oscura historia de la prima Montse*, sí ponen en primer plano narrativo esa recreación del pasado infantil y juvenil y la experiencia moral que se colige de dicha recreación. Las narraciones se transforman en enseñanza moral que nace de la capacidad de autoanálisis que el yo adulto, gracias a la distancia temporal, puede efectuar de las vivencias del yo juvenil. Dicha recuperación del tiempo de la infancia también afecta a la mirada sobre el mundo (ingenua, deslumbrada, fundadora) que prima en los textos y que se resuelve en narración de aprendizaje vital de la que se desprende el porqué de determinada forma de entender la vida.

Un día volveré (1982) es la crónica de una revancha siempre aplazada. De nuevo un adolescente cargado de rabia y de ingenuidad en la época (1959) narra desde un presente cercano a la fecha de escritura de la novela las correrías y aventuras en el barrio. Aquí, además de las referencias habituales al funcionamiento de la memoria que ya forman parte del "sello" Marsé, hay que destacar las últimas líneas de la novela, mensaje meridiano de desengaño tras el fiasco que para muchos supuso la transición: «[…] hoy ya no creemos en nada, nos están cocinando en la olla podrida del olvido, porque el olvido es una estrategia del vivir, si bien algunos, por si acaso, aún mantenemos el dedo en el gatillo de la memoria…».[34]

---

[32] S. Juliá, "¿Falange liberal o intelectuales fascistas?, en *Claves de razón práctica*, 121, abril 2002, p. 11.
[33] J. Marsé, *La muchacha de las bragas de oro*. Barcelona. Planeta, 1978, p. 157.
[34] J. Marsé, *Un día volveré*. Barcelona. Lumen, 2000, p. 350.

Juanito Marés, el loco de amor protagonista de *El amante bilingüe* (1990), pese a sus problemas sentimentales y mentales también sufre «[…] la nostalgia del paraíso perdido».[35]

Llegamos a *El embrujo de Shanghai* (1993), una novela que a cada corrección crece en páginas y en excelencia. Marsé, crítico de sí mismo, aporta unas líneas en esta obra que, creo, resumen buena parte de su quehacer novelístico y evidencian la voluntad humanamente moral del mismo: «[…] con el tiempo y casi sin darme cuenta, el escenario vital de mi infancia se me fue convirtiendo poco a poco en un paisaje moral y así ha quedado grabado para siempre en mi memoria».[36] La frase que abre la novela, rotundamente descorazonadora por cierta («Los sueños juveniles se corrompen en boca de los adultos»)[37] tiene su desmentido sublime en los párrafos finales de la obra, cuando ya sólo quedan las ruinas de un mito de amor y de aventura. Daniel, al mirar atrás, no sólo evoca con tristeza. Su tono es de un dolor risueño, de sabia melancolía, ya que nunca nadie le podrá quitar aquellas vivencias junto a Susana, su descubrimiento simultáneo del mundo: «[…] a pesar de crecer y por mucho que uno mire hacia el futuro, uno siempre crece hacia el pasado, en busca tal vez del primer deslumbramiento».[38] Hemos llegado a una noción crucial. Víctor Erice, en su magnífico guión cinematográfico que adoptaba más que adaptaba la novela, entendió derechamente a lo que se refería el novelista. El director habla de este tipo de epifanías con estas palabras: «Ellos [el director y un amigo] viven aún en ese instante privilegiado donde las cosas suceden por vez primera, turbación original de los sentidos a través de la cual cierta belleza del mundo se les revela. Salen del cine distintos a como entraron […]».[39] Se ha producido una fascinación que nos atreveríamos a decir sólo se puede dar en la infancia, tiempo de la inocencia, del juego como herramienta de conocimiento del mundo. De este tiempo y de su felicidad comenta Marsé: «[Cuando dejas de ser adolescente] el tiempo se pone en marcha, implacablemente. Hasta ese momento ha estado parado, una especie de eterno verano. Cuando pienso en una imagen de la felicidad auténtica, pienso siempre en aquel grupo de chavales, que debíamos tener de 9 a 12 años, en el Penedès, en verano, entre los viñedos y los trigales, yendo y viniendo de bañarnos en las albercas, todos en pelota viva, yendo por esos campos, parándote en un sembrado de melones y sandías, coger una, partirla y comérsela ahí, bajo el sol, en pelotas, y luego nadando… Bueno, ésa es para mí la imagen de la felicidad. Y ahí, en ese verano luminoso, el tiempo está parado. Después se pone en marcha y ya se acabó».[40]

---

35 J. Marsé *El amante bilingüe*. Barcelona. Planeta, 1990, p. 185.
36 J. Marsé, *El embrujo de Shanghai*. Barcelona. Lumen, 2002, p. 193.
37 Ob. cit., p. 11.
38 Ob. cit., p. 231.
39 V. Erice, *La promesa de Shanghai*. Barcelona. Areté, 2001, p. 11. El director reproduce las palabras de nuestra última cita marsiana en p. 393 subrayando así la importancia de las mismas. Esa luz de la infancia que todo lo transforma en extraordinario es la que G. K. Chesterton llama "la blanca luz del asombro" en su *Autobiografía*. Barcelona. El Acantilado, 2003, p. 54.
40 J. R. Iborra, entrevista y libro citados en nota 1, pp. 63 y 452 respectivamente.

La utópica felicidad sólo cabe en el tiempo de la infancia, cuando la ignorancia de la muerte nos da una esperanza de eternidad. Después caemos en el tiempo, extraviamos la inocencia, nos salen pelos por todas partes, y no comprendemos. Esta desgracia irreversible nos forja un sentimiento de desposesión, un vacío que algunos sólo se ven capaces de llenar escribiendo. Se busca algo que teníamos en la infancia y que hemos perdido. Escribir es jugar a las *aventis* para intentar poner fin a esa búsqueda. Y esa búsqueda es la vida, con su mucho de derrota segura. Cito de *Si te dicen que caí*: «Entre bastidores, los decorados enrollados también eran ceniza, pero el telón de fondo desplegado, aquel esplendoroso cielo azul con nubecillas blancas durmiendo sobre lejanas montañas grises y nevadas, aquel horizonte imposible sobre la hondonada de los gorriones que sobrevuelan la niebla mañanera y el trigal, que a veces cruzaba mi madre con brazadas de espigas y que fulgía dorado siempre más allá de la memoria, las llamas no lo tocaron.»[41] De nuevo el verano y su luz venturosa, la libertad de la naturaleza y toda su belleza como símbolo privilegiado de la posibilidad de la felicidad. Es lo que Marsé comentaba en la entrevista arriba citada. La memoria como catalizador necesario, como barro primordial para la precaria recuperación del pasado vivido, y el arte de contarlo, que quizá refleje pálidamente lo que fue aquello, aunque sería mejor decir cómo se recuerda que fue. Esta conexión entre el artista como adulto que juega y la infancia la defendió Sigmund Freud: «[…] el poeta hace lo mismo que el niño que juega: crea un mundo fantástico y lo toma muy en serio; esto es, se siente íntimamente ligado a él, aunque sin dejar de diferenciarlo resueltamente de la realidad. Pero de esta irrealidad del mundo poético nacen consecuencias muy importantes para la técnica artística, pues mucho de lo que, siendo real, no podría procurar placer ninguno puede procurarlo como juego de la fantasía, y muchas emociones penosas en sí mismas pueden convertirse en una fuente de placer para el auditorio del poeta».[42] Creo que estas palabras cuadran con todo lo comentado hasta aquí acerca de la obra de Juan Marsé. Escribir como recobro imposible de una atisbada felicidad, como creación de un mundo imaginario que puede arrojar luz acerca del comportamiento y leyes vitales del mundo real. De ahí el enfoque moral

---

41 Ob. cit., p. 290.
42 S. Freud, "El poeta y los sueños diurnos" (1907), *Obras Completas*, 4 tomos, Madrid. Biblioteca Nueva, 1973³, tomo II, p. 1.343. Lo mismo, curiosamente, opinaba otro de los grandes escritores amados por Marsé, Robert Louis Stevenson (cf. *La isla del tesoro*, edición de Juan Antonio Molina Foix, Madrid. Cátedra, 2002, p. 11). Sobre el artista que juega a crear un mundo y su sensibilidad equiparable a la infantil han escrito también Johan Huizinga (*Homo ludens*. Madrid. Alianza Editorial, 1998), y autores tan afines a Marsé como Jaime Gil de Biedma (sobre todo en "Sensibilidad infantil, mentalidad adulta", en *El pie de la letra*. Barcelona. Crítica, 1994, pp. 48-51) y Antonio Muñoz Molina (Luis García Montero y Antonio Muñoz Molina, *¿Por qué no es útil la literatura?* Madrid. Hiperión, 1994², pp. 52-57. Es de sentido común reconocer el peso de la infancia en la vida de cualquier ser humano. Pero no me resisto a traer aquí las palabras de Jean-Paul Sartre acerca de este hecho: «Todo hombre tiene su lugar natural; no fijan su actitud ni el orgullo ni el valor: decide la infancia», en *Las palabras*. Madrid. Losada, 2002, p. 51.

de muchas de las ficciones marsianas: entretenimiento provechoso. Memoria personal y memoria colectiva van de la mano en la obra para tratar de esclarecerse y de esclarecer el mundo (aunque sea mediante el filtro de la ficción) para los demás. Fernando Savater, asimismo, al glosar el pensamiento de George Bataille en *La literatura y el mal* ("La literatura es la infancia al fin recuperada") escribe en su autobiografía de lector que tituló así (*La infancia recuperada*) lo siguiente: «Cuando Bataille habló de la literatura como infancia al fin recuperada (y en un libro que trataba, no lo olvidemos, de autores malditos) no se refería ciertamente a historietas suavemente pueriles, sino a la obra de ficción como experimento en el que corremos de nuevo un riesgo *fundacional*».[43] El narrador necesita de algunos de los atributos de la mirada infantil para que el lector se crea la representación del universo narrativo. Seguimos hablando de lo mismo. Revelación de la belleza del mundo, infancia como lugar de la felicidad, sentimiento melancólico por el tiempo que no volverá y la escritura como correlato serio del juego infantil que surge del impulso de recuperación. Éste quizá sea uno de los resortes básicos de la personalidad literaria de Juan Marsé, uno de los motivos esenciales que le mueven a escribir.

Llegamos a *Rabos de lagartija* (2000), vuelta a la posguerra, retorno a la guerra de sentimientos tanto o más cruda que en *La oscura historia de la prima Montse* o *El embrujo de Shanghai*. Aquí, Marsé da una vuelta de tuerca a su poética de la memoria y a sus ambiguas relaciones con la imaginación al hacer recordar a un crío de 6 años las vivencias de cuando era un feto. De nuevo es un adolescente el protagonista de una peripecia que, no podía ser de otro modo, acaba mal. La memoria del narrador Víctor conoce los recuerdos reales e imaginarios, la memoria de lo no pasado: «Lo mismo que el recuerdo de algunas vivencias personales que nos habían parecido imborrables, la memoria de aquello que vemos con la imaginación, porque no alcanzamos a vivirlo, también se hace borrosa con el tiempo, también se desgasta».[44] Y de nuevo el fondo moral de la novela logra mostrarse mediante el sutil equilibrio entre la memoria personal (el final desdichado del mentiroso David) y de la memoria colectiva, que mira descaradamente al presente. En este caso, es el fugitivo padre de David y Víctor Bartra, menos fantoche de lo que parece, en quien se sustentan estas enseñanzas para bien vivir. Por ejemplo, este personaje monta todo un descrédito de la figura del artista y de su capacidad de acción social ya que «Hoy todo el mundo vive con la boca y los ojos cerrados y los oídos sordos», por tanto, «Hoy no sirven de gran cosa los artistas [...]».[45]

---

43 F. Savater, *La infancia recuperada*. Madrid. Taurus, 1995[9], p. 15. La cita de George Bataille en *La literatura y el mal*. Madrid. Taurus, 1987, pp. 19-20.
44 J. Marsé, *Rabos de lagartija*. Barcelona. Debolsillo, 2001, p. 207.
45 Ob.cit., pp. 80 y 82, respectivamente.

No hace falta insistir en el asunto de la mirada crítica y clarividente que se adueña del fondo de las novelas de Juan Marsé. Para concluir con este asunto, quiero recuperar unas palabras de Gonzalo Sobejano que sintetizan buena parte de lo hasta aquí expuesto acerca de la altura moral del escritor y que comparto totalmente: «[...] siempre admiré a quien logró con empeño cierto poder para, desde ese poder, amparar la causa de los humillados y ofendidos: el médico que cuida al paciente que no puede pagarle, el abogado que defiende una causa perdida, el ingeniero que construye un puente o un camino para socorrer a una aldea remota, el novelista que con su arte ampara a los que no tienen pública voz. A este género de médicos, abogados e ingenieros de la pobreza pertenece como novelista –gran novelista– Juan Marsé [...] Su empresa fue en todo momento descubridora, testificativa, inspirada, fecunda».[46]

He intentado demostrar sintéticamente en este artículo, porque el asunto no está ni remotamente agotado y espero poder ampliarlo convenientemente, cómo Juan Marsé va construyendo una poética de la memoria personal y, por ende, de la colectiva. Se ha constatado cómo la memoria iba creciendo en importancia temática y estructural a cada novela y, al hilo de esto, cómo la evolución vital y narrativa de Juan Marsé corrían parejas. La autobiografía marsiana hecha novela se nutre de la ambigua relación entre imaginación y memoria, difícilmente deslindables, en el sentido de que ambas trabajan al unísono como pozo común del que el novelista extrae el material de sus ficciones. La imaginación modifica, decora, enlaza y carga de sentido la realidad subjetiva que la memoria brinda. Nuestro autor es consciente de la precariedad de la memoria como elemento capaz de traer al presente "las cosas como fueron". Por eso la memoria es instrumento que se sirve de la imaginación para dibujar la posibilidad, "las cosas como podrían haber sido", que a veces, como sucede con Luys Forest, pueden tener más peso en la vida de un personaje (y de un ser humano) que la biografía objetiva: la chata realidad frente al eterno interrogante de las ocasiones perdidas o de las decisiones irrenunciables. Y es que la memoria, para acabar de enmarañar el asunto, es engañosa y puede guardar recuerdo incluso de sucesos jamás acaecidos. Creo haber demostrado que el funcionamiento diegético de la memoria personal coincide prácticamente con el que psicólogos cognitivos de renombre como José María Ruiz-Vargas exponen en sus trabajos:[47] ¿Intuición?¿documentación? Poco importa. Importa más la calidad cierta de la obra narrativa de Juan Marsé, autor que es capaz de crear tramas atrayentes y personajes memorables llenos de vida que nos hablan de nosotros mismos, y ello cargado de capas de significación. El trasvase temporal

46 F. Valls (ed.), ob. cit. en nota 16, pp. 15-16.
47 El ya citado en nota 15 *Claves de la memoria*, del que fue compilador y, entre otros, en *La memoria humana: funcionamiento y estructura*. Madrid. Alianza, 1994. Puede resultar útil el manual *Psicología* de David G. Myers, Madrid. Panamericana, 1994³. Se puede consultar también el libro de Howard Einchenbaum *Neurociencia cognitiva de la memoria*. Barcelona. Ariel Neurociencia, 2003.

presente en la mayoría de las novelas y cuentos ofrece un contraste de perspectivas (niño-adulto) en el que se forja la sensación de veracidad vital, de nostalgia y de fuerza elegíaca. Y es que Marsé sabe universalizar como pocos sus mensajes, sabe agarrar el nervio íntimo de cada cual, aquello que más nos define como seres humanos, aquello que a lo mejor (o a lo peor) se acerca a lo que posiblemente somos, para hacernos ver artística y moralmente su visión de la vida, que podríamos definir como falsamente pesimista o sanamente escéptica, ya que, por duro que sea lo narrado, siempre se adueña del lector la sensación de que la vida merece la pena ser vivida, de que la decepción y la derrota, aunque predominantes, no dañan nuestro fondo humano. En otro nivel exegético, la referencia a lo expuesto por S. Freud y J. Huizinga nos ilumina un estrato profundo de significación acerca de la necesidad de la escritura para nuestro autor y de su forma de resolver esta necesidad.

El tema de Marsé es la reflexión acerca del paso del tiempo unido a las complejas relaciones que los seres humanos establecen con la realidad. Siempre ha apuntado en sus ficciones a esas "ideas cordiales", a esos "universales del sentimiento" machadianos que comentábamos más arriba. Juan Marsé es ya la conciencia moral de un país que pasó, esperemos, sus tiempos más recios.

Hace 43 años que Marsé publicó su primera novela *Encerrados con un solo juguete*. En la contraportada, una foto en blanco y negro de un joven Marsé leyendo. En el ángulo superior derecho de la misma, desenfocado, el rostro tutelar de Antonio Machado como vigilando al aprendiz de escritor. Quizá el poeta cansado, el 27 de enero de 1939, mientras caminaba hacia el exilio y hacia la muerte, rumiaba un poema que había empezado a escribir y que guardaba en el bolsillo de su derrotada chaqueta. En el papel decía: «Estos días azules y este sol de la infancia».[48] Fue su último verso. Casi lo podemos ver girando la cabeza, mirando atrás y recordando (parece un personaje de Marsé). Desgraciadamente, para él, y para todos nosotros, lo que estaba pasando era real.

---

48 A. Machado, *Poesías completas*, ed. cit., p. 466.

Lo imaginario en Juan Marsé

Joaquín Marco
Universitat de Barcelona

No resulta fácil tratar sobre la obra de un escritor cuando éste y aquélla resultan tan próximos por motivos generacionales y personales. Para no desgranar un rosario de anécdotas, he preferido polemizar sobre un tópico que sigue manteniéndose vivo sobre la obra de Juan Marsé: la calificación de patrimonio del realismo narrativo español del último medio siglo. Marsé se inspira o quizá no, en una determinada realidad, en la conjunción de un tiempo y de un espacio que modifica, transforma y elabora a través del lenguaje, sin que el conjunto de la obra del autor pueda ser entendida como de mera imaginación. Su corrosivo humor es fruto de la palabra; su filosofía moral deriva de la observación de los vencidos, de su vida y de aquella mala conciencia burguesa de la que hicieron gala algunos destacados miembros de la llamada generación poética de los 50, fruto de un determinismo social y también de la lectura de Bertolt Brecht.

Me gustaría adentrarme en esta vía, pero resulta más fácil mostrar que, por orígenes, en Marsé hay una clara evocación de los mismos, de la mala conciencia burguesa que podía entenderse tan sólo como otro imaginario irónico. Su realismo, desde la crítica, nos llega matizado por cierta adjetivación como la de social, lírico, histórico, autobiográfico, nostálgico, etc. Pero, busquemos una mínima trabazón crítica en su ortodoxia: lo imaginario se integraría en el seno de los contenidos, aunque también hay formalistas que utilizan, en realidad, lo imaginario en el ámbito de la narración, lo que resulta un término no menos equívoco que el del realismo. Bulé o Bachelard se sirven de él de forma muy distinta, e incluso Sartre utiliza el término para situarlo en el ámbito del psicoanalismo existencialista. Queda el Marsé de los orígenes, muy lejos del pensamiento de Sartre y de sus acólitos; no lo está, tampoco, Mario Vargas Llosa, Gaston Bachelard trata de su dinamismo. Aquí, proponemos evadirnos de cualquier ortodoxia y tratar de adjetivar y de incentivar algunos elementos comunes que inciden en la narrativa y en la propia prosa de Juan Marsé, y que podríamos reducirlos al análisis del espacio y del tiempo, por ejemplo. Sin embargo, cualquier tentativa de aproximarse al mundo de ficción de Marsé, desde la superada ortodoxia de lo imaginario, parece de momento innecesario. Nos limitaremos a sugerir algunos caminos: el novelista se ha convertido en referencia estético-moral no sólo para narradores. Sus deliberados silencios son efectivos y cada una de sus obras, sin variar en la esencia de su enfoque, va delimitando unas determinadas fronteras.

La primera consideración que merece nuestra atención es la casi unanimidad en la crítica sobre la consideración realista de su producción. El realismo es resultado de una operación compleja y poco vendrá a aclararnos el situar la narrativa inicial de Marsé en el ámbito del realismo social o crítico, porque poco o nada tiene que ver con otros autores así calificados o denostados. Por la obra de Marsé cruza un hecho histórico determinante, que gravita sobre la conciencia moral y la actitud de sus personajes, la Guerra Civil española y sus consecuencias: la primera posguerra. Ello viene a constituir algo más que un tiempo vivido, es una elección que significó una fractura histórica en la convivencia social, un drama continuado como lo fue para Faulkner[1] en su concepción del sur de los EE.UU., en la derrota de la mucho más lejana Guerra de Secesión. En

---

[1] (William Faulkner; New Albany, EE UU, 1897-Oxford, 1962) Pertenecía a una familia tradicional y sudista, marcada por los recuerdos de la guerra de Secesión, sobre todo por la figura de su bisabuelo, el coronel William Clark Faulkner, personaje romántico y autor de una novela de éxito efímero. En Oxford, la escasa atención que prestaba Faulkner a sus estudios y al puesto que le consiguió su familia en Correos anduvo paralela a su avidez lectora, bajo la guía de un amigo de la familia, el abogado Phil Stone. Su vida transcurrió en su mayor parte en el Sur, que le serviría de inspiración literaria casi inagotable, pero conocía perfectamente ciudades como Los Ángeles, Nueva Orleans, Nueva York o Toronto y vivió casi cinco años en París. Perseguía el éxito literario, que alcanzó, con la publicación de *El ruido y la furia* (1929), novela experimental, narrada por cuatro voces distintas, entre ellas la de un retrasado mental, siguiendo la técnica de presentar los pensamientos antes de su estructuración racional. El experimentalismo de Faulkner siguió apareciendo en sus siguientes novelas: en *¡Absalón, Absalón!* (1936), con estructura temporal laberíntica, al seguir el hilo de la conversación o del recuerdo, en lugar de la linealidad de la narración tradicional, mientras que *Las palmeras salvajes* (1939) es una novela única formada por dos novelas, con los capítulos intercalados, de modo que se establece entre ellas un juego de ecos e ironías nunca cerrado por sus lectores ni por los críticos. El mito presenta al autor como un escritor compulsivo, que trabajaba de noche y en largas sesiones, mito que cultivó él mismo y que encuentra su mejor reflejo en su personalísimo estilo, construido a partir de frases extensas y atropelladas, de gran barroquismo y potencia expresiva, que fue criticado en ocasiones por su carácter excesivo, pero a cuya fascinación es difícil sustraerse y que se impuso finalmente a los críticos. A pesar de haber conseguido el reconocimiento en vida, e incluso relativamente joven, Faulkner vivió muchos años sumido en un alcoholismo destructivo. La publicación, en 1950, de sus *Narraciones completas*, unida al Premio Nóbel que recibió ese mismo año, lo consagró como el gran escritor que era. Recibió numerosos honores, escribió guiones de cine para productoras de Hollywood (por motivos económicos, dado su elevado ritmo de gasto) y se convirtió en un hombre público. Los últimos años de su vida transcurrieron entre conferencias, colaboraciones con el director de cine Howard Hawks, viajes, relaciones sentimentales efímeras y curas de desintoxicación, lo que da la impresión de una angustia creciente y nunca resuelta. El escenario de la mayoría de sus novelas, es el imaginario condado sureño de Yoknapatawpha. La obra de Faulkner debe ser contemplada como un todo, en la medida en que toda ella se halla marcada por esta voluntad de recrear la vida del sur de Estados Unidos, por más que tal localismo no impide que sus personajes y sus obsesiones, tan circunscritos a un tiempo y un lugar concretos, adquieran una proyección universal.

buena medida, sus novelas se inspirarán en elementos sociológicos e históricos determinados por una sociedad, la española, que posee, como el sur faulkneriano signos de decadencia que son el resultado natural de una derrota de valores: familias deshechas, seres física y anímicamente destrozados y no sólo entre los vencidos por la Guerra: hambre, actitudes morales equívocas, confusión, entre vencedores y vencidos. Será, sin embargo, un determinado lenguaje generacional y unos mitos de esa época lo que conferirán verosimilitud a la ficción narrativa, de tal modo, que los lectores, y hasta la crítica, tendrán la sensación de que se encuentran ante hechos no sólo verosímiles sino reales, verídicos, es decir, recreados como tales. Ello podría servir para justificar el calificativo de realista, que se le aplicó en primera instancia. El filtro de la memoria constituía también otro recurso faulkneriano y deformador. La memoria obliga a fragmentar la realidad, a distorsionarla. Los hechos se relatan desde perspectivas diversas, destruyendo la unidad de discurso; la narración busca al lector en su guarida, lo arrastra hasta otro tiempo y se lo muestra, no siguiendo la fórmula lineal de la novela histórica sino a través de una continuidad de espejos fragmentados. En *Si te dicen que caí*, Aurora, Ramona o Menchu coincidirá con la figura histórica de la prostituta asesinada en enero de 1949; hechos cuya naturaleza y autoría están rodeados aún de los velos de ciertos misterios. Tampoco, la historia verdadera carecerá de ambigüedades, y la narrativa de Marsé, desde sus comienzos, descubrirá los valores estéticos de dicha ambigüedad, coincidiendo con Edson, que tanto complacía a Jaime Gil de Biedma. Tal fenómeno, se acentuará dado el carácter oral de la narración; son historias en las que el autor actúa como relator, en un ámbito cervantino, de hechos sobre los que se ofrecen varias versiones a las que se retorna porque ha transcurrido el tiempo necesario para que lleguen hasta él deformadas o porque se produzcan formulaciones diversas y aún encontradas, de las mismas. Ello se logrará no sólo a través de la escritura, del lenguaje. Podemos observar la lenta evolución que ha de conducirle desde la búsqueda de unas formas expresivas, en sus primeras novelas, hasta la recreación expresionista del estilo; ello podrá apreciarse no sólo en el ámbito de la novela. La distancia que media entre *Encerrados con un solo juguete* y *Si te dicen que caí*, por ejemplo, evoluciona desde un objetivismo inicial a un estilo más barroco, elaborado y artístico. Este dominio determinará zonas aparentemente marginales de su producción no narrativa. En el prólogo de los retratos reunidos en *Señoras y señores* (1977) fruto de colaboraciones en la revista *Por favor*[2],

---

2 Poco antes de la muerte de Franco, comenzaron a aparecer, revistas de humor en el yermo panorama humorístico nacional, monopolizado hasta entonces por la incombustible *La Codorniz* propiciada por Chúmy Chúmez. *Por favor* aparecía en marzo de 1974. Julián Moreiro y Melquíades Prieto, responsables de la exitosa antología de *La Codorniz* (EDAF, 1997), nos proponen un recorrido cronológico por las distintas revistas de humor que protagonizaron, en palabras de Iván Tubau, autor de *El humor gráfico en la prensa del franquismo* (Mitre, 1987), «el período más fértil y rotundo en la historia del humor gráfico español». Tras una introducción "de mucha guasa" con la que nos pasean los autores por "la edad dorada del humor", es

nuestro inolvidable Manolo Vázquez Montalbán apuntaba «el mirón se asoma a las ventanas, a los escaparates, a los escotes del mundo y deja una mirada, a veces incluso un mordisco»[3] y añadía más adelante «Marsé ha leído a sus personajes a partir de un alfabeto moral sumamente duro contra la falsificación de los valores masculinos y sumamente blando con la exageración de los valores físicos femeninos. Pijoaparte estaba obligado a ser implacable con los hombres».[4] Todo ello resulta cierto, así como la aguda observación de Vázquez Montalbán sobre la posición del mirón en los retratos de los personajes del libro y la oposición masculino/femenino que allí se establece, como también en su literatura de ficción. La elección misma de los personajes resulta significativa, John Wayne figura junto a la Duquesa de Alba, Carmen Sevilla junto a Julián Marías, Marilyn Monroe junto a Manuel Fraga, etc.

Pero, destaquemos su propio autorretrato «el rostro magullado y recalentado acusa diversas y sucesivas estupefacciones sufridas a lo largo del día y algo en él se está desplomando con estrépito de himnos y banderas. Este sujeto sospechoso de inapetencias y como desriñonado, podría ilustrar no sólo una manera de vivir, sino también la naturaleza social del mundo en que uno vive; mientras el país no sepa qué hacer con su pasado, jamás sabrá qué hacer con su futuro [...] Es terco y perseverante, tanto en sus amores como en sus odios. Es, también, el espécimen más vocacionalmente gandul que conozco, su actividad soñada es dimitir de todo, incluso del tiempo y del espacio, de ahí quizá su actividad real, matar el tiempo y el espacio, con torpes espejismos que pretende bañar el insensato, con el rojo sol de la verdad, manías».[5] Estas manías son las novelas de Juan Marsé, por fortuna son valiosas manías. Pero crear espejismos no sería posible sin el uso de un personal estilo de una forma moldeada, no tanto para la crueldad con posos de ternura, como para distorsionar el material humano a través de un uso irónico y desgarrado del texto, casi expresionista, como aperitivos de su novela *Si te dicen que caí*, ganador del Premio Novela México, en cuyo jurado figuraban Mario Vargas Llosa, José Revueltas, Miguel Otero Silva y, curiosamente, Ángel María de Lera. La primera edición publicada por la editorial mexicana Novaro lleva como portada el tema goyesco «Monstruo que devora a sus hijos», fue publicada en septiembre de 1973, conviene hacer notar que en la solapa, el editor hace constar que «la novela no toma partido: es apolítica, aunque en ella se manifiestan los sutiles símbolos que el lector descubrirá». Tal vez, temían por la integridad de Marsé que vivía en España, en años de la represión franquista. Algún día debería contarnos su labor dialéctica con la censura, en manos entonces de Carlos Robles Piquer. Publicada ya en

---

decir, los años que median entre los estertores del franquismo y el final de la Transición (entre 1972, en que aparece *Hermano Lobo*, y 1978, en que cierran *La Codorniz* y *Por favor*).
3 *Señoras y señores* (1977), p. 15.
4 Ibíd., p. 16.
5 Ibíd. "Juan Marsé", p. 83.

Seix Barral, en España, aunque en 1977 y con un prólogo de Dionisio Ridruejo que era, de hecho, un artículo de la revista *Destino* del 26 de enero 1974; fecha emblemática puesto que fue un 26 de enero cuando las tropas nacionalistas entraron en la ciudad de Barcelona durante la guerra civil y entre ellas se encontraba el mismo autor de la reseña quien reclamaba también su signo realista de la novela «realismo crítico o de denuncia moral, judicial». El editor reproduce también unas declaraciones de Marsé, *Si te dicen que caí*, dice, no pretende tanto ser una revancha personal contra el franquismo como una secreta y nostálgica despedida de la infancia. Santos Sanz Villanueva en su *Historia de la novela social española 1942-75* matiza la adscripción de Marsé al ámbito de la novela social considerando que su obra «se inscribe dentro de la estética social aunque relativamente pronto se aparta de ella para compartir los rumbos de una literatura más imaginativa y más fecunda». Sin embargo, en obra tan reciente como la de Santos Alonso, *la novela española en el fin de siglo, 1975-2001*[6], se analizan las últimas producciones de Marsé dentro del apartado de novela social y se entiende como una narración urdida sobre el desengaño político. Algo hay de esto, pero menos de lo que entiende como tratamiento realista en *Ronda del Guinardó* (1984), a la que califica de pequeña joya. No hay duda sobre los ambientes que han de servir de referencia a sus dos primeras novelas. La primera, según confesión de su autor, las escribió entre 1954 y 1958 a intervalos «en una época difícil en que estaba al margen no sólo del "mundillo literario" sino de la misma literatura». En una segunda edición de 1969, estaba corregida, algo que Marsé ha venido haciendo en las sucesivas ediciones de sus textos. *Encerrados con un solo juguete* (1960) y *Esta cara de la luna* del 1962, se inspiran en las contradicciones de la burguesía media y anticipan *Últimas tardes con Teresa* (1966), aunque quedan lejos de los logros estéticos de ésta última. Desde su primera novela, destaca por el ágil uso del diálogo y utiliza como espacio narrativo la ciudad de Barcelona. Esta utilización de la ciudad que más tarde harán Terenci Moix, Manuel Vázquez Montalbán o Eduardo Mendoza, tenía sus antecedentes en Juan Goytisolo, su hermano Luis y, en promociones anteriores, Luis Romero y tantos otros en la posguerra.

Barcelona se había convertido ya en la década de 1930 en un espacio narrativo mítico, gracias a los narradores franceses, especialmente el llamado distrito quinto, Barrio Chino y hoy eufemísticamente, Ciutat Vella (empeñadas las autoridades en conferir otro estatus a esta zona). Pero la Barcelona de Marsé, los simbólicos barrios elegidos, poco tienen que ver con aquéllos de los novelistas que buscaban el exotismo, desde el narrador objetivo, Julita[7], por las calles de Barcelona anda «en dirección a la explosión de luz de la calle San Pablo»[8] o alude indirectamente a la lluvia en la Gran Vía «cesó la llovizna y en todos los charcos había un destello

---

6 S. Alonso (2003) *La novela española en el fin de siglo, 1975-2001*, Ed. Mare Nostrum.
7 Personaje de *Encerrados con un solo juguete* (1960).
8 *Encerrados....* p. 118.

muerto. Y una luz viva, afilada y deslizante en los coches que rodaban por la Gran Vía».[9] El espacio urbano, sin embargo, salvo los emplazamientos y localizaciones, no puede considerarse como un elemento realista, ni siquiera los barrios que hoy se identifican con su obra, Guinardó, Putxet, Horta etc., pretenden ser o son, fieles reproducciones. La fidelidad en los retratos o en los paisajes no existe, ni siquiera en la fotografía, puesto que depende más del fotógrafo que del objeto. Ya en tiempos más próximos, huyendo de la fórmula realista y, «arrimando cada quien el ascua a su sardina», Arturo Pérez Reverte por ejemplo, en el prólogo a una reciente y lujosa reedición de *Últimas tardes con Teresa* (2003), sostiene la tesis de que la novela es una novela de aventuras aunque matizará que «el ser humano vive, escribe, lee siempre la misma aventura, la misma novela, lo que pasa es que a veces, un escritor recupera, repuebla o coloniza con su talento ese territorio, a la vez familiar y enigmático, actualizándolo de modo magistral para su tiempo y sus coetáneos, o más bien, fijando para siempre a éstos en aquél». El territorio o espacio de Juan Marsé es parte de su imaginario y es, en efecto, familiar a la vez que enigmático. Su Barcelona no se corresponde con lo que ya no es, pero tampoco con lo que fue, o había sido, sino con los parámetros que Marsé necesitó para situar sus historias, para colonizar su espacio narrativo. De las anteriores citas de *Encerrados con un solo juguete* hemos advertido como de la calle San Pablo, el escritor elegía la explosión de luz; de la Gran Vía, también la luz de los faros de los automóviles. Podríamos, incluso, recorrer su narrativa descubriendo la importancia que adquiere la luz, un tema casi poético. El paisaje urbano, tras la lluvia, aparece reflejado en los charcos; pero el narrador no tratará de ofrecernos un ámbito real, sino simbólico. Cada espacio constituye un símbolo; como los personajes que, tras su realidad identificada por sus características sociales, resultan ser, también, símbolos de clase; el más notable, Manolo Reyes, el Pijoaparte, del que Pérez Reverte considera con rotundidad como «uno de los personajes literarios mejor trazados en la literatura española de la segunda mitad del siglo veinte». De igual modo, la figura de Teresa, ese otro personaje símbolo inolvidable, fruto de determinadas circunstancias históricas –que el narrador fecha desde el comienzo– el 23 de junio de 1956, verbena de San Juan, reproduce de forma irónica la idealización de una lucha clandestina contra el franquismo, producida en el seno de la clase media universitaria –y en este sentido desclasada– a causa de aquella mala conciencia burguesa, igual a la de tantos personajes de su mismo origen. El desengaño nunca adquiere tintes trágicos y la víctima, pese a todo, no deja de ser el Pijoaparte, víctima siempre, dado el determinismo social en el que se desarrolla aunque ambiguamente, como personaje. De otro modo, veremos su imagen reproducida en la *Oscura historia de la prima Montse,* publicada en 1970, con una tirada inicial de 4.000 ejemplares,

---

9 *Encerrados....* p. 120.

considerable en ese tiempo. Pero todo ello debe entenderse como circunstancial, como lo es también la opinión de Teresa sobre el barrio de chabolas del Pijoaparte «me encanta tu barrio» y advierte la música que viene desde *El Cotolengo*, donde tocan –según el protagonista– «meningíticos, hijos de la sífilis, del hambre y todo eso». La novela se construye ya desde un expresionismo que cobrará más intensidad en *Si te dicen que caí*. También, aquí el protagonista es un símbolo, no un tipo propio de la literatura costumbrista, sino un personaje claramente definido por sus comportamientos individuales intransferibles. El título del tercer capítulo de la *Oscura historia de la prima Montse*, revela no sólo la utilización de los eslóganes de reciente Mayo de 68, sino que inscribe el texto en un contexto determinado, dotado de una gran carga irónica que revela, también, el uso de lo popular en Marsé: «hagamos el amor, hagamos la guerra». También aquí, la memoria opera como un elemento fundamental que distorsiona. El novelista lo es por el uso de la memoria y no por lo que sabe la omnisciencia decimonónica y que desvela poco a poco, al ignorante lector, ni por lo que ve u observa, propio del objetivismo de moda en aquellos años –aunque ya en decadencia–, sino porque es capaz de elaborar historias sobre lo que le han contado:

> — *Pues no –dijo Nuria meneando la cabeza–. No ocurrió exactamente como dices. Primero porque tú mal podías conocer la parroquia, todavía no vivías en Barcelona. Y luego, siempre que hablas de mi hermana te dicta la mala conciencia, se te cambia hasta la voz [...] Lo que pasa es que tú ves las cosas a tu modo, lo que no viste lo suples con la imaginación* [10]

Esta observación de Nuria, de hecho, puede servirnos para definir el oficio del novelista. Lo que observa nunca constituye toda la materia narrada, la operación que diferencia las formas de narrar son «las soldaduras del relato» de las que hablaba Marsé en febrero de 1975 cuando nos ofrecía sus preferencias personales de determinadas escenas y hasta la relación de aquellos «subtemas de transición o relleno» refiriéndose a dicha novela. El autor actuará, según confiesa, a través de pasajes que enlazará con gran fatiga. La elaboración de la novela como tal estaría así más próxima de la poesía, o lo está de hecho, que de la narrativa realista naturalista decimonónica. Sería la concatenación de imágenes lo que vendría a constituir el proyecto. No olvidemos, por otra parte, que es entonces cuando los poetas españoles de la generación de los cincuenta y en particular, Jaime Gil de Biedma, retornan también a la narratividad en los poemas. El lirismo de Marsé no puede tampoco separarse de una cierta sentimentalidad. El que *Últimas tardes con Teresa* se abra con un poema muy representativo de Charles Baudelaire no es casual. Pero, sería un error calificar su narrativa de novela lírica, aunque en ella florezcan escenas de alto lirismo. El papel de las imágenes, al que antes aludíamos, se corresponde con el fogonazo del cine, dado que las relaciones de Marsé

---

10 *La oscura historia de la prima Montse*, p. 31.

con el cine son tempranas y se corresponden con la formación de quienes compartimos generación. El cine no era otra expresión artística paralela a la lectura y, aunque lo fuese en alguna media, constituía, también, un modo de evasión de la realidad agobiante de los años cuarenta y cincuenta, en una España caracterizada por un asfixiante nacional catolicismo. El cine pasa a ser, por tanto, una forma popular que influirá en el tratamiento narrativo de Marsé, mucho antes de que sus obras se conviertan a su vez en cine, o que colabore en diversos proyectos cinematográficos. Todo ello se dará de forma natural, porque su formación de narrador está vinculada al cine, debidamente censurado, que pudimos ver en las décadas que se señalan. Ya en *Encerrados con un solo juguete* observamos el papel que juega en la vida diaria de la protagonista. Andrés «llegaba al cine cuando la gente salía de la segunda sesión. Se abrió paso hasta la escalera del anfiteatro –allí vio también algunos de ellos bajando despacio y con el gesto torcido, les reconocía aun sin moto: afectados, amanerados, después de hora y media de desventajoso trato con sueños encendiendo cigarrillos en mitad de la escalera con un trabajoso algo de la expresión del protagonista en el rostro y vio a Tina en lo alto arrimada al pasamanos dejando pasar a una riada de alborotados jovenzuelos».[11] La cita tiene su interés porque refleja las consecuencias de una sesión cinematográfica de la época. El narrador advierte los efectos de identificación que se producen entre lo que los espectadores contemplaron en las pantallas y su propia personalidad. Bien es verdad que son jovenzuelos y buscan modelos de comportamiento. Uno de los capítulos de *Últimas tardes con Teresa* se inicia con una cita muy curiosa: «En realidad, el gángster arriesgaba su vida para que la rubia platino siguiera mascando chicle, de una historia de cine».[12] Ajenos a los de la lectura, los modelos más próximos serán los del cine, también los más atractivos y, próximos a ellos estarán los tebeos o cómics.

En *Ronda del Guinardó,* el viejo inspector de policía –funcionario, ambiguo y decadente, que inmune observa los efectos de la tortura–, visita la residencia de niñas del barrio de la Salud en busca de Rosita y es capaz de sentir compasión por ellas:

> *Que nunca jamás las huérfanas vuelvan a pasar hambre y frío como en el último invierno, pensó el inspector, que nunca jamás ninguna de ellas tenga que sufrir una vejación tan horrible como la de Rosita o una paliza como la de Pili…*
> *l Traigo tebeos –dijo el inspector–. ¿Ya habéis comido?*
> *l Si quieres que te diga la verdad, no estoy muy segura pero tebeos no, a eso no hemos llegado todavía[13]*

No es que Marsé como Gonzalo Suárez, conduzca la novela sobre los parámetros del cómic, pero éste y sus personajes constituirán otro referente más de la estructura de lo imaginario que ha de influir en el comporta-

---

11 *Encerrados…,* p. 120.
12 *Últimas tardes con Teresa*, p. 54.
13 *Ronda…,* p. 13.

miento de los personajes y hasta en la definición del medio cultural. Del mismo modo, habría que aludir al imaginario popular religioso tan presente, por ejemplo, en la mencionada *Ronda del Guinardó,* o en costumbres, ya extintas, como las habituales en aquellos años. Habría que aludir, también al hecho de que algunas figuras femeninas vistieran hábitos, por determinadas promesas realizadas como muestra de agradecimiento a unos supuestos favores recibidos. Las formas aparentemente cercanas al realismo costumbrista, no están tratadas como tales, puesto que Juan Marsé las utiliza como valores simbólicos. Al tiempo, descubrimos, en *La oscura historia de la prima Montse,* una alusión al cine popular perfectamente integrada «vivirá tres días inolvidables en medio de alienados cursillistas, tibios colorines, esforzados dakoys de la nueva y viril cristología del suplicio occidental con refinamiento oriental la nueva versión de *Los tambores de Fumanchú* que rodaré algún día».[14] Pero el cine puede ser también el espacio, el local donde se producen escarceos eróticos como los de Java y Ramona en *Si te dicen que caí* donde el narrador transcribe lo que sucede en la pantalla y el impacto que la escena ejerce sobre la mujer «no es más que una peli, y sus manos repentinamente en la cara tapándose los ojos para no ver».[15] Al final sonará el himno y saludará brazo en alto: nos hallamos en los años cuarenta pero lo que sucede en la pantalla se traslada al texto, del texto inicial pasó a la imagen y de allí nuevamente convertido en texto en una difícil operación de la que se servirá ejemplarmente Manuel Puig.

También el uso puntual del catalán coloquial como contrapunto le ha de permitir la descripción de dos comunidades que se solapan y apenas se integran o se integran no sin dificultades. La lengua puede simbolizar una clase social o determinar la situación del emigrante. La utilización de ciertos apellidos catalanes y de determinadas expresiones de época *"charnego"*, *"no fotis"*, en su contexto, le permiten un juego de espejos. Hoy el calificativo de *murciano* aplicado al inmigrante resulta, por fortuna, un arcaísmo carente de su anterior sentido despectivo. Para los jóvenes lectores, se requeriría ya una explicativa nota a pie de página. La obra de Juan Marsé se sirve principalmente de formas populares; los relatores de sus historias son en gran número niños o adolescentes despojados de cualquier idealización o recurso sentimental, o el autor, recurren al pasado de sus personajes trasladándolos a unos años de infancia que coincidirán más o menos con los suyos, los de la primera y dura posguerra franquista. En ocasiones, la historia como en *Si te dicen que caí* es narrada por niños; cada uno de los que constituye la pandilla proporciona una visión parcial que permitirá acentuar el carácter oral del relato y, al mismo tiempo, obliga al lector al ajuste del texto fragmentario porque no deja de ser su "hora". Desde la perspectiva infantil, Marsé utiliza un tipo de relato muy propio de la posguerra, hoy supongo que desaparecido por la influencia

---

14 *La oscura historia de la prima Montse*, p. 168.
15 *Si te dicen que caí,* p. 176.

de los nuevos medios: se trata de las *"aventis"* término que naturalmente no figura en la academia, en el diccionario de la academia y de hacerlo habría que entenderlo ya como desusado. Deriva de aventura y se usaba generalmente en plural porque el relato era de aventuras y no de una sola. Existía un niño narrador, capaz de imprimirle no sólo chorros de perversa imaginación sino expresividad e interés. El pequeño grupo sentado en corro intervenía atentamente y, a menudo, corrigiendo la historia, era un relato coral, colectivo como lo formula Marsé. Así entendemos *Si te dicen que caí,* como una compleja *aventi.* Las narraciones se inspiraban en alguna película o en algún héroe de cómic, aunque podía ser tergiversada y no tener nada que ver con ningún tipo de historia previa; era, por decirlo de algún modo, un relato libre no exento de su peculiar retórica. Lo que importa, sin embargo, es su carácter oral y también su significado de clase. No puede olvidarse que aquellos años cuarenta y cincuenta eran también los de la radio: de voces y palabras, no de imágenes. No sólo se ofrecía diariamente el radio relato –los hermanos Quintero eran una fuente inagotable– o los seriales; también se retransmitían películas de las que naturalmente sólo podían escucharse los diálogos y las acotaciones que hacía el locutor en voz baja porque se realizaban desde el mismo cine. La función de la oralidad procedía de la tradición literaria y de su utilización por parte de los nuevos autores hispanoamericanos cuya irrupción coincidirá con la narrativa de Juan Marsé, pero también, formaba parte de un sector de la infancia, de unas formas populares cotidianas, de donde brota, no sólo el Pijoaparte, sino que parte de la nueva intelectualidad que iba a incorporarse al arte y a la literatura, bebe de ella. Los juegos infantiles se tiñen de sexualidad y violencia como en el capítulo tercero de *Si te dicen que caí.* Los niños intentan descubrir verdades que los mayores intentan olvidar; contiene abundantes elementos épicos, acciones que se sitúan en tiempos históricos diferentes: desde un complejo presente, a un pasado remoto; pasado que relata desde la opresiva violencia del fascismo de los años cuarenta, hasta el presente –el tardo franquismo– de quienes luchan bajo los eslóganes del partido comunista, tras su veinte congreso a los maquis anarquistas, y que resisten aún con las armas.

Mi intención no era trazar la evolución ideológica de los personajes de las novelas de Marsé, sino tan sólo rechazar el fácil o simple recurso de considerar su obra como un testimonio realista cuando, a mi entender, tiende a evadirse trazando, a través de múltiples caminos, un imaginario coherente que llegará hasta *El embrujo de Shanghai* del año 1993 o *Rabos de lagartija* del 2000. Marsé no siempre escribe la misma novela, aunque trabaja con el mismo mundo: su Barcelona de ficción, en varios tiempos. En este espacio hay sexo y violencia y desencantos políticos y audacias expresivas y humor y sátira amarga y mucho más, porque Juan Marsé es uno de los grandes novelistas de la posguerra española. Las audacias formales de algunos, como las aventuras empresariales de la nueva tecnología narrativa, pasaron de moda y tienden a desaparecer. Lo imaginario en Marsé, por coherente, perdura y perdurará. Muchas gracias.

Variaciones del léxico de Juan Marsé: una lección magistral de palabra y obra

Carmen Echazarreta
Universitat de Girona

Los personajes de Juan Marsé se sitúan en ese barrio desangelado y suburbial de Barcelona: el Carmelo y la parte superior de Gracia durante la posguerra, con los telones de fondo de la represión y el estraperlo, pero también los de la guerra mundial, los miserables derrotados, los siniestros vencedores de barrio, los niños, siempre los niños y los militares y policías que pululaban por sus calles. Un mundo en que los pobres no mienten como los ricos y vencedores para su provecho, sino para huir de su descalabro y crear un espacio en la imaginación que acaba siendo, a veces y a ratos, tan real como la misma y sórdida realidad.

Rosa Regás

Introducción

Las líneas que vienen a continuación no pretenden ser una disección del lenguaje de Juan Marsé, nada más lejos de semejante osadía; no es un estudio comparativo de la forma literaria de Juan Marsé ni de su evolución, como tampoco es un análisis pormenorizado de los elementos característicos de su lenguaje, de esas palabras que maneja el autor en este taller de escritura en la que convierte cada una de sus novelas.

El objetivo que me he propuesto en este trabajo acerca de este fascinante narrador de historias es poner por escrito, con cierto orden, esos aspectos formales que me han sorprendido, que me han cautivado... con recursos: por ejemplo, una metáfora deliciosa como «Sus labios habían adquirido la tirantez violada de una vejiga de medusa reseca por el sol» en *Encerrados con un solo juguete*. O con «aquel áureo fluido de nostalgia incurable, aquel ronroneo de lujoso gato "encelado" que trascendía de las entrañas de Pijoaparte» en *Últimas tardes con Teresa*. O significar la importancia que tienen los barbarismos para Marsé, como si el respeto que profesa a sus personajes y a su origen le llevara a ser traidor con el castellano sin ningún pudor. Lo podemos comprobar en el uso de catalanismos como *casumolla o trinxeraire* en *Rabos de lagartija*. También en esta misma obra, Marsé se atreve con ese ejercicio tan arriesgado que es el de la creación de palabras: *Palabartijas y polifardón*. Marsé se muestra con toda su versatilidad en el uso del léxico y de la retórica y con toda la amplitud y dominio de los registros de forma sorprendente y casi inigualable.

En definitiva, pretendo señalar ese repertorio de procedimientos de lenguaje que me ha impactado o aquél con el que identifico el estilo formal de Juan Marsé a partir del estudio de cuatro novelas, seleccionadas porque sus historias me han atrapado y porque representan un punto de inflexión en la larga etapa de producción literaria de este autor, aunque no tan prolífica como muchos de sus lectores desearíamos:

> *Encerrados con un solo juguete (1960)*
> *Últimas tardes con Teresa (1966)*
> *El embrujo de Shangai (1993)*
> *Rabos de lagartija (2003)*

Biografía del autor

Escritor autodidacta, se define a sí mismo como novelista catalán que escribe en castellano. Pertenece a la promoción de jóvenes escritores que entre 1955 y 1970 procuran la superación de la narrativa española desde el punto de vista de las técnicas vigentes en su tiempo y desde la visión crítica de la realidad española que les tocó vivir. Se le relaciona con autores como Martín Santos, Juan y Luis Goytisolo, García Hortelano o Antonio Ferrés, ya que con ellos comparte alguno de sus caracteres narrativos. No obstante, resulta arriesgado ubicarle con certeza en alguna de las tendencias narrativas existentes: su personalidad de narrador se distingue como única, diferente. Ni siquiera podemos encuadrarle en el "realismo mágico", quizá la corriente a la que más se acerca su producción. Su obra, eso sí, supera con creces la llamada novela social de los años cincuenta. Marsé, justifica su oficio de escritor como el modo de «poner orden al caos» y señala que los ámbitos del caos afectan a su yo, al entorno y a la materia verbal. «Pero en el fondo se movilizan razones de orden estético» –concluye–, «Ésta es mi tarea».

Juan Marsé nace en Barcelona el 8 de enero de 1933, como Juan Faneca Roca. Su madre muere en el parto, dejando al taxista Faneca solo con su hija pequeña y el recién llegado. En el transcurso de una de sus carreras coincide con el matrimonio Marsé, una joven pareja que lamenta no tener hijos: el futuro novelista será adoptado a las pocas semanas de su nacimiento. Como afirmó Vázquez Montalbán, su amigo del alma, «el padre biológico se convirtió en un mito fugitivo que algún día volvería y escasamente volvió en dos ocasiones, aunque en su retiro en un pequeño pueblo de Cataluña, el viejo Faneca comentaba con orgullo que era padre de un escritor importante... El mito del padre aplazado se agranda, se ultima en *Un día volveré*, pero subyace en sus novelas como sombra o cicatriz, adivinadas».

Sus primeros años transcurren entre Barcelona y dos pueblos de la provincia de Tarragona donde vivían sus abuelos, Sant Jaume dels Domenys y Arboç del Penedés. Asiste a una escuela de barrio, Colegio del Divino Maestro, hasta 1946. Fue un pésimo estudiante, pasaba casi todo el tiempo jugando en la calle y descubriendo los escenarios que con el paso de los años configuran su particular territorio literario: Gracia, el Guinardó o Monte Carmelo. Su entorno, repleto de estrecheces, apenas le aporta vivencias culturales; su mundo estético y literario se conforma de novelas de aventuras que le entusiasman y, sobre todo, de la magia del cine americano de la época, algo que le atrae irresistiblemente. Su familia pertenece al bando de los vencidos; el mismo Marsé se declara «voyeur del anarquismo»: «forma parte de mi memoria histórica, del entorno de mi familia durante la guerra y después de la guerra. Mi padre Marsé había sido de Esquerra, luego del PSUC, pero siempre fue un militante atípico, por lo libre. Él no era exactamente anarquista. Era un resistente».

A los trece años empieza a trabajar como aprendiz de joyero, oficio que desempeñará hasta 1959; durante este tiempo, el muchacho de pelo rizado y espeso, de tímida sonrisa, descubre su inquietud literaria. Estudia de forma autodidacta, entre 1957 y 1959 aparecen sus primeros relatos en la revista *Ínsula*, gracias a las recomendaciones de su amiga Paulina Crusat. Obtiene el premio Sésamo de cuentos en 1959.

Durante el servicio militar en Ceuta, a los 22 años, comienza a elaborar su primera novela, *Encerrados con un solo juguete*. Años después, en 1960, la presenta al Premio Biblioteca Breve de Seix Barral, declarado desierto por falta de *quorum*, con ella queda finalista y arranca su carrera novelística. Aunque la novela colma las aspiraciones de críticos y novelistas, que por entonces cultivan el denominado "realismo social", Marsé no se encuentra realmente satisfecho. Aconsejado por Gil de Biedma viaja a París este mismo año; sobre él afirma «la lectura de su obra y el conocimiento de Jaime fueron capitales». Allí trabaja de mozo de laboratorio en el Departamento de Bioquímica Celular del Institut Pasteur, al servicio de Jacques Monod, premio Nóbel, de ideología comunista, con el que a veces dialogaba sobre la situación de la España franquista. Comienza su relación con el PCE: «Me hice del Partido Comunista de España en París no por Monod, sino porque era el único que hacía algo contra Franco. Luego me separé por una cuestión de intransigencia. Se metieron con la vida privada de un camarada que al parecer follaba con quien no debía».

Vuelve a Barcelona, publicando en 1962 *Esta cara de la luna,* hoy repudiada por el autor y desterrada del catálogo de sus obras completas. En 1965 publica *Últimas tardes con Teresa*, su primera gran novela, que le vale finalmente el Premio Biblioteca Breve de Seix Barral. Este libro podría definirse, como hace Gonzalo Sobejano, «como una parodia sarcástica de la novela social en sus dos vertientes, como testimonio de los sufrimientos del pueblo y como testimonio de la decadencia de la burguesía». Marsé dirá «creo que tengo una inclinación natural al esperpento...soy grande admirador de Valle Inclán... Puede que mis personajes [habría que añadir, la realidad] queden deformados por la caricatura». Ya del todo seguro de su vocación literaria, abandona su oficio de joyero y comienza a trabajar en colaboraciones para editoriales, traducciones, columnas en periódicos y revistas y diálogos para cine, junto a Juan García Hortelano, gran amigo suyo.

Se casa en 1966 con Joaquina Hoyas, de cuya unión nacerán dos hijos, Alejandro, que nace en 1968, y Berta, en 1970. En este mismo año, 1970, publica la novela *La oscura historia de la prima Montse*, donde encontramos las claves del universo literario que ha seguido cultivando hasta el presente.

Entre 1970 y 1972, respaldado ya por un gran éxito, en plena madurez creadora, escribe su novela más valorada y una de las más brillantes de toda la narrativa castellana de la posguerra: *Si te dicen que caí*. A través de un fabuloso recorrido por su infancia, Marsé, recrea la realidad histórica que le interesa rescatar –la etapa de la posguerra española–, con el fin de desvelar esa actitud crítica frente a la realidad sociológica, que constituye la clave interpretativa de toda su obra. Su postura de escritor es «...de rechazo frente a la sociedad, sea cual sea... Es muy saludable una actitud de irritación y crítica...». Inmediatamente censurada en España, se vio obligado a publicarla en México, en 1974, donde recibe el Premio Internacional de Novela. En 1974, comienza a colaborar con la revista *Por favor*, donde se ocupa de una columna de relatos literarios de personajes de actualidad, con gran éxito. En 1978 obtiene el Premio Planeta con *La muchacha de las bragas de oro*. Su universo literario se asienta y se confirma con *Un día volveré* (1982), *Ronda del Guinardó* (1984) –1984 será el año en que sufre un infarto y ha de someterse a una delicada intervención quirúrgica– , *Ronda del Guinardó* (1984) y su volumen de cuentos *Teniente Bravo* (1987). Vázquez Montalbán asegura, «a partir de este momento [se refiere al periodo que media entre la publicación de *Si te dicen que caí* y *Ronda del Guinardó*] te dedicas a recuperar tu memoria, individual y coral, contra la obligada amnesia del vencido de la guerra civil». Así lo admite el autor, que no descarta sin embargo la memoria como «material esencial» en el conjunto de todas sus novelas. Afirma Marsé, «[...] la realidad me interesa poco, de modo relativo. Tiendo a una realidad elaborada... no soy un reproductor de historias; las creo yo. Adoro la verdad inventada»; y los elementos que sostienen esa «verdad inventada» de Juan Marsé son la memoria y la palabra, ambas imprescindibles.

La década de 1990 supone la consagración definitiva del escritor barcelonés. En 1990 recibe el Ateneo de Sevilla por *El amante bilingüe*; en 1994 le conceden por *El embrujo de Shanghai* el Premio de la Crítica y el Aristeion.

Pasarán siete años para que Marsé rompa su silencio y publique, en el 2000 su última novela, *Rabos de lagartija*, que obtiene el Premio de la Crítica y el Premio Nacional de Narrativa: primer reconocimiento oficial que ha hecho justicia, aunque con tardanza, a uno de los grandes novelistas de la literatura española.

ENCERRADOS CON UN SOLO JUGUETE (1960)

La novela refleja un ambiente de personajes jóvenes, vitales, que huyen del paso del tiempo, que buscan atrapar el presente sin pensar en el futuro. Una juventud perteneciente a la pequeña burguesía catalana, hijos de familias descoyuntadas por la guerra civil, acomodadas a un materialismo reducido a su más simple y prosaica expresión.

El ambiente emana efluvios "dolcevitescos". Los personajes corren en pos de la diversión, de un pasarlo bien que, transformándose a menudo en tedio o tragedia, víctimas como son de la pequeñez de su propio mundo, incapaces de imaginar nada fuera del alcohol y del sexo.

Contexto socio-cultural a través de la palabra

➡ Compró 2 ptas. de cigarrillos de hebra (16).
➡ Silueta de Gilda (16).
➡ Una ficha telefónica (14).
➡ Luis y la niña recostaban la cabeza en un neumático de camión (51).
➡ Con el pitillo en la boca (55).
➡ Se enderezó la costura de la media (69).
➡ Lecturas en el Reader's Digest y en Primer Plano (72).

Las metáforas y otros recursos

Personificación   «Hipérbaton»
Metáfora   "Repetición"
Símil   OXÍMORON
Epíteto

- Repetición hasta la saciedad de la forma verbal: *ladeó-aba* (74/72/83).
- Hecha un *orillo* de incertidumbre y reproches (20).
- Tenía los párpados caídos y algo torcidos sobre los ojos, COMO GORRITOS LADEADOS (21-símil) (72).
- Se *orilló* más sobre la colcha (22).
- Mira que llegáis a ser *borrego*s (23).
- Apresar el más **humilde** minuto (26).
- Iba con los pulgares *engarfiados* en las solapas de la americana gris (27).
- El viento helado de enero **se apretaba** a los cristales de la galería (29).
- Como parientes *hormiguitas* (50).
- Entró COMO UNA TROMBA (51).
- Sentía las *dentelladas* del sol en los hombros (51).
- Rojo bañador //horribles gafas negras (52).
- Risa *conejil* (55).
- Como si los tuviera «cogidos», dulcemente «cogidos» (60).
- Sus labios habían adquirido *la tirantez violada de una vejiga de medusa* reseca por el sol (71) Una metáfora no por elaborada menos insólita y difícil de interpretar.
- La débil, TURBIA respuesta (96).
- La gente que *hormigueaba* en la boca del metro (108).
- Tristeza HUIDIZA (111).
- RUMOROSA impresión *de penumbra* (162) –a través del oxímoron en forma de epíteto y de la metáfora construye una sinestesia–. Es la imagen más onírica de toda la obra.

Frases hechas y coloquialismos

- "A éste ni a palos" (22).
- Sé lo que me digo // Y cierra el pico (23).
- Salvar de las garras // Soy un hijo de puta // Menuda vida se estará pegando // "Un vivales" (30).
- Oye, no empieces con tu rollo (31).
- Hay un momento para cada cosa (33).
- Eres un sol (51).
- Un estribillo.... "caritat, caritat" (54).
- Como los loros //Estás en la luna (62).
- Vaya cherrameca (catalanismo, 67).
- Abur (vasquismo, 70).
- Hijo, que eres más espeso (76).
- Los hay a patadas (79).
- Leche ¡ (102).
- Acabaré con este merdé (179).

Comentario

Da la impresión de que Marsé lleva su personalidad obsesiva al terreno de las palabras, como si se complaciera en otorgarles un protagonismo a través de la repetición: es el caso de orillo/orilló o de ladear en diversas formas verbales.

ÚLTIMAS TARDES CON TERESA (1966)

Leyendo Últimas tardes con Teresa *he tenido la impresión de asistir a los minuciosos e implacables preparativos de un suicidio que está cien veces a punto de culminar en una hecatombe grotesca y que siempre se frustra en el último instante por la intervención de esa oscura fuerza incontrolable y espontánea que anima la palabra y comunica la verdad y la vida a todo lo que toca, incluso a la mentira y a la muerte, y que constituye la más alta y misteriosa facultad humana: el poder de la creación.*

Mario Vargas Llosa

A veces un escritor recupera, repuebla o coloniza, con su talento, ese territorio a la vez familiar y enigmático, actualizándolo de modo magistral para su tiempo y sus coetáneos. O, más bien, fijando para siempre a éstos en aquél. Es entonces cuando aparece la obra maestra: el texto que se convierte en referencia indispensable a la hora de recordar, de interpretar, de situar, los avatares del corazón humano en el marco de un mundo o una época. En tal sentido, Últimas tardes con Teresa *es una obra maestra. [...] la historia de la niña de buena familia catalana y el joven charnego no quedó atada a su contexto temporal; y eso es lo que ha hecho posible que envejezca, si tal es la palabra, con la solera y la autoridad de las grandes obras.*

Arturo Pérez-Reverte

Últimas tardes con Teresa marca el nacimiento del Pijoaparte, uno de los personajes más fuertes, originales y sugestivos de toda la literatura de esa época, y que parece el doble canalla del propio Marsé. La identificación autor/personaje funciona con una precisión y eficacia demoledoras, y lo que empieza siendo la historia amorosa de una niña bien, rebelde e ingenua, Teresa, y un charnego barriobajero, desarraigado y ladrón de motos (el Pijoaparte), termina como una formidable sátira y encarnación del tiempo en que transcurre esa breve, intensa y, lógicamente, calamitosa relación pasional.

Las metáforas y otros recursos

Personificación   Építeto
Metáfora   «Hipérbaton»
SÍMIL

- El despertador seguía sonando y **tembloteando espasmódicamente** en *la cuesta* de la noche, COMO UNA ALIMAÑA HERIDA DE MUERTE (personificación, más metáfora más símil, 71).
- Tras él, el pinar **exhalaba** todavía un <u>pesado</u> silencio nocturno, roto sólo por **un siseo** de las olas en la playa (74).
- Los negros cabellos revoloteando al viento COMO LAS ALAS DE UN PAJARRACO (75).
- La brisa del mar no puede llegar hasta aquí y mucho antes ya **muere**, *ahogada y dispersa* por el sucio vaho que se eleva por los barrios (77).
- Se **desgarraron** las sombras de la noche (85).
- Se sirven de la ilusión de los indígenas COMO DE UN PUENTE para alcanzar un mito (99).
- Maruja se esforzó durante todo un invierno por neutralizar y sujetar a su propio cuerpo aquel <u>áureo</u> *fluido de nostalgia incurable, aquel ronroneo de lujoso gato "encelado"* que trascendía de las entrañas de pijoaparte (107).
- Los hombros *de miel* que el vestido rosa dejaba al descubierto, **temblaban bajo las listas de luz** que proyectaba la celosía (196).
- Porque ha crecido en un <u>mustio</u> jardín de <u>pesadas</u> enciclopedias y libros ilustrados (196).
- Notaba un espantoso vacío cada vez que miraba aquella *lívida máscara* (refiriéndose al rostro enfermo de Maruja, 200).
- Hablaba en un [**susurro de paloma** «adormecedor»] (200).
- No le tengas *miedo a las palabras* (231).
- Apareció esta *escarcha* **rencorosa** en sus ojos y esa *tristeza* en el pelo (236).
- Hortensia era algo así COMO UN ESBOZO, UN DIBUJO INACABADO Y MAL HECHO de Teresa (239).
- Por su manera de pronunciar Sitges (*un chasquido, una irisación de nácar*, y la palabra se deshacía en su boca COMO UN MARISCO FRESCO) (254).
- Pero la realidad *era todavía un feto que dormía orillado en el dulce vientre de la doncella* (255).
- Sobre sus cabezas, en un *cielo de pizarra,* las estrellas **bailaban apaciblemente** (461).

Frases hechas, refranes y extranjerismos

- ¡Una repajolera y jodida marmota¡ ¡Contesta raspa¡ (67).
- ...¡Que no me chupo el dedo! (72).
- Eres una bleda (72).
- Son unos hijos de puta (73).
- Abur, raspa (74).
- Peripuesto ramblero (83).
- A que le chupen a uno la sangre (84).

- A tumba abierta (90).
- Tots som uns fills de puta (91).
- Un charmand petit andalou (94 y 95).
- La vida de un pecé (PC, 226).
- Esa venda en los ojos (226).
- Es que no guipas (226).
- Ya no haces más que mamar (241).
- Blue-jeans (261).

Comentario

A destacar que cada capítulo va introducido por versos pertenecientes a autores de diversas épocas y tan heterogéneos como Espronceda (19); Jaime Gil de Biedma

(141); Pablo Neruda (215); Pedro Salinas (201); San Juan de la Cruz (35); Miguel Barceló (233); Shakespeare, *Otello* (253); Balzac (297).

Es una historia anclada en el realismo dramático cuyos personajes marginales buscan incesantemente la forma de salir de esa situación. En contraposición, Marsé se vale de metáforas sumamente elaboradas para mostrarnos su ternura y su sensibilidad ante esos personajes que han pasado a ser una referencia en la historia de la literatura.

Asimismo, Marsé no tiene inconveniente en echar mano de barbarismos muy osados como si no quisiera desvirtuar el significado original del término.

EL EMBRUJO DE SHANGHAI (1993)

El embrujo de Shanghai tiene como escenario un barrio de Barcelona de postguerra en el cual Daniel, un adolescente hijo de un desaparecido en la guerra, pasa unos meses sin tener que ir a la escuela a la espera de empezar a trabajar. La vida cotidiana del bario transcurre gris y tediosamente, bajo las duras condiciones de vida y con la convicción de derrota de la mayoría de sus habitantes. Tan sólo el recuerdo de los que se fueron y las apariciones esporádicas de los maquis que cruzan la frontera suponen un paréntesis en la vida del barrio. Daniel acompaña cada mañana al capitán Blay, un viejo medio loco y visionario que recoge firmas contra una chimenea contaminante y, por las tardes, va a casa de Susana, una joven tuberculosa, para dibujar un retrato de la enferma que ilustre las firmas. La joven está obsesionada con el recuerdo de Kim, su padre, un maquis mítico al cual apenas ha podido conocer. La llegada de un compañero de su padre, Nandu Forcat, trastoca la vida de todos. Forcat les explica la historia de Kim, que habría viajado a Shangai persiguiendo un criminal nazi. El relato del recién llegado encandila a los jóvenes evocando un mundo exótico y maravilloso, sumergiendo la figura de Kim en la leyenda y manteniendo abierta la posibilidad de que algún día se lleve su hija con él.

Las metáforas y otros recursos

Personificación   Építeto
Metáfora   «Hipérbaton»
SÍMIL   [Sinestesia]

- **La** <u>pequeña</u> **plaza ensimismada** (14).
- COMO TIPOS *herrumbrosos* (18).
- Tenía *ojos de agua* y los párpados enfermos (20).
- [El suave tufillo a mirada de gato que] **exhala** [la tierra removida] (23).
- Pero una vez cubierta la zanja y **sus podridas entrañas** (23).
- Tenían un aire de armatostes inamovibles, **rencorosos y de algún modo peligrosos** (41).
- Con la memoria **extraviada o malherida** (43).
- Atrapado en *la tela de araña de los despropósitos* (75).
- No era *la rosa azul del olvido*, muchachos, era la *rosa amarilla del desencanto* (141).
- La chimenea **agoniza vomitando su pestilencia** negra (53).

Frases hechas, refranes y extranjerismos

- A huevos podridos, a mierda de gato (12).
- La mala leche (13).
- Hay gato encerrado (18).
- La botella de morapio // La vieja tenía mala uva //No te jode la abuelita (19).
- Truculento guirigay (24).
- El viejo soplagaitas (26).
- Con esa pandilla de trinxes (26).
- Al verla tan atrafagada (27).
- Ondia (28).

- Su puta madre (29).
- Vols parlar com deu mana, bretol ? (30).
- Un cap de cony (31).
- Era un sumiatruites (61).
- Cortó la señora Pilar, muy atabalada (78).
- No dudaba en calificarla en collonada risible (91).
- Coolies // Rickshaw/ / chipao (123).
- Corrompida hasta las cejas (124).
- Elàstics blaus suats fan fàstic (147).

Comentario

Marsé ha crecido como creador y contador de historias. El lenguaje es más directo, sin contemplaciones. La narración en 1ª persona dota a la obra de una agilidad y realismo convincentes.

RABOS DE LAGARTIJAS (2003)

> *Mujeres engañadas. Hijos muertos. Maridos que nunca volverán a casa. Putas sin piernas y sin alma. Esto es lo que hay señor.*

En *Rabos de lagartija*, Juan Marsé regresa a sus lugares favoritos. Sin embargo, ni Barcelona ni el Guinardó constituyen mera escenografía para los otra vez vencidos de la contienda civil española. Antes bien, paisaje y personajes se funden en un claroscuro en el que las referencias temporales –seis años que transcurren desde la bomba de Hiroshima hasta la huelga de tranvías de marzo de 1951–, sirven de marco para albergar las maltrechas y, no obstante, sabias vidas protagonistas de Daniel y su hermano nonato David, de Víctor Bartra, el padre desaparecido, y de su esposa, la pelirroja, maestra de escuela represaliada; y las secundarias historias del inspector Galván, de Paulino Bandolet, amigo de Daniel, y de Chispa, un perro enfermo.

Marsé proporciona en esta ocasión distintos tipos de carga simbólica a los espacios reales de su Guinardó de siempre. El todavía nonato David observa el mundo desde el vientre materno que, en su cálida fluidez, posibilita una narración de lo real desde el asombro y la imaginación de quien todavía carece de realidad. El hogar de realquilados, en donde la madre de Daniel pasa las horas pedaleando en una vieja máquina de coser, se verá en no pocas ocasiones traspasado por la presencia ingrata del inspector Galván, un policía de la brigada social que acabará enamorándose de la pelirroja. El barranco posee un doble significado, el real, en tanto que en él juegan Daniel y su amigo Paulino, y el imaginario, puesto que es el punto de encuentro del adolescente con los fantasmas del padre (un héroe borracho que trabajó para la resistencia) y del perro muerto. La oscuridad del cine Delicias cobija los jugueteos eróticos de Daniel y Paulino. Abajo, lejana e impersonal, Barcelona se extiende en una especie de anonimato urbano del que sólo se tiene noticia de un bar próximo a la jefatura central de policía y el barrio chino.

Los diálogos arrastran al lector hasta las entrañas de *Rabos de lagartija* y lo convierten en testigo en silencio, si no partícipe, de unos hechos que integrará a través de la palabra. Como resultado de un más que depurado dominio del género novelístico, que le permite la incursión en terrenos antes escasamente transitados por él (experimentación estructural y, sobre todo, coqueteo con códigos narrativos que apelan a una recepción no mimética), Juan Marsé consigue que la historia de Daniel Bartra contada por su hermano nonato proporcione entidad mítica a la ciudad y sus habitantes, reales o literarios.

Las metáforas y otros recursos

Personificación   Építeto
Metáfora   «Hipérbaton»
SÍMIL   [Sinestesia]

- *La placenta de la memoria* (9).
- Si percibo [la pequeña mariposa de luz] que *aletea en su voz* (14).
- El corcho **gime** otra vez en *el cuello* de la botella (73) (es una metonimia).
- La *voz de vidrios rotos* (76).

Frases hechas, refranes y extranjerismos

- Guripa // vaya chamba (11).
- Bwana // sahib (13).
- Zapastra // casumlolla // trinxeraire // achtung (16).
- Menisahib (19).
- Paralís (20).
- El año de la catapún (23).
- Un malparido (25).
- Charlatán de feria // chuleta y calavera // perdulario // cogorza // el penco ese (27).
- Apechugó// no hay mal que por bien no venga (29).
- Trasiego (30).
- Y a la hostia en vinagre (35).
- Polifardón y cenizo (38).

- Está majara // está pirado por ella // con un canguelo que no veas // acogotado (39).
- Una manta de hostias (40).
- Naturaca (41).
- Con algo de chunga (48).
- En un santiamén (49).
- Se te ve el plumero (51).
- Achtung (69).
- Gilipollas (70).
- *Palabartijas* (70).
- *Es puro camelo* (81).
- No vas a ser un capullo (267).
- Que no tenías nimmedia hostia (289).
- Cáscaselo todo al hijo de la costurera (276).

Comentario

Aquí, Marsé realiza un ejercicio de provocación léxica: junta a elaboradas metáforas, convive el léxico más prosaico, más carente de sensibilidad. Un léxico, en definitiva, vivo, un lenguaje que busca la oralidad, huyendo del artificio escrito. Rabos de lagartija está infestada de bromas privadas y de expresiones como «me la refanfinfla».

Un ejemplo de poesía al más puro estilo culterano es el poema que le escribe Paulina a David: «deshojando una margarita del viento, se quedó en mi pensamiento el mejor amigo del alma» (p. 289).

Los anarquistas en las obras de Marsé

David Castillo
Director del Suplement Cultural del diario Avui

Con el tiempo hemos descubierto que la obra narrativa de Juan Marsé forma parte de un mismo edificio. Muchas veces se ha dicho que escribe una única novela como hacen tantos y tantos escritores y que las novelas mantienen una uniformidad que las hace más fácilmente distinguibles. No hacía falta que firmara; a pesar de la estructura de *Rabos de lagartija,* enseguida sabemos que ésa es una novela de Marsé; las apariciones de los anarquistas, de los niños, incluso del Chispa, nos dan las pistas. Con el tiempo, nos resultan más claras y accesibles, como si el escritor buscase en eso sencillez, sabiduría, y que, de alguna manera, esa sencillez resuma a la perfección su vocación de estilo. Me alegró que en su última novela, *Rabos...* estuviese la Pelirroja, un policía y los niños, pero me fascinó, sobre todo, la presencia latente, como de un fantasma, del padre libertario que actúa como conciencia y, también, con el debido sentido del honor que tanto echamos en falta en esta sociedad pseudo social, demócrata y liberal. El anarco catalán, como especie en vía de extinción, es la personificación de esos anarquistas que estuvieron oponiéndose al régimen de Franco hasta el último momento.

El franquismo empezó y acabó aniquilando, exterminando un tipo de personas que no se rendía ante nada. Eso aparece a través de la culminación del personaje de *Rabos...*, de David, el protagonista de la historia que me hizo otra vez entrar dentro de las novelas de Marsé. Marsé va un punto más allá en esta novela y concreta, a través del Piloto de Larraz, que nos alude toda la evasión de Pat O'Leary, conocida en medios del exilio español de Toulouse como el grupo Ponzán Vidal, que también especifica el novelista con nombres y apellidos, Francisco Ponzán Vidal. El narrador nos explica que el grupo de Ponzán le había ayudado a cruzar los Pirineos por una ruta clandestina con las siguientes palabras «por aquellas fechas muchos prisioneros de guerra evadidos de los alemanes conseguían llegar a la frontera española a través de las redes secretas que se habían creado en la Francia ocupada. La Gestapo recelaba porque muchos de los pilotos cuyos aviones habían sido derribados, no eran encontrados». Ponzán auténtico héroe de la resistencia libertaria, es un nombre mítico en la bibliografía del maquis; de él han hablado historiadores libertarios como Eduardo Pons Prados, del Partido Sindicalista, Federica Montseny una de las dirigentes ministras durante la República de Sanidad y Antonio Téllez. En el libro sobre el guerrillero José Lluís Facerias[1], Téllez nos habla de Pat O'Leary o Grupo Ponzán y recuerda su final trágico después de ser detenido por los alemanes el 14 de octubre de 1942 y encerrado en la prisión de Saint Michelle de Toulouse. La mala suerte hizo que poco antes de la rendición de los alemanes, el 17 de agosto de 1944, cuando las tropas aliadas de los alemanes se acercaban a la capital del Languedoc, tomaron rehenes de la prisión; hicieron una selección de 50 prisioneros –entre ellos se encontraba Ponzán Vidal– que fueron llevados en camiones hasta un bosque a unos 25 Km de la ciudad de Montpellier donde fueron asesinados y, posteriormente, quemados. Nos dice Téllez: «Así murió Ponzán Vidal, militante de la CNT, que durante la guerra fue miembro del consejo de Aragón en aquellos momentos dirigido por Joaquín Ascaso, hermano de Francisco. Acaso cayó el 18 de julio de 1936 durante el asalto al cuartel de las Atarazanas». El Consejo de Aragón fue una de las grandes experiencias autogestionarias de la revolución española. Otro historiador, Ricard Vargas Volarons, a través de una serie de televisión, nos recuerda que la Xarxa O'Leary o la Cadena O'Leary facilitó la huida de cerca de 3000 personas entre 1940 y 1943. Había muchos franceses que querían llegar a Inglaterra para unirse a De-Gaul; otros, también franceses, que querían llegar a Argelia para hacerlo con el general Laclaire; judíos que huían de los soldados nazis, oficiales aliados y destacadas personalidades de los países ocupados de Alemania. También en *Rabos...,* inmediatamente después de hablarnos de Ponzán Vidal, se nos facilita el currículum policial de Víctor Bartra "Lángara", padre anarquista y anárquico de David. Se relata su detención en 1940 en un piso del *Barrio Chino*, de la calle del Conde del Asalto, ahora Nou de la Rambla, donde iba a asistir a una reunión clandestina de la resistencia libertaria. Se cita, asimismo, su dirección de Toulouse, en el número 40 de la calle Laimarac, domicilio precisamente de Ponzán Vidal, de su red de evasión en el cruce de frontera. También, en *Rabos de lagartija* se describe su vinculación con los intentos de reconstrucción de los sindicatos de la CNT y sus problemas con una organización que se llamaba MLR "Moviment llibertari de resistència". Resulta curiosa esta ficción –por el material que he encontrado en los libros–, dirigida por otro anarquista, el valenciano Pepe Martínez acogió en París al joven Marsé, por recomendación de Carlos Barral, cuando Marsé estaba empezando a escribir sus novelas.

---

[1] A. Téllez (1974): *Facerias: La guerriglia urbana in Spagna*, Edizioni La Fiaccola (Biblioteca delle collane Anteo e La Rivolta).

La aparición de anarquistas en las novelas de Marsé no es nueva ni mucho menos se circunscribe únicamente a *Rabos de lagartija* donde el Bartra tiene bastante importancia. Dos de las mejores obras del narrador del barrio del Guinardó están protagonizadas por anarcos: desde los insurrectos de *Si te dicen que caí,* al impasible Joan Julivert Mon veterano ex militante de la guerrilla urbana, ex boxeador y atracador de bancos y que protagonizaba *Un día volveré.* Ésa es una novela que hace falta reivindicar dentro de la obra de Marsé, por el magnífico perfil de sus personajes, por la capacidad de crear tensión y expectativas y por el golpe que provoca como novela de acción, al paralizar la pistola de su protagonista, en una de las escenas finales, en el momento de orinar el hijo del narrador, que a lo largo de toda la novela ha evocado a un insurrecto anarquista. En esa escena hay un adiós a las armas.

Muchos son los libertarios que se reúnen en el bar Alaska, que todavía existe (Paseo San Juan) para preparar sus acciones. Las disputas en los diálogos, que se mantienen bastante vivos nos hablan de la CNT, de la reconstrucción de la FAI, del debate entre los sindicalistas y los anarquistas puros, de la necesidad de crear grupos como las mujeres libres y las juventudes libertarias e, incluso, habla específicamente de las juventudes libertarias de la Colonia Eymerich y de las relaciones difíciles entre los representantes del exilio con la gente del interior.

Hay otro protagonismo, unido a estos anarquistas, la figura de las "Parabellum" las ametralladoras "Thomson" y las "Stein". Vemos que a través de esos personajes maquis, libertarios que aparecen latentes en la obra de Marsé o que aparecen en la figura de esos niños que los tienen como una esperanza de cambio, hay una gran esperanza; en un momento, uno de los niños en *Si te dicen que caí* pregunta: «¿no sabes la guerra no ha terminado, que todavía nos quedan los maquis?» Es su sensación de que no está todo perdido, todavía. El narrador en *Si te dicen que caí* evoca los pañuelos, rojo y negro, anudados a los cuellos de los jóvenes libertarios en el momento del inicio del cuarto capítulo. Los recuerda con la cara tapada por el pasamontañas, pistola en mano empujada la puerta giratoria del Banco Central o colocando una bomba en el monumento dedicado a la Legión Cóndor. Ahí nos dice una frase que ha sido repetida en muchas obras de Marsé «hombres de hierro forjados en tantas batallas llorando por los rincones en las tabernas como niños». En el último y emotivo encuentro entre Lage y Palau, en una escena de *Si te dicen que caí,* el narrador acaba la novela con un recuerdo a las acciones de los libertarios, "para expropiar dinero o colocar explosivos", coincidiendo con la frase anterior y el final de la novela. Hay un momento en el último párrafo de *Un día volveré* donde el narrador evoca al veterano Suau con una frase que dice «seguramente aquel supuesto huracán de venganzas que esperábamos llegaría con él y sobre él, que tanto se había fantaseado en el barrio, no escondía nada; en realidad todo lo más una ilusión contrariada del vencido, la cicatriz de un sueño, un sentimiento senil que había sobrevivido a los altos heroicos ideales». «Hombres de hierro» –le oímos decir alguna vez al viejo Suau– «forjados en tantas batallas hoy llorando por los rincones de las tabernas». Llorando por los rincones de las tabernas o soñando como niños. Personajes, siempre como hombres de hierro y forjados en tantas batallas; así son los anarquistas ya eternos de las novelas de Juan Marsé como otros anarquistas de las novelas de Dostoievsky, Tolstoi, Dickens, Conrad, Baroja o de Ramon J. Sénder. Aunque, las novelas de Sénder los han hecho, para siempre, invencibles. Salud y anarquía.

Personalidad literaria y humana del autor

Arturo Pérez-Reverte, Joan de Sagarra y Javier Coma
conversan con el autor. Modera Beatriz de Moura

Beatriz de Moura: Es fácil imaginar cuánto le hubiera gustado a Manolo
Vázquez Montalbán estar aquí junto a su amigo Juan Marsé y cuánto nos
hubiera gustado a nosotros poder compartir esta mesa con él. La amistad
con Marsé se desarrolló en los tiempos en que los dos trabajaban en la
revista *Por favor* y donde cultivaron una categoría superior del humor
que es el de la ironía. Teniendo muy vivo su recuerdo, presentaré a cada
uno de los sentados en este lado de la mesa: **Joan de Sagarra** a quien no
hace mucho tiempo le oí decir en televisión «yo soy un crítico de teatro».
Es bastante más cosas, pero cierto es que, esencialmente, es crítico teatral
tal y como lo conocemos a través de las columnas que habituales escribe
en la prensa; pero también es un gran cronista, a mi juicio de ciudades,
especialmente de Barcelona, aunque también de otros lugares que elige y
de la cultura de esos lugares, tanto de la cultura de lo cotidiano, como de
la CULTURA (con mayúsculas); es, asimismo, un lector apasionado. De
Arturo Pérez Reverte, qué decir…, Quién no conoce hoy en día su obra.
Voy a nombrar obras escritas por él que he leído y, son bastantes: *La tabla
de Flandes, El club Dumas, El maestro de Esgrima, Patente de Corso* y,
la última, *La reina del sur* que para mí conforman una escalada literariamente extraordinaria dentro de ese género que se llama novelas de aventuras. Luego, está **Javier Coma** que es conocido como estudioso de cine,
pero sobre todo de cine norteamericano, con libros tan indispensables hoy
en día como la *Historia del cine negro* o la *Historia del Western,* del cine
del Oeste. Es lógico que él esté aquí hoy, dada la fascinación del autor por
el cine, reconocida como una de sus mayores aficiones. ¿Qué tienen estas
tres personas, en teoría bastante distintas, con las aficiones de Juan Marsé?
De entrada, hay un amigo del alma como es Joan de Sagarra que lo conoce
desde hace muchísimo tiempo, que también colaboró con él en *Por favor* y,
por lo tanto, también de ese humor, pero desde la perspectiva de Sagarra,
rayando en el sarcasmo; a veces muy malvado, entusiasta otras y admirador

del amigo incondicional en todo caso. Arturo es el más reciente personaje añadido en la vida de Juan. Yo no conozco vuestra relación personal, pero nos lo explicará el propio Arturo. Que Javier Coma esté aquí, es obvio, representa el mundo del cine y lo que le ha podido aportar a Juan ese mundo.

Arturo Pérez Reverte: Yo no soy amigo de Juan Marsé; soy lector. Creo que es uno de los dos grandes novelistas vivos que hay en España en este momento y, mi relación con él es que me ha hecho el honor, en los últimos tiempos, de tratarme como un igual y eso es algo que no se me olvida. Me sorprende que una ciudad como Barcelona que tiene como privilegio el tener de vecino a uno de los novelistas vivos más importantes de España que marca toda la segunda mitad del siglo veinte en España, que permite entender a las personas y las situaciones de una época, que propicia que asumamos nuestra memoria, comprenderla y comprender cómo somos ahora, que parece que esperan que Juan muera para decir que era magnífico, imprescindible y que entonces digan, ¿cómo no han leído ustedes a Marsé? Yo me he comprometido ante Marsé a que, si él "palma" antes que yo, a escribir un artículo que se titule "A buenas horas hijos de la gran puta…". Yo quería decir aquí, que yo a Juan le debo una cosa como lector: en la vida que tuve, me llevó a bares y pensiones como las que Juan Marsé toca en sus novelas, con bastante frecuencia. En esos lugares conocí a hombres duros curtidos en mil batallas como los que él señala en sus novelas, que ahora «lloran como niños por los rincones las tabernas» y me sentía, cuando iba a esos sitios, como jovencito que era, como esos hijos y sobrinos de los héroes con los que Juan construye la voz narrativa de sus novelas. Es la mía una aproximación a sus libros nada académica. Soy un simple novelista de aventuras, y la mía es la pasión de un lector que descubre un mundo; se da cuenta de que en los relatos de este escritor, «nada de lo que cuenta le es ajeno»; que no ha construido sus mundos narrativos en la barra de un bar tomando una copa de whisky y hablando de literatura; los ha construido desde dentro, desde la soledad, la derrota, la visión directa del fracaso y la lucha por la vida, del héroe. Los héroes de Juan Marsé son de carne y hueso, de los que muchos pueden reconocer a alguien. ¿Quién no ha tenido un sobrino, un tío, un abuelo, un padre o un amigo al que puede reconocer entre los personajes de esas novelas? Como alguna vez dijeron Cernuda y Galdós: «Es tan grande que es capaz de ponerse al nivel narrativo de los más humildes, pues sólo los imbéciles creen que es pequeño el que parece mediocre. No se dan cuenta de que su talento está en qué, precisamente, sabe contar desde abajo; de que no es el lenguaje, no es el bello estilo, no es la prosa sonajero la que lo lleva a escribir, sino el afán de contar una historia de forma que el lector esté tan presente que el narrador quede en segundo plano. No es su historia [la historia del que la narra], yo me limito a ponértela ahí para que tú la vivas, la reflexiones. Por eso estoy aquí».

Beatriz de Moura: Hay una cuestión que, de todos modos, quiero aclarar contigo y es que cuando yo digo "novelas de aventuras" no lo digo des-

86

pectivamente en absoluto, es un género muy difícil de practicar y que tú lo haces magistralmente, la prueba es que si puedo no me pierdo ningún libro tuyo y que, además, es un género que le gusta mucho a Juan y ahí sí que está la afinidad que te trae hoy aquí.

Juan Marsé: Le agradezco a Arturo enormemente su presencia aquí, me consta lo apretada que está su agenda personal y le agradezco que haya tenido tiempo para estar hoy aquí. En segundo lugar, quiero decir que me unen a él muchas más cosas de las que podría pensar cualquiera; yo me formé literariamente con la llamada literatura de quiosco, y lo digo sin el menor desdén, con todo el respeto y, tampoco, es que quiera significar que la suya sea una literatura de quiosco, pero él me entiende; literatura de quiosco quiere decir de aventuras: novelas policíacas, novelas de espadachines, novelas baratas, novelas de Wallace, las de Salgari, etc., que cuenta con nombres ilustres como el de Conan Doyle; yo me formé con eso y en cines de barrio, cuando el cine realmente era una proyección cultural en la vida de una ciudad, en los barrios. Es decir, que la gente vivía el cine como si formara parte de su vida y, también, ocurría lo mismo con esa literatura de quiosco; y sigo teniendo un enorme respeto por esa literatura y por lo que hace Arturo, que es una continuación superada de esa literatura, de esos novelistas que, a veces, los tengo en el recuerdo como una especie de trabajadores, de esclavos: como Mallorquí que escribía dos y tres novelas a la semana para sobrevivir en la posguerra. Él hace un tipo de novelas mucho más elaboradas, mucho más meditada; pero, me consta que él proviene también de esa literatura y también, naturalmente, de Conrad y de Stevenson..., quiero decir que agradezco su presencia aquí, a mí no me toca hablar de mí mismo de ninguna manera más que en ese sentido, de agradecimiento a que estén aquí.

Joan de Sagarra: Beatriz ha dicho que yo soy un crítico teatral. Hace ya diez años que, afortunadamente, no ejerzo como tal; me considero pura y exclusivamente un periodista. La relación que yo tengo con Marsé es una relación de amistad. Pero, recuerdo una vez en que él me presentó a una amiga suya y, un día que volvíamos con el Talgo, hacia Barcelona, yo le conté algo relacionado –contigo y conmigo– y es que da la casualidad que hemos nacido el mismo día, los dos somos del ocho de enero. Nos llevamos cinco años y, resulta que además, es el día en que se murió Jaime Gil de Biedma. Como periodista, yo voy a decirles una serie de cosas que todos ustedes conocen, pero lo voy a ligar porque, al final, quiero hacerle una pregunta a Juan Marsé. Marsé nace el 8 de enero de 1933 en la calle Mañer y Flaquer de Sarrià, su padre adoptivo es Pep Marsé y nos dice que su padre adoptivo era, en principio, un hombre que era policía de la Generalidad, vinculado a un grupo que se llamaba *Nosaltres sols;* que él había admirado a Simón de Valera cuando vino a Barcelona; que luego se pasó a *Estat Català* y finalmente se hizo del PSUC. Total, que en abril del año treinta y nueve cuando las tropas del general Yagüe llegan a Barcelona, Juan Marsé está en el piso de la calle Font del Mont viendo cómo su padre llora mientras pasan las tropas. Luego, lo mandan al colegio después de pasar un tiempo en el campo, donde hay un señor que se llama Espinosa de los Monteros –una mala bestia– y, afortunadamente, aquello dura muy poco, porque a los trece años lo meten en un taller de joyería y allí es mucho más feliz; tiene que ir a ver a los "encastadores", con esto conoce el barrio chino. Más tarde, con la mili, viaja hacia una zona que no conoce; vuelve; tiene una relación con una chica llamada María y escribe *Encerrados con un solo juguete.* Se pone en contacto con los Barral con Jaime Gil, que es un hombre que ha influido enormemente en él y él lo reconoce. Jaime Gil quería ser entonces del partido comunista, pero parece ser que no le dejaron entrar porque era homosexual y siguiendo la norma de Paul Eluard un homosexual no puede entrar en el partido comunista porque cuando tenga que elegir entre el partido y el amigo siempre elegirá al amigo. Éstas eran las normas del señor *Sacristán*, al menos en aquel momento. Una brutalidad, pero eran aquellos tiempos. Entonces se va a París con una beca; ellos se piensan que han encontrado al escritor obrero y allí conoce un señor que se llama Pierre Manuel que era un poeta católico, metido en no se qué de las culturas. Se lo pasa muy bien. Entonces, él, supongo que por la educación que tuvo en su casa con su padre, se hace del partido comunista. Coge el metro y va a llevar propaganda: ahora aquí, ahora allí hasta que tiene un choque curioso, muy parecido al de Jaime. Es decir, un día está haciendo cola en un cine con una chica, para ir a ver una película *Viridiana* y llega uno que le dice "parece mentira…" Resulta que Marsé se acostaba con una chica que era del partido comunista pero "que no era la que" su compañero estaba viendo, con lo cual dijeron que aquello era una vergüenza y que no podía ser. Marsé tiene una frase muy buena para explicar la situación. En una entrevista que le hizo Marcos Ordóñez, dice hablando de aquel tiempo «si no te jodían los unos, te jodían los otros» con lo cual ya uno se puede hacer una idea de lo que es Marsé. Luego viene *Últimas tardes con Teresa;* viene el fenómeno de los charnegos que también debe estar influido por los poemas de Jaime Gil de Biedma quien, en un momento determinado, dijo que «Barcelona un día será de los charnegos».

Juan Marsé: La novela no está inspirada en Jaime Gil y ni en su poética. Lo señalo porque se llegó a decir que Jaime me había escrito la novela y recuerdo un comentario de Jaime cuando dijo, «si seré gilipollas de escribirte una novela y no cobrarla con lo que me cuesta a mí escribir mis poemas».

Joan de Sagarra: Esta novela está muy relacionada con esta casa;[1] entonces yo estudiaba aquí; yo me leí la novela en una noche. Aquí estaba, también, Manolo que entonces estudiaba Filosofía y Letras y yo, que

---

1 La Universitat de Barcelona.

estudiaba derecho, era de un curso anterior. Recuerdo que se produjo una crítica durísima, en la que se decía que parecía mentira que no se la hubiera cargado la censura. De este hecho, de que no se la hubiera cargado la censura se deducía que Marsé estaba de acuerdo con el Ministerio para escribir esa obra en contra de los estudiantes progresistas y en contra de la gente que luchaba contra franco. Todo aquello fue cogiendo un perfil…; para no alargarme diré que cuando le prohíben *Si te dicen que caí,* yo le hice una entrevista, por el año 76, en el *Noticiero,* en que tú me dices, «voy a seguir escribiendo, lo voy a vomitar todo, así que, apártense, voy a seguir contando *aventis* en la búsqueda de mis verdaderas e insobornables señas de identidad». Más adelante, tú escribes aquella famosa página que se publicaba en *El País* "Señoras y señores", que indignó a tanta gente: haces tu autorretrato y te describes. Hablas de la luctuosa telaraña franquista de hace 40 años que abofetearon y abotargaron tus mejillas; hablas de los signos idiotas; de que las banderas todas, absolutamente todas, te producen auténtico terror. Últimamente no hace mucho, cuando Blanca Berasategui inauguró el Cultural del Mundo te hizo una entrevista en la cual dices lo siguiente «cierta España que los políticos no se quitan nunca de la boca y a la que dicen servir, para mí no es más que carroña sentimental que ni los cuervos más famélicos se comerían, pero hay que ver lo apreciada que es esta bazofia en los pesebres televisivos y radiofónicos» –y dices– «que a ver cuándo dejan de rebuznar ciertos políticos». Más adelante, ya Manolo te entrevista en el suplemento de *El País* y tenéis una larga conversación que tiene un final precioso. Es aquél que hace referencia a que Manolo se ha encontrado a unos amigos en Madrid y que, entre los tres, tienen tres *bypass*, pero que tú les ganas porque tienes cuatro. Manolo te dice, «intenta arreglar todo esto que pasó con *las tardes con Teresa»,* la manera como tú cargabas contra aquellos jóvenes entre los cuales evidentemente estaba él, aunque no era de los señoritos de mierda, él venía de otro barrio de cerca de aquí y te dice: «pero tú eres un anarco» y tú le contestas, «un *voyeur* del anarquismo» dices, «todo esto yo lo he visto en casa» y, entonces, defines a tu padre no como un anarquista, sino como un resistente. Es curioso, porque tú le dedicas una novela a tu padre, *Un día volveré,* la dedicas a Pep Marsé porque supo ayudarte a combinar la *escalivada* con la concienciación. Yo te dije un día que la palabra concienciación me sonaba muy francesa; conciencia se puede decir, pero que el señor Pep Marsé hable de concienciación a mí me chocaba un poco y, entonces, cuando hablabas con Manolo, le dijiste «no, mi padre no era anarquista, era resistente» y eso me suena a resistencia francesa, porque aquí tampoco se usaba resistente. Todo esto te lo he dicho porque es un poco la actualidad y, porque, yo como periodista, es decir como perro que va buscando la noticia he querido y quisiera que tú, al final, contestaras la pregunta que te hago, es decir ¿tú realmente te consideras un anarquista o te consideras un resistente? Yo te he visto resistir. Recuerdo, cuando el proceso de Burgos, te encerraste con una serie de amigos; Carmen Carreras y yo éramos el contacto al exterior y, recuerdo, que tú me lo dijiste.

Siempre dices que, tú te hiciste del partido comunista francés, porque eran los únicos que realmente hacían algo contra Franco, tenían ganas de hacer alguna cosa. Puede verse, a través de *Rabos de Lagartija,* la última novela aclara muchas cosas. Es una novela en la cual pasan una serie de cosas, y van cambiando las circunstancias. Podrías contarnos, por ejemplo, la entrevista que tuviste en la Feria del libro de Madrid cuando explicas que el señor al cual tú habías ido a ver a Madrid para arreglar unos problemas de censura de *La historia de la prima Montse,* te dijo «usted no me recuerda, usted no sabe quien soy, aquel mismo que arregló un problema de trabajo de tu padre»…, y, mi última pregunta es decir ¿anarquista o resistente? ¿Cómo estamos ahora? ¿Cómo lo ves tú?

Marsé: Ahora más bien prostático, quiero decir que no me obligues a definirme Juan porque ya soy muy escéptico, sobre todo con este país y con la evolución política de este país. Hemos tragado bastantes sapos. El de la transición, sobre todo, que es un sapo enorme; que es, precisamente, el sapo que más afecta al escritor, porque el escritor está hecho de memoria y cuando alguien te dice vamos a olvidar una parte, como ha pasado en este país en beneficio de no se sabe qué, y de un futuro que no se acaba de vislumbrar, en el terreno de la educación, de la cultura laboral… Éste es un país que está muy bien y la gente está muy bien, vive bien en relación con otros países y tal; pero hay un debate pendiente, que no se verifica, que no se aclara, por el que nadie tiene interés, parece; y, soy escéptico. Tengo razones sentimentales, más que nada; no racionales, en relación con el anarquismo. Este individuo que está disconforme, que es un rebelde completo, pero que no acierta a expresar realmente a qué se debe su rebeldía… Soy más bien eso; siempre recuerdo la definición de Jaime Gil que decía «sigo siendo de izquierdas pero ya no ejerzo». En cuanto a lo que tú has contado me ha gustado mucho porque empieza como una novela de Dickens: el muchacho huérfano que se pone a trabajar a los trece años vive en un barrio hostil, en un medio duro, en una época atroz que aprende a vivir y que a los 16 años ya es adulto… Termina siendo una especie de esperpento, de Valle Inclán. Total, que me ha gustado mucho lo que has dicho, y te lo agradezco.

Sagarra: Si me permites, lo podíamos terminar de otra manera: En cierta ocasión, le hicieron la pregunta típica, idiota, que le hacen a un escritor como Marsé, ¿por qué no escribe usted en catalán? y dijo «mire yo reivindico el derecho de escribir en la lengua que me da la gana, comprendo que ciertos patriotas no estarán de acuerdo, pero el patriotismo me lo paso por el culo». Cuando le dieron el premio Rulfo, yo escribí un artículo sobre ti en *El País* y dije que Aznar te había mandado un telegrama, que la señora ministra de cultura Esperanza Aguirre te mandó otro y que el Director general del libro te mandó otro, pero las autoridades catalanas jamás te han mandado nada.

Marsé: A nivel presidencial, no creo haber recibido nunca nada más que propaganda; pero del Conseller de Cultura y de la Generalitat sí he recibido cosas. Que conste, que yo no me quejo; no me gusta quejarme de estas cuestiones, ni meterme en todo eso, yo no escribo para esa gente.

Sagarra: Cuando el señor Pujol dijo que Baltasar Porcel era el mejor prosista de Cataluña después de José Pla... Y tú, ¿qué hiciste al cabo de una semana? dijiste que Baltasar Porcel era la mejor pluma catalana después de Carmen de Lirio. O sea, que ¡Algo te debe provocar, digo yo!

Marsé: Sí, pero no voy a estar toda la vida con el chorizo mallorquín en la boca, porque repite y es muy grasiento. Tú me tratas como cuando teníamos treinta años y no te has dado cuenta del tiempo que ha pasado. Sólo quería puntualizar uno de los aspectos de los que has hablado, de lo que aparece en ese capítulo tan comentado en su tiempo; afortunadamente, ahora ya no son los estudiantes de la universidad de los años cincuenta, "los señoritos de mierda". Hay que tener en cuenta que la universidad, en los años cincuenta, se nutría de un porcentaje elevadísimo, un 99% de señoritos, efectivamente, no todos de mierda, pero señoritos. Que conste que el 99,9% eran señoritos y el resto no; la situación hoy en día ha cambiado por completo.

Javier Coma: Yo, retomando el hilo de este tema patriótico que ha salido por aquí, tengo que advertir que la X no me corresponde, porque sólo me llaman Xavier cuando me traducen al catalán, que ha sido tres veces, pero que yo me llamo Javier. Con referencia a lo que claramente nos une a Juan Marsé y a mí, es la cinefilia y los gustos literarios. Por una parte, individualmente y separadamente, recuerdo que leí *Encerrados con un solo juguete* cuando salió y, desde entonces, seguí leyendo, sin conocerle personalmente, todas las novelas que ha ido publicando. Por otra, nos conocimos a través de la literatura, no a través del cine. Recuerdo que era, concretamente el año ochenta, en una mesa redonda que organizó la antigua revista *Viejo topo* sobre la novela negra. Estuvimos charlando, lo que me produjo una gran emoción porque llevaba años admirándole. Me hizo mucha ilusión poder hablar con él. Después, en los últimos años entra Juan de Sagarra en el tema. Todo el lado izquierdo de esta mesa, desde el centro hasta aquí, nos vemos, de vez en cuando, y nos pasamos un par de horas charlando de literatura, de cine y de otras cosas. Aunque eso sí, lo reconozco, fundamentalmente de cine, porque igual que Juan Marsé en el año 80 estaba muy interesado en la novela negra, yo diría que su gran afición aparte de escribir, quizá incluso dejando aparte lo de escribir, ha sido el cine y el cine que, casualmente, o no, es el que me gusta más a mí, que es el cine americano de la época clásica. El cine y la literatura se mezclan por ejemplo en las inspiraciones de los títulos de las siguientes novelas de Juan Marsé: Por ejemplo, *La muchacha de las bragas de oro* fue premio Planeta. Viene igual de una novela de Balzac, las bragas estaban sustituidas por los ojos y viene, también, de una novela americana convertida en película que es el hombre del brazo de oro, de Nelson Algren. En el cine, con Frank Sinatra como protagonista, es la historia de un drogadicto. *Un día volveré* por ejemplo, tiene unas raíces que pueden ser dobles, totalmente cinematográficas. Había una película que se llamaba *Paris Blues* en Estados Unidos que aquí se llamó *Un día volveré,* con Paul Newman, que trataba sobre el mundo de la música de jazz en París. Había otra película, que yo la había visto en los cines de barrio, de 1945, un Western de baja calidad, que también se llamaba *Un día volveré,* que no tenía nada que ver con el original: *Flame of barbary coast.* No hablo de *El Embrujo de Shangai* porque todos ya saben perfectamente de qué película proviene. *La fuga del río lobo*, un Western famosísimo de Howard Hawks de nuevo con John Wayne que se llamaba *Río Lobo. La calle del dragón dormido* otro cuento que se publicó en *Ínsula* en 1959 que viene de *La calle del Delfín verde*, por un lado, y de *La estirpe de dragón*, por otro, que en cada caso había la novela y la película. *El jorobado de la sagrada Familia* esto viene del jorobado de Nôtre Dame que también en España se llamó de otra manera la versión de Charles Laughton, se llamó *Esmeralda la cíngara.* Nada que ver con el original y esta pasión por Charles Laughton se manifiesta en que otro relato de Juan Marsé que se llama *Historia de detectives* que alude también a dos películas con un título casi idéntico presenta a un personaje gordo que se llama Charles Lagartón y eso da pie para pensar, también, que el capitán Blay que sale en varias obras de Marsé *Si te dicen que caí* y *Ronda del Guinardó, El Embrujo de Shangai* proviene del *capitán Blay.*

Hay varios casos, también, de chistes en clave o de alusiones secretas, relacionadas con nombres de personajes. Pero, lo que destaca sobre todo, en Marsé y en las obras son la gran cantidad de citas de películas y además de una forma significativa. Por ejemplo, en *Rabos de lagartija,* cita y habla de ocho películas, introducidas en el desarrollo narrativo; todas son de aventuras, excepto dos, que también se podrían considerar de aventuras y de todas, siete son americanas. *El fantasma del cine Roxy* es un relato donde tiene referencias a veinte películas; salen representados todos los géneros, menos la comedia; quizás sea porque la comedia tiene menos raíces literarias o se presta menos al argumento de *El fantasma del cine Roxy.* De estas veinte películas, 18 son americanas y del período clásico (de los años treinta a los sesenta). Hay un tema que sirve a los que analicen desde un punto de vista literario la obra de Juan Marsé: hay varias novelas, concretamente *El embrujo de Shangai, Un día volveré, La oscura historia de la prima Montse* y *Si te dicen que caí* en las que el final se presenta como una especie de oleada de texto que, a mi me recuerda muchísimo este *crescendo* musical que hay al final de las películas americanas dando entrada al *"the end"* cuando acaba. Se ha hablado de que Juan Marsé ha sido guionista. Pero, más que guionista ha escrito películas en compañía de Juan García Hortelano, hace mucho tiempo y después películas concretas para Dorigas, Jaime Camino y ahora, ha terminado su primer guión completo que tiene el título provisional de *El guardián del abismo* que está en estos momentos entre lo que estudia Fernando Trueba para su próxima película. Sería interesante decir, también, las películas que concretamente votó, hace pocos años, cuando la revista especializada *Nicolodeón* hizo una encuesta entre críticos, guionistas, intelectuales, etc., sobre las diez mejores películas de la historia del cine; voy a leer la votación de Marsé, siguiendo con la diferenciación entre americanas y no americanas. Hay siete americanas, *Ciudadano Kein* de Orson Welles, *Luces de la ciudad* de Charles Chaplin, *Centauros del desierto* de John Ford, *Ser o no ser* de Ernst Lubitsch, *El maquinista de la general,* una película muda de Buster Keaton, el musical *Cantando bajo la lluvia* y *Campanadas a medianoche* dirigida por Orson Welles pero producida en España; las otras tres son las *Reglas del juego*, de Renoir, *Roma ciudad abierta,* de Roberto Rossellini y la película británica *El ladrón de Bagdad* dirigida por Alexander Korda, en 1940. Esto da una imagen muy clara de su opinión y sus gustos. Se ve inmediatamente que la película más reciente es de la mitad de los años sesenta; no hay posteriores.

Aparte de esto hay que considerar que Marsé ha escrito libros de cine, *Un paseo por las estrellas* que antes fue una serie de artículos publicada en el diario *El país* en que iba siguiendo unos caminos llenos de vericuetos para pasar de una figura del cine a otra muchas veces de una manera asombrosa buscando las coincidencias menos fáciles. Después escribió para Círculo de lectores una agenda del año 89 que se llamaba cine y literatura donde analizaba películas que eran de su gusto principal. Los amores de la pantalla de la vida de Marsé eran, entre otros, en la infancia, Paulette Goddard, en la adolescencia, Ingrid Bergman, Gloria Graham, ya de adulto Ava Gardner.

Marsé: Quería agradecerle sus palabras y decirle que estoy completamente de acuerdo en todo si no fuera porque no estoy de acuerdo con nada. Respecto a la lista de películas se para en el año sesenta y tantos, tal vez ahora añadiría un nombre pero no sabría para sustituir a cuál, porque las diez me parecen indiscutibles. Por ejemplo, de lo que se llama cine actual, citaría a Lars von Trier que me parece de lo más interesante y de lo más singular y arriesgado que se está haciendo, tanto *Rompiendo las olas* como *Bailando en la oscuridad* me parece unas películas notabilísimas y, tal vez, habría añadido esto.

Beatriz de Moura: Todos han hablado y han comentado lo que han querido. Pienso que ahora, hay que empezar el turno de preguntas. Tengo una: Te conocí más o menos cuando tú acababas de escribir y de publicar *Últimas tardes con Teresa* y, antes, había oído hablar de ti por *Encerrados con un solo juguete* y no recuerdo bien si leí *tardes* antes de conocerte, a la vez, o después. Había un personaje, que todos conocemos, que es Pijoaparte. Me llamó mucho la atención porque yo era una de esas señoritas que podía haber sido Teresa en un momento determinado de mi vida y a mi alrededor no había ningún Pijoaparte. Me llamó la atención ese personaje entre otras cosas. Para entonces, yo conocí a Carlos Barral, trabajaba en el mundo editorial pero todavía era una "currante" en tres editoriales distintas. Recuerdo que en las conversaciones, se me fue identificando el personaje del Pijoaparte contigo. Cuando te conocí casi, casi me presentaron al Pijoaparte. Ese Pijoaparte venía con esa especie de carga del personaje que es en la novela, del tipo que, en el fondo, lo único que le interesa de la clase de los señoritos, son las mujeres que frecuentan esa clase. Creo que, además, el personaje de Teresa era una de esas señoritas que yo conocía y yo quisiera saber, ¿qué papel tienen esas mujeres pijoapartescas en tu vida, a partir del deseo que siente el Pijoaparte por la mujer?

Marsé: Si me pongo en el papel que me corresponde como autor tengo que decir que esos personajes femeninos son personajes de ficción, forman parte de los deseos de otros personajes de la historia, Teresa es el deseo de Manolo Reyes, Nuria lo es de Paco Bodegas, se supone que el autor es todos y nadie y aquí hay algunos personajes femeninos que están compuestos por algunas piezas que corresponden a personajes reales pero hablar de eso nos llevaría horas y tampoco creo que sea muy relevante, porque la mayoría no conoce los personajes reales en cuestión y la realidad que está detrás de estas ficciones tiene un interés relativo. Lo podría tener para estudiosos si hicieran un trabajo esencial para eso, pero, en términos generales, no mucho. Hay alguna pieza de algún personaje femenino que corresponde a un personaje que tú has conocido pero no creo que valga la pena exponerlo aquí y me da la impresión que es como hablar de intimidades, que no me parece que tenga mucho interés desde el punto de vista literario; en cuanto a la relación con mujeres, tampoco creo que haya que hablar de eso y ¿tiene que ver con la literatura? pues por supuesto que sí, el amor, el deseo, etc., tienen que ver mucho con la literatura como tiene que ver el humor… Algún crítico ha hablado alguna vez de que los personajes femeninos de mis novelas tienen mucho más interés que los masculinos, piensan en Montse, Teresa incluso en la pelirroja de *Rabos de lagartija* para remitirme a la última novela, pero yo no soy quién para determinar eso.

Arturo Pérez Reverte: Yo quiero hacer un comentario sobre eso. Creo que se han equivocado los críticos que han dicho eso; hay una cosa en tus novelas, en tus personajes masculinos, en tus versiones que queda muy evidente: la profunda melancolía de la lucidez de esos hombres que son muy masculinos. Si hay una característica como lector, y desde mi punto de vista, en tus personajes, es que son profundamente masculinos; en el sentido cabal del término, son hombres, hombres, hombres de verdad a los que cualquier mujer, –léase Teresa– siente e intuye que son hombres de verdad aunque después los desprecien, terminen como terminan; pero hay algo profundamente masculino que yo no encuentro en otros novelistas, y me incluyo, a la hora de construir personajes… Y, quería preguntarte si eres consciente de esa masculinidad tan animal, en el sentido no brutal del término; hasta el tipo que está en la barra del bar, hecho polvo, diciendo: «Soy un mierda», hasta ese tío se ve que, si ya no es, ha sido un hombre y, si eso en cierta forma está vinculado con tu forma de ser. Para mí, eres un tío muy masculino, que representa un arquetipo físico muy concreto.

Marsé: Yo creo que, en primer lugar, la apariencia que yo doy, lo que puedan pensar, lo que puedan representar tiene que ver muy poco con la realidad. Solamente una vez en mi vida he dado un puñetazo, cuando tenía quince años y nunca lo he olvidado. Salía con una chica y me molestaba un tipo. Pero, soy consciente de que, a veces, al intentar definirme físicamente, no soy un tipo duro y no voy por la vida de tipo duro, pero entiendo esa apariencia, en cuanto a la masculinidad de mis personajes; no soy totalmente consciente salvo en un aspecto –tal vez la clave está ahí–: yo creo que la derrota define al hombre mucho más que el éxito. Lo creo firmemente. Por eso, en el terreno literario, me interesan más los derrotados que los vencedores. Creo que el derrotado ejerce un tipo de fascinación –a mí por lo menos– un tipo de misterio. De cómo es posible que siendo derrotado siga siendo mi héroe, me ha pasado con la literatura, con las películas y me pasa en la vida real. Creo que la derrota define, explica al hombre mucho mejor que el éxito. Hemos venido a ser derrotados, finalmente, por la muerte, claro, pero no me quiero poner filosófico. Desde el punto de vista temático, me ha interesado mucho más la derrota que el triunfo. Por eso, porque me permite explicar mejor la condición humana y, tal vez entonces, no sé si eso provoca esa fascinación o atracción en una mujer. La imagen que has puesto de un hombre en la barra de un bar con un whisky derrotado me sigue gustando más que la del vencedor en cualquier tipo de lid.

Arturo Pérez Reverte: Pero, sí te has puesto en la piel de las mujeres cuando has escrito –porque las has creado tú–. Hay una parte en la pregunta que no me la has contestado, que no te la he planteado del todo. Desde tu punto de vista, a Teresa Serrat, lo que le seduce, no es que el Pijoaparte, o quien corresponda, sea charnego, ni mestizo, sino que es evidente que olfatean un tío de verdad.

Marsé: Te comento lo de Teresa: Ella es víctima de un espejismo, de un ideal. Ella se enamora de un ideal de hombre, que está encarnado en un joven atractivo, físicamente; alguien me reprochó una vez que, en esa novela, el Pijoaparte era un andaluz muy guapo y me dijo «esto es por tu tendencia a crear personajes inolvidables» y yo le contesté «ojalá resulte inolvidable», pero mi intención no era ésa. Pero, si no lo hago atractivo es que no se come un rosco. Pobre, analfabeto casi, murciano y feo ¡ya me dirás cómo liga con Teresa!, lo tenía que hacer forzosamente con un atractivo físico; ahora bien, Teresa se enamora de un ideal: ella es una muchacha progresista, marxista de la época que está deseando un contacto no solamente ideológico sino incluso físico con el mundo obrero, con el militante, el comunista en la época. Hoy en día es una cosa que, probablemente, a la juventud no le interesa nada. Pero, en aquel momento, el fantasma comunista tenía muchos atractivos. Ella se enamora de un ideal de hombre, lo que ocurre es que acaba descubriendo la realidad y acaba en brazos del hombre, de manera que sí, el Pijoaparte es un tipo bastante guapo y yo no tengo nada con el Pijoaparte.

Ronda de preguntas: Se ha especulado de esa ambigüedad que hay muchas veces en la sexualidad de Jan Julivert, en el mismo Pijoaparte en sus relaciones con el Cardenal, en el mismo protagonista de la última novela, en sus relaciones con Paulino…, llegas, incluso, en *La muchacha de las bragas de oro* a tener un personaje que es un andrógino, como la amiga de la sobrina, que no sabemos exactamente si es hombre o mujer, al principio de la novela… Todo eso, creo que va enriqueciendo los personajes y nos saca del típico personaje masculino, para darles una plenitud mucho mayor, sobre todo en el caso de Julivert, en sus relaciones con el juez Klein ¿cómo ves tú esto?

Marsé: La ambigüedad es algo que me ha interesado en todo los sentidos, siempre, incluido el de la apariencia física y, vete a saber si yo tengo un rincón no explorado en el terreno homosexual… No lo sé, porque realmente el tema aparece, surge en varias novelas y no sabría explicar el porqué. Me parece que es interesante para la historia que voy a contar y ahí está. En términos generales, el juego de la apariencia y de la realidad siempre me ha interesado y, supongo, que incluyo ese aspecto como uno más. En cualquier caso, lo que sí es cierto es que cuando aparece el hombre se comporta como tal, es el hombre derrotado, pero sigue con todo sus atributos. Eso incluye a un personaje que pueda ser homosexual como es el caso de Julivert que tiene un pasado homosexual y que aflora. Ahora recuerdo que, cuando se interesaron en Rusia por la traducción de *Un día volveré* me vino un señor que trabajaba para la editora nacional y vino para pedirme los derechos de la novela, le dije que no había inconveniente que se pusiera en contacto con mi agente literario, pero «antes tenía que hablar con usted porque la novela presenta un problemilla actualmente en mi país que es que el protagonista tiene un pasado homosexual». Estamos hablando del año setenta y tantos. Es un aspecto del personaje que no...Y, pensé ¡el país donde ha producido Dostoievsky va resultar que no va a saber lo que es un maricón!, es el colmo que el país que admiramos por tantos conceptos, me venga y me pida eso. De ningún modo y se quedaron sin el libro.

Javier Coma: Cada autor tiene su mundo personal donde se deslizan inconscientemente emociones o manifestaciones de la sensibilidad que pueden tener genes en gente que uno admira o le han impactado. Lo que yo veo más cerca de la literatura de Juan Marsé desde el punto de vista cinematográfico es que hay una especie de lirismo épico que conecta con Ford; pero, a lo que más me recuerda es a lo mejor de la novela negra, sobre todo *Un día volveré*. Siguiendo con el cine, en la entrevista que le hace Marcos

Ordóñez dice Marsé «yo, básicamente, el cine que iba a ver al Roxy es cine de mitos; cuando empezó el neorrealismo, me interesó pero dejó de hacerlo muy pronto porque me contaba cómo era la vida y me interesaba más cómo podía ser la vida».

Juan Armengol: a Juan le quiero preguntar cómo valoras y qué te ha parecido el Simposio, ¿te ha merecido la pena? ¿has escuchado lo que deseabas? ¿habrá otro?

Marsé: A nadie le amarga un dulce, escuchar tantos elogios inmerecidos, yo no comprendo que se pueda hablar tantos días y desde tantos puntos de vista diferentes de un autor y no tengo más que palabras de agradecimiento para todos, para los que han organizado el acto, para la Universidad, para Celia Romea, para todos los que han venido, sobre todo, de tan lejos y me gustaría pensar que hablar de lo que se ha hablado aquí puede servir para algo.

Manolo Reyes: evolución de un estereotipo

William M. Sherzer
Brooklin College, New York, EE.UU.

En una entrevista que tuve con Juan Marsé hace ya más de veinte años, le mencioné que, a mi parecer, Paco Bodegas era un desdoblamiento de su autor. Sin apenas pensarlo, me corrigió, diciendo que con quien se identificaba siempre era con el Pijoaparte, Manolo, en su papel de *Últimas tardes con Teresa*. Quizá esto explique el que Manolo reaparezca no sólo en la novela siguiente (como Manuel, y esto es importante para mi estudio) sino también en una película que se estrena en 1976, otra vez como una continuación del Pijoaparte, constituyendo así una versión alternativa del personaje que aparece como el amante protegido de Montse en *La oscura historia de la prima Montse*. Lo que espero hacer aquí, quizá sea poco heterodoxo, es seguir ese desarrollo de una persona que, en su triple comparecencia, adquiere una realidad que podría considerarse por encima de la meramente ficticia, contenida entre, y limitada por, las páginas de un solo texto, algo como el Torquemada de Galdós o el Rasatignac de Balzac, sobre todo cuando nos damos cuenta de la fuerte dosis de presencia autorial que existe en el personaje. Y aunque me acerco al último Manolo como si fuera un personaje de novela, soy también consciente de que hay que distinguir entre personajes de novela y personajes de película. Mientras, por un lado, el Manolo de *Libertad provisional* es una clara continuación o, por lo menos, alusión a uno o a los dos personajes anteriores, hay que tener en cuenta la diferencia que existe entre el desarrollo de personajes novelescos, con sus cientos de páginas por novela, y de personajes cinematográficos, cuya realidad es más visual y más inmediata.[1]

Además de seguir y analizar la evolución del Pijoaparte, como personaje novelístico y tipo social, creo que es de gran interés situar ese estereotipo dentro de la larga tradición del arribista. El personaje de Manolo

---

[1] Encuentro este punto muy importante, dado el interés que se presta en las últimas décadas al cine en la crítica literaria. Es muy fácil escribir de los dos géneros como si fueran el mismo proceso, sin tener en cuenta la gran diferencia que existe entre la creación novelística y la cinematográfica.

y la estructura de su primera novela, *Últimas tardes con Teresa*, se encuentran, consciente o inconscientemente, dentro de la línea clásica del joven marginado, típicamente enamorado, que busca el éxito material en la vida a través de una relación sentimental. Este estereotipo se halla en novelas decimonónicas como *El rojo y el negro* de Stendhal (seguramente el modelo original),[2] *Papá Goriot* de Balzac, *Una educación sentimental* de Flaubert, y *La princesa Casamassima* de James. A éstas habría que añadir obras del siglo veinte, ya claras precursoras de *Últimas tardes con Teresa* en cuanto a la aplicación del argumento a una sociedad más capitalista e industrializada, como son *Una tragedia americana* de Theodore Dreiser y *Un lugar al sol* y *Life at the Top* del inglés John Braine.[3] Estas dos últimas novelas, la segunda continuación de la primera, tienen especial interés para este trabajo, puesto que son casi contemporáneas de las obras de Marsé, escritas a finales de los años cincuenta y principios de los sesenta, y que representan una sociedad post-bélica inglesa (la acción cubre desde 1947 hasta 1957) parecida a la que encontramos en las obras de Marsé, sobre todo *La oscura historia de la prima Montse*, cuyo momento de narración pertenece a la época tardía de la dictadura franquista. No dudo que haya muchas más novelas que quepan dentro de la categoría que he creado aquí, pero creo que las que menciono son suficientes para mi estudio; un análisis más exhaustivo lo podrá llevar a cabo algún ávido comparatista.

En la misma conversación con Marsé, el autor me reveló que él mismo descubrió el parecido con las novelas decimonónicas al leer un ensayo de Lionel Trilling, en *The Liberal Imagination*.[4] Trilling define el tipo de la manera siguiente:

> *El héroe estereotípico puede identificarse como el Joven de Provincias. No tiene que provenir necesariamente de las provincias literalmente, su clase social puede constituir su provincia. Pero el haber nacido y haberse criado en una provincia sugieren la sencillez y las grandes esperanzas con las cuales se inicia –empieza con una gran exigencia para con la vida y mucha admiración por su complejidad y promesa. Puede que sea de buena familia, pero tiene que ser astuto en cuanto a la vida mundana. Tiene que haber adquirido un cierto nivel de educación, debe haber aprendido algo sobre la vida en los libros, aunque no la verdad*[5] (p. 68).

---

2 El autor ha reconocido recientemente la semejanza con Stendahl en una entrevista con Jorge Gracia y Marcos Maurel: «Pijoapare no deja de ser un personaje muy literario. No lo parece, pero es una especie de analfabeto, una especial de hijo espiritual de Julien Sorel: el personaje de novela del XIX, el joven de provincias sin medios de fortuna que quiere un lugar al sol. En cambio, no hay tanta tradición literaria de personajes como Teresa. Aunque, por cierto, está tocado también por Stendhal (vendría a ser una Mathilde de la Mole, para entendernos)» (p. 46).
3 La segunda novela de Braine, que yo sepa, no ha sido traducida. La primera fue traducida con el título de Un lugar al sol, pero la traducción del título de la adaptación cinematográfica es Un lugar en la cumbre, que es una traducción más correcta del título original.
4 Según leemos en "Antes morir que volver a Ronda" de López de Abiada, «Marsé tuvo la deferencia de revelar quiénes habían sido sus modelos o padres espirituales»: Rastignac y Julien Sorel" (p. 166).
5 Todas las traducciones son mías.

Trilling sigue explicándonos que «La historia del joven de provincias [...] tiene sus raíces tanto en la leyenda [por ejemplo, los caballeros de los romances medievales] como en el corazón mismo de la actualidad moderna» (p. 69). Para el crítico norteamericano, Jean Jacques Rousseau es el padre de todos los jóvenes de provincias, incluso el de Córcega (Napoleón; p. 70), precisamente el héroe de Julien Sorel.[6]

Es interesante una comparación entre el principio de las novelas decimonónicas y las del siglo XX, sobre todo, para los fines de este trabajo, las de Marsé. En *El rojo y el negro*, se llega al personaje a través de un cuadro amplio de la sociedad, con Julien al final de la descripción, acostado y leyendo en la serrería de su padre. El joven es un obvio personaje-clase, utilizando el término que formuló Pablo Gil Casado en *La novela social española*. El lector es absorbido por la narración, como desde la parte amplia de un embudo, viendo primero el paisaje en su totalidad, luego la bella ciudad de Verrières, y después las dos fábricas, la de de Rênal y la de Sorel, el padre de Julien, que representan dos clases de ciudadanos. Es una técnica muy visual, y muy del realismo decimonónico, aunque ese realismo supuestamente neutral es frecuentemente subvertido por la ironía y el sarcasmo, como nos enseña claramente Mary Ellen Birkett, quien escribe: «La ironía y el sarcasmo siembran las opiniones de Stendhal tan profundamente en *El rojo y el negro* que aun el realismo de la novela no es indiferente a las exigencias de la subjetividad romántica» (p. 45). Menciono esta característica, no siempre percibida, por su reaparición en las obras de Marsé, donde prima el estilo indirecto libre. El principio de *Últimas tardes con Teresa* también empieza con una amplia visión de la ciudad, ya que Manolo baja desde el Carmelo hasta la plaza Sanllehy, desde donde, después de robar una moto, se dirige hacia Montjuïch, hasta que cambia repentinamente de parecer y se dirige a San Gervasio, donde decide «abandonar la motocicleta y fumar un cigarrillo recostado en el guardabarros de un formidable coche sport parado frente a una torre» (p. 13). El proceso de introducir las dos novelas, esa manera de crear un embudo por el cual pasamos por la sociedad hasta que llegamos al punto de interés, es muy parecido. La gran diferencia, claro está, es que la novela contemporánea privilegia al protagonista, por quien fluye ese sarcasmo e ironía que se encuentra mucho más sutil en Stendhal.

La educación sentimental, aunque muy del siglo XIX, crea una situación mucho más en línea con las preocupaciones materialistas de las obras del siglo siguiente. Fréderic Moreau es presentado más como un individuo que manifiesta una clara impresión causada no sólo por la belleza y finas cualidades de Madame Arnoux, sino por la riqueza y suntuosidad que ella representa. Algo parecido podríamos decir de *Papá Goriot.* Rastignac también se presenta dentro de un contexto social esencial, el de

---

6 En "Antes morir que volver a Ronda", José Manuel López de Abiada, sugiere que Martín, el joven protagonista de Encerrados con un solo juguete, es el primer joven de provincias en la obra de Marsé.

una pensión burguesa parisina que definirá el mundo en el que vive y desde el cual pensará ascender socialmente. Su primera descripción es totalmente materialista:

Eugène de Rastignac tenía un rostro completamente meridional, el cutis blanco, pelo negro, ojos azules. Sus frases, sus maneras, su comportamiento habitual representaba el hijo de una familia noble, donde la primera educación no había contenido más que tradiciones de buen gusto. A pesar de que cuidaba de su propia ropa, de que los días normales terminaba por ponerse la ropa del año anterior, podía salir a veces vestido como un joven elegante. Generalmente llevaba un viejo redingote, un chaleco malo, la maldita corbata negra, deshilachada, mal anudada a lo estudiante, un pantalón parecido y botas resoladas (p. 22).

La primera presentación de Manolo (después del prólogo proléptico) ofrece comparaciones y contrastes interesantes. La primera frase –«Hay apodos que ilustran no solamente una manera de vivir, sino también la naturaleza social del mundo en que uno vive» (p. 13)– anuncia ya que el choque con el entorno social va a encontrarse en la base de la personalidad novelada de nuestro protagonista. Después, siguen dos párrafos llenos de códigos semánticos que definen y anuncian plenamente la lucha que Manolo tiene delante, parecida a la de Julien Sorel, Fréderic Moreau y Eugène de Rastignac. Los signos más esenciales se encuentran en las frase siguientes:

1. «[…] surge de las sombras de su barrio» (p. 13): es decir, Manolo vive en las sombras, en un mundo no alumbrado, no ilustrado, en contraste con Julien Sorel, quien llega a vivir en el mundo de la alta burguesía, primero en Verrières y luego en París.
2. «Su intención esa noche, era ir al Pueblo Español, a cuya verbena acudían extranjeras, pero a mitad de camino cambió repentinamente de idea y se dirigió hacia la barriada de San Gervasio.» (p. 13): el motivo de Manolo es una combinación de búsqueda de mujer y de clase social más elevada que la suya.
3. «[…] decidió abandonar la motocicleta y fumar un cigarrillo recostado en el guardabarros de un formidable coche sport parado frente a una torre» (p. 13): el cambio desde la motocicleta hasta el formidable coche sport representa la ambición. Y el coche será un signo importante durante toda la novela, representando a Teresa y su clase. La moto y el coche constituyen, además, como en las novelas decimonónicas, los distintos niveles de transporte que representan las distintas clases. Piénsese, si se quiere, en los varios tipos de carruajes que aparecen en *La educación sentimental*, y que varían según el estado económico de Fréderic u otros personajes en cualquier momento dado.
4. «[…] era uno de esos peinados laboriosos donde uno encuentra los elementos inconfundibles de la cotidiana lucha contra la miseria y el olvido, esa feroz coquetería de los grandes solitarios y de los ambiciosos superiores» (p. 14): una vez más hay que volver al per-

sonaje estereotípico de la novela decimonónica: Julien, Fréderic, Rastignac, Hyacinth, todos solitarios, malcomprendidos, poseyendo la seguridad de su capacidad de triunfar en una sociedad que al principio, y al final, no quiere dejarlos integrarse.

Y Manolo, como sabemos, emprenderá el largo camino, como sus predecesores decimonónicos, aprovechándose de Maruja, intentando hacer lo mismo con Teresa, con la esperanza de dejar atrás su condición de marginado, de colocarse en el trabajo que sea, de convertirse en ciudadano legal, y, la fantasía más irrealizable, de conseguir a Teresa. Su conversión de Manolo en Manuel en la segunda novela significa que, con el paso del tiempo, o bien entre un momento narrado y otro (1956 y 1960) o bien un momento de publicación y otro (1966 y 1970), ha surgido por lo menos la posibilidad de concebir que la fantasía pudiera convertirse en realidad. Más adelante veremos en qué queda ese Manuel cuando se reconvierte en el cinematográfico Manolo en *Libertad provisional*.

Habría que añadir aquí que la reencarnación de Manolo no se encuentra sólo en Manuel y el Manolo cinematográfico. Paco Bodegas y Salvador Vilella, en *La oscura historia de la prima Montse*, también constituyen claros ejemplos del estereotipo del arribista decimonónico, y por ello alteregos de Manuel. Veamos cómo Paco, consciente de su propio arribismo y de la actitud de sus parientes hacia él, se autorretrata. Con la ayuda visual de una foto de la familia Claramunt, recuerda cómo lo miraban, entonces reunidos con él, ahora desde la foto: «[…] y sonríen con benévola desconfianza hoy como ayer, al tenebroso primo Paco que acecha con codicia.» (p. 65). Al final del octavo capítulo, "Una grieta en la torre", explica su relación con la familia Claramunt y su entrada a través de esa grieta que crea él con la ayuda de su madre. Recuerda el momento de su vida de pensión en el barrio bajo, fuera de lugar y marginado; describe su vida frente a las mujeres, desde la niñez hasta la época de su juventud barcelonesa y sus relaciones clandestinas con Nuria. En puro lenguaje flaubertiano, concluye el capítulo con la frase siguiente: «Confiésalo sin rubor: así empezó tu educación erótica y sentimental.» (p. 101). Esta educación sentimental se mezcla con la clara esperanza de mejorar su estado, así que, como en las obras decimonónicas, la relación sexo, dinero y status, se mantiene muy claramente, sea en el personaje de Manolo o el de Paco. Lo irónico es que mientras Manolo se ha convertido en Manuel, lo cual constituye un paso hacia la respetabilidad desde su cualidad de charnego marginado, Francisco (o Francesc) se convierte en Paco, es decir, que prima su mitad charnega, y consigue el estereotípico trabajo por enchufe con su tío (exactamente el trabajo que consigue Clyde Griffiths con su tío en la segunda parte de *Una tragedia americana*) que nunca ha podido conseguir Manolo/Manuel, con la excepción de la trágica oferta de un empleo compensatorio cuando se marcha al final de la segunda novela.

También se encuentra el estereotipo en el personaje de Salvador Vilella, como se ve en el capítulo siguiente, "El dirigente". Salva es, en cuanto al estereotipo literario clásico, el que más se destaca. Es claramente un Julien Sorel del siglo XX una réplica del Joe Lampton de las novelas de Braine, quien también se casa con la hija del dueño de la fábrica y se hace con el negocio. Citando a Marsé:

> *El tipo constituye un ejemplo interesante de arribismo en la especialidad que podría llamarse diocesana. Un muchacho despierto y servicial creciendo –así me gusta verle– entre cirios chisporroteantes y genuflexiones, entre siseos y murmullos de rectoría que traían favores, méritos y recomendaciones... aprendió desde jovencito a introducirse en esos repliegues de nuestra benefactora y limosnera burguesía, esas blandas cavidades de la caridad* (pp. 112-13).

En efecto, Marsé dedica una larga descripción al tipo que es Salva, una descripción muy crítica del tipo arribista que

> *(D)omesticados, convertidos primero en monaguillos y cantores del coro, en entusiastas excursionistas y después en aspirantes de A.C., al crecer ingresaban en los cuadros de mando y en la dirección de catequesis y alternaban con las atareadas preceptoras de la sección femenina, unidos a ellas por ese noble quehacer apostólico que borra fronteras sociales* (pp. 118-119).

Con todo lo importante que es Manolo, para la novela anterior, para ésta, para la película, para esta ponencia en fin, Salva, personaje supuestamente secundario, es la mala sombra que flota por todas estas creaciones, es Julien Sorel, es Fréderic Moreau, es Gatsby, es el arribista que ha triunfado pese a todos los intentos de los hombres de la alta burguesía de defender a sus hijas y su status contra ellos. Lo hace a través de una virtual invención de su propia persona, basándose en una política hipócrita y una catolicidad progresista que son signos de un supuesto progresismo del tardofranquismo. Y aquí vemos la ironía de Marsé, su doble mensaje. Al contrario de lo que ocurre con Julien Sorel y Fréderic Moreau, aquí se puede triunfar en la sociedad, se puede ser arribista con éxito, pero no siendo murciano o charnego, y aun así, el precio a pagar es alto: una pérdida de la autoestima, quedar en ridículo y, al final, perder a esa misma mujer, Nuria, que le facilita la entrada en la sociedad de la alta burguesía. Es decir, nadie realmente se mete sin problemas en esa sociedad cerrada, y la progresión sexual-social está muy clara. En dos ocasiones, Manolo está a punto de hacer el amor con Teresa, lo cual adquiere el simbolismo de penetrar en la sociedad de los Serrat. En las dos ocasiones se aborta la acción, una vez por el telefonazo que anuncia la muerte de Maruja (y en un momento cuando el acto de amor se funde con la consecución de un trabajo, es decir la coincidencia de los dos motivos que definen el estereotipo que analizamos en este ensayo), la otra vez, al final de la novela, por su detención (gracias a la traición de Hortensia, que lo mantiene en el estrato social al cual pertenece). En la novela siguiente, llega a tener relaciones sexuales con Montse, dejándola en estado, pero la abandona por un trabajo de poca importancia y ella se suicida. En la misma novela, uno de sus alteregos, Paco, establecerá una relación sexual con Nuria, pero la tendrán que mantener fuera del país.

Y aun el Manolo de *Libertad Provisional*, con una relación sexual que se convierte en una vida de hogar, sólo puede consolidar esa vida con una trabajadora de clase media baja, y aun así, al final de la película, es encarcelado. En todas estas obras, el mensaje continuo es que las barreras sociales son casi inviolables, aun para ascender modestamente a las primeras capas de la sociedad, y en plena década de 1970.[7]

Siempre sin hablar de fuentes directas literarias, es, cuando menos, curiosa la semejanza entre las relaciones íntimas de las varias parejas que se encuentran en las novelas anteriores y las de Marsé. Hay siempre un primer amor (Madame de Rênal, Madame d'Arnoux, Millicent, Roberta, Alice, Maruja, Hortensia [ella está enamorada de Manolo por lo menos] y Montse), y ese amor es luego sacrificado, normalmente por razones de clase. Hay una mujer embarazada (Matilde de la Mole, Rosanette, quien da a luz y cuyo hijo fallece, Maruja, Montse, Roberta, Alicia, que ya tiene un hijo –¿por qué no incluirla?– Susan) que sufre por haberse enamorado y otra vez por haberse quedado encinta. ¿Cuáles son los motivos en las novelas de Marsé? Manolo, desde luego, cree en una Maruja supuestamente rica que le ayudará a elevar su estado social. Teresa suple a Maruja, pero Teresa es intocable sexualmente. Frente a Montse, no se precisa si Manuel siente amor o complacencia ante el amor de ella por él; en fin, tiene sus relaciones con la dueña de la pensión y con Nuria, y lo abandona todo por un trabajo. ¿Podemos decir que en la Barcelona de los años cincuenta ya la supervivencia a través de un empleo supera toda la problemática de clase que preocupa a personas desde Julien Sorel hasta Joe Lampton? Es muy apropiado señalar la comparación y contraste aquí entre Manuel y Joe, en la Inglaterra de la inmediata posguerra, en la cual, en plena época laborista, se pugnaba por reducir las diferencias sociales. El Sr. Brown, padre de la chica rica embarazada, le hace a Joe una oferta de un negocio, con la condición de que se vaya lejos y que no se acerque más a Susan. Aunque podría ser sólo una prueba del carácter de su futuro yerno, Joe no lo intuye, y rechaza la oferta; no va por allí su camino desde la clase obrera hasta la cumbre ("the top"). Testigo de este acto de nobleza o amor propio, Brown accede al matrimonio entre el trepador y su hija.[8] En *La oscura historia...* aunque la familia no se ha enterado del embarazo

---

[7] Hay que señalar que Pedro Guerrero Ruiz y María Hernández, desde una perspectiva lacaniana, desenfatizan el significado social de Manolo y Teresa y, como consecuencia, enfatizan las posibilidades afirmativas de la relación amorosa: «Esta novela no es, pues, pesimista, sino afirmativa... Y en efecto, el final de la novela nos presenta un ambiente político férreo e inmovilista, pero no por ello la finalización de los sueños de sus protagonistas. Hay un final más abierto todavía que el propio final novelado: que a través de la aceptación de la debilidad y la falta, la carencia humana, podemos llegar al desenmascaramiento de los mitos inconscientes (producidos por el amor, por el deseo o por la carencia humana) y al punto de partida nuevo hacia una realidad más afirmativa y verdadera.» (p. 77).

Está claro que nuestras dos lecturas son radicalmente opuestas, pero es la característica polivalencia que cultiva autor lo que conduce a esta situación.

[8] Como vemos en otra parte de este ensayo, al principio Joe aceptaba esta estrategia para casarse con Susan, pero la realización del plan se hace inconscientemente.

de Montse, la estructura novelística es la misma: Manuel ha dejado a Montse en estado, y el padre, utilizando a Salva de intermediario, le ofrece un trabajo a Manuel fuera de Barcelona (en Sabadell). Pero aquí Manuel acepta, después de lo cual Montse se suicida. La rigidez del sistema social español y catalán se destaca enormemente al compararlo con el sistema inglés, a pesar de toda la hipocresía que aquel sistema encierra. En fin, Joe triunfa, a su manera, mientras Manolo desaparece forzosamente, gracias a la oferta de un trabajo cualquiera, y Montse es sacrificada.

Así que, en *La oscura historia...* Paco y Salva sirven de transición en este tema (es mi firme opinión que esta novela constituye la obra principal y transitoria de la novelística de Marsé). Salva es una versión catalana del charnego Manuel, quien utiliza a Nuria para llegar a su padre y entrar en la alta burguesía. Paco la quiere sinceramente. Así que es Paco, quizá, y no el mismo Manuel ni Salva quien sirve de precursor del Manolo de la película *Libertad Provisional*. Ese Manolo es una continuación directa del Pijoaparte, al igual que lo es Manuel; constituyen las dos evoluciones alternativas de ese personaje, pero el segundo Manolo es el Pijoaparte infundido del calor humano del que Paco es capaz. Y, entrando ya en la película, ¿qué hacemos con este Manolo, que quiere aburguesar a la mujer de quien se ha enamorado? Su amor es sincero, el aburguesamiento que anhela es sensato, sus acciones no están basadas ni en el odio ni en la envidia, sino en un abiertamente declarado deseo de medrar. Volvamos a otras obras y veamos qué vueltas le da Marsé al clásico problema del amor y el ascenso social.

En el capítulo 13 de la segunda parte de *El rojo y el negro* vemos la reacción de Julien ante la carta/declaración de amor de Mathilde de la Mole. Más que un triunfo amoroso, es un triunfo social, basado en el sentimiento de odio que siente hacia la aristocracia. Está dispuesto a amar y ser amado por la hija del Marqués, dejarla encinta, incluso cuando el marqués se ha portado tan bien con él. Lo que se retrata es una situación clásica de choque de clases, como la encontramos también en Balzac, Flaubert, y James. Se encuentra también en Dreiser y Braine, pero el tema amoroso en estas dos novelas adquiere una forma más sutil que el mucho más explícito interés materialista de los dos protagonistas (por muy enamorado que se crea Clyde, el protagonista de *Una tragedia americana*).

La situación de Manolo podría describirse de otra manera. El que critica la alta burguesía no es el protagonista sino el narrador, ya que Manolo no posee más que una ideología rudimentaria. Manolo parece un títere en este respecto, un vehículo para el mensaje de su creador. Esto no elimina, sin embargo, las semejanzas con la novela decimonónica y sus avatares en el siglo XX. Manolo se muestra muy consciente de la diferencia de clases, por ejemplo, cuando lo echan de la playa privada de Blanes. Y no nos olvidemos tampoco del parecido entre el Pijoaparte, cuando observa la ciudad de Barcelona desde su Monte Carmelo, y Rastignac en *Papá Goriot*, cuando observa París de la misma manera, desde el cementerio de Père-Lachaise:

Desde la cumbre del Monte Carmelo y al amanecer hay a veces ocasión de ver surgir una ciudad desconocida bajo la niebla, distante, casi como soñada; jirones de neblina y tardas sombras nocturnas, flotan todavía sobre ella como el asqueroso polvo que nubla nuestra vista al despertar de los sueños, y sólo más tarde, solemnemente, como si en el cielo se descorriera una gran cortina, empieza a crecer en alguna parte una luz cruda que de pronto cae esquinada, rebota en el Mediterráneo y viene directamente a la falda de la colina para estrellarse en los cristales de las ventanas y centellear en las latas de las chabolas (p. 54).

Rastignac, al quedarse solo, dio unos pasos hacia lo alto del cementerio y vio París tortuosamente acostado a lo largo de las dos orillas del Sena donde comenzaban a brillar las luces. Sus ojos se fijaron casi ávidamente entre la columna de la plaza Vendôme y la cúpula de los Invalides, allí donde vivía este bello mundo dentro del cual había querido penetrar. Lanzó sobre esa zumbante colmena una mirada que parecía preparada para sacarle la miel, y dijo estas palabras grandiosas: «¡Ahora es entre los dos!»
Y como primer acto de desafío con que él lanzaba a la sociedad, Rastignac fue a cenar a casa de Madame Nucingen (p. 309).

En un artículo que compara a Braine y Stendhal, "John Braine's *Room at the Top*: the Stendahl Connection", Peter Flågesund traza un paralelo entre la novela inglesa moderna y *El rojo y el negro*, como hacemos hoy con las obras de Marsé y sus precursoras francesas. Aunque no llega Marsé a utilizar conscientemente elementos estructurales de la novela decimonónica, Flågesund señala algunos puntos en común entre Braine y Stendhal que conviene destacar para aplicarlos a la novela española. La novela francesa y la inglesa tienen lugar, ambas, en sociedades post-cataclísmicas: la Francia post-Napoleónica y la Inglaterra post-bélica de los años cuarenta (la segunda novela de Braine tiene lugar diez años más tarde). Escribe Flågesund:

En las dos novelas nos encontramos, por tanto, con sociedades en las cuales las estructuras tradicionales que aseguran el statu quo han sido gravemente afectadas, y las cuales, como consecuencia, quedan abiertas a los intentos de los foráneos por asegurarse puestos que han sido previamente inalcanzables (p. 248).

En cuanto a *Últimas tardes...*, hay un paralelo obvio con la guerra civil, y con la posguerra, que fue, para los vencidos y los desprivilegiados, vencidos o no, un cataclismo continuo. No sólo podemos describir la situación de Manolo frente al poder social de los Serrat como una desigualdad mantenida, que no iniciada, por la conflagración, sino que vemos que esa situación continúa en la novela siguiente, donde Salvador representa una postura hipócrita de querer resolver los problemas sociales y políticos acentuados por el cataclismo, y Paco representa, a su vez, una crítica amarga de la situación social y la hipocresía de su primo político.

La comparación con *Un lugar al sol* es siempre interesante por la cercanía de las fechas de estas dos novelas europeas. La importancia de la ropa y los coches, vista ya al principio de *Últimas tardes...*, se acentúa aún más en la novela inglesa, donde, también relativamente hacia el principio, Joe Lampton deja ver sus ideas arribistas, al impresionarse enormemente por una pareja que ve entrar en un coche deportivo:

*La posesión del Aston-Martin situó automáticamente al joven en una clase so-
cial muy por encima de la mía; pero esa posesión era sencillamente una cuestión de dinero. La chica, con su bronceado perfecto y pelo claro recortado en
un estilo sencillo que únicamente podía ser caro, estaba tan fuera de mi alcance
como el coche. Pero la posesión de ella, también, era sencillamente una cuestión de dinero, el precio de una sortija de diamantes en su mano izquierda. Todo esto parecía demasiado obvio; pero era ese tipo de verdad que hasta aquel
momento sólo había captado teóricamente [...]
Por un momento lo odié, me vi a mí mismo, comparado con él, como el funcionario del ayuntamiento, el chupatintas subordinado, a mitad de camino de con-
vertirme en zombi, y saboreé la amargura de la envidia. Luego la rechacé. No
por razones morales sino porque sentí entonces, y todavía siento, que la envidia
es un vicio pequeño y mezquino –el preso escurriendo el bulto porque a otro
preso le han dado una ración más grande de potaje. Esto no disminuyó la fero-
cidad de mi anhelo. Quería un Aston-Martin, quería una camisa de lino de tres
libras, quería una chica con un bronceado de la Costa Azul –estos eran mis derechos, pensé, un legado firmado y sellado* (pp. 23-24).

Ya se ha mencionado la importancia de los coches para Flaubert y
Marsé, y se encuentra también en *La princesa Casamassima*, cuando el
joven Hyacinth declara que «[...] quería subir a todos los carruajes, montar
a todos los caballos, sentir sobre su brazo la mano de todas las bellas mujeres
del lugar.» (p. 125).[9] En cuanto a Braine, es interesante notar cuánto ha
captado esa importancia Ted Kotcheff, el director de la versión cinematográfica de *Life at the Top (Un lugar en la cumbre)*, la novela que sigue contando la vida de Joe Lampton después de *Un lugar al sol*. Aunque la novela
empieza con una escena enternecedora de Joe, ya padre, con su hija de
cuatro años, acentuando así el aspecto afectuoso y humano del que Joe es
capaz, Kotcheff elige empezar la película con el protagonista en solitario,
en la carretera, conduciendo rápidamente el coche elegante soñado desde
el principio de la primera novela. También en *Una tragedia americana* el
protagonista se obsesiona con la combinación de chica guapa y coche, muy
desde el principio. Esos sueños se materializan de forma negativa y, por
tanto, irónica. La primera vez que Clyde entra en un coche, es un coche ro-
bado, y el conductor atropella a una niña, causando la fuga del protagonista
desde Kansas City hasta Chicago. La segunda vez que le vemos entrar en
un coche será para conocer a Sandra, la chica hermosa y rica que le hará
perder la cabeza y planear el abandono y asesinato de Roberta, la joven
humilde que él ha dejado en estado. Así que el «formidable coche sport» (p.
13) de la primera página del primer capítulo de *Ultimas tardes con Teresa*
y el Floride tan presente de Teresa son totalmente coherentes con el estereotipo: joven humilde, coche, chica hermosa, relación sexual, embarazo, muerte.[10] Esto lo han entendido claramente los editores de Seix Barral también,
al crear una portada con la guapa Teresa al volante de su coche.[11]

---

9 Y precisamente es una de las primeras cosas que hace Hyacinth con la bella princesa.
10 No debemos olvidar que en *Un lugar al sol*, Joe está enamorado de otra mujer, mayor, Alice
Aisgill, quien, al abandonarla Joe por Susan, se mata en su coche. Ese coche, en efecto, es

Un contraste esencial entre las obras de Marsé y Braine estriba en el nivel de conciencia del protagonista en cuanto a sus motivos y acciones. Y quizá aquí habría que hablar, aunque suene algo a cliché, de la influencia, desde siglos atrás, de la novela picaresca, que ya fue estudiada por Shirley Mangini González en 1985. El Pijoaparte empieza, sin duda, como un pícaro, en los dos sentidos, económico y sexual. Aprenderá, como aprenderá Paco en la novela siguiente y Manolo en la película, a enamorarse sinceramente. Y mientras más se enamoran estos personajes, más abandonan el estereotipo, como vemos finalmente en *Libertad Provisional*. Joe Lampton es más consciente de cuándo ama sinceramente (como en el caso de Alice Aisgill, una mujer casada) y cuándo utiliza a una mujer para avanzar socioeconómicamente, como vemos cuando él mismo se autocensura:

Fue la pura verdad. Pero mientras observaba la cara rosada y joven de Susan, tan joven que el amplio cuello y breves pechos firmes parecían a veces no pertenecerle sino haber sido prestados para la ocasión como las medias y carmín de una hermana mayor —me sentí culpable. Estaba constantemente maniobrando, posicionándome, notando el efecto de cada palabra; y parecía desvalorizar todo lo que decía (p. 64).

Más tarde, en una declaración mucho más directa, Joe se dice «Me casaré con ella aun si tengo que dejarla en estado.» (p. 115), lo cual hace, al final, inadvertidamente, pero muy de su grado. Sólo en la última página de la obra, después de una larga noche de autocastigo por la muerte de su amante, Alice, reconoce su verdadero carácter. Magullado por una paliza que le han propinado, llorando descontroladamente, declara, cuando le dicen que nadie le echa la culpa, «O Dios mío... ése es el problema.» (p. 199). En efecto, lo que se encuentra en el papel de Joe es una voz metafícticia que vuelve sobre todos los tipos parecidos que se han creado desde *El rojo y el negro*:

Alice tenía razón. Me sentí como si hubiera perdido toda mi fuerza; no había forma de estar cómodo, mi cuerpo era una carga vergonzosa, no iba a poder dormir. Pensé en Susan, pero no ayudó; ella estaba en el mismo lado de la valla que Alice. Quizá, pensé, a uno lo señalan desde el nacimiento, y sólo los zascandiles y los genios se elevan desde la clase en la cual nacieron (p. 100).

En *Un lugar al sol*, Joe desempeña un papel muy parecido al de Salva, pero demuestra una vez más tener conciencia de su propia degradación, conciencia que Salva rara vez es capaz de sentir. Y no está contento. También se parece a Salva en que su mujer se le vuelve infiel. Y tenemos que compararle, por tanto, con Manolo en cuanto al tema del éxito. Si conside-

---

símbolo sexual, en la novela y la película; el ofrecerle a Joe las llaves y decirle que conduzca es simbólico de la entrega sexual que culminará en la muerte en ese mismo coche.

11 Quizá no sea de más señalar la importancia del coche en El gran Gatsby. El evento que desata la conclusión de la obra es el atropello por Daisy de la señora Wilson (amante de su marido) mientras conduce rápidamente por la carretera de Queens, ruta al rico extrarradio de West Egg.

ramos su clase de origen, el Manolo de la película tiene más éxito real y personal que cualquiera de los personajes que estudiamos aquí, salvo Joe. Ninguno ha mejorado su existencia al nivel que estos dos lo han conseguido. Pero, parecido a la infidelidad de Susan, Alicia, la "mujer" de Manolo, sigue manteniendo una relación amorosa, que ya se podría considerar adúltera, con un médico, y Manolo, al final de la película, fracasa, pero no por un fracaso matrimonial. Joe, al final de la segunda novela, acepta la vida con su mujer; vuelve a ella, y es difícil decidir claramente si es por amor por ella o por sus hijos, aunque es lo segundo lo que convence más.

Hacia el final de *Un lugar al sol*, hay un comentario de Susan que podría aplicarse a todo este ensayo. Al comparar a su marido con su amante, Mark, dice, «Tú sólo podías subir; pero cuando el padre de Mark perdió todo su dinero, Mark sólo pudo descender.» (p. 178). Es el tema esencial del trepador: el tener adónde trepar. En la novela decimonónica, el ascenso social es imposible al final. De forma romántica, postromántica o quizá ya neorromántica, termina en fracaso o esperanza postergada. Quizá podemos decir lo mismo de *Una tragedia americana*. Pero al llegar al mundo post-bélico de Braine y Marsé, las posibilidades son plausibles, y el fracaso va a depender más, nos gustaría pensar, del personaje mismo, por lo menos en la Inglaterra de Braine. En Marsé encontramos un autor, un lector deberíamos añadir, refiriéndome al mismo Marsé, que no pierde de vista el siglo anterior, el estereotipo realista que mantiene un pie en el romanticismo, mientras que en la Inglaterra democrática de Braine, como tenía que haber sido en la España postdictatorial del Marsé guionista, la voluntad del personaje triunfa sobre el destino y la clase de origen.

El Pijoaparte, creado una década después de Joe Lampton, es mucho más ingenuo, como lo fue quizá Julien Sorel, Hyacinth Robinson, Fréderic Moreau o Clyde Griffiths. En el momento de su detención, cree realmente que Teresa le quiere y que tiene posibilidades de triunfar. Los tipos que se inventan y se desarrollan en las obras siguientes son más (Paco y Manuel) o menos (Manolo) conscientes de esa posibilidad, pero ninguno demuestra como Joe Lampton la clara conciencia de sus acciones, la clara degradación de su relación con las mujeres, con, en fin, su mujer.

Todos los protagonistas vinculan a la mujer supuestamente amada con su ambición, que, en el caso del Pijoaparte termina por buscar trabajo, primordialmente como paso necesario hacia cualquier nivel de legitimación. En las tres variantes de Manolo, hay una progresión definitiva desde el reconocimiento de esta necesidad de un puesto de trabajo en la primera novela,[12] que no se convierte en realidad, hasta la consecución de un empleo en Barcelona en *Libertad provisional* (en contraste con Paco y Manuel, quienes terminan trabajando en París y Sabadell respectivamente), cuando Manolo se hace primero ayudante de Alicia y finalmente la sustituye.

---

12 Nunca se manifiesta este deseo más claramente que en casa de los Bori, en *Ultimas tardes...*: «¿Tú también, bonita, tú también con el cachondeo?, pensó Manolo, que con tal de conseguir el empleo estaba dispuesto a dejarse pelar al cero.» (p. 283). Ese pelado bien podría interpretarse como un sacrificio de la masculinidad que es la característica más importante del personaje.

Ni Julien Sorel ni Joe Lampton están claramente enamorados, aunque los sentimientos de Julien hacia Madame de Rênal no son tan fáciles de esclarecer. Fréderic Moreau siente amor por Madame Arnoux durante toda la novela, pero se concretiza poco, y Fréderic entretiene a otras, casi acepta el matrimonio con todas, y deja en estado a una de ellas. Hyacinth se siente atraído hacia la princesa de la misma manera, debido a «[…] sus joyas maravillosas y perfumes maravillosos y las maneras de un ángel.» (p. 163). Clyde Griffiths, de *Una tragedia americana,* se relaciona con tres mujeres. Su atracción hacia la primera es puramente sexual, hacia la segunda es sincera e íntima, y en cuanto a la tercera, se siente abrumado primero por su dinero y en segundo lugar por su belleza.[13] Aquí, Marsé rompe moldes. El movimiento desde el Pijoaparte hasta el último Manolo es un movimiento gradual hacia un amor verdadero, donde ese amor no funciona como un vehículo hacia el ascenso a una clase más alta. Al contrario, es el último Manolo quien salvaba, hasta la conclusión irónica, a Alicia, quien, hasta la aparición de Manolo en su vida, asumía y aceptaba su propia realidad picaresca.

Al comentar *El rojo y el negro* y *Un lugar al sol,* Flågesund escribe que «Sin embargo, a pesar del contraste, el hecho sigue siendo que las dos novelas deben leerse como una manifestación del ideal del igualitarismo» (p. 260). Marsé no manifiesta este ideal tan claramente; no existe, ni en *Ultimas tardes...* ni en *La oscura historia...* el ideal romántico napoleónico de Julien Sorel ni el ideal democrático de la Inglaterra postbélica. Por lo menos no se encuentra en el cinismo del Pijoaparte y Paco, ni en el recelo de Manuel. Entre las mujeres, sin embargo, bien se puede encontrar una Matilde de la Mole o una Susan Brown. La imagen final de Teresa no será positiva; se incluirá, finalmente, en esa categoría de "señoritos de mierda" que el autor, indirectamente, a través de Manolo, atribuye a Teresa y sus amigos universitarios. Pero mientras participa de su idealismo político, Teresa encuentra en Manolo una alternativa al estancamiento social de sus amigos, sobre todo de Luis Trías de Giralt, con el concomitante deseo sexual que se manifiesta en Matilde cuando elegía a Julien por encima de los hombres de su clase. De la misma forma, Montse rechaza los valores de su clase social y los consejos de Salvador al acudir, de forma idealista primero y romántica después, a Manuel. Curiosamente, o más bien irónicamente, en esta comparación de los sexos, el cinismo que manifiestan el Pijoaparte, Manuel y Paco se transferirá a Alicia, la mujer de *Libertad provisional,* mientras el ideal de igualitarismo se transferirá, paralelamente, desde Teresa y Montse a su amante, Manolo.

Al acercarme a la conclusión de este ensayo, será hora ya de presentar un rápido resumen de *Libertad provisional,* película a la que hemos venido aludiendo a lo largo de estas páginas. En esta película, Manolo reaparece

---

13 Por muy atractiva que sea Teresa, creo que es Nuria, percibida de esta manera por Paco (el bronceado, la ropa del tenis, el jersey grueso, en fin toda la indumentaria y comportamiento burgueses, quien debe considerarse una moderna princesa Casamassima.

como la alternativa de lo que ya ha sido en *La oscura historia...* Es un ladrón, de mayor categoría, si se puede decir, que el antiguo ladrón de motocicletas. Se encuentra con Alicia, también bastante pícara (vendedora de libros que seduce a sus posibles clientes para asegurar la venta), quien por poco tiempo lo confunde con el dueño de la casa donde, en un principio, ha entrado a robar. Así empieza la relación entre los dos, y lo curioso es la inversión de los papeles. En vez de una Teresa, Montse o Nuria burguesa, a cuyo estrato el pícaro no puede nunca ascender definitivamente, aquí Manolo pasará por un gradual proceso de aburguesamiento, preso también del amor, con la sincera esperanza de aburguesar también a Alicia (y, en el proceso, legitimar la vida de su hijo Javier). Este proceso de aburguesamiento no es sutil, y es contrarrestado casi hasta el final por el cinismo de Alicia, menos idealista que este ex preso que le dice que no teme la miseria pero sí sus consecuencias: la ignorancia, la incultura y todo lo que conllevan. Esta falta de sutileza puede restar credibilidad y valor artístico a la película, pero vista desde la perspectiva de la larga y lenta evolución del estereotipo, el mensaje es más importante que la presentación artística. Por muy parecido que sea a una telenovela –Manolo sueña con una familia, con un piso mejorado, hasta con poder entrar en casa todos los días y tirar su sombrero sobre una percha con el grito de «¡Hola familia!» (la única vez que lo intenta se le cae el casco –no tiene sombrero– no hay nadie en casa) –el espectador que es consciente de la novelística de Marsé se da cuenta de lo que significa todo esto: la autogeneración de un personaje que no ha podido autogenerarse antes ni siquiera con la ayuda de bienintencionadas burguesas; el curarse del cinismo ante su propia condición frente a una sociedad burguesa hostil, y el sincero convencimiento de que ya, en 1976, con Teresa casada, Montse muerta, Nuria en París o todavía en la torre de Pedralbes, en una sociedad más abierta, él puede salir del mundo de la delincuencia y convertirse en un buen ciudadano catalán. Un dato irónico e, intertextualmente, gracioso, es que Manolo quiere que Javier aprenda catalán. Se ha distanciado mucho de ese Pijoaparte que no hablaba la lengua, o el Paco que lo hablaba poco y mal.

La película sigue en esta línea. El mensaje es directo, centrándose en el ten con ten de los dos personajes, Manolo y Alicia. Dada la importancia del referente urbano en las dos novelas, es curioso, la falta de ese elemento aquí, ya que en el género cinematográfico es más fácil presentar al espectador la realidad visual. Hay, no obstante, claves visuales que nos recuerdan la conexión con las novelas: el Carmelo, el Bar Delicias, aunque fugazmente, un dueño de un taller, presuntamente el abuelo de Pablo, otro delincuente, y que podría considerarse una combinación del Cardenal y el hermano de Manolo (es consecuente con la película el que este personaje trabaje lícitamente y advierta a Manolo que no meta a su nieto en líos, significando así un triunfo de la ética del hermano sobre la del Cardenal). Al salir de la cárcel, Manolo aparece en las Ramblas, antigua base de latrocinio del Pijoaparte, pero las abandona en seguida para instalarse en casa de Alicia. Se podría decir, pues, que las imágenes de Barcelona no son de ninguna manera costumbristas, y que existen más bien para recordarle al espectador aspectos previos de la vida del protagonista que él está rechazando en este momento.

De hecho, y sobre todo en relación con las obras anteriores, en esta película hay mucha dialéctica. Manolo ha hecho todo lo posible por establecerse en una vida aburguesada fundamentada en su amor por Alicia y Javier y el deseo no sólo de entablar relaciones con una mujer sino de ser padre de familia. Para aquel aburguesamiento –papel pintado, habitación con barra, televisión, coche, etc.– necesita cada vez más dinero, y por fin cae en la tentación, más bien necesidad, de volver a la pandilla de ladrones. Ahora, ¿cómo interpretamos este final? ¿Constituye una aceptación del determinismo social? ¿Debemos pensar que Manolo nunca tuvo la oportunidad de salvarse realmente? ¿O es una crítica del materialismo y aburguesamiento, tema que se encuentra dos años antes en el personaje de Daniel Javaloyes, de *Si te dicen que caí*, quien, en una de las posibles lecturas de esa novela, traiciona a su propio hermano (y también se degrada personalmente) para iniciar una vida burguesa ascendente que lo va a conducir hasta la muerte en un accidente de coche en Garraf?[14] Esta lectura, desde luego, coincidiría con la visión crítica tradicional de la burguesía en la literatura decimonónica. Véase, por ejemplo, la descripción que nos da René Girard del burgués ambicioso del siglo XIX:

> *El hombre ambicioso de Flaubert nunca alcanza el objeto de sus deseos. No conoce ni la miseria ni la desesperación verídica causadas por la posesión y la desilusión. Sus horizontes nunca se ensanchan. Está condenado a la amargura, la malicia y las rivalidades mezquinas. La novela de Flaubert confirma las tristes predicciones de Stendhal sobre el futuro del burgués* (p. 136).

Dentro de la línea del joven de provincias que quiere trepar, el deseo de Manolo de mejorar su situación material no conoce límites; se ve obligado a volver al robo, y es significativa una de las últimas tomas, donde Manolo está conduciendo un coche, con plantas para la casa atadas a la baca). Ahora, la película no tiene que interpretarse así. Hay que concentrarse en los sentimientos esenciales de Manolo: para con Alicia y para con Javier, sobre todo Javier. Es aquí donde el espectador observa su total sensibilidad. Una escena clave en este respecto es cuando llega a casa con un cachorro. No existe imagen más tierna y clara de buen padre de familia. Y es de señalar que el perro termina en el regazo de una Alicia ya de vacaciones y en plan de ama de casa. Como siempre, Marsé no

---

14 El autor propone esta interpretación en el prólogo de la edición publicada de la película: «Este anhelo de convencionalidad lleva consigo, sin que ellos lo sepan, el germen de su propio fracaso: conforme van adecuando la realidad a su deseo van apareciendo las engañosas formas de la prosperidad y la dignidad, los apaños sociales de clase media, las apariencias de felicidad doméstica, el fraude cultural, las exigencias del consumo, el aburrimiento sexual, los prejuicios y los celos. Pero no llegarán a ser conscientes de haber caído en una trampa, no tendrán tiempo: las dificultades económicas acabarán empujando al flamante ejecutivo, en su urgencia por apuntalar un frágil sueño que se desmorona, a sus antiguas actividades delictivas, precipitando el fin y dejando las cosas igual que al principio.» (pp. 11-12).

nos ofrece una lectura sencilla o unívoca; todo en Marsé es ambiguo. Pero podemos constatar que este Manolo es el último de una serie, y que Marsé ha creado cierta trayectoria hacia la salvación de su personaje extendido, salvación que irónicamente no se realiza.

El Manolo cinematográfico constituye, pues, el final de la larga trayectoria que hemos trazado, y la cuestión del alcance de la relación con la mujer es siempre esencial. Julien Sorel puede llegar a ser yerno del marqués (es tan sólo a causa de la carta de Madame de Rênal que pierde esta oportunidad), pero el Pijoaparte, quien sugiere que es hijo natural de un marqués,[15] no puede casarse ni con Teresa, ni con Montse ni con Alicia. La relación sexual con Teresa se frustra dos veces, la última llevando a la terminación de la aventura. Montse cede, pero la ley del padre, literal y figurativamente, interfiere y domina. Cuando al fin se llega a una relación estable, en *Libertad provisional,* la mujer es medio prostituta, y ni siquiera esa relación puede prosperar. Y si queremos considerar la relación Paco-Nuria como la única potencialmente permanente, hay que reconocer que es una relación adúltera y que su final es intuido pero no presenciado; es, si llega a existir, extranovelesco. Y no nos olvidemos nunca del dictamen de su tío, el padre de Montse y Nuria, y que podría aplicarse a todas estas relaciones: «¡Francesc! ¡Les nenes no es toquen!» (p. 71).

Así que hay que tener en cuenta también las diferencias en cuanto al papel femenino: Teresa, Montse, Nuria, Alicia. El último Manolo adquiere un papel de regenerador de una mujer que está totalmente en contra de crear una familia: su papel sexual la aproxima al oficio de prostituta, tiene un hijo fuera del matrimonio, su relación más estable es simplemente una prolongación de su otra actividad amorosa, con un médico, un hombre triste controlado por ella. Al final de la película, Manolo ha cambiado todo eso. Se ha establecido como si fuera su marido, le ha reducido casi a la nada su promiscuidad, y sirve de padre del niño. Hay un total aburguesamiento. Ahora, lo que no hay, en lo más mínimo, es lucha de clases. Alicia no representa, de ninguna forma, lo que representan los otros personajes femeninos. Aquí lo que hay es un encuentro de pícaros, con uno salvándose y salvando así a la otra. El final, sin embargo, es demoledor. Después de toda una progresión desde el primer Manolo en el Carmelo, ladrón de motocicletas, marginado social, hasta un último Manolo, a quien el autor le ha otorgado una sensibilidad burguesa, nos guste o no a los lectores amigos del Pijoaparte, el fracaso es el mismo. Y en típico estilo de Marsé, el lector, o el espectador en este caso, no puede decir con seguridad si lo que ha hecho el autor es castigar al personaje por su abandono de la lucha de clases tradicional que vamos viendo desde *El rojo y el negro,* adoptar una postura determinista en cuanto a la incapacidad del marginado de formar parte de la sociedad, o simplemente gastarle una triste broma, resultado de un destino inexplicable. Sin duda, Juan Marsé, como siempre, nos deja con mucho que pensar.

---

15 Éste es un tema que se encuentra también en los personajes de Julien Sorel y Hyacinth Robinson.

Historia y discurso en *El amante bilingüe* de Juan Marsé

Adolfo Sotelo Vázquez
Universitat de Barcelona

*Hay en los ojos harapientos, arrimados a la
nariz tumultuosa, una incurable nostalgia del
payaso de circo que siempre quiso ser. Enmascararse
disfrazarse, camuflarse, ser otro. El Coyote de las Animas.
El jorobado del cine Delicias, El vampiro del cine Rovira.
El monstruo del cine Verdi. El fantasma del cine Roxy.
Nostalgia de no haber sido alguno de ellos*

Juan Marsé, "Autorretrato" (1987)

I

En la primavera de 1988 y en conversación publicada en la revista *España Contemporánea*, Juan Marsé reconocía a su interlocutor, Samuel Amell, que el percance de un infarto le había sumido en una especie de tiempo muerto en el que había abandonado los dos proyectos de novelas largas que tenía entre manos. No obstante, matizaba que en una de las dos novelas que andaban en el telar, *El amante bilingüe*, iba trabajando lentamente, «porque tengo un problema de estructura. Es una novela muy compleja, completamente distinta a lo que hasta ahora he hecho»[1.]

La génesis artística de *El amante bilingüe*, novela que en la trayectoria narrativa de Marsé sigue a *Un día volveré (1982)* –dado que *Ronda del Guinardó* (1984) es más bien una *nouvelle* y *Teniente Bravo* (1987) un conjunto de cuatro narraciones cortas–, es dilatada. Dos razones nos llevan a sostener este parto artístico al modo del oviparismo unamuniano: la primera es que la idea inicial de escribir *El amante bilingüe* le asaltó a

---

[1] S. Amell: "Conversación con Juan Marsé", *España Contemporánea*, 2 (1988), p. 100.

Marsé alrededor de 1983, según propia confesión: «capté su primer latido hará cosa de siete años, en el transcurso de una conversación con Ana María Moix y la psicóloga Rosa Sénder, sobrina del novelista. Rosa me contó la historia de un paciente suyo que sufría una especie de esquizofrenia: era catalán y de familia muy catalana, pero se vestía y hablaba y se comportaba como un charnego de ley, es decir, gastaba patillas y sombrero de ala ancha y chaquetillas y pantalones ceñidos y zapatos de tacón alto, y amaba todo lo andaluz. Y se me quedó la imagen de este hombre anhelando ser otro, cambiar de lengua y de aspecto y tal vez de identidad. La imagen se hizo obsesiva, hasta adquirir en secreto las garras y las alas de una novela»[2]. La segunda tiene que ver con las íntimas relaciones que algunos elementos de la *historia*[3] de la novela –tantos como sucesos existentes– guardan con idénticos elementos diseminados en las narraciones de *Teniente Bravo*, especialmente en *Historia de detectives* que abría el tomo de 1987.

El primer latido de *El amante bilingüe* es el anhelo de ser otro, como el infeliz actor que sale de casa maquillado y vestido para la función, y lloriquea delante del bar donde se citan su mujer y un fulano, y que según el relato del chaval Marés en *Historia de detectives*, desea:

> *ir disfrazado de otro, ser otro, añadió Marés pensativo, muchos actores sin fortuna sueñan ser otro...*[4]

El Joan Marés, protagonista de *El amante bilingüe,* es también un actor sin fortuna, un hombre cuya caída en la soledad y la desesperación se convierte en el objeto de la historia de la primera parte de la novela («Mi vida ha sido un mierda»[5] llega a escribir en uno de los cuadernos que sirven de elementos constructores de la novela). La segunda parte narrará la progresiva conversión de Marés en Faneca: el protagonista se consigue quitar la cara de Marés («A Joan Marés le dieron por desaparecido al cabo de ocho meses» (p. 219) escribe el narrador tres años después de desarrollarse los sucesos fundamentales de la historia) para quedarse con su "otra" personalidad, la del charnego de ley, Faneca.

La nostalgia de ser otro, el deseo de transmutarse en otra personalidad es esencialmente carnavalesco, entendido al modo que quería Juan de Mairena, invocado en el epígrafe que abre la primera parte de la novela y que guarda una diáfana relación de *paratextualidad*[6] con ella: «lo espe-

---

2 J. Marsé: "Primera imagen, primer latido", *El Sol* (5-X-1990).
3 Siguiendo a la *nouvelle critique* francesa (de Barthes a Genette) distinguiré entre historia y discurso/relato. Empleo, no obstante, la terminología del excelente libro de S. Chatman (1990): *Historia y discurso. La estructura narrativa en la novela y en el cine*. Madrid. Taurus), que acepta las aportaciones del estructuralismo francés.
4 J. Marsé (1987): "Historia de detectives", *Teniente Bravo*. Barcelona. Seix Barral, p. 31.
5 J. Marsé (1990): *El amante bilingüe*. Barcelona. Planeta, p. 37. En adelante citaré la novela en el texto indicando entre paréntesis el número de página.
6 Paratextualidad según la definición de Gérard Genette. Cf. G. Genette (1989): *Palimpsestos. La literatura en segundo grado*. Madrid. Taurus, pp. 12-13.

cial carnavalesco no es ponerse la careta, sino quitarse la cara».[7] Pero también cabe ver en lo carnavalesco un pacto de Marsé con el ideario crítico de Bajtín, según el cual el texto *carnavalizado* refracta el momento en que la novela privilegia el discurso de los oprimidos. «Según Bajtín —escribe Iris M. Zavala–, carnaval y realismo grotesco desmontan el mundo porque están asentados en la ambivalencia, la incertidumbre, revelan la alteridad, frente a producciones culturales que asientan la cohesión y el orden.»[8]

Ahora bien, *El amante bilingüe* no es tan sólo la historia de una nostalgia nacida de una locura grotesca: la pertinaz y obsesiva querencia de Marés hacia la mujer que le ha abandonado y de la que se emancipará del todo cuando consiga definitivamente la "otredad" de Faneca, que inicialmente buscó para aproximarse a ella:

> *Ahora que todo había terminado, Faneca sintió que le invadía un sentimiento de alivio y culpabilidad. ¿Por qué se había embarcado en esa aventura tardía y un poco decepcionante?¿Qué tenía de especial esa mujer, con sus treinta y ocho años, funcionaria de la Generalitat, separada, liada con otro hombre, un catalufo monolingüe y celoso?¿Qué tenía él que ver con toda esa gente?* (p. 213).

Es también una ilustración sobre la naturaleza del mundo en el que vive el protagonista: la Barcelona contemporánea. Marsé, que consideraba en declaraciones a Federico Campbell hace veinte años que *Últimas tardes con Teresa* le había permitido «hincar el diente en esas especiales circunstancias culturales y vitales que componen la comunidad bilingüe de nuestra Barcelona»[9], continúa fiel a dicha temática que sigue siendo proyectada desde el territorio mental que el propio novelista considera ideal para sus historias: el de los personajes provenientes de los barrios del Guinardó, Horta y Gracia. *El amante bilingüe* es así obra heredera de las preocupaciones de Marsé que ha aprovechado diversas técnicas narrativas –cercanas incluso a las que se utilizan en la denominada ficción posmoderna[10]– para conseguir los valores que siempre ha considerado más importantes en la novela: «[…] el gusto por contar una historia y la habilidad en contarla simplemente.»[11]

---

7 Proviene de A. Machado: *Juan de Mairena*, ed. A. Fernández Ferrer (1986), Madrid. Cátedra, t. I, p. 165.
8 I.M. Zavala (1989): "Dialogía, voces, enunciados: Bajtín y su círculo" en G. Reyes (ed.), *Teorías literarias en la actualidad*. Madrid. Revista de Occidente, pp. 110-111.
9 F. Campbell (1971): "Juan Marsé", *Infame turba*. Barcelona. Lumen, p. 223.
10 Gonzalo Sobejano etiquetaba como "metanovela de la lectura" a La muchacha de las bragas de oro (1978). Cf. G. Sobejano (1989): "Novela y metanovela en España", *Ínsula*, 512-513 p. 5. Cierto, por otra parte, que el maestro Sobejano no suele hablar de ficción posmoderna y que Marsé ha calificado a la posmodernidad de tontería.
11 S. Amell: "Conversación con Juan Marsé", p. 101.

II

La historia de la última novela de Marsé se vertebra en torno a un joven catalán de origen humilde casado con Norma Valentí, una señorita de la burguesía barcelonesa que le abandona tras cinco años de vida en común. Joan Marés es, como habitualmente en la novelística de Marsé, un derrotado («me interesa más un derrotado que un vencedor […] me interesa más contar la historia de un tipo que pierde que la de un tipo que gana»)[12]; un derrotado que ama a la mujer que le ha abandonado –«la amo y sanseacabó»(p. 51), le dice a Cuxot, su colega en los trabajos astrosos de la vieja Barcelona. A su delirante estratagema para conquistar a su mujer se une la complicidad sarcástica del narrador que presenta un mundo degradado en su altanería y soberbia, y cuyo correlato en la novela no es tanto la imagen estúpida en la oficina de "Assessorament Lingüístic" sino el Walden 7 –«el controvertido edificio del arquitecto Bofill en Sant Just» (p. 17)– cuyas losetas de revestimiento se desprenden al compás de la conversión de Marés en Faneca:

> *Sus últimas noches en Walden 7 –escribe el narrador en la segunda parte de la novela– habían sido desoladoras, preñadas de insomnio y de sirenas de ambulancia, preludio de soledad y de muerte* (p. 169).

El discurso de la novela se ordena en dos partes, cada una de veinte capítulos. La primera dispone los sucesos siguiendo la secuencia normal –historia y discurso tienen el mismo orden–, salvo el capítulo primero y el séptimo ocupados por los cuadernos que ha escrito el propio protagonista, Joan Marés, y que llegaron a manos de su mujer, en la segunda parte de la novela, a través del otro yo de Marés, Juan Faneca.

Estos cuadernos –"El día que Norma me abandonó" y "Fu-Ching, el gran ilusionista"– son resultado de la memoria del protagonista que es su narrador, y al igual que el tercer cuaderno, "El pez de oro", que ocupa el tercer capítulo de la segunda parte, se dirigen a un receptor interno o narratario que es su propia mujer, Norma Valentí i Soley. Desde el punto de vista de la duración narrativa, son resúmenes temáticos.

Los cuadernos nacen del deseo obsesivo de Marés por guardar memoria de su desgraciada existencia. Así en el primer cuaderno transcribe lo ocurrido en una tarde del mes de noviembre de 1975 en que encuentra a su mujer en la cama con un limpiabotas charnego:

> *Para guardar memoria de esa desdicha, para hurgar en una herida que aún no se ha cerrado, voy a transcribir en este cuaderno lo ocurrido aquella tarde […]*

El segundo cuaderno recuerda su niñez en lo alto de la calle Verdi: son las señas de identidad de Marés y el lugar del relato más plagado de intertextualidades respecto de *Teniente Bravo*. Marés que se soñó joven escritor de un libro maravilloso («mire usted que he soñado» –p. 15– confiesa Marés

---

12 S. Amell: "Conversación con Juan Marsé", pp. 88-89.

en el primer cuaderno; «Marés soñaba que de mayor escribiría un libro maravilloso»; p. 21) quiere rescatar del olvido sus recuerdos de la niñez:

Dejo escritos aquí estos recuerdos para que se salven del olvido (p. 37).

"El pez de oro" –cuaderno ubicado en la diégesis narrativa de la segunda parte– dedicado a la relación del chaval Marés con Villa Valentí, la torre modernista donde nació Norma, explicita el narratario de estos cuadernos de Marés:

Estoy hablando de Villa Valentí, el paraíso que me estaba destinado, perdona la pretensión, y en el que tú nacerías cuatro años después. Hoy sigue la Villa espejando igual que ayer, en mi memoria y en mi barrio (p. 125).

Los cuadernos son producto de la memoria del protagonista, Juan Marés, que se convierte en autor y narrador de unos elementos metaficticios (elementos del relato en primer grado, y escritura y lectura respectivamente de Marés y Norma, existentes de la historia) que tienen la cualidad –tomo prestadas las palabras de mi maestro, Antonio Vilanova, que al analizar en las columnas de *Destino* el libro de Nathalie Sarraute, *L'Ere du Soupçon*, trazaba los efectos del relato autobiográfico– de dar «la impresión de experiencia vivida, de absoluta autenticidad, y disipar el recelo y la desconfianza del lector respecto de la veracidad de la ficción novelesca»,[13] consiguiendo introducir en la linealidad del relato elementos temáticos imprescindibles para su entera comprensión.

Al propio tiempo convierten la novela en la interacción explícita de diversas voces, conciencias, puntos de vista y registros lingüísticos; es decir, en *polifonía* como explica Bajtín[14]. El texto de la novela –nutrido por estos cuadernos– deviene en un ámbito en el que resuenan varias voces (la confesional de Marés narrador, la esquizofrénica de Marés protagonista y la sarcástica del narrador del relato); la palabra de Marsé ya no es monologal, existe la pluralidad de voces, existe la *polifonía*, expresión sincrética de la conciencia dialéctica de una época. *El amante bilingüe* revela de ese modo la oscilación creadora del gran novelista barcelonés entre la ironía y la dialéctica[15] y muestra el radial escepticismo de Marsé que elude el mundo monológico y refracta la pluralidad de voces de la Barcelona contemporánea.

13 A. Vilanova: "Nathalie Sarraute y la era de la sospecha", Destino, 1311 (22-IX-1962).
14 Cf. M. Bajtín (1990): *Teoría y estética de la novela*. Madrid. Taurus.
15 Cf. W. M. Sherzer (1982): *Juan Marsé entre la ironía y la dialéctica*. Madrid. Fundamentos. El componente dialéctico de la "novela social" Últimas tardes con Teresa fue advertido con penetración por Sobejano: «amargo y pequeño Quijote de la narrativa social, este libro es en sí, al modo como el Quijote fue el mejor libro de caballerías posible (siguiendo el rumbo marcado por Tiempo de Silencio) indirecta, subjetiva, expansiva, satírica, airada» (G. Sobejano (1975): *Novela española de nuestro tiempo*. Madrid. Prensa Española, pp. 455-456). La profesora Magnini entiende Últimas tardes con Teresa como la destrucción del realismo social: «Marsé parte de la temática social-realista, haciéndola, al mismo tiempo, objeto de su sátira arrasadora» (S. Magnini (1980): "Últimas tardes con Teresa: culminación y destrucción del realismo social en la novelística española", *Anales de Narrativa Española Contemporánea*, 5, p. 25).

III

Volviendo a las relaciones entre el tiempo de la historia y del discurso o relato, planteemos la pregunta: ¿Qué relaciones hay entre el orden natural de los sucesos de la historia y el orden de presentación del relato?

El primer capítulo y mediante el primer cuaderno presenta el testimonio de Marés del día que Norma le abandonó tras encontrarla en la cama con un limpiabotas charnego (Marés aceptará la máscara de limpiabotas para su primera aproximación física a Norma coincidiendo con el carnaval del 86). Se trata de una anacronía retrospectiva sobre el devenir cronológico de la primera parte de la novela, cuya historia se inicia quince años después de formalizar sus relaciones y diez después del fatídico día de noviembre de 1975 que refiere el primer cuaderno. Esta *analepsis* tiene la función temática de presentar resumidamente las relaciones de Joan y Norma en su inicio («nos conocimos en la sede de los Amigos de la Unesco» (p. 15), en su matrimonio y en su ruptura, mediante una conversación –plagada de un humorismo descarnado y doloroso– que sostiene Marés con el episódico amante de Norma, un limpiabotas charnego.

A partir de aquí y con la nueva e importantísima *analepsis* del capítulo séptimo (el segundo cuaderno) se desarrolla linealmente la historia de la novela; historia que comienza en el invierno de 1986 y que tendrá su desenlace –ya en la segunda parte– el 15 de junio de ese mismo año, espacio temporal que abarca la historia del relato primero.[16]

En 1986, Marés es «un hombre de cincuenta y dos años» (p. 21), víctima tres años antes de un accidente que ha dejado huellas en su rostro, «vestido con harapos y tocando el acordeón» (p. 21) en diversas zonas de la vieja Barcelona, y que bajo la obsesión de seguir locamente enamorado de Norma, concibe el universo como «un jodido caos en expansión que no tiene sentido» (p. 34). De esta soledad amarga y de esta tristeza desesperante sólo se rescata circunstancialmente hablando con sus colegas callejeros –Cuxot, Serafín–, interpretando diversas músicas –boleros o melodías de Piaf–:

> Con la cabeza recostada sobre el acordeón y los ojos cerrados, interpretó C'est à Hambourg, evocando las sirenas de los buques y la bruma en los muelles envolviendo a la melancólica prostituta que llama a los marineros apoyada en una farola, y esa evocación portuaria y canalla le trajo el punzante recuerdo de su ex mujer, Norma Valentí [...] Pensando en ella, interpretó la melodía tres veces seguidas, hundiendo mentalmente a su ex mujer en la depravación y el vicio de los bajos fondos de Hamburgo (p. 24).

Y, sobre todo, mediante una estratagema «que le permitía hablar con ella de vez en cuando, oír su voz, sin darse a conocer» (p. 25): Marés llama a las oficinas del Plan de Normalización Lingüística, disfrazando

---

16 Al modo de Genette llamo relato primero a aquél en relación al cual se establece la existencia de una anacronía o de un nivel narrativo metadiegético. Cf. G. Genette: *Figuras III* (Barcelona. Lumen, 1990).

su voz con un acento del sur –Juan Tena Amores[17], dice llamarse en una ocasión para notar la voz de Norma, sentida como «voz de leche caliente» que se introducía en las venas «como dulce veneno» (p. 61).

Por su parte, Norma Valentí tiene treinta y ocho años y comparte su vida sentimental con su inmediato superior, el sociolingüista Jordi Valls Verdú, a quien Marés había conocido diez años atrás «robando volúmenes de la Bernat Metge en la vasta biblioteca del difunto Víctor Valentí, padre de Norma» (p. 29).

La esperpéntica trayectoria de Marés, obsesionado por encontrarse con Norma, desembocará en esta primera parte (tiempos de carnaval) en su máscara de limpiabotas acharnegado con la que consigue la máxima aproximación a su ex mujer:

El limpiabotas tenía la cabeza colgada sobre el pecho y las manos embadurnadas de betún inmovilizadas junto a los tobillos de Norma, como si no supiera qué hacer (p. 109).

En el decurso de la historia, únicamente roto por la *analepsis* del capítulo séptimo, han ido creciendo en el universo de Marés los fragmentos de una pesadilla –«Cuxot, anoche tuve otra pesadilla –dijo Marés» (p. 50)–, que acabará por devorarle, por quitarle la cara. Se trata de su otro yo –«un charnego fino y peludo, elegante y primario» (p. 47)– trasmutado en su amigo de la infancia, Juan Faneca, que le ofrece nada menos que camelar de nuevo a su mujer, aprovechando «que tu Norma siente cierta debilidad por los charnegos» (p. 48). La querencia de Marés por su otro yo nacido del sueño –«Difícil saber si entraba o salía del sueño» (p. 46)– le llevará a la aventura sexual con su vecina de Walden 7, la viuda Griselda –suceso aparentemente secundario, un *satélite* dirían los estructuralistas–[18] y la esperpéntica escena del café de la Ópera durante el carnaval. En ambos casos, Marés se cubre con una máscara que progresivamente se va acercando más a la figura de su pesadilla, a Juan Faneca.

IV

La segunda parte de la novela arranca con un Marés cada vez más tironeado por los hilos de su marioneta, más cercano a su máscara (vestimenta y voz de Faneca):

---

17 Ningún lector de Marsé pasará por alto el referente irónico de los nombres de los principales personajes: Marés (Marsé); Norma y su normalización lingüística («no olvides que Norma es sociolingüística –le dice Marés a Cuxot- ... Que tiene trato constante con los charnegos y con su lengua»; p. 173); Juan Tena Amores («Tena Amores, para servirla. Tenamores»; p. 63); etc.

18 En la primera parte de la novela tal vez el único suceso narrativo que pueda calificarse de satélite es la aventura de Griselda. Creo, sin embargo, que su supresión destruiría la lógica narrativa y, en consecuencia, no cabría interpretarlo como un motivo libre. Teóricamente son pertinentes las consideraciones de S. Chatman (*Historia y discurso*, pp. 56-57) a propósito de los sucesos satélites y de los –siguiendo a Todorov y Tomashevsky– motivos libres.

Experimentaba la creciente sensación de que alguien que no era él le suplanta-
ba y decidía sus actos (p. 119).

Desde este embargo de la personalidad de Marés por Faneca, el protagonista de la novela llama telefónicamente por vez primera a Villa Valentí:
el amigo charnego de la infancia suplanta también por primera vez a Marés.

En este preciso instante del decurso narrativo se produce la tercera
analepsis –el tercer cuaderno– que nos descubre, mediante la narración
del propio Marés, la infancia del protagonista y su contacto con Villa
Valentí y con el padre de Norma. Dos elementos de esta tercera analepsis
son emblemáticos para la historia del relato primero: de un lado, el niño
Marés llega a Villa Valentí porque el padre de Norma se embelesa con
sus habilidades de contorsionista, y llega simulando ser un charneguillo
más de los del barrio:

Parles una mica de català, supongo… [le dice el señor Valentí] –Una mica pe-
ro malamente– simulo aviesamente mi torpeza (p. 129).

Marés-Faneca volverá de nuevo a Villa Valentí, intentando recuperar
a su ex mujer como habilidoso imitador de un charnego achulapado.

De otro, el regalo que el señor Valentí le hace por la colaboración que
le había pedido (participar en una representación teatral doméstica): la
pecera con el pez de oro, perdido poco después en las aguas del estanque
de la propia villa. El pez se deslizará en el musgo del estanque y se per-
derá «en la sombra para siempre» (p. 139); la pecera guarda, en cambio,
en el relato primero, las recaudaciones de su trabajo de músico callejero:
«En casa depositó la recaudación del día en una pecera» (p. 35). El fascinante pez de oro se ha trocado en las monedas recaudadas en su cotidiano
y patético descenso a los infiernos.

El discurso narrativo de la segunda parte se articula en torno a la progresiva aproximación de Marés, trasmutado poco a poco en su otra personalidad, la de murciano fulero, hacia Norma. La metamorfosis de Marés
en Faneca es primero física –para atraer a Norma– pero acaba siendo
mental y cultural, conduciéndole a un cambio de personalidad absoluto
que le liberará de sus antiguas señas de identidad y que precisamente se
opera tras el encuentro amoroso con su ex mujer, y parejamente a su relación con Carmen, la muchacha ciega de la pensión Ynes.

La conversión de Marés en Faneca sigue tras el tercer cuaderno el
siguiente proceso: primera visita de Marés-Faneca a Norma en Torre
Valentí con un doble objetivo: verla y ofrecerle los cuadernos que ha
redactado él mismo. El falso charnego consigue no levantar ni siquiera el
más mínimo recelo en Norma y en su «sensible nariz montserratina […]
capaz de olfatear la impostura y el serrín del falso charnego a varios ki-
lómetros de distancia» (p. 152).

El segundo eslabón lo constituye el retorno del falso murciano a su
barrio, al tramo final de la calle Verdi, a la pensión Ynes. A partir de este
momento, la personalidad del protagonista se presenta completamente

escindida: de un lado, Marés, el Walden 7 y el trabajo de acordeonista callejero junto a Cuxot; de otro, Faneca con su ojo tapado por un parche, sus andares rumbosos y su ámbito de la pensión Ynes. Pero este segundo yo va ganando enteros gradualmente: la nueva visita a Norma, la relación con la joven ciega Carmen y sobre todo la usurpación que finalmente hace del músico callejero y zarapastroso:

> *Un día de principios de junio, el músico callejero dejó de acudir a las Ramblas como cada mañana y Faneca pasó a ocupar una esquina en la plaza Lesseps tocando el acordeón vestido de luces y con antifaz negro. No volvió a ver a Cuxot ni a Serafín. Había adquirido un maltrecho traje de torero esmeralda y oro en una tienda de disfraces del Raval y decidió tomar prestado el acordeón de Marés y ganarse la vida más cerca de la pensión (p. 195).*

Faneca, que se gana la vida bajo el rótulo y el disfraz de "El Torero Enmascarado" –cuya filiación el lector conoce al mismo tiempo que Norma y a través del propio Faneca– expresará este conflicto en su última visita a Walden 7 y a su vecina Griselda, confesando lo miserable de su actitud respecto a Marés y sintiendo de pronto «la imperiosa necesidad de sincerarse con alguien y le habló de Carmen» (p. 200). Carmen es la nueva querencia del nuevo Faneca. Entre tanto, la identidad de Marés se va diluyendo, destruyendo, en correlato con el simbólico Walden 7:

> *Desde la cama podía oír los gemidos nocturnos del Walden 7, la respiración agónica del desfachatado edificio: regurgitar de cañerías, impacto de losetas que caían más allá de la red, crujidos y quebramientos diversos. El descalabro del monstruo proseguía, y Marés sentía que la vida estaba en otra parte y que él no era nada, una transparencia: que alguien, otro, miraba esa vida a través de él (p. 171).*

El último eslabón de este proceso mediante el cual el protagonista se libera de su personalidad de Marés para convertirse en Faneca lo constituye su encuentro en la pensión Ynes con Norma. El sarcasmo cruel con el que el narrador prepara la escena de la habitación culmina con el enfrentamiento de Norma con Valls Verdú en presencia de Faneca. Es un momento ejemplar de aquello que predicaba Bajtín de Dostoievski: el narrador «no habla *acerca del* héroe, sino *con* el héroe»:[19]

> *El sociolingüística pareció darse momentáneamente por vencido y asomó un componente de animalidad doméstica y apaleada en su cara, cierta resignación perruna. Daban ganas de darle una galleta o un terrón de azúcar, pero el charnego fulero optó por no hacerle caso (p. 260).*[20]

---

19 M. Bajtín (1988): *Problemas de la poética de Dostoievski*. México. Fondo de Cultura Económica, p. 95.
20 Tal vez sea el lugar oportuno para advertir la intertextualidad que Valls Verdú guarda con el sociolingüística Vallverdú del relato Noches de Bocaccio, descubridor del chorizo de las letras gracias a su espabilada nariz detectora de charnegos: «dicen que dijo el infatigable sociolingüista» (J. Marsé: *Teniente Bravo*, p. 183).

No obstante, el 15 de junio de 1986 –fecha del encuentro de Norma y Faneca en la calle Verdi– la personalidad del protagonista se ha liberado de Marés, del «neurótico solitario de Walden 7» (p. 202), y el encuentro sexual más que amoroso con Norma no responde a su vieja personalidad deshauciada –la de Marés– sino a un nuevo pulso que el narrador no duda en subrayar.[21] De ahí que el aire de su nueva personalidad conquistada desee «dejar a la señora Marés en su coche y volver junto a la ciega» (p. 212). Las querencias de Marés han terminado: la sombra borracha y grotesca (verdadera silueta esperpéntica), solitaria y derrotada de Marés, que Faneca mira con «lágrimas en los ojos» (p. 214), desaparece, para dejar paso al nuevo destino del protagonista:

Trastornado, indocumentado, acharnegado y feliz, se quedaría allí iluminando el corazón solitario de una ciega, descifrando para ella y para sí mismo un mundo de luces y sombras más amable que éste (p. 218).

El relato se cierra tres años después, en el verano de 1989: Marés ha desaparecido y el protagonista transformado en Faneca aparece tocando su acordeón «ora con la barretina ora con la montera» (p. 220) delante del templo de la Sagrada Familia. Se trata de una *elipsis* narrativa que guarda una cuidada simetría con la *analepsis* inicial de la novela.[22] Discurso e historia se ensamblan en los emblemáticos sintagmas que cierran, a través de la voz de Faneca, el texto narrativo:

vaya uzté con Dio i passiu-ho bé, senyor... (p. 220).

V

Hemos visto cómo en el discurso con el que se cuenta la historia de *El amante bilingüe* tienen gran importancia los cuadernos que escribió Marés durante el largo período en que no sabe nada de su ex mujer. De todos ellos, el que mejor retrata al protagonista es el segundo –la *analepsis* del capítulo séptimo de la primera parte de la novela–, "Fu-Ching, el gran

---

21 Creo que la única ocasión en la novela en que, operando el discurso según los cánones del monólogo narrativizado –«discours mental d´un personnage pris en charge par le discours du narrateur» (D. Cohn (1981): *La transparence intérieure. Modes de représentation de la vie psychique dans le roman*. París. Du Seuil, p. 29)– o discurso transpuesto en estilo indirecto libre –G. Genette: *Figures III*, p. 229– se aprecia la complicidad casi absoluta del narrador con el personaje al remarcar explícitamente el adjetivo posesivo "su", lo que supone además que el espacio textual, en este caso concreto, está dominado por el narrador. Sobre cómo las formas indirectas puras revelan la presencia del narrador, deben verse las atinadas consideraciones de S. Chatman: *Historia y discurso*, p. 224; y D. Cohn: *La transparence intérieure*, pp. 162-163.
22 La más perfecta simetría de la analepsis sería la prolepsia. Cabe, no obstante, entender la elipsis –tipo de duración narrativa- como una forma de prolepsis –tipo de orden narrativo– (Cf. G. Genette, Figures III) en atención a la certera explicación de Chatman: los sucesos intermedios en la prolepsis «deben ser relatados más tarde, porque si no, el salto constituiría simplemente una elipsis» (S. Chatman: Historia y discurso, p. 67).

ilusionista", que además sirve de punto de partida para revelar las inter-textualidades que esta novela contrae con los relatos de *Teniente Bravo*.

El narrador del cuaderno, Joan Marés, escribe acuciado por salvar ciertos recuerdos del olvido y porque, al modo y manera de uno de los narradores de *Un día volveré* mantiene «el dedo en el gatillo de la memoria».[23] Y la memoria empieza por reconstruir el noroeste de la ciudad de su infancia y el chasis herrumbroso del Lincoln Continental 1941 —«está siempre varado en mi memoria en medio de un mar de hierba y fango negro y cercado por un montón de cosas muertas» (p. 37) –, punto de encuentro entre los chavales amigos del barrio, tal y como había aparecido en *Historia de detectives* a través de la narración de Roca, un compañero de Marés (subraya los fragmentos que se mantienen en la descripción de *El amante bilingüe*):

> *Un Lincoln Continental 1941 de líneas aerodinámicas y radiador cromado venido de quien sabe dónde a morir aquí como chatarra. De su pasado espléndido quedaba algún destello en medio de la herrumbre, algún cristal, pero todo él parecía más bien una cucaracha calcinada y sin patas, sin ruedas ni motor, y nadie en el barrio recordaba cómo y cuándo había llegado hasta aquí arriba, quién lo abandonó sobre esta pequeña loma al noroeste de la ciudad, y por qué. El Lincoln estaba varado en el mar de fango negro y cercado por un montón de cosas muertas: pedazos de hierro, una butaca desventrada, pilas de neumáticos, somieres oxidados y colchonetas mugrientas y desgarradas (TB, pp. 13-14).*

La única novedad principal del recuerdo de Marés es la asociación del coche con su madre: «mi madre borracha caminando contra el viento» (p. 37).

El Marés protagonista del cuaderno tiene doce años. Sus amigos son: «Faneca, David y Jaimee» (p. 38) según este cuaderno que olvida al narrador de *Historia de detectives* y que, en cambio, está presente en el tercer cuaderno: «David, Jaime, Roca y Faneca» (p. 126). Son exactamente los mismos de *Historia de detectives*.

La madre de Marés «fue una cantante lírica bastante conocida» (p. 39), «era adivina y médium y que había actuado en cafés cantantes y nidos de arte cuando joven» (*TB*, p. 34). Ahora, en el presente del relato de Marés, «los sábados recibe en la galería a sus viejos amigos de la farándula» (p. 39), lo que es idéntico a lo narrado por Roca:

> *Los sábados por la noche recibía en su casa a dos desastrados matrimonios de vicetiples y tenores retirados y juntos cantaban zarzuelas y se emborrachaban de vino, llorando de emoción lírica alrededor de un viejo piano hasta la madrugada (TB, pp. 34-35).*

Pasaje que encuentra una absoluta reverberación en el cuaderno de Marés:

23 J. Marsé (1989): *Un día volveré*. Barcelona. Seix Barral, p. 315.

juntos cantaban zarzuelas y se emborrachaban de vino, llorando de emoción lírica y de nostalgia alrededor del viejo piano (p. 39).

La identidad del Marés de *Historia de los detectives* y del protagonista de *El amante bilingüe* es absoluta. Las intertextualidades son constantes.

De ese mundo familiar destaca su padre, el ilusionista Mago Fu-Ching, de quien Faneca confesará en su primera entrevista con Norma: «No fue buen padre para Marés, pero el chico le quería mucho» (pp. 149-150). En *Historia de detectives* «ya no tenía dientes y estaba tísico y alcoholizado, pero aún nos maravillaba con sus elegantes trucos, su precisión gestual, su fría autoridad» (*TB*, p. 35), según establece el narrador Roca; en *El amante bilingüe* los chavales siguen fascinados por el padre de Marés, presentado ahora desde el recuerdo de su hijo:

> *el Mago Fu-Ching, ilusionista alcohólico vestido con el viejo kimono y el gorro chino que mi madre le guardaba en casa desde hace años. Fu-Ching tiene unas manos larguísimas y bien cuidadas y luce maneras galantes y refinadas* (pp. 39-40).

De este mar de intertextualidades (al que habría que sumar el cronotopo[24] de la pensión Ynes, presente también en el relato que encabeza *Teniente Bravo*[25]) se deduce por vía de Roca y de Marés, cuya sorprendente identidad en los recuerdos es una apelación a la mano autorial de Marsé, el ambiente sórdido y decrépito, triste y nostálgico de la familia Marés quien vive, por lo demás, escindido por la separación de su padre alcohólico y su madre borracha y abotargada, y con la metáfora de la derrota como único futuro.

El chaval Marés se educa en el barrio y al modo de Fu-Ching practica diversas habilidades como la de la Araña-Que-Fuma, recordada por Roca:

> *Marés se convertía en la Araña-Que-Fuma y se quedaba reflexionando envuelto en el humo azul del pitillo que manejaba diestramente con la pata* (*TB*, p. 28).

Como luego será recordada por el propio Marés y por su otro yo, Faneca. Del ambiente familiar también ha aprendido a ser «medio ventrílocuo» (*TB*, p. 28), «es medio contorsionista y ventrílocuo» (p. 149), y a tocar el acordeón («le enseñó Mago Fu-Ching, el ilusionista»; p. 149).

Éste es el bagaje formativo de la adolescencia y primera juventud de Marés en la inmediata posguerra (no olvidemos que Marés tiene la misma

---

24 Cronotopo es, según Bajtín, «la conexión esencial de relaciones temporales y espaciales asimiladas artísticamente en la literatura» (M. Bajtín: *Teoría y estética de la novela*, p. 237).
25 Las intertextualidades de la novela con el relato Teniente Bravo son interesantes por revelar la pre-existencia de Marés-Faneca. En el espléndido relato que da título al libro, situado en Ceuta durante un período de instrucción militar (en Ceuta fue recluta Marsé), entre los reclutas se cita a Marés como perteneciente al grupito de «sabiondos pelotillas barceloneses» (TB, p. 129) y a Faneca (TB, p. 131). También en un momento determinado de esa crónica del machismo militar se oye, refugiada en el anonimato, la voz de un «recluta ventrílocuo» (TB, p. 138): ¿Quién, Marés o Faneca?

edad que Marsé, su creador). Y éste es el mundo al que regresa transformado en Faneca: el mundo de la pensión Ynes, la taberna de Fermín convertida en el bar El Farol, las imágenes de los tebeos de *El Coyote*, el chasis de Lincoln, el ilusionismo... «Si en algún sitio lo esperaban – escribe el narrador a través del discurso transpuesto en estilo indirecto libre– era aquí» (p. 160).

Desde la perspectiva de este mundo –«es el territorio ideal para mis historias y los personajes de alguna manera forman una especie de familia», ha dicho Marsé en alguna ocasión–[26] escuchamos la polifonía de voces que, mediante el viaje a los infiernos de un derrotado, ofrece el realismo sarcástico y esperpéntico, deformante y aniquilador de Juan Marsé. En *El amante bilingüe*, Marsé ha configurado un anti-héroe portador de un discurso con valor completo y no un objeto de su discurso autorial. Marsé – como decía Bajtín de Dostoievski– «concibe un héroe como un *discurso*. Es por eso que su discurso acerca del héroe resulta ser un discurso acerca del discurso. Está dirigido al héroe como a un discurso y por lo tanto su orientación es *dialógica*».[27] Y en ello reside lo más irritante de esta novela, cuya invención formal lejos de oponerse a las señas de identidad realistas y barojianas[28] del gran novelista barcelonés, es la condición – como decía Butor– «*sine qua non* de un realismo más fondo», capaz de representar sarcásticamente la realidad en que vivimos.

---

26 S. Amell: "Conversación con Juan Marsé", p. 86.
27 M. Bajtín: *Problemas de la poética de Dostoievski*, p. 95. Naturalmente uso el término discurso en la acepción del gran crítico ruso.
28 «De tener que estar al lado de alguien, me pondría junto a Pío Baroja», le confesaba Marsé a Campbell. Cf. F. Campbell: *Infame turba*, p. 222.

Un ejemplo de didáctica de la creación literaria: *La muchacha de las bragas de oro*

José Belmonte Serrano
Universidad de Murcia

> *Si ha venido a ajustar cuentas con alguien, ¿a qué espera?*
>
> Juan Marsé, *Un día volveré.*

La muchacha de las bragas de oro[1] es, casi con toda probabilidad, la novela de Juan Marsé peor entendida y sobre la que menos se han ocupado los críticos y los estudiosos de su literatura. Ello se debe, a nuestro parecer, a dos circunstancias que nada tienen que ver con la calidad intrínseca de la obra, sobre la que vamos a tener ocasión de referirnos en el presente trabajo. De un lado, el hecho de que con *La muchacha de las bragas de oro* Marsé obtuviera el siempre polémico y controvertido Premio Planeta de novela que, en honor a la verdad, en su nómina, desde su fundación en 1952, sólo cuenta con media docena escasa de títulos que verdaderamente merecen la pena; y, por otra parte, no deja de ser significativo el hecho de que *La muchacha de las bragas de oro* fuera la novela siguiente a *Si te dicen que caí*, la obra que consagró definitivamente a Juan Marsé en el panorama internacional y con la que este autor confirmaba que *Últimas tardes con Teresa* no había sido producto de la casualidad.[2] A todo lo indicado hay que añadir que Marsé nos tenía acostumbrados a un espacio concreto, los barrios periféricos de Barcelona, a una época muy específica, la inmediata postguerra española, y a unos personajes muy determinados con los que, incluso, nos habíamos familiarizado.

---

[1] Planeta, Barcelona, 1978. Citaremos a través de esta primera edición.
[2] *Últimas tardes con Teresa* fue publicada en 1965, en tanto que *Si te dicen que caí*, obra que precede a *La muchacha de las bragas de oro*, apareció en México en 1973. Entre una y otra se encuentra *La oscura historia de la prima Montse*, de 1970.

José María Martínez Cachero, en su libro *La novela española entre 1936 y el fin de siglo*, recopila alguna de estas críticas. Así, en el diario *La Nueva España* de Oviedo, Dámaso Santos después de dar los nombres del ganador y finalista del Planeta –es decir, Juan Marsé y Alfonso Grosso–, así como el del último Nadal, Germán Sánchez Espeso, por su novela *Narciso*, deja en el aire la siguiente pregunta: «Estos tres novelistas venían siendo considerados como valores significativos en una narrativa que podríamos llamar de vanguardia. ¿Cómo han podido pasar del minoritarismo que toda vanguardia comporta [...] a decidirse por realizar un producto que las casas editoriales puedan lanzar con características de *best-seller*?».[3]

Dámaso Santos comete, en primer lugar, el grave error de asociar, de modo sistemático, la novela ganadora del Planeta con la publicidad de la misma y la (mala) fama del galardón, dando por hecho, como solía ser habitual, que Marsé había entregado una obra facilona, accesible para todos los lectores, sin la menor complejidad ni ambición alguna.

William M. Sherzer, en su estudio preliminar de la edición crítica de *Si te dicen que caí*, considera que *La muchacha de las bragas de oro* «constituye un cambio abrupto en la creación literaria de Marsé»[4], al tiempo que nos advierte de la existencia de un «cierto experimentalismo en cuanto al juego entre la realidad y la ficción, y aquí Marsé establece un paralelo entre su argumento y su filosofía novelística».[5]

Pero volvamos de nuevo a Martínez Cachero y a las tempranas críticas a *La muchacha de las bragas de oro*. El título de la reseña que Rafael Conte dedicó a esta novela en las páginas del suplemento cultural de *El País*, resulta, por sí mismo, harto significativo: "La maldición del Planeta". Incluso en la actualidad, cuando toda la obra literaria y periodística de Juan Marsé ha sido estudiada en profundidad a través de ediciones críticas, obras monográficas y trabajos publicados en las más prestigiosas revistas especializadas de todo el mundo, existe un evidente prejuicio en contra de la obra ganadora del Planeta en 1978. En un libro de Santos Alonso recientemente aparecido, *La novela española en el fin de siglo. 1975-2001*, sólo se cita en una ocasión la novela de Marsé –no es menos cierto que al resto de sus obras les dedica un amplio espacio– para expresar las palabras siguientes: «*La muchacha de las bragas de oro* (1978), única novela publicada por Juan Marsé durante la Transición y sin duda uno de sus títulos más flojos, a medio camino entre la confidencia política y la crónica cotidiana, que se centra en una historia erótica: un anciano escritor, antiguo servidor de propaganda del régimen franquista y desencantado de su pasado, revive antiguos fantasmas eróticos con su sobrina progre alentada por vivir nuevas experiencias».[6] La simplificación a la que Santos Alonso reduce la novela no puede ser mayor, y su entendimiento y

---

3 Madrid. Castalia, 1997, pp. 381-382.
4 Madrid. Cátedra, 1985, p. 31.
5 Op. cit., p. 31.
6 Madrid. Marenostrum, 2003, p. 81.

comprensión más equivocados, de manera que están de más las réplicas y sobran los comentarios.

Con *La muchacha de las bragas de oro* Marsé se instala, como ya se indicó, en un tiempo y un espacio diferentes, abordando una problemática que, si bien no está alejada del todo de lo que ya habíamos observado en sus anteriores relatos, resulta hasta cierto novedosa. Marsé nos conduce en esta ocasión hasta el pueblo costero de Calafell, lugar que él conoce perfectamente, a mediados de los años setenta, cuando ya ha muerto el dictador Franco y, para ciertos personajes, públicamente conocidos, llega la hora de rendir cuentas y explicar su actitud a favor del régimen durante esa etapa concreta.

Son muchos los críticos que, alentados por las pistas que ha dado el propio Marsé, consideran que detrás de *La muchacha de las bragas de oro* está el libro de Laín Entralgo *Descargo de conciencia*, como explica Sherzer en su estudio anteriormente citado:

> *Aquí el lector encontrará un libro basado estrechamente en otro libro anterior, Descargo de conciencia de Pedro Laín Entralgo. No es sólo que el libro de Laín influya en la forma literaria de Juan Marsé, sino que el tema y la intención de la novela de Marsé son una contestación a y crítica de lo que escribe Laín. La novela es una burla, de Laín específicamente, pero también de otros antiguos falangistas que en años recientes han intentado mantener que participaban en un liberalismo que no fue fácil declarar en aquella época.*[7]

Más recientemente, Enrique Turpín, en su edición de los *Cuentos completos* de Marsé, vuelve a recordarnos que el revulsivo de la novela de Marsé fue *Descargo de conciencia*, si bien aclara líneas más adelante que «Con ello no quiso decir el autor que Laín mintiese en las memorias. Más bien focalizó la atención en aspectos en los que Entralgo se detenía con una parsimonia que resultaba excesiva, innecesaria y a la postre delatadora. En particular, con ese intento desesperado por justificar su posición moral ante todo lo acontecido».[8]

Otro estudioso de la obra marsiana, Daniel Leuenberger, en un trabajo recientemente publicado, resta importancia al hecho de que las memorias de Laín Entralgo supongan el punto de partida para la elaboración de *La muchacha de las bragas de oro*, y su análisis está centrado en la circunstancia de que, a través de esta obra, Marsé «elabora un retrato de la sociedad de la posguerra y de la transición a la vez satírico y crítico: el de una época que después del año 1975 está marcado tanto en la política como en el campo de la sociedad por la búsqueda de una nueva identidad».[9] Su temática, por lo tanto, estaría centrada, sobre todo, en la superación del pasado franquista, sin olvidar ese juego sutil e inteligente que Marsé pro-

---

7 Op. cit., p. 31.
8 Madrid. Espasa, 2002, p. 65.
9 "Apariencias y realidades en La muchacha de las bragas de oro", en J. Belmonte y J. M. López de Abiada (eds.). *Nuevas tardes con Marsé*. Murcia. Nausícaä. p. 117.

pone a sus lectores para discernir las diferencias entre verdad y ficción, ser y parecer, a través de diferentes versiones de una misma historia.

Laín Entralgo, personaje muy conocido en el mundo intelectual durante esa época, publicó sus memorias tituladas *Descargo de conciencia (1930-1960)*, en 1976, en la prestigiosa Barral editores, donde, por aquellos años, habían aparecido diferentes obras de autores como Hermann Broch, Juan Gil-Albert, Georges Bataille, Harold Bloom, Peter Handke, Günther Grass y Noam Chomsky, entre otros. El libro de Laín no pasó inadvertido si tenemos en cuenta que, en tan sólo unos meses, se llevaron a cabo dos ediciones de la obra.[10]

Ya en el prólogo de *Descargo de conciencia*, Laín Entralgo nos advierte que se trata un ajuste consigo mismo de cuentas «evitando por igual la falsedad, la autocomplacencia y el masoquismo». Su segundo propósito, tan dudoso –pensamos nosotros– como el anterior es, según sus palabras: «Contar a los jóvenes españoles [...] la experiencia que de sí mismo y de su circunstancia española ha hecho un hombre por naturaleza y por oficio inclinado a ver con claridad y a entender con precisión lo que en sí mismo y alrededor de él acontece».[11] Como se puede apreciar Laín Entralgo evita, ya de entrada, aquello que puede ser más comprometido para él: la necesidad de dar explicaciones a su incondicional adhesión franquista y su consiguiente colaboración con el régimen.

Luys Forest, el protagonista de *La muchacha de las bragas de oro*, sigue una estrategia muy parecida a la de Laín Entralgo, maquillando una realidad y un pasado que en nada le favorece. Laín afirma en sus memorias haber sido Jefe de la Sección de Ediciones del Servicio Nacional de Propaganda y miembro del Consejo Nacional del Movimiento, entre otros muchos cargos. Por su parte, Luys Forest, nacido en 1916, ocho años después que Laín, se declara escritor, reseñista de libros, miembro de los Servicios de Información del Noroeste de España, director de la colección Crónicas de Ediciones Jerarquía y organizador de los llamados Servicios de Propaganda, siguiendo, pues, un camino muy paralelo al de Laín Entralgo.

Pero, volviendo a las memorias de éste, resulta muy curioso y pintoresco observar su interés por eludir lo que puede resultar más polémico y comprometido. Permanece en nuestro país, una vez declarada la guerra, evitando así el exilio al que fueron condenados la mayoría de los intelectuales españoles, porque, según su criterio, lo consideraba un deber. Se pone del lado de los insurrectos, encabezados por el general Franco, porque, según sus palabras, «confiábamos de modo absoluto en un triunfo rápido del alzamiento militar».[12] Si erró, sólo fue por «ingenuidad» (esa es la palabra que el propio Laín emplea) y, en cualquier caso, dice no arrepentirse de su pasado, si bien quiere dejar constancia de ese «grave

---

10 La primera edición es de abril de 1976, mientras que la segunda aparece en octubre de ese mismo año.
11 Op. cit., p. 10.
12 Op. cit., p. 159.

error mío», por su fervoroso apoyo a la Alemania Nacionalsocialista hasta poco antes de acabarse la guerra, manifestando «bajo palabra de honor» que «hasta después de la derrota de Alemania yo no había oído los nombres de Auschwitz, Dachau, Buchenwald o Mauthausen».[13]

Luys Forest, como Laín Entralgo, es un escritor frustrado, aunque de cierto éxito entre los suyos, a quien delata su estilo grandilocuente y farragoso, en la línea de los discursos de los vencedores de la guerra civil española. En tal sentido, Marsé pudo tener muy en cuenta el estilo de Laín Entralgo para proceder a su parodia en las páginas de *La muchacha de las bragas* de oro cuando, a lo largo de las mismas, se nos ofrecen algunos de los borradores de las memorias de Luys Forest de los que su sobrina Mariana se encarga de pasar a máquina y realizar algunas correcciones y puntualizaciones. En *Descargo de conciencia*, en un párrafo elegido al azar, escribe Laín:

> *Un aura grave y heroica envolvía densamente el recio paso de aquellos miles de españoles en marcha, y nadie podía sustraerse a su fuerte influjo. Junto a la patética solemnidad de la parada militar, el crudo realismo de nuestra Celtiberia: "¡Se tenía que haber armao todo esto para que yo viese correr el tren por debajo de la tierra!", decía, entre isidro y conquistador, un soldado de tierras de Soria. Y en torno a aquélla, dentro de algunos corazones, el mío y bastantes más, esta pregunta inquietante: "Cuando estos vencedores dejen las armas en los cuarteles, militares unos, civiles otros, ¿querrán ser, para con los vencidos, los agentes de una España total e integrada, la España que desde su raíz misma niegue y aniquile todos los presupuestos ideológicos y sociales de esta guerra civil y de todas cuantas la han precedido?" Esa no uniforme unidad entre los hombres y las tierras de España que tantas veces hemos invocado nosotros, ¿llegará por fin a ser un hecho cotidiano?[14]*

A Marsé, como dejábamos dicho más arriba, no le pasa inadvertido este estilo, patrimonio de los vencedores, y pone en boca de su personaje ciertas expresiones parecidas a las empleadas por Laín en sus memorias, como podemos observar en las siguientes palabras que Forest registra en una grabadora: «Los avatares de aquellos años, que me hicieron nómada, extraño a mi propio pueblo, habían de trastornar para siempre los amigos y los escenarios de mi vida, convirtiéndome en ese buscador de mi otredad perdida, varada en el cenagoso entusiasmo de los años arrogantes».[15]

El propio título de la obra de Laín Entralgo que aquí comentamos queda reflejado en las propias páginas de la novela de Marsé, cuando, en un momento determinado, Mariana le dice a su tío: «Bueno, qué me cuentas. ¿Terminaste por hoy con tu melindroso *descargo de conciencia*, arriba en tu guarida?».[16]

---

13 Op. cit., p. 312.
14 Op. cit., p. 260.
15 Op. cit., p. 40.
16 Op. cit., p. 156. La cursiva es nuestra.

La seriedad y la ambición de un novelista como Juan Marsé, que conoce perfectamente los resortes del oficio, le lleva, como era de esperar, a no conformarse únicamente con este divertido juego intertextual e incorpora en *La muchacha de las bragas de oro* otras connotaciones de raigambre simbólica que son dignas de destacar y que están directamente relacionadas con ese juego de trampantojos, esa dualidad entre la realidad y el deseo. El título mismo de la novela resulta muy significativo: las bragas de oro que, con absoluta precisión, creía ver Luys Forest no han existido jamás: «Los baños de sol dejarían el trasero como un negativo de fotografía: bronceado el triángulo, y el resto en blanco».[17] Esta referencia, esta imagen, no es, ni mucho menos, arbitraria, sino que, antes bien, está directamente relacionada con lo que en la propia novela se denomina «la dudosa realidad del presente» que viene a enturbiar, «a degradar la realidad indiscutible del pasado».[18]

En *La muchacha de las bragas de oro*, como en otras muchas novelas de Marsé anteriores y posteriores a ésta, asistimos a esa pugna entre lo verdadero y lo falso, realidad y ficción, las *aventis* y la verdad verdadera. «Las mentiras –leemos casi al final de la novela– sufren también un desgaste de la memoria», de ahí que sean necesarias «las urgentes reparaciones del amanecer».[19] En esta novela de 1978, Juan Marsé repite, una vez más, una frase que ya habíamos visto reflejada en obras precedentes: «¿Dos mentiras trenzadas con lógica no forman una verdad? Cuando aún no había concluido la primera versión, ya la segunda se imponía obligándole, con el gatillo de la memoria, inexorablemente, a ir más lejos».[20]

Jeffrey Allen Kirsch ha estudiado con detenimiento este problema, expresándose en los términos siguientes:

> *La consecuencia de la mezcla de realidad y fantasía es que [...] el lector no puede comprobar la verdad de algunas acciones o circunstancias de La muchacha. Leemos la versión de Forest, escuchamos las correcciones de Mariana, asistimos a la reelaboración de los hechos por su tío. El producto final es una aparente fusión indescifrable de verdad y falacia. Apropiadamente, el supuesto narrador omnisciente se abstiene de proporcionarnos la versión definitiva [...] Dificultada por la memoria y por la expresión mediante la palabra escrita, o sea, lo realmente sucedido, queda sin saberse, inevitablemente oscurecida.*[21]

En una entrevista de Mercedes Beneto a Juan Marsé realizada pocos días después de haber conseguido éste el Premio Planeta, el escritor barcelonés manifestaba que, con *La muchacha de las bragas de oro*, trataba de realizar «un homenaje a la literatura de ficción en su lucha, bastante desigual hoy en día, contra la literatura testimonial».[22] Enrique Turpín, en

---

17 Op. cit., p. 248.
18 Op. cit., p. 261.
19 Op. cit., p. 249.
20 Op. cit., p. 85.
21 *Técnicas novelísticas en la obra de Juan Marsé*, Michigan. University of Wisconsin-Madison, 1980, p. 235.
22 "Con el último Premio Planeta, a lo largo de la obra de Juan Marsé", *Destino* (26 octubre 1978), p. 33.

su aludido estudio de los *Cuentos completos* de Marsé, deja constancia de que *La muchacha de las bragas de oro* «acoge en su interior toda una poética sobre el arte de la ficción».[23]

De nuevo Juan Marsé, en una conversación que mantiene con Víctor Claudín en *Informaciones de las Artes y las Letras*, resume del siguiente modo el asunto de su novela:

> *[...] he tratado de contar la historia de un hombre que ya en las puertas de la vejez redacta sus memorias. Se trata de un intelectual fascista con un pasado muy representativo y significativo dentro de los cuarenta años de franquismo [...] Para justificar el pasado se ve en la necesidad de alterar una serie de elementos que son importantes en su vida familiar: el origen de su escalada dentro del sistema, situaciones, personajes, hechos, etc. Esta reinvención del pasado se alterna con su existencia actual, que comparte con una sobrina suya periodista, Mariana, que ha venido de Madrid a hacerle una serie de entrevistas sobre su pasado. En un momento de esa indagación el protagonista descubre en su casa una serie de elementos que son los de la ficción (lo que se ha inventado) convertidos en realidad [...] Llega una fase final en la que los descubrimientos son aún más importantes y casi pierde el juicio.*[24]

Para un investigador de la Didáctica de la Literatura, la obra narrativa de Marsé, en general y *La muchacha de las bragas de oro* en particular, viene a significar un material muy valioso e interesante para adentrarse en el estudio no sólo de la Historia reciente de España, sino también de la literatura a través de la literatura, de la novela –para ser más concretos– a través de la novela, sin que ello entorpezca algo que se nos antoja imprescindible: el placer de la lectura y la necesaria fluidez del relato, a pesar de las disquisiciones que se incluyen en el mismo. No en vano, como nos ha recordado Antonio Mendoza Fillola en su libro *Tú, lector*, «la lectura resulta ser el medio por el que se adquieren muchos de los conocimientos de nuestra formación integral, como personas y como individuos sociales».[25]

Es verdad que, aunque Luys Forest y Marsé nada tengan que ver desde el punto de vista biográfico e ideológico, no es menos cierto que, de una u otra manera, la creación literaria representa el mismo misterio, la misma nebulosa, para todos los escritores, sometidos a una rutina, a una práctica que les iguala aunque los resultados puedan ser diametralmente opuestos. En *La muchacha de las bragas de oro* adivinamos, en no pocas ocasiones, la voz y las ideas acerca de la novela que tiene el propio Juan Marsé, de ahí que esta obra cobre un inusitado interés en el que apenas ha reparado, sobre todo, la crítica más temprana, la expresada a través de las reseñas críticas en las semanas siguientes a la aparición de este libro. A lo largo de estas páginas, Luys Forest, como Marsé, afirma ser capaz de mentir al lector a cambio de no aburrirle con sus memorias. Se nos habla,

---

23 Op. cit., p. 68.
24 Cit. a través de *La novela española entre 1936 y el fin de siglo*, de J. M. Martínez Cachero, p. 438.
25 *Tú, lector. Aspectos de la interacción texto-lector en el proceso de lectura*. Barcelona. Octaedro, 1998, p. 30.

además, del deseo de *describir* frente a *explicar*, así como de trasladar una imagen, que sirve como punto de partida, al folio en blanco: «Las imágenes tienen vida –le indica Mariana al escritor–, pero la historia parece falsa. La quincalla de tu prosa, tío. Hay textos y pretextos».[26]

No nos cabe la menor duda de que cuando Forest teoriza sobre la destrucción del lenguaje –tan frecuente en la novela española hasta mediados de los años ochenta– habla por boca de Juan Marsé en una cita, extraída de *La muchacha de las bragas de oro*, que consideramos paradigmática, ejemplar:

> *No hay buena literatura sin resonancias. En cuanto a la dichosa destrucción del lenguaje, su función crítica y otras basuras teorizantes y panfletarias de vanguardistas y doctrinarios, permíteme, sobrina, que me sonría por debajo de la próstata. Detesto las virguerías ortográficas, estilísticas y sintácticas. Qué quieres, yo todavía me tomo la cavernícola molestia de reemplazar una coma por un punto y coma. ¡Qué manía esa, de querer destruir el lenguaje! Bastante destruido está ya el pobre. Y además que por ese camino, los logros del escritor siempre serán necesariamente modestos y en ningún caso comparables a lo que consigue un presentador de televisión o un ejecutivo tecnócrata informando a su Consejo espontáneamente y sin el menor esfuerzo. Ellos siempre irán más lejos... Pero salgamos de la cocina del escritor, que siempre huele mal y está llena de humo. Hablemos de otra cosa, me estoy deprimiendo.*[27]

Existe una larga tradición de obras literarias, especialmente en el mundo de la narrativa, en las que el autor inserta un buen número de referencias sobre el género, sin deterioro ni menoscabo de la ficción en sí, por lo que podríamos hablar de una pedagogización de la novela partiendo de la evidente complicidad entre el escritor y el lector. Para Julián Moreiro, que sigue muy de cerca conocidas teorías de Umberto Eco, la relación del escritor con el lector es una especie de cortejo amoroso. Es un proceso de seducción jalonado por señales más o menos evidentes: si el lector no capta esas señales, el romance se vuelve imposible: «Un buen lector, un lector experimentado, es siempre activo: no lee esperando que el mensaje le llegue, sino que va a su encuentro aceptando el juego que propone el escritor. De otra forma, no hay lectura completa y fructífera: el miedo al texto puede impedirnos ser interlocutores de un poema o un relato con los que hubiéramos podido disfrutar».[28]

Otro estudioso de este fenómeno, Jorge Larrosa, admite la existencia de determinados relatos cuyos rasgos pedagógicos están más enfatizados. El elemento pedagógico de un texto se debería a un efecto de lectura, convirtiéndose ésta en parte de un proyecto. De manera que la experiencia de la lectura estaría sometida a una finalidad estética y también cognoscitiva. La experiencia de la literatura también puede ser un medio para llegar a otro lugar.[29]

---

26 Op. cit., p. 217.
27 Op. cit., pp. 221-222.
28 *Cómo leer textos literarios*. Barcelona. Edaf, 1996, p. 41.
29 *La experiencia de la lectura. Estudios sobre literatura y formación*. Barcelona. Laertes, 1996.

Se trata, en definitiva, de un fenómeno tan antiguo como la novela misma. El *Tristram Shandy* de Laurence Sterne, por ejemplo, obra publicada a mediados del siglo XVIII, sería el modelo clásico de novela acerca de la novela. Un relato con el que su autor propone un juego al lector. En esta obra, como indicó en su día Baquero Goyanes, se convierte en fundamental lo que en otros relatos no pasaría de episódico y aun superfluo: la digresión: «Para Sterne las digresiones son como la luz del sol, la vida, el alma de la lectura. Con razón consideraba que si se suprimiesen las digresiones en su libro, en el *Tristram Shandy*, nada quedaría de él».[30]

Es preciso recordar aquí, siquiera brevemente, otros importantes títulos de la narrativa española y europea del siglo XX, con obras en las que conviven en un mismo espacio, en perfecta armonía, la teoría de la novela con la novela misma. Así sucede en *Cómo se hace una novela* (1926), de Miguel de Unamuno, *Los monederos falsos* (1925), de André Gide, o en *La náusea*, libro en el que Jean-Paul Sartre explica con todo detalle el proceso creador de una novela, ese cruce misterioso entre la imagen y la palabra, que tanto interesa a Marsé. Escribe Sartre:

> *Para cien historias muertas quedan, sin embargo, una o dos historias vivas. Las evoco con precaución, a veces, no con demasiada frecuencia, por temor a gastarlas. Pesco una, vuelvo a ver la decoración, los personajes, las actitudes. De pronto me detengo: sentí el deterioro, vi apuntar una palabra bajo la trama de las sensaciones. Adivino que esta palabra pronto ocupará el lugar de varias imágenes que me gustan. En seguida me detengo, pienso rápido en otra cosa; no quiero fatigar mis recuerdos. Es inútil; la próxima vez que las evoque, una buena parte se habrá cuajado.*[31]

En la novela española actual, la digresión ocupa un primer plano que resulta, desde el punto de vista didáctico, de gran interés. Pensemos, por ejemplo, en autores como Arturo Pérez-Reverte y *El club Dumas*, o Juan Manuel de Prada y su libro *Las máscaras del héroe*. Incluso la vieja fórmula unamuniana de enfrentar al escritor con sus personajes sigue en pie en novelas de reciente aparición como *Dios se ha ido*, de Javier García Sánchez. Esta curiosa circunstancia ha dado lugar a serios estudios sobre lo que se viene denominando la metanovela.

En 1996, la revista *Ínsula* dedicó un número doble al análisis de la narrativa española al filo del milenio. En estas páginas destaca un trabajo de Emilia Velasco Marcos titulado "Las aguas y el cauce: suerte de la metanovela". Esta autora declara en su artículo que «fue la década de 1980 el período en el que se prodigó con mayor frecuencia este artificio; pero su menor cantidad en la actualidad –aunque hemos visto que no faltan títulos– no es lo más significativo, sino su presencia en obras de nombres emblemáticos de la literatura contemporánea, y que tiene lugar tanto en autores de producción reciente, como en aquéllos que formaron

---

30 *Estructuras de la novela actual*. Barcelona. Planeta, 1970, p. 140.
31 *La náusea*. Buenos Aires. Losada, 1982, p. 46.

parte de la llamada "vanguardia de los setenta" e incluso en la producción de los escritores de posguerra».[32]

Marsé, que dice aspirar a lo que él mismo ha denominado la escritura invisible, procura siempre que el lenguaje empleado en su relato no resulte incomprensible para el lector: «Cuando una prosa me deslumbra demasiado y tintinea y refulge [...] lo dejo de inmediato. A mí me molesta un poco que la prosa me salte a la cara y que quiera seducir. Quiero que me seduzca la historia. Y para conseguirlo soy capaz de lo que sea.»[33] Asimismo, en un trabajo de Samuel Amell publicado en 1984 se hace referencia a este interés que siempre muestra Marsé «por lograr una novela que se lea sin darse cuenta el lector que está leyendo un texto, sin prestar atención a la escritura».[34]

En *La muchacha de las bragas de oro* se nos ofrece todo un panorama sobre la labor creativa en sí, conduciéndonos Marsé hasta la cocina o la madriguera, como ahí se le llama, del escritor, lo que nos sirve, entre otras cosas, para desmitificar este oficio, que no tiene tanto de mágico, en el que apenas hay secretos, excepto el trabajo y el sufrimiento diario. Mariana, la sobrina de Luys Forest es la encargada de transmitirnos su experiencia al contemplar a su tío en plena faena creadora:

> *No fue una experiencia muy estimulante. Le vio encorvado y como desvalido, en una inmovilidad senil junto al resplandor amarillo de la lámpara (¿por qué necesitaba luz de día?) releyendo una y otra vez el mismo texto, atisbando alguna grieta en un párrafo. De vez en cuando distendía la nuca leonina y los recios hombros, se hurgaba la oreja con el capuchón del bolígrafo o con la mano sonámbula se rascaba la entrepierna bajo los faldones abiertos del batín. En medio del silencio, algunos folios estrujados gemían y se movían en la rebosante papelera.*[35]

El lector de *La muchacha de las bragas de oro* termina familiarizándose con una terminología relacionada con la creación literaria. En estas páginas se habla, por ejemplo, de «la soledad implacable y voluntariosa que suele atribuirse al escritor»,[36] y se analiza el carácter de un determinado individuo a través de las claves que nos proporciona la escritura: «Llamó su atención una larga nota al margen que serpenteaba en busca del espacio inferior en blanco, y que transmitía una forma sibilina de crispación, una tensión agazapada».[37] Y se alude a los "injertos", la "chatarra retórica" y "los refritos del azar".

Otro de los elementos que resultan más atractivos de esta novela viene dado por esa pugna constante entre tío y sobrina –Luys Forest y Mariana–, quienes representan dos formas distintas de ver y de entender el

32 Art. cit., p. 47.
33 José Belmonte Serrano: "Juan Marsé: Nociones sobre la escritura invisible", en *Nuevas tardes con Marsé*, p. 25.
34 *La narrativa de Juan Marsé*. Madrid. Playor, 1984, p. 162.
35 Op. cit., pp. 179-180.
36 Op. cit., p. 11.
37 Op. cit., p. 31.

mundo: él, desde una perspectiva conservadora, tratando, a través de una autobiografía ficcional, de redimirse de un pasado que le resulta alevoso, y ella que, de alguna manera, por las referencias que nos ofrece Marsé en su obra, representa el nuevo espíritu del posfranquismo, una nueva concepción de la vida cercana al mundo *hippy* y *pasota*. La vieja y engolada retórica franquista tiene su contrapunto en un nuevo lenguaje mucho más libre, sincero, claro y directo, basado en la síntesis, en lo inmediato. Es Mariana precisamente quien, amparándose en sus propias ideas, se permite proponerle a su tío el empleo de un realismo descriptivo, «estilo lacónico, sin dejar entrever la intención alegórica».[38]

Resulta paradójico que Forest sea un fanático de la página en limpio, incapaz de soportar ni una sola tachadura, cuando constantemente está llevando a cabo una continua labor de corrección de aquella realidad de la que no le conviene dejar constancia. Es lo que sucede con un hecho puntual que él no tiene inconveniente alguno en adelantar en quince años: el afeitado de su bigotito con el que dejaba bien a las claras su condición de franquista: «Así, al introducir en las memorias la segunda falacia, alterando un dato trivial (la fecha, el lugar y la ocasión en que se afeitó el bigote para siempre), Luys Forest se adentró sin remedio en el juego de buscarse a sí mismo en el otro recuerdo sin fechas, espectral y frágil, sostenido con invenciones, de lo que pudo haber sido y no fue».[39]

A propósito del estilo, entre tío y sobrina se establece una curiosa y amena guerra dialéctica cuyo campo de batalla tiene lugar dentro los paréntesis. Mariana, redactora ocasional en una revista dirigida por su propia madre, se ofrece voluntaria para llevar a cabo las correcciones de las memorias de Luys Forest, que pasan a integrarse en el propio relato de Marsé, de manera que los capítulos XXIII, XXIV, XXXVII y XXXVIII del escritor franquista, quedan insertados en los capítulos 12, 14, 16 y 19 de *La muchacha de las bragas de oro*, distinguiéndose los unos de los otros no sólo por el tono de la narración, sino también con la presencia de números romanos cuando se trata de las memorias de Luys Forest. En tal sentido, Marsé considera –pensamos que con muy buen criterio– que es preferible mostrar a describir el estilo y la técnica del escritor fascista, autor de libros como el titulado *Rosario de reencuentros* (Madrid, 1948), de versos y novelas que, según Mariana, no sólo pecaban de pesadísimas, sino que también sirvieron para disparar y enterrar la libertad.

Los paréntesis en los que Mariana expresa su opinión sincera sobre las memorias de su tío sirven, entre otras cosas, para que el lector se sienta representado por este personaje femenino, quien, a su vez, se convierte en la conciencia de su tío, ese mínimo rasgo de pudor y de honestidad que, en algún lugar perdido de su mente, aún se halla incólume. En el primero de los paréntesis, Mariana le reprocha a su tío el que escurra el bulto con

---

38 Op. cit., p. 39.
39 Op. cit., p. 26.

demasiada frecuencia, eludiendo todo aquello que le podía comprometer. Mucho más interesante es el contenido del siguiente paréntesis en el que se le acusa de parafrasear a Agustín de Foxá, otro escritor fascista, colaborador en diversas publicaciones vinculadas a la Falange: «No insistas, tío; a estas alturas, el lector ya sabe que estás dispuesto a todo –incluso a mentir– con tal de no aburrirle con tus memorias».[40]

La ya conocida ironía y el humor de Marsé se aprecia claramente en la siguiente aclaración, entre paréntesis, de Mariana: «Te prevengo, tío: con esta manía de lanzarte cada dos por tres en busca del ruido y la furia, acabarás de morros en el diccionario de sinónimos como un Gironella cualquiera».[41] A tal propósito, recordemos que en 1976, fecha en la que se desarrolla la acción de la novela de Marsé, José María Gironella era uno de los autores españoles más conocidos y leídos no sólo por haber obtenido el Planeta en 1971 con su novela *Condenados a vivir*, sino, principalmente, por su obra de 1953 *Los cipreses creen en Dios*.

Antes y después de la publicación de *La muchacha de las bragas de oro*, Juan Marsé ha escrito relatos y novelas en los que se aprecia, si no lo metaficcional propiamente dicho, sí al menos su deseo de reflexionar sobre la literatura misma, de dejar bien clara su posición ante los lectores, escritores y críticos, sin necesidad de tener que explicar su obra, sino, simplemente, a través de pequeñas pinceladas en las que, de manera clara, a veces contundente, expresa sus preferencias literarias, sus libros favoritos, o, por el contrario, los escritores a los que no desea ver ni en pintura. En tal sentido, resulta muy ilustrador el cuento titulado "El caso del escritor desleído", aparecido en forma de folletón en las páginas de *El País* durante el verano de 1994, y recogido con posterioridad en el libro colectivo titulado *Cuentos de La isla del tesoro* y en la edición de sus *Cuentos completos* a cargo de Enrique Turpín.[42] R.L.S., el protagonista de este relato, es, según Turpín, un escritor «muy parecido a Marsé».[43] De hecho, la definición que se nos ofrece en el cuento de R.L.S., no está muy alejada de la del propio Marsé: «Era un hombre de pocas palabras y sólidas convicciones, menudo y discreto, vestía con esmerada pulcritud y cierto atildamiento, y odiaba las entrevistas».[44]

«El "desleimiento" –añade Turpín líneas después– puede leerse además como una denuncia incisiva a las estrategias de la desmemoria que se vienen practicando con extraña connivencia de los medios informativos del país».[45] La relación, pues, de este "Caso del escritor desleído" con *La muchacha de las bragas de oro* es evidente.

---

40 Op. cit., p. 128.
41 Op. cit., p. 149.
42 En adelante citaremos a través de *Los cuentos de La isla del tesoro*. Madrid. Alfaguara, 1994, pp. 109-159.
43 Op. cit. p. 123.
44 Op. cit., p. 112.
45 Op. cit., p. 123.

Cuando R.L.S. realiza su primera meada invisible y comienza a notar «mucho frío interior, como si su cuerpo estuviera abierto y expuesto a corrientes de aire»,[46] acude de inmediato al doctor Trías, quien, en primer lugar, le ríe la broma y, a continuación, le receta

> *[...] tres poemas metafísicos de Quevedo, dos poemas satíricos de Sagarra y un vasito de Oporto cada noche antes de acostarse. También rellenó una solicitud para que le practicaran un estudio arterial mediante las siguientes exploraciones, según escribió de su puño y letra: Doppler Transcraneal Tridimensional y Eco-Doppler de Troncos supra-aórticos, afecto de Sd. Vertiginoso e inestabilidad.*
> *— No me jodas –exclamó R.L.S. admirado–. No sabía que en tus recetas imitaras la prosa de Julián Ríos.*[47]

R.L.S. sufre un imparable proceso de esfumación y una fuerte depresión figurativa, culpando de ello no a una rara enfermedad, sino al hecho de no aparecer en los medios televisivos: «Va a resultar profético lo que me dijeron una vez: Si no sales en televisión, no existes».[48] El cuento, al margen de resultar muy ilustrador, divertido y ameno, sirve para que Marsé aborde, una vez más, la llamada *escritura transparente*, el *estilo invisible*, al que R.L.S. accede no por méritos propios, sino a causa de ese raro proceso de *desleimiento*. En estas páginas, es objeto de parodia un programa de libros emitido por televisión en horario de madrugada, dirigido y presentado por «un escritor verborreico con cara de primate ilustrado, célebre por sus hazañas sexuales y sus efusiones místicas, y siempre recién regresado de la India».[49] No escapan a su tenaz e incisiva crítica Camilo José Cela, al que, al margen de guarro, le llama «prosista castizo y campanudo», y unos raros híbridos a los que Marsé denomina don Benito Pérez-Dragó y don Ramón María de Gala-Inclán. Frente a todos ellos emerge la figura de Juan Carlos Onetti, a cuya memoria está dedicada la obra: «En el buen escritor –leemos en las primeras páginas del relato–, la verdadera emoción aparece y se manifiesta allí donde no se la describe ni se la nombra. Onetti es un maestro en eso».[50]

El momento de la definitiva desaparición de R.L.S. se produce en el transcurso de la recepción anual ofrecida por el Rey a los intelectuales en el Palacio de la Zarzuela: «El día que se fue, totalmente desleído –concluye la obra–, era el 23 de abril, Festividad del Libro. En mi modesta opinión, no pudo elegir día más apropiado ni ocasión mejor».[51]

En novelas como *Si te dicen que caí*, *Un día volveré*, *El amante bilingüe*, *El embrujo de Shanghai* y *Rabos de lagartija*, hallamos, asimismo, referencias a la creación literaria y hallamos el deseo por parte de Juan

---

46 Op. cit., p. 116.
47 Op. cit., pp. 116-117.
48 Op. cit., p. 137.
49 Op. cit., p. 126.
50 Op. cit., p. 114.
51 Op. cit., p. 159.

Marsé de dar a conocer su posición con respecto al lector y el mundo de la narrativa, aludiendo a determinados títulos y autores.

En *Si te dicen que caí* encontramos toda una teoría de la narración que ponen en práctica los distintos escribidores y contadores de historias y *aventis* que aparecen en la novela. «Has de saber –dice uno de estos personajes– que toda historia de amor, chaval, por romántica que te la quieran endilgar, no es más que un camelo para camuflar con bonitas frases algunas marranaditas tipo te besaré el coño hasta morir, vida mía, o métemela hasta tocarme el corazón, hasta el fin del mundo: cosas que no pueden ser, hombre, ganas de desbarrar.»[52]

En *Un día volveré*, desde el punto de vista de la narración, ya encontramos lo que podríamos considerar como un adelanto de *La muchacha de las bragas de oro*. Nos referimos a esa doble visión de la realidad, modificada al antojo o a la conveniencia de cada uno de los narradores. En *Un día volveré* el señor Polo y el viejo Suau, encarnan, cada uno por su lado, dos perspectivas de un mismo hecho:

> *En la mellada boca de cualquiera de los dos, sin embargo, el asunto era un buen galimatías y siempre sonaba a quincalla, aunque de distinta calidad. El policía retirado solía tramar sus rabiosas historias en torno a la familia Julivert con los hilos más nuevos y aparentemente irrompibles de la versión oficial, autorizada e indiscutible. Suau, en cambio, construía las suyas con materiales de derribo, en medio de un polvo empreñador y engañoso; trabajaba con el rumor y la maledicencia, con las ruinas de la memoria, la suya y la de los demás.*[53]

En las páginas de *El embrujo de Shanghai*, en un breve capítulo de escasamente veinte de líneas, el narrador de esta historia detiene momentáneamente el hilo de la acción para interesarse por el texto en sí, por todo aquello relacionado con la construcción de su novela: «No sé si lo estoy contando bien. Éstos son los hechos y ésta la fatalidad que los animó, los sentimientos y la atmósfera que nutrieron la aventura, pero el punto de vista y los pormenores, quién sabe».[54] Páginas más adelante, a punto ya de concluir la novela, el narrador apela a la comprensión del lector cuando se da cuenta de que le faltan datos, y su historia, por lo tanto, corre el riesgo de convertirse en inverosímil o apócrifa: «A partir de ahora sólo dispongo de comentarios y chismes de vecindario, pero puedo afirmar que no merecen menos crédito que mi testimonio».[55]

En la que hasta ahora es la última obra de Juan Marsé, *Rabos de lagartija*, en medio de una sólida acción, de un hilo conductor coherente, existe, asimismo, un amplio espacio para la teoría de la novela. En estas páginas, una vez más, se aprecia esa imposible reconciliación entre lo vivido y lo soñado, sin que se vea claramente quién lleva mayor ventaja.

52 *Si te dicen que caí*. Barcelona. Seix Barral, 1990, p. 200.
53 *Un día volveré*. Barcelona. Plaza y Janés, 1982, p. 67.
54 *El embrujo de Shanghai*. Barcelona. Plaza y Janés, 1993, p. 175.
55 Op. cit., p. 197.

«La verdad –se nos dice– es cuestión de oído»,[56] completando más adelante la frase con el siguiente galimatías: «¿Qué pasa cuando pasa una cosa que te ha pasado por la cabeza porque tenía que pasar pero quién sabe si pasó? Estornuda Chispa y se inmoviliza de nuevo con sus largas orejas y su mirada melancólica bajo la venda ensangrentada. ¡Vamos, que tú lo quieres todo muy clarito y muy evidente, y eso no puede ser!».[57] Ya en las últimas páginas de esta novela, publicada en el año 2000, David comienza a asumir todas estas contradicciones, llegando a la conclusión de que «la verdad no existe, que sólo existe el deseo de encontrarla», de manera que más que luchar contra ella, entabla un combate contra lo que aquí se denomina «la fragilidad de su apariencia».[58]

Así pues, no resulta ninguna novedad el que en una novela como *La muchacha de las bragas de oro*, su autor, Juan Marsé, nos ofrezca numerosas pistas sobre la creación literaria y sobre su propia poética. Antes y después de la citada obra, el autor barcelonés demuestra su interés por este asunto, su deseo de que el lector se convierta en cómplice de sus teorías, si bien es preciso no perder nunca de vista esos instantes en los que, en medio de lo que parece ser una sencilla lección magistral, hace acto de presencia la parodia, la ironía e, incluso, el humor con el que Marsé nos devuelve a la realidad de la ficción, si nos permite la paradoja.

Pero al margen de esta circunstancia, que consideramos clave en todo este engranaje, desde el punto de vista de la Didáctica, *La muchacha de las bragas de oro* nos proporciona un material ciertamente valioso, al margen –hemos de insistir nuevamente en ello– del placer de la lectura, misión ineludible para quienes se acerquen a ésta y otras muchas novelas de Marsé. Desde el punto de vista socio-político, *La muchacha de las bragas de oro* es una obra paradigmática, atrevida, incluso, si tenemos en cuenta no sólo la fecha en la que fue publicada, en 1978, sino, fundamentalmente, en la época en la que Marsé ambienta su relato: en 1976, cuando aún no se habían apagado, ni mucho menos, los últimos ecos del franquismo, ni se había restablecido la democracia en España. Es un momento en el que se comienza a producir, como anuncia Javier Tusell, una «transformación política complicadísima, inédita en la Historia española y hasta cierto punto también en la universal».[59]

Ese cambio de mentalidad que comienza a producirse en la España de los primeros años del posfranquismo, así como el deseo inmediato de libertad y de una reconciliación definitiva entre las dos Españas, se aprecia, asimismo, en la novela de Marsé, en la que, precisamente por estos motivos, se enfrentan dos personajes, Mariana y Luys Forest, que representan estas dos encontradas posturas: mientras el tío, franquista de toda la vida, trata de maquillar su pasado, adaptándolo lo antes posible, con los reto-

---

56 *Rabos de lagartija*. Barcelona. Areté, 2000, p. 290.
57 Op. cit., p. 300.
58 Op. cit., p. 336.
59 *Historia de España*. Madrid. Taurus, 1998, p. 783.

ques necesarios, a los nuevos tiempos, la sobrina trae a la vieja casa de Calafell –significativamente rodeada ahora de altos edificios para turistas– ese aire fresco y esa postura descarada, llena de osadía, con un renovado lenguaje, que se extiende de manera vertiginosa, imparable, por todas partes. Esta nueva actitud, plasmada en la figura de Mariana, hace que Luys Forest, en un momento determinado de la obra, cuando se siente acosado, reclame su oportunidad, su derecho a la vida: «Lo malo de los jóvenes –suspiró su tío– es que no sabéis perdonar».[60]

El escritor –Juan Marsé, en el caso que nos ocupa– se dirige, por lo que hemos podido comprobar, a un lector instruido, nada inocente. Y traza una compleja trama a la que se puede acceder por diversos caminos, desde distintos niveles. Esa relación con el lector ha sido destacada recientemente por Arturo Pérez-Reverte en su prólogo a la nueva edición de *Últimas tardes con Teresa*, al señalar que el mayor don de Juan Marsé consiste en «hacer que nada de lo que cuenta nos parezca ajeno».[61]

No es necesario –al menos para los jóvenes estudiantes– entenderlo todo, pero en esta labor de identificación e intertextualidad se encuentra la intensidad del placer de la lectura. El escritor moderno –o postmoderno como ahora se nos dice–, en la novela que lleva a cabo incluye conceptos teóricos en un género que lo admite todo, un género invasor, acaparador de géneros, que diría Vargas Llosa. Y cuenta su experiencia de la creación. Escribe sobre aquello que conoce, que le es más cercano. Él, como nadie, puede dar cuenta de los mundos que conforman su mundo literario, consciente de que, como ha tenido ocasión de expresar María Victoria Reyzábal, los contenidos que pude aportar el estudio de la literatura colaboran en la formación de la personalidad, promueven y facilitan la interacción y participación, ayudan a clarificar creencias y valores, encauzan sentimientos, desarrollan la sensibilidad estética, enriquecen la capacidad crítica y encauzan la capacidad creadora. «Leer literatura –concluyen esta misma autora– es una manera de jugar seriamente [...] El que lee participa cognitiva, emotiva e imaginativamente del discurso de la humanidad».[62]

---

60 Op. cit., p. 156.
61 *Últimas tardes con Teresa.* Barcelona. Seix Barral, 2003, p. 10.
62 *El aprendizaje significativo de la literatura.* Madrid. La Muralla, 1992, p. 26.

Sobre las variantes de *Si te dicen que caí*: una primera interpretación

José Manuel López de Abiada
Augusta López Bernasocchi
Universidad de Berna

Premisa

Publicada en 1973 por la editorial mexicana Novaro tras haber ganado el primer Premio internacional de Novela (México), *Si te dicen que caí* no pudo aparecer en España hasta septiembre de 1976. El autor quedó insatisfecho de ambas ediciones: de la primera, porque «todo fue inesperadamente rápido» y «la novela [...] fue impresa [...] con una urgencia tan insensata que no se me dio oportunidad de corregir pruebas ni revisar galeradas»; de la edición barcelonesa, porque no alcanzó «a revisar el texto», debido a su «propia negligencia».[1]

La edición publicada en Lumen es, por lo tanto, la versión que Marsé considera definitiva. En la "Nota a la nueva edición", firmada en septiembre de 1988, el autor reúne una serie de declaraciones muy significativas para el estudio de las variantes de la novela:

Escribí esta novela convencido de que no se iba a publicar jamás. Corrían los años 1968-1970, el régimen franquista parecía que iba a ser eterno y una idea obsesiva y fatalista se había apoderado de mí: la de que la censura, que aún gozaba de muy buena salud, nos iba a sobrevivir a todos [...] Así pues, sumergido en esa desesperanza oceánica, me lié la manta a la cabeza y por vez primera en mi vida empecé a escribir una novela sin pensar en la reacción de la censura ni en los editores ni en los lectores, ni mucho menos en conseguir anticipos, premios o halagos. Desembarazado por fin del pálido fantasma de la autocensura, pensaba solamente en los anónimos vecinos de un barrio pobre que ya no existe en Barce-

---

[1] Las citas proceden de la "Nota a la nueva edición" de Juan Marsé (2000): *Si te dicen que caí*, Barcelona. Lumen, p. 8, redactada en 1988.

lona, en los furiosos muchachos de la posguerra que compartieron conmigo las calles leprosas y los juegos atroces, el miedo, el hambre y el frío; pensaba en cierto compromiso contraído conmigo mismo, con mi propia niñez y mi adolescencia, y en nada más. Jamás he escrito un libro tan ensimismado, tan personal, con esa fiebre interior y ese desdén por lo que el destino pudiera depararle [...] Desde entonces me animó el deseo de corregir no solamente las muchas erratas y más de una oración desmañada, sino, sobre todo, el de arrojar un poco más de luz sobre algunas encrucijadas de una estructura narrativa compleja y ensimismada. La novela está hecha de voces diversas, contrapuestas y hasta contradictorias, voces que rondan la impostura y el equívoco, tejiendo y destejiendo una espesa trama de signos y referencias y un ambiguo sistema de ecos y resonancias cuya finalidad es sonambulizar al lector [...] Con respecto a ediciones anteriores, ésta presenta dos capítulos menos aunque ninguno ha sido suprimido; simplemente el texto ha sido redistribuido teniendo en cuenta aspectos de orden temático más que formales. Algunos fragmentos han sido desmontados pieza por pieza y vueltos a montar, hay supresiones y añadidos, pero nada que pueda afectar a cuestiones de tono y estilo ha sido alterado (pp. 7-8).

En el informe del censor que le tocó en suerte, fechado en Madrid, el 20 de octubre de 1973, leemos en relación con los llamados *«pasajes censurables* [que] *califican el contenido total de la obra»*:

Consideramos esta novela sencillamente imposible de autorizar. Hemos señalado insultos al yugo y a las flechas, a los que llama la araña negra en las páginas 17, 21, 75, 155, 176, 202, 253, 274, 291, 319..., escenas de torturas por la Guardia Civil o por los falangistas en las páginas 177, 178, 225, 292, etc., alusiones inadmisibles a la Guardia Civil en las páginas 277, 278, obscenidades y escenas pornográficas en las páginas 19, 21, 25, 26, 27, 28, 29, escenas políticas, en [las] *páginas 29 y 80, irreverencia grave en la 107. Pero después de quitado todo eso, la novela sigue siendo una pura porquería. [...] Es la historia de unos chicos que en la posguerra viven de mala manera, terminan en rojos pistoleros atracadores, van muriendo [...] Todo ello mezclado con putas, maricones, gente de mala vida [...] Sólo si hubiéramos tachado todo lo que habla de pajas y pajilleras en los cines no quedaría ni la mitad de la novela. La consideramos por tanto denegable. Madrid, 20 octubre.*[2]

Así las cosas, el estudio de las variantes se anunciaba prometedor y las primeras calas lo han confirmado. Recogemos en este trabajo las variantes del capítulo 1 de la edición definitiva y brindamos los primeros resultados.

LAS VARIANTES DEL CAPÍTULO 1

El trabajo de colación o cotejo de variantes ha sido llevado a cabo sobre las ediciones de 1973 (Novaro = A) y 1976 (Seix Barral = B), desde el texto de referencia de la versión definitiva de 1988. A esta edición, en la reimpresión del año 2000 de Lumen, se refieren las indicaciones de los renglones.

---

2 En la entrevista de José Belmonte Serrano a Juan Marsé recogida en José Belmonte Serrano y José Manuel López de Abiada (eds.) (2002): *Nuevas tardes con Marsé. Estudios sobre la obra literaria de Juan Marsé*. Murcia. Nausicaä, pp. 25-34, aquí: p. 33.

1. Variantes estructurales

- Fusión de capítulos (los capítulos 2 y 3 están reunidos en el capítulo 1).[3]
- Creación de nuevos apartados mediante la conversión de muchos puntos y seguido en puntos y aparte: 44, 82, 95, 133, 188, 264, 321, 351, 402, 422, 447, 460, 522, 557, 603, 648, 784, 840, 848, 881, 973, 1001, 1048, 1098, 1110, 1115, 1493, 1538, 1564. El resultado es una ampliación del texto (no hay casos contrarios).
- Omisión del epígrafe: «Si te dicen que caí, / me fui / al puesto que tengo allí. / Volverán banderas victoriosas / al paso alegre de la paz...».

2. Variantes de puntuación

a) *Sustituciones:*
- Coma en lugar de punto: el resultado es la contracción del texto a través de la eliminación de una frase: techo,]techo. (80); seguido,]seguido. (170); serio, me]serio. Me (174); sabe,]sabe. (205); pechos,]pechos. (218); cangueli,]miedo (244); temblorosos,]temblorosos (294); nuca,]nuca (314); cuarterones, y ahí]cuarterones. Ahí (426); verano, frecuentaban]verano. Frecuentaban (830); doctor, y ella cochinos, me]doctor. Me (1003); fuera, de criadas]fuera. De criadas (1279).
- El caso contrario (punto en lugar de coma): produce una dilatación del texto a través de la creación de una nueva frase: hacer. Es]hacer, es (174); antes.Y]antes, y (208); trampa. Está]trampa, quedando (291); sí. El]sí, el (760); Hermana. Iba]Hermana, iba (777); Java. Parpadeó.]Java, parpadeó: (1114); dijo. Habla]dijo, habla (1182); sereno. Se]sereno, se (1183); Mayor. Cochinos]Mayor, guarros (1223); trapero. Ellos]trapero, oír el silencio: ellos (1310); así. Oye,]así, oye: (1326); Fueguiña. Ella]Fueguiña, ella (1329); dijo–. Es]dijo–, es (1451); ser. Está]ser, está (1453).
- Coma en lugar de dos puntos: sabes,]sabes: (208); indignada,]indignada: (1216).
- El caso contrario (dos puntos en lugar de coma): fruncido:]fruncido, (401); crispada:]crispada, (971); hombro:]hombro, (1090); repito:]repito, (1363).
- Coma en lugar de punto y coma: afilador,]afilador; (4).
- El caso contrario (punto y coma en lugar de coma): habladurías;]habladurías, (39); cojinetes a bolas;]cojinetes, (808).
- Punto en lugar de dos puntos: detrás.]detrás: (708); cortó. Si]cortó: si (783); él.]el: (1017); fiestas. Encontró]fiestas: encontró (1390).
- El caso contrario (dos puntos en lugar de punto): mirada:]mirada. (460); alejaba: ¿quién]alejaba. ¿Quién (971-972).

---

[3] Cf. a este propósito el texto de Marsé citado en la «Premisa» de este trabajo.

- Punto en lugar de conjunción: doblado. Se]doblado y se (215).
- El caso contrario (conjunción en lugar de punto): verdes y le conduce]verdes, llevándole (347).
- Coma en lugar de conjunción: llora,]llora y (549-550), nariz,]nariz y (579).
- El caso contrario (conjunción en lugar de coma): chicas y]chicas, (1393).
- Punto y coma en lugar dos puntos: escarbando;]escarbando: (183); grosería;]grosería: (740); balas;]balas: (1063); acera;]acera: (1407).

b) *Añadidos*:
  - Coma: estruendo,]estruendo (60); Java,]Java (113); y,]y (370); hombros,]hombros (370); esperaba,]esperaba (536-537); Sudando,]Sudando (568); señal,]señal (579); posaderas,]posaderas (734); madre,]madre (770); lirios,]lirios (792); que,]que (859), pensado,]pensado (859); prisionera,]prisionera (1095); linterna,]linterna (1193); Yo,]Yo (1294); Barcelona,]Barcelona (1294); empeño]empeño (1356); algo,]algo (1408); ellos,]ellos (1464).
  - Introducción de la conjunción *y*: suelo y]suelo (553); Y habló] Habló (840); conocíamos a medias y]conocían (869); Y (1163); Y (1363).

Los añadidos de puntuación que siguen están directamente relacionados con los diálogos (mucho más frecuentes en la versión definitiva):

- Dos puntos: dijo:]dijo (42); ordena:]ordena (605); decir:]decir (990); y alguien dijo:]alguien dijo (996).
- Puntos suspensivos: tísico...]tísico. (175); verdad...]verdad, (438); Hermana...]Hermana. (940); merienda...]merienda. (1159); ¡Ay...!] ¡Ay! (1211).
- Signos de exclamación: ¡Rápido!]Rápido. (1038); ¡Y a mí qué!]Y a mí qué. (1371); ¡Vaya susto!]Vaya susto. (1452) (y cf. aquí el apartado 7, «Añadidos»).
- Signos de interrogación: familia? ¿No]familia, no (757); saber? Venga, pregunta. ¿Qué]saber, venga, qué (1100-1101); ¿Por qué?]Por qué. (1209); ella?]ella (1327); preguntas.– ¿Sabéis]preguntas–, sabéis (1327-1328).
- Guiones: –Este]Este (1110); nuestro –dijo–. Habla]nuestro, dijo, habla (1110); –Algo oí decir en Las Ánimas, pero no me acuerdo– masculló.] algo oí decir en las Ánimas, masculló, pero no me acuerdo... (1115-1116).

c) *Omisiones*:
  - Coma: ello]ello, (44), encharcada]encharcada, (215); hora]hora, (258); polvo]polvo, (284); resistiéndose]resistiéndose, (585); amarillento]amarillento, (718); aceras]aceras, (1544).

- Puntos suspensivos: escapamos.]escapamos... (1272); cicatriz?]cicatriz...? (1360).
- Dislocación de signos de interrogación o exclamación: ¿qué, alguna novedad?]qué, ¿alguna novedad? (958); saber? Venga, pregunta. ¿Qué]saber, venga, qué (1100-1101).

3. Variantes gráficas

- Uso de la cursiva: en palabras catalanas como *trinxes* (796, 1075, 1139) –antes «trinxas»– para realzar la acepción correcta.[4]
- *C* en lugar en *ch* (variante gráfica propia del catalán): Joanic]Joanich (1052, 1435).
- Palabra única en lugar de la forma separada: telaraña]tela de araña (128); enseguida]en seguida (428, 481, 530-531, 753, 913, 975, 1004); criccric]cric-cric (989); chinchín]chin-chin (1049).
- Acentuación: wáter]water (308); cómo]como (896); plexiglás]plexiglas (1418); ése]ese (1299).
- Mayúsculas (resp. minúsculas)[5]: Centro Parroquial]parroquia (773-774); Parroquia]parroquia (799-800, 1237, 1243, 1416); sedán]Sedán (1086-1087); Las Ánimas]las Ánimas (1174-1175); trapero] Trapero (1301); AFARE]afare (1460).

4. Variantes sintácticas

- Orden adjetivo-sustantivo generalmente modificado mediante la posposición del adjetivo: bicicleta amarilla]amarilla bicicleta (212); ingles húmedas]húmedas ingles (311); algas cimbreantes]cimbreantes algas (660); silla alta]alta silla (733); los ojos cerrados]cerrados los ojos (931); diabólica habilidad]habilidad diabólica (1045); artista joven]joven artista (1400).
- Dislocación de adverbios: sitio rápidamente]rápidamente sitio (117-118); recupera enseguida]en seguida recupera (428); todavía tiembla]tiembla todavía (611).
- Dislocación de sintagmas o incluso de frases enteras: Entonces, en la esquina de las basuras, apareció de pronto]Apareció de pronto, en la esquina de las basuras (143-144); no te arrepentirás, hijo]hijo, no te arrepentirás (281); la bufanda al cuello]al cuello otra vuelta de bufanda (333); espabila, murmura Java]murmura, espabila (448); simulando aplomo con una risita]con una risita para simular aplomo (487); va, no te hagas la estrecha]no te hagas la estrecha, va (495);

---

4 Las cursivas pueden ser debidas también a decisiones editoriales: en C, por ejemplo, faltan algunos acentos y faltan casi siempre las cursivas y las comillas en el caso de términos catalanes o especiales.
5 No se consideran aquí ni las mayúsculas ni las minúsculas que son debidas a la sustitución de coma por punto y viceversa (cf. aquí el apartado 2, «Variantes de puntuación»).

nena, y le iba a preguntar]y pensaría preguntarle nena (509); Tápame que no me vea, susurra Ramona]Ramona susurra tápame que no me vea (527); Hundía el morro]El morro del motor se hundía (652); ondulando hacia el techo]alzados hacia el hecho, ondulando (687); no oigo palpitar su corazón. Luis, dame el boniato]Luis dame el boniato, no oigo palpitar el corazón (747); tebeos y periódicos]diarios y tebeos (841); –Algo oí decir en Las Ánimas, pero no me acuerdo– masculló.] algo oí decir en las Ánimas, masculló, pero no me acuerdo... (1115-1116); Yo qué sé, por aquí]Por aquí, yo qué sé (1124); –Yo fui una vez – dijo Mingo.]–Yo– dijo Mingo–. Fui una vez (1150); Tampoco tú tienes padre]Tú tampoco tienes padres (1250); eso que ver]que ver todo eso (1300-1301); impaciencia y fastidio]fastidiosa impaciencia (1322); balcón a balcón y de una acera a otra]una acera a otra y de balcón a balcón (1394); no es éste]éste no es (1458); era muy distinta a aquella chavala que vio por primera vez]no era como la primera vez que la vio (1468-1469).

- Discurso directo –más incisivo– en lugar del discurso indirecto (1484-1488) (cf. también el apartado 7, «Añadidos»).

5. *Variantes morfológicas*

a) *Tiempos verbales:*
- Presente en lugar de pasado: miran]miraban (147); es]era (291, 1254); hay]había (292).
- El caso contrario (pasado en lugar del presente): obedecía]obedece (496); era]es (497, 1249).
- Indicativo pasado en lugar de condicional: era]sería (61).
- Otro tiempo de pasado: era]había sido (137); avisó]ha avisado (375); ingresaron]han ingresado (959); protestó]protestaba (1032); había sido]fue (1146); incorporaba]había incorporado (1199); fueron]habían ido (1237); oíste decir]has oído hablar (1359).
- Presente en lugar de futuro: acecha]acechará (133); lleva]llevará (239).
- Otro tipo de subjuntivo: fuese]fuera (57); hubiese]hubiera (252).
- Subjuntivo en lugar de indicativo: haya]hay (809).
- Eliminación del gerundio o del participio (de una frase de forma implícita resulta una frase de forma explícita, más incisiva): amontonaba]amontonando (274); entorna]entornando (346); verdes y le conduce]verdes, llevándole (347); se acurruca junto a Java, se oculta tras él]acurrucada junto a Java, ocultándose (515-516); las narices en el único cristal intacto que quedaba y miraban]la cara al combado cristal de atrás, mirando (656-657).
- Cambio de número: singular en lugar de plural (y viceversa): quiere el tío]quieren (440); el ritual acabe]acaben (629); oye]oyen (630); me traía aquí]veníamos (1233-1234); decían]dijo (1248); La pandilla permaneció]Se quedaron (1396); Pensaban]Pensaba (1462).

b) *Pronombres:*
- Eliminación del acusativo de persona: el]al (342).
- Loísmo en lugar de leísmo: lo despeina]le despeina (333); Lo deja sentado]Le deja sentado (349); dejándolos solos]dejándoles solos (428); lo vio]le miró (951); lo invitaba]le invitaba (1242); lo pisó]le pisó (1532); lo miraba]le miraba (1534).
- Leísmo en lugar de laísmo: vestirle]vestirla (563); le hizo]la hizo (1282); le bajamos]la bajamos (1342).

c) *Número (sustantivos y adjetivos):*[6]
- Plural en lugar del singular (y viceversa): ojos suplicantes]ojo suplicante (494); las fiestas]la fiesta (1239-1240); los negros cabellos engomados]el cabello engomado (1413-1414).

6. Variantes léxicas

a) *Sinónimos:*
- Sustitución con un término (o expresión) equivalente, generalmente más pertinente o preciso: atravesado]cruzado (4); espejismos]espejuelos (7); cerebro]interior (41); piernas]pies (50); asombro]desatino (51); cayendo]doblándose (57); tuvo lugar]se produjo (76); demás]otros (78); trapería]sótano (79); se dio de morros]topó (79); irritado]molesto (95); potaje]comida (105-106); se erizaba]se llenaba (106); figuraba]era (128); avisando]diciendo (178); tía]chica (204); oprimía]comprimía (218); giró]dobló (227); se haga el duro]se haga el longuis (232); cangueli]miedo (244); barruntaba]sospechaba (251); páramos]campaña (283); bruja]mujer (289-290); chingándose]aguantándose (309); pálida]lívida (317); observa]mira (323); aplica]da (329); miedo]inquietud (388); sin decir nada y] en silencio (393); abriéndose]agrandándose (393); cobertura]abertura (425); resbalando]cayendo (441); parados]inmóviles (457); debía]había de (480); gusto]trayectoria (1484); De pronto]Repentinamente (499); recuesta]echa de espaldas (507); imperiosa]terminante (519); dañara]hería (535); fingiendo]simulando (547); insúltame]grita (1549); el lecho restregándose]la cama pasándose (557); salpicada]manchada (569); lamiéndoselo]con la lengua (602); lo dijo en serio o fingía]fue queriendo o sin querer (608); advierten]descubren (609); emitiendo]devolviendo (666); mostraba]había (678); guardapolvo]mono (717); muchachos]amigos (778); así que no sabía gran cosa]y por lo tanto sabía poco (795-796); cobijarían]serían (798); jamás]nunca (826); propició]era consecuencia de (837); tebeos y periódicos]diarios y tebeos (841); aventura]historia (851-852); periódicos]diarios (866); intrigas]cosas (869); signos]señales (889-

---

6 Sobre el número en las formas verbales, cf. arriba el apartado 5.a «Variantes morfológicas».

890); viudas]mujeres (890); estos detalles, tal vez]estas cosas, quizá (925); reclinada]abandonada (930-931); bocamanga]manga (949); vio]miró (951); escuetamente]con estilo lacónico (958); enseguida] luego (970); fuerza]energía (987); juntando]cerrando (1004); lanzó] soltó (1018); respirar]descansar (1047); llegaban]provenía (1050); malignos]amodorrados (1054); sujeta]amarrada (1054); acuclilla- dos]en cuclillas (1065); en medio]en el centro (1073); clavado]sos- tenido (1073); sugirió]dijo (1112); siempre]todavía (1114); preguntó] dijo (1127); puerta-camilla]mesa (1176); relumbró]iluminó (1180); instante fugaz]momento (1185); emborronada]sucia (1194); ordenó] dijo (1197); a la luz] más a la vela (1201); me traía aquí]veníamos (1233-1234); Iglesia]parroquia (1244); gruñó contrariada]algo irri- tada (1252); se entera]sabe (1269); causaba]daba (1284); se estre- meció]El estremecimiento se redobló (1286); dijo]insistió (1296); investigas]quieres saber (1300); insistía Java con sus preguntas]dijo Java (1327-1328); protestó de nuevo]insistió (1331); automó- vil]coche (1333); sin mucho interés]desinteresado (1334); le junta- ba las muñecas]mantenía sus brazos (1335-1336); rasguñados]re- gados de sudor (1348); intervino]dijo (1355); marca]seña (1359); oíste decir]has oído hablar (1359); listos]vivos (1376); muchachas] chicas (1390); vendía]subastaba (1401); manera]modos (1404); jo- ven vagabundo]desconocido (1411-1412); interrumpió]cortó (1461); contárselo]decírselo (1462-1463); sus ojos]su mirada (1503); huér- fana]chica (1535-1536). más fuerte: bruja]mujer (289-290); chingán- dose]aguantándose (309); Mayor. Cochinos]Mayor, guarros (1223); furcia]cualquiera (1318); cochinos]marranos (1377); guarro]bestia (1384) (cf. también el apartado 7, «Añadidos»).

- Sustitución con la añadidura de un símil: absorto como un ni- ño]pensativo (619).
- Sustantivos en lugar de pronombres personales o artículos (resulta una mayor precisión, subrayada con frecuencia también por la aña- didura de posesivos): su madre]ella (49); la gorda]ella (176, 202); Java]él (516, 1533); niños]los (819); La monja lo vio]Ella me miró (951); Juanita]ella (976, 1098); el más sobón]alguien (1015); la pri- sionera]Juanita (1177, 1331-1332); un almanaque]uno (1215); la Fueguiña]ella (1566-1567) (cf. también el apartado 7 «Añadidos»).
- El caso contrario (mucho menos frecuente): él]su hijo (73); él]su cuer- po (581); ella]la Fueguiña (923); ayudarla]ayudar a la chica (924).
- Posesivos (que también precisan mejor): sus brazos]los brazos (500); sus]las (572, 581, 733); su]la (587).
- El caso contrario: los]sus (347).
- Otros pronombres:
  - número: nuestra]su (889);
  - tipo de demostrativo: eso]esto (151); estos]esos (759); este]aquel (854); ésta]esa (1026), esta]esa (1204); estos]eso (1373);
  - demostrativo en lugar de posesivo: aquellas]sus (881);
  - el caso contrario: su]esa (1229).

- Otros adverbios: Ahora]Allí (419); sin embargo]ahora (1044).
- Otros artículos: con un]con el (909); la]una (1082).
- Otras preposiciones: junto]ante (102); delante de]frente a (334); al]en el (528); sobre]frente a (1145); hasta]hacia (1177); en medio de]entre (1184); hacia]a (1489).

b) *Correcciones:* dientes]sortijas (6); invierno]otoño (40); treintena]veintena (624); asiento posterior]interior del automóvil (655); la cara]la cintura (755); geranios]hortensias (791); nuestra]aquella (836); plasta negruzca]mancha blanca (998); Rosita]Mari Carmen (1240); dos horas]una hora (1389).

7. *Añadidos*

Con frecuencia los añadidos puntualizan más. Los hay de varios tipos:

- Conjunción *y:* 7, 37, 584-585, 1163, 1363, 1400, 1463.
- Preposición: con la]la (355).
- Artículo: una (667).
- Pronombres: Ella termina]termina (453, 504, 643, 993, 997, 1347); él (566); de ellos (825); asustada, yo?, ella]asustada? (985); Yo (1292, 1340); ellos (1421).
- Adverbios (resulta una mayor eficacia expresiva): repentinamente (95); instantáneamente (106); precisamente (167); Ya (411, 591, 1166); despacio (572); Ahora (586, 956,1043, 1176, 1552); sólo (733); mucho (745); siempre (848); maravillosamente (910); todavía (1102); airosamente (1211); entonces (1245); aquí (1294).
- Adjetivos (con relativa frecuencia incluso en forma de parejas): sobada (48-49), blancos (70), rojo, sin encalar (102), gris (128), rubio y duro (142), negruzca (159), gris (217), podridos (233), esquelética (319), pensativo (324), enérgicos (330), olivácea (334), esmirriada (354), cortos (368), rosa (369), hambrienta (403); enfermizo (443-444), tonta (499); bonita (531), acurrucada (552-553); flaca (576); horrible (600), recelosos y serviles (626), rosada (649), frías (667), gemelos (761), viejo refugio antiaéreo]refugio (772), nueva (786), blanca (791), terribles (796), oscuros (811-812), variado (815), antiaéreos (830), bonito (836), inventada (851-852), paciente (894), perfumada (930), negros (930), ansiosas (1005), semidesnuda (1062), temblorosa (1094), encendidos (1113), descascarillado (1141), inertes, cruzadas (1144), inquieta (1145), llena (1181), tonto (1210), zarrapastroso (1213), ansiosa (1262), terrible (1426), amargado, lento (1430), azul (1444), negro y espeso (1541-1542), grave (1557).
- Nombres propios (u otros sustantivos, generalmente con función de sujeto) que especifican más o subrayan mejor (como en el caso de los pronombres): Java (638, 856, 863); El automóvil parecía]Parecía (674); la chica (709, 1306); niños (828); Sus ropas (829); Ñito

(840); niña (853); Juanita (1001, 1046-1047); niña (1062); Rosita (1065); chavala (1067, 1117); pastillas juanola]juanolas (1069); tu y tus amiguitas (1103); otro tebeo]uno (1226); Moix (1305); Este interrogatorio]Esto (1310-1311); Argentona (1405); él y Java (1464-1465); era muy distinta a aquella chavala que vio por primera vez]no era como la primera vez que la vio (1468-1469); Java de su rival]del tipo (1482).

- Sintagmas: Y que a su madre, viuda y con el vientre siempre más liso que una tabla de planchar, le decían la «Preñada», precisamente, y] Su propia madre tenía el vientre más liso que una tabla y sin embargo la llamaban "la preñada" (35-37); tropieza con la cicatriz aferrada al hombro de Ramona]tropezó con otra cicatriz agazapada en su hombro (593-594); en el asiento trasero con las caras aplastadas contra el]atrás con el rostro pegado al (689-690); todos a una al interior del coche entrando por las ventanillas]a una hacia la puerta abierta (702); divagar libremente mientras se bebía]beber (728-729); miraba a Ñito sin que él se diera]le miraba sin él darse (738-739); escarbando en las basuras y sus palomas decapitadas junto a los raíles del tranvía...] y sus chirridos de tranvías (780-782); cuando la misa del gallo en Nochebuena-en Navidad (804-805); peligrosos kabileños del Carmelo]kabileños (822); iban en pandilla, tiñosos y pendencieros, sin escuela y sin nadie que les controlara]incontrolados, sin colegio (824-825); Paulina, sus roncas y malsanas voces de viejo me asustaban.]Paulina: (827-828); dejando morir la conversación, pero el melancólico celador insistía]pero el celador insistió (834-835); romana y se quedaba en casa, recordó el celador; fue]romana. Fue (850); y registros, detenidos y desaparecidos y fusilados]detenciones y desaparecidos (867-868); que unos chavales siempre callejeando podían siquiera llegar a imaginar:]imaginado por ellos (882-883); en invierno, al anochecer, la niebla nos traía la sirena lejana y fantasmal de un buque en la entrada del puerto]la niebla les traía la sirena fantasmal de un buque en el muelle (898-900); pasillo y desenfundó rápido y disparó, ligeramente inclinado sobre el costado derecho. El doctor se reía]desenfundando rápido y disparando, el doctor se rió (954-956); mojando de nuevo el pañuelo en el líquido negro de un botellín de vermut]arrojando el pañuelo (1029-1030); inmóvil sobre arpilleras deshilachadas, Java alumbrando el dorso de su mano con una linterna de pilas, mirándolo como si leyera en la piel]sobre sacos deshilachados, alumbrándose con una linterna de pilas (1089-1090); sangran las muñecas]hago sangre (1125-1126); donde Java apoyaba el pie, y leyó en la cara de Java,]y miró a Java, leyó en su cara (1142) (y además: 38, 40, 42, 122, 503, 505-506, 540-541, 560, 566, 570, 585-586, 1155-1157, 1160-1161, 1165, 1187-1188, 1190, 1191-1192, 1195, 1206, 1238, 1251, 1264, 1302-1303, etc.).

- Frases enteras (con frecuencia se trata de diálogos*): 46-48, 49, 50-51, 52, 118-121, 336-337, 450-453, 464-468*, 490-491*, 552, 573-574, 584, 595-596, 639, 645-646, 671-673*; 842-843, 847*, 864-866, 903-904*, 962*, 999-1000, 1023-1024*, 1121-1122*, 1132-1134*, 1134-1136, 1137-1139*, 1174-1175*, 1366-1367*, 1520-1523*.
- Párrafos: 11-34, 86-94.

Analizados desde el punto de vista semántico, los añadidos:

- Pueden tener carácter más fuerte o jergal e incluso vulgar: Hostia (345, 437); Mierda (379); respingando el trasero (442); ¡Grrr...!, maldición (472); de asco y (479); cabrona (550); haces, puta presumida?]haces? (558); Es un costurón muy feo, largo, la marca de fuego, piensa Java, la Mujer Marcada, ondia, que se me baja... (595-596); de su minga]del sexo (597); ábrete de piernas o vas a morir infectada de pus (753-754); coño (968-969); puercas (986); doctor, y ella cochinos, me]doctor. Me (1003); maldita (1021); ¡animal! (1035); ¿De qué te ríes, mamona? ¡Luis el boniato!]De qué te ríes, chorra. Luis el boniato (1036); *Trinxes*. Kabileños estropajosos. Indecentes gorrinos.] Trinxas, kabileños (1139-1140); "–Canta, mala zorra" (1352) (cf. también, arriba, la lista de los adjetivos).
- Sin ser formas vulgares, pueden ser más "censurables" por su contenido sexual: "la cálida hendidura de la ingle" (751-752); "arriba, cerca de las ingles" (988); "hasta la mitad de los muslos" (1076); "mientras ella se dejaba sobar por su pareja" (1479-1480).
- Pueden tener función conativa, subrayada en algunos casos también por la reduplicación: chilla, aráñame (606); mátame, mátame]mátame (607); pero no parecía verle, pórtate bien]como si no le viera (952-953).
- Pueden subrayar la función dialogística: –meditó Ñito (756); pensó Ñito (881); dijo Juanita–. Quiero irme (1222); –insistió Java (1291); dijo Sarnita (1351); –El «Taylor» –dijo. (1428); –dijo la Fueguiña (1524).

8. Omisiones

En general poco frecuentes, pueden ser:

- Adverbios: que]que aún (6); instalado]instalado firmemente (482).
- Adjetivos: dedos]dedos nerviosos (404); bastonazos]nuevos bastonazos (585); pintura]pintura matizada (650); puertas]puertas traseras (654); abierta]abierta y vacía (694); los]todos los (701); ella]ella misma (927); cinto]ancho cinto (1092); pelusilla]pelusilla flotante y (1479).
- Conjunción *y*: mientras]y mientras (392).
- Pronombre: digas]digas, tú (489).

- Artículos: nueva]la nueva (561); loca]una loca (562); nueva]la nueva (797).
- Preposición: la]con la (686).
- Sustantivos: resollando]resollando de fatiga (601); blanca]blanca y llantas de carreras (661); valla]valla y de piedra (768); podrido]un caracol podrido (1087); uñas]uñas de los pies (1113).
- Sintagmas: Arrodillada,]Arrodillada, doblada sobre sí misma (587); compartido]que pedía ser compartido (742); abatidas, arrasadas como] de espinos como abatidas (1084); sin ruedas ni puertas]con las cuatro puertas arrancadas (1087); y]con las manos (1198); ella]ella, desde lo alto (1200) (y además 684, 686, 696-697).
- Frases enteras: 4-5, 648, 676, 854-856, 1098-1099, 1244.
- Expresiones que indican diálogo: nadie?]nadie? – dijo la monja (757); Oye,]Oye, chavala (1127); no,]no, dijo (1337).

Conclusiones

Considerado el vaciado de las variantes del capítulo 1 de *Si te dicen que caí*, podemos adelantar, a modo de conclusión, algunas interpretaciones del modo de proceder del autor.

Podemos ante todo observar una fuerte tendencia a la ampliación del texto mediante la creación de nuevos apartados, la sustitución de la coma por el punto (e.d., con la creación de nuevas frases) y muchos añadidos que miran hacia una mayor precisión.

Es, asimismo, evidente la tendencia a una mayor expresividad mediante el incremento dialogístico (incluida la sustitución del discurso indirecto por el discurso directo) y de la función conativa (y, por consiguiente, de sus elementos típicos: dos puntos, puntos suspensivos, signos de exclamación, signos de interrogación, guiones) y también mediante el incremento de los calificativos (de ahí la mayor frecuencia de los adjetivos).

La búsqueda de mayor expresividad va unida a su vez a un evidente afán de mayor concreción, precisión y eficacia (sustitución de las formas implícitas por las explícitas; recurso a sinónimos más pertinentes y eficaces, a veces más fuertes e incluso triviales, a sustantivos en lugar de pronombres y a posesivos; a añadidos que puntualizan mejor: frases, adjetivos, adverbios, pronombres, nombres propios).

En la búsqueda de mayor precisión se inserta también la función especificadora debida a motivos contingentes: términos que eran claros en 1973, en 1988 resultaban menos comprensibles para quienes desconocían la realidad histórica de los años setenta: así "Provincial de Falange" (334-335) y "Delegación Provincial de Falange" (623) deben aparecer con su nombre completo y no sólo como "Provincial"; lo mismo vale para "juanolas", especificado en "pastillas juanolas" (1069).

En este sentido, habrá que evaluar con mayor detenimiento si hay una actualización del texto para el lector del año 1988, e.d., un cambio de sustantivos con valores diferentes aunque pertenezcan a un mismo campo semántico como es el caso de *potaje* (105-106) frente a *comida*. Desde la perspectiva del lector actual, *potaje* remite a ciertas connotaciones sociales que interesa destacar, y que en la fecha de la primera edición podían no parecer tan relevantes.

Sin olvidar, en fin, la revisión estrictamente lingüística, como, por ejemplo, la corrección del leísmo, coincidiendo así con la consabida tendencia reciente.

El próximo desafío será el vaciado de las variantes del entero corpus de la novela –que ya se encuentra en fase conclusiva– y el análisis de las mismas.

APARATO DE LAS VARIANTES DEL CAP. 1

Texto-base: versión de 1988, en la edición de 2000 (Lumen).
Ediciones colacionadas: A = ed. 1973 (Novaro); B = ed. 1976 (Seix Barral). Si no hay otras indicaciones, A coincide con B.

1-2 el rostro del ahogado, en] al ahogado, revivió en
2-3 abiertos, revivió un] abiertos un
4 atravesado] cruzado / afilador,] afilador; (B)
4-5 aullido azul] remoto espejismo traspasado por el aullido azul de la verdad
6 los dientes] las sortijas / que] que aún
7 espejismos] espejuelos / y [*falta*]
11-34 –Aquí dice…mi madre. [*faltan*]
35-37 Y que a su madre, viuda y con el vientre siempre más liso que una tabla de planchar, le decían la «Preñada», precisamente,] Su propia madre tenía el vientre más liso que una tabla y sin embargo la llamaban "la preñada",
37 y [*falta*]
38 y de rojos sabañones [*falta*]
39 en] desde / habladurías;] habladurías,
40 contra su madre [*falta*] / invierno] otoño él [*falta*]
41 cómo se rompía] romperse / cerebro] interior
42 dijo:] dijo / a partir de hoy [*falta*]
44 A pesar… [*seguido*] / ello] ello,
45 mote de la madre] oprobio del vecindario
46-48 cada noche, en la cama de ella, se despertaba sobresaltado para verla llegar vestida de vieja y bien preñada, una gran barriga puntiaguda y] esa misma noche volvería a verla desde el catre, una gran barriga
48 medio de [*falta*]
49 su madre] ella / detrás de la barriga bañada en sudor y [*falta*]
50 las piernas abiertas] los pies abiertos
50-51 Se para… suspiro. [*falta*]

51 asombro] desatino
52 frotándose los ojos, el chaval [*falta*]
53 él; era esa hora en que despuntaba] él. Apuntaba
53-54 el hambre] a esa hora el hambre siempre
54 lo sentaba] despertándole, lo dejaba sentado
55 todo] cómo todo
55-56 cada vez más intensa, que se colaba] todavía vacilante, que entraba
56 contraventanas] contraventanas cerradas
57 cayendo] doblándose / fuese] fuera / cordón del [*falta*]
58-59 sobada [*falta*]
60 estruendo,] estruendo
61 era] pronto sería
62 y el Máuser] ese máuser (A)] y el máuser (B)
63 que se aferraba] aferrándose
64 y gemía de dolor [*falta*]
65 viuda [*falta*]
65-67 embarazada, y él miraba su vientre hinchado pensando ya está, va a parir aquí mismo espatarrada sobre las baldosas y yo qué hago] embarazada. Traía la cara contraída de dolor y gemía, espatarrada, él veía su vientre hinchado como de nueve meses pensando ya está, va a parir aquí mismo, de pie sobre las baldosas
67-70 La vio arremangarse las faldas de luto, congestionada por el esfuerzo y la ansiedad, y entonces vio caer blandamente entre sus piernas un bulto que ella apenas tuvo tiempo de sujetar] En aquel desamparo, creyó ver a otra persona arreman-

garse las faldas de luto, congestionada por el esfuerzo, jadeando:
cayó blandamente entre sus piernas un bulto que apenas tuvo
tiempo de sujetar con las manos
70 blancos [*falta*]
73 él] su hijo
74-75 y a frazadas de viaje [*falta*]
76 tuvo lugar] se produjo
78 demás] otros
79 la trapería] el sótano / se dio de
morros] topó
80 llegaban] casi llegaba / techo,] techo.
80-81 y lanzó… montaña. [*falta*]
82 Jamás había… [*seguido*]
83-86 Observó que la mayoría estaban
hechas con páginas arrancadas de
viejas revistas republicanas que la
abuela de Java no se atrevía a
vender, y que guardaba apiladas al
fondo de la trapería.] Estaban
hechas con páginas de revistas republicanas, las mismas que la
abuela de Java guardaba apiladas
al fondo de la trapería y aún no se
atrevía a vender; (A)] B = A, salvo: y aún] y que aún
86-94 El invierno… fabricando pajaritas.
[*falta*]
95 Pero] pero [*seguido*] / dijo que] dijo
(B) / repentinamente irritado] molesto
96-97 las pajaritas se [*falta*]
97 en un piso del] que vive en el
100 Se metió en la cocina y estuvo]
Estaba en la cocina,
101 usado que luego infló con la boca para
ver si tenía agujeros] usado, que so-
pló a espaldas suyas para comprobar
si tenía agujeros (A)] usado, que
luego infló con la boca para comprobar si tenía agujeros (B)
102 junto a] ante / rojo, sin encalar [*falta*]
103 amarillentos periódicos y viejos
semanarios] diarios y viejos semanarios de cine en sepia y azul
104-105 con su cuchara [*falta*]
105-106 un potaje] comida
106 instantáneamente se erizaba] se
llenaba / para el gato] por si al gato
se le ocurre volver un día
107-110 no había ningún gato en la
trapería, y apenas en ningún lado; en todo el barrio no habría
más de media docena, según el
último recuento del viejo Mia-
net. Ver un gato allí habría resultado] hacía más de un año
que no se veía un gato ni para
muestra. Aquello resultaba
110 ver] ver allí
113 Java,] Java
114 mucha [*falta*] / sordo? ¿No] sordo, no
115 de] en

116 –Ya voy. Pero todo eso es muy raro.
[*falta*]
117 sentado [*falta*]
117-118 sitio rápidamente] rápidamente
sitio
118-121 cuenta Sarnita. ¿Seguimos con la
aventi de ayer o inventamos otra?
Sigue: la chica sabía demasiado,
corría peligro. Una cresta de hierba brota en la acera frente a la
bragueta abierta de Luis] continúa la de ayer, Sarnita, cuenta
122 pavimentar, tapias erizadas de vidrios rotos] pavimentar
128 figuraba] era / telaraña gris] tela de
araña
132 Sarnita] va
133 A partir… [*seguido*] / acecha] ace-
chará
134-136 invisible, cada día es una trampa. Lejos, muy lejos, más allá
de las trincheras y las alambra-
das de espinos] invisible. En
alguna parte, lejos
137 era] había sido / que sabía] y sabía
138 estallarle en los] estallar bajo sus
139-140 corriendo [*falta*]
140 ¿os acordáis?, pues que [*falta*]
142 rubio y duro pero [*falta*]
143 una fulana, una furcia [*falta*]
143-144 Entonces, en la esquina de las
basuras, apareció de pronto]
Apareció de pronto, en la esquina de las basuras
147 miran] miraban / chapotea en el
fango girando] giraba
149 en flor [*falta*]
151 eso] esto
159 negruzca [*falta*]
167 Precisamente. [*falta*]
167-168 algo, ya sabes.] algo.
170 seguido,] seguido.
170-171 me se pone una flojera en las
piernas que me caigo. [*falta*]
172 Anda ya. [*falta*]
173 Ella] Además, ella / misma y] misma,
174 hacer. Es] hacer, es / serio, me]
serio. Me
175 tísico…] tísico.
176 la gorda] ella
178 avisando] diciendo
178-179 con la misma voz reverencial,
taimada: [*falta*]
182 de fútbol [*falta*]
183 escarbando;] escarbando: / pestilen-
tes [*falta*]
185-187 escarola, lo cual hizo reflexionar
a Sarnita: parece que los padres
de Susana se han vuelto al chalet,
dijo, mirad, se nota que ahora
comen] escarola. Se oyó la voz
cascada de Sarnita anunciando
los padres de Susana han regre-

sado al chalet, mira, se nota que vuelven a comer

188 Desde el portal... [*seguido*] / se veía] podía verse

193 del Continental lo] le

194 del] de

200-201 Está bien. Pero ella nunca es la misma, y en cambio yo sí –insistió Java–. Qué extraño, ¿no?] Ella nunca es la misma –repitió Java–, pero yo sí. Por qué.

202 Así es] Porque así / la gorda] ella

204 la tía] la chica

205 sabe,] sabe. / o tiene la mala semana [*falta*]

207 me falles] faltes

208 antes. Y (=B)] antes, y (A) / sabes,] sabes:

212 Una] Pasó una / bicicleta amarilla] amarilla bicicleta

213-214 hombre pedaleaba llorando sin alcanzar el sillín, con rabia, desgarbada e inestable] hombre. Pedaleaba con rabia, llorando, musical y frágil

214 Al pasar ante Java lo miró con ojos furiosos y] Miró a Java con ojos de auxilio,

215 doblado. Se] doblado y se / encharcada] encharcada,

216 envuelta] insegura sobre el afilado sillín, envuelta / con] con calcetines hasta

217 gris [*falta*]

218 oprimía] comprimía / pechos,] pechos. / y lloraba [*falta*]

220 bar [*falta*]

221-223 la había abordado con la mano mendicante y el otro brazo encogido saltando a la pata coja] tendía la mano y se sostenía a la pata coja con el otro brazo encogido (A)] tendía la mano con el otro brazo encogido y se sostenía a la pata coja (B)

223 rapada] pelada

226 No faltes, rey mío] no faltes

227 giró en] dobló

228-229 se encogió de hombros y luego] le

230 mastresa, [*falta*]

231 cuánto] que

231-232 a Java, no faltará] y no faltará, no,

232 proteste y se haga el duro] se haga el longuis

233 de] del / podridos [*falta*]

233-235 cuánto le pagan por ir, qué clase de trabajo es ése, dónde y para qué lo quieren bien lavado] para qué lo quieren bien lavado, cuánto le pagan por ir, qué clase de trabajo es ese (A)] B = A, salvo: ese] ése

237 bien [*falta*] / Calma, [*falta*] / vamos] Vamos

239 lleva] llevará

240-241 desde la plataforma trasera en la calle Bruch] en Bnuch (A) [*errata*]] en Bruch (B)

244 cangueli,] miedo

244-245 ¡Miauuuuu! le hacen las tripas. Maldita sea. [*falta*]

246 ellas (=B)] ella [*errata*]

249 sus [*falta*]

249-250 ramas de laurel] con laureles

251 barruntaba] sospechaba

252 ni trapos viejos] viejo ni trapos / hubiese] hubiera

253 él [*falta*]

255 a] de

257 en tal día [*falta*]

258 hora] hora,

263 Java no lo sabía. [*falta*]

264 Un viento húmedo... [*seguido*]

264-265 Un viento húmedo recorría la ciudad, ese día que fue la primera vez.] Hacía un poco de viento.

267-268 para escapar [*falta*]

270 y [*falta*]

272-273 Delante de una carbonería se agitaba una cola de mujeres con los pies enredados en un rumor de hojarasca] Vio mujeres haciendo cola con los pies enredados en un rumor de hojarasca frente a una carbonería

274 amontonaba] amontonando / metálico] de metal

277 artesonado; la escalera de mármol subía] artesonado, con su escalera de mármol

280 del Continental [*falta*]

281 Has] has / no te arrepentirás, hijo] hijo, no te arrepentirás

283 páramos desolados] campaña

284 polvo] polvo,

284-285 espectrales armaduras, escudos y pendones] armaduras fantasmales, escudos

289-290 bruja del Continental] mujer

291 trampa. Está] trampa, quedando / Es] Era

292 hay] había

294 el] un / color miel y,] rubias y / temblorosos,] temblorosos

297 Los van a fusilar, piensa, y entonces ve] En seguida vio

298-299 cama. Ella se está quitando las medias muy despacio, las despega] cama; despegaba las medias

300-301 despellejándose. Y se vuelve de pronto y mira a Java] despellejándose; y de pronto le miró

301-302 una coneja asustada antes de ser agarrada por el cogote.] un co-

nejo antes de ser agarrado por el cogote…
302-303 ¡Grrrr…!, claman de nuevo las tripas de Java. Maldición. [*falta*]
305 Java [*falta*]
307 por favor, [*falta*]
308 wáter] water
308-309 corriente] corriendo
309 chingándose de] aguantándose las
311 ingles húmedas] húmedas ingles / vagas] aquellas vagas
314 nuca,] nuca
316 mucho [*falta*]
317 pálida] lívida
319 esquelética [*falta*]
321 Tras la mesa… [*seguido*]
321-322 el petimetre [*falta*]
323 observa] mira
334 pensativo [*falta*]
325 me alcanza, quién eres] alcanzo
329 dos [*falta*]
329-330 aplica enérgicos] da
330-331 sujeta contra la pared; al retirar la placa queda la araña negra] aplica a la pared, al retirarla queda la araña
333 la bufanda al cuello] al cuello otra vuelta de bufanda / lo] le
334 olivácea [*falta*] / delante de] frente a
335 de Falange [*falta*]
336-337 La vuelta a la manzana paseando a un inválido, piensa, vaya cabronada. [*falta*]
339 ningún portero en el amplio] a la portera en el
342 el (=B)] al
344 aleteando [*falta*]
345 Hostia. [*falta*]
346 temprano (=B)] temprano hoy / entorna] entornando
347 los] sus / verdes y le conduce] verdes, llevándole
348-349 con altos vitrales emplomados que dan] la alta cristalera de colores dando
349 Lo] Le
351 Diez minutos… [*seguido*]
354 esmirriada [*falta*] / de putón desorejada [*falta*] / con la] la
355 costado, no sólo eso. Vaya cuadro, chaval.] costado. Algo peor.
357 en el diván [*falta*]
358-359 pasos nerviosos delante de mí meneando las escurridas ancas, [*falta*]
359 por fin [*falta*]
365 No contesta. Parece] Sólo parece
366 una] era
366-367 Unos kilos más, y estaría buena. [*falta*]
368 cortos [*falta*]
369 rosa [*falta*]
370 y,] y / hombros,] hombros

373-374 dijo después de encender el pitillo, como hablando consigo misma] como hablando sola
375 avisó] ha avisado / te pescó [*falta*]
376-377 y frunce la boca como si se tragara una blasfemia] igual que si frenara las ganas de blasfemar
379 Mierda [*falta*]
382-383 –Pareces un chico listo. / –Regular [*falta*]
388 femenina y de miedo] y de inquietud,
390-391 calculando su edad, el vigor de sus manos grandes y sucias] frotándose los dientes con la lengua,
392 mientras] y mientras
393 sin decir nada y] en silencio / abriéndose] agrandándose
394 Unos golpes en la puerta] La puerta se abre
395 vasos] vasitos
401 fruncido:] fruncido, / resecas empanadillas] mismas
402 Ramona devora… [*seguido*] / dándole la espalda] casi a espaldas de él
402-403 encorvada en el extremo del diván, [*falta*]
403 hambrienta [*falta*]
404 dedos] dedos nerviosos / las [*falta*]
404-405 Luego dice: [*falta*]
406 mucho?] mucho? –pregunta.
408-409 –¿Depende de qué? / –Qué sé yo. [*falta*]
411 –Java mira ahora con recelo– [*falta*] / ¿Ya sabes] ¿Sabes
414 me [*falta*]
416-417 en el patio interior, repentinamente] inundaron de pronto el patio interior.
419 Ahora] Allí
420-421 se la coge apretándola] la aprieta
422 En el dormitorio… [*seguido*]
425 cobertura] abertura
426 cuarterones, y ahí] cuarterones. Ahí
428 dejándolos] dejándoles / la muchacha recupera enseguida] en seguida recupera
431-433 y sus ojos legañosos vagan por la alfombra, por las borrosas líneas y desvaídos colores de la alfombra con su dibujo de hombres maniatados frente a un pelotón de fusilamiento:] dejando vagar los ojos legañosos por la alfombra de gastado dibujo con hombres maniatados de espaldas al pelotón:
435 y sangre, [*falta*]
435-436 a veces [*falta*]
436 en la rompiente [*falta*]
437 primera línea, hostia] el primer turno
438 verdad…] verdad.
440 quiere el tío] quieren
441 resbalando hasta el] cayendo al

442 respingando el trasero, [*falta*]
443-444 enfermizo [*falta*]
447 Ahora tú... [*seguido*]
448 espabila, murmura Java,] murmura, espabila
450-453 Todavía de pie, Java con los rápidos dedos recorriendo la piel, tanteando a ratos el costurón pero no sabe dónde, se le escurre bajo las yemas, lo encuentra y lo vuelve a perder: ¿qué es eso?, le dice, ¿una herida? [*falta*]
453 Ella termina] Termina
457 parados] inmóviles
460 Ramona con... [*seguido*] / mirada:] mirada.
464-468 Baja la voz. / –Maldito sea mil veces. / –Cállate. / –Me cago en sus muertos. / –Ahora déjame hacer a mí. A ver, trae acá.] Ahora déjame hacer a mí.
471 del todo [*falta*]
472 ¡Grrrr...!, maldición. [*falta*]
473 y una estrecha [*falta*]
479 ramalazos (=B)] remalazos [*errata*] / de asco y [*falta*]
480 debía] había de
481 enseguida] en seguida
482 instalado] instalado firmemente
483 y sin sobresaltos [*falta*]
484 gusto] trayectoria
487 simulando aplomo con una risita] con una risita para simular aplomo
489 digas] digas, tú
490-491 –Por favor. / –Cierra los ojos, chata. [*falta*]
494 ojos suplicantes] ojo suplicante
495 va, no te hagas la estrecha] no te hagas la estrecha, va
496 obedecía (=B)] obedece
497 era (=B)] es
499 tonta [*falta*] / De pronto] Repentinamente
500 sus brazos] los brazos plegados
503 está, me lo temía.] está.
504 ella [*falta*]
505-506 hostia me tocó la china, [*falta*]
506-507 tocará siempre apechugar con] traen a
507 recuesta] echa de espaldas
509 techo] techo, mirando el vacío (A)] B = A, salvo: el] al / nena, y le iba a preguntar] y pensaría preguntarle nena
515-516 se acurruca junto a Java, se oculta tras él] acurrucada junto a Java, ocultándose
516 Java] él
519 imperiosa] terminante
520-521 fuera cigarrillos, a trabajar, a encajar otra vez las ingles doloridas en las heladas nalgas] aplastar el cigarrillo en la loza y encajar otra vez las doloridas

ingles en las nalgas heladas (A)] fuera cigarrillos, y encajar otra vez las doloridas ingles en las heladas nalgas (B)
522 El mirón permanecía... [*seguido*]
522-527 El mirón permanecía en una inmovilidad accidental e inhumana, de maniquí roto. El chal había resbalado de sus rodillas y estaba en el suelo. Brillaron en la sombra sus pupilas, un instante, luego se apagaron. Alzó en el aire la barbilla, un gesto que presumía el hábito de mando, y repitió la orden golpeando el suelo con el bastón: otra vez. [*falta en* A]] El mirón permanecía en una inmovilidad accidental e inhumana, de maniquí roto. El chal había resbalado de sus rodillas y estaba en el suelo. Alzó en el aire la barbilla, un gesto que presumía el hábito de mando, y repitió la orden golpeando el suelo con el bastón. (B)
527 Tápame que no me vea, susurra Ramona] Ramona susurra tápame que no me vea,
528 al] en el
528-529 sin resistencia pero [*falta*]
529 cayéndose] cayendo
530-531 enseguida] en seguida
531 bonita, [*falta*]
535 dañara] hería
536-537 esperaba,] esperaba
540-541 y enroscando las suyas, pero todavía] pero aún
545 abrazada a] con
546 consigo [*falta*]
547 fingiendo] simulando
548 dolerse y [*falta*]
549 mal (=B)] mal, / insúltame] grita
549-550 llora,] llora y
550 cabrona [*falta*]
551 demasiado [*falta*]
552 sólo expresan sorpresa y vergüenza, [*falta*]
552-553 acurrucada [*falta*]
553 suelo y] suelo
557 En otro momento... [*seguido*] / el lecho restregándose] la cama pasándose
558 haces, puta presumida?] haces?
560 golpes de] imperiosos golpes de la puntera del
561 nueva] la nueva / tumbarla y [*falta*]
562 loca] una loca
563 vestirle] vestirla
566 sobre la alfombra [*falta*] / él [*falta*]
567 acurrucada junto a los fusilados al amanecer] a ovillarse sobre los fusilados
568 Sudando,] Sudando
569 salpicada] manchada
570 por la descarga [*falta*]

572 despacio [*falta*] / sus] las
573-574 Oye el rumor pedregoso de las olas en la rompiente, repitiéndose a lo largo de la playa. [*falta*]
576 flaca [*falta*]
579 nariz,] nariz y / señal,] señal
581 él] su cuerpo / sus] las
584 recordarle de nuevo: si hoy quieres comer, reina, no te pares. [*falta*]
584-585 Y [*falta*]
585 resistiéndose] resistiéndose, / bastonazos] nuevos bastonazos
585-586 más decisión, [*falta*]
586 Ahora, el] El
587 su] la / Arrodillada,] Arrodillada, doblada sobre sí misma,
591 ya [*falta*]
593-594 tropieza con la cicatriz aferrada al hombro de Ramona] tropezó con otra cicatriz agazapada en su hombro
595-596 Es un costurón muy feo, largo, la marca de fuego, piensa Java, la Mujer Marcada, ondia, que se me baja... [*falta*]
597 de su minga] del sexo
598 la] lo / desarbolada] desarbolado
598-599 cabeza y lo] vista y le
600 horrible [*falta*]
601 resollando] resollando de fatiga
602 lamiéndoselo] con la lengua
603 Finalmente lo consigue... [*seguido*]
605 ordena:] ordena
606 chilla, aráñame, [*falta*]
607 mátame, mátame] mátame
608 lo dijo en serio o fingía] fue queriendo o sin querer
609 advierten] descubren
611 todavía tiembla] tiembla todavía
619 absorto como un niño] pensativo
623 Delegación Provincial de Falange;] Provincial:
624 treintena] veintena
625 en doble fila [*falta*]
626 recelosos y serviles, [*falta*]
629 el ritual acabe] acaben
630 oye] oyen
632 Vosotros, ¿no] ¿Vosotros no
633 Como saber, sí] Sí,
638 Java [*falta*]
639 Ni siquiera llegó a verle la cara, al que se la dio. [*falta*]
641 temblando, [*falta*]
643 ella [*falta*]
645-647 a causa de la cachetada, mira la nada frente a él; todavía le quedan ánimos para masticar disimuladamente mientras [*falta*]
648 El Simca 1200... [*seguido*] / emergía] tenía sólo un cristal entero, el de atrás. Emergiendo
649 mar. Bañado] mar, tocada ya / rosada [*falta*]

650 pintura] pintura matizada
652 Hundía el morro] El morro del motor se hundía
654 puertas] puertas traseras
655 asiento posterior] interior del automóvil
656-657 las narices en el único cristal intacto que quedaba y miraban] la cara al combado cristal de atrás, mirando
657 y ya velados [*falta*]
658 submarino. Sus] submarino; sus
658-659 y ligeramente de costado] por encima de los tapizados asientos
660 algas cimbreantes] cimbreantes algas
661 demás cristales del automóvil] cristales laterales
663 blanca] blanca y llantas de carreras
666 emitiendo] devolviendo / del] al
667 frías [*falta*] / una [*falta*]
668 un parpadeo sereno y confiado] absolutamente serenas, por otra parte
671-673 –Así que ya no era un pelagatos –comentó Nito. / –Y qué, si tampoco lo va a disfrutar –dijo la monja–. Dios mío, Señor mío. [*falta*]
674 El automóvil parecía] Parecía
676 lentamente y en] lentamente, como rechazando su empeño en beber allí. En
678 mostraba] había
679 los que] donde
684 un receptor de radio, y su] una radio para escuchar música. Su
685 rojo salmón] de verdad en el coche
686 vecinos] vecinos, y él la complació / la] con la
687 ondulando hacia el techo] alzados hacia el techo, ondulando
688 Pegada] Pegado
689-690 en el asiento trasero con las caras aplastadas contra el] atrás con el rostro pegado al
691 serpenteaba] flotaba cerca del coche
691-692 estrecha y viscosa] estrecha, viscosa y ondulante como una serpiente
694 abierta] abierta y vacía
695 esparcidos] esparcido [*errata*]
696-697 seda y vestidos de mujer estampados, pamelas, toallas, sandalias y nikis de niño,] seda, nikis de colores para niño y vestidos de mujer estampados, pamelas, toallas, sandalias con suela de madera
701 los] todos los
702 todos a una al interior del coche entrando por las ventanillas] a una hacia la puerta abierta
703 de sangre] rojos
704 rojas [*falta*]
708 detrás.] detrás:
709 la chica, [*falta*]

162

710 le daba rabia ir detrás y [falta]
712 saliendo de] en
717 guardapolvo] mono
718 amarillento] amarillento,
728-729 divagar libremente mientras se
bebía] beber
733 silla alta] alta silla / sólo [falta] / sus
] las
734 posaderas,] posaderas
738-739 miraba a Ñito sin que él se diera
] le miraba sin él darse
740 grosería;] grosería:
742 compartido] que pedía ser compartido
745 mucho [falta]
746 de apendicitis [falta] / ésta] esa (A)
] ésa (B)
747 no oigo palpitar su corazón, Luis,
dame el boniato] Luis dame el boniato, no oigo palpitar el corazón
749 niña, te estamos auscultando [falta]
751-752 la cálida hendidura de la ingle
[falta]
753 enseguida] en seguida
753-754 ábrete de piernas o vas a morir
infectada de pus, [falta]
755 taparle la cara] la cintura
756 –meditó Ñito [falta]
757 familia? ¿No] familia, no / nadie?]
nadie? –dijo la monja.
759 estos] esos
760 sí. El] sí, el
761 los niños gemelos] a los niños
767-768 sobre el mar [falta]
768 valla] valla y de piedra
770 madre, (=B)] madre
771-772 del Monte Carmelo y [falta]
772 viejo refugio antiaéreo] refugio /
Las (=B)] las
773 dio un respingo y [falta]
773-774 del Centro Parroquial y además
] de la parroquia y
775 parece mentira a tus años, [falta] / se
[falta]
777 Hermana. Iba (=B)] Hermana, iba
778 muchachos] amigos
780-782 escarbando en las basuras y sus
palomas decapitadas junto a los
raíles del tranvía...] y sus chirridos de tranvías.
783 él, (=B)] él / cortó. Si] cortó: si
784 Si antes de morirse... [seguido]
785 un día [falta]
786 nueva [falta]
791 blanca [falta] / geranios y] horten-
sias, con
792 lirios,] lirios
795-796 así que no sabía gran cosa] y
por lo tanto sabía poco
796 trinxes] trinxas / terribles [falta]
797 la que] lo que / nueva] la nueva
798 años [falta] / cobijarían] serían
799-800 Parroquia] parroquia

802-803 del boquete en el techo [falta]
804-805 cuando la misa del gallo en
Nochebuena] en Navidad
806 las] usted que en las
807 por las que] donde
808 cojinetes a bolas;] cojinetes,
809 haya] hay
811-812 algunos portales oscuros] ciertos portales
815 y variado [falta]
819 niños] los
822 peligrosos kabileños del Carmelo]
kabileños
823-824 al final de la calle] de lo alto de
824-825 iban en pandilla, tiñosos y pendencieros, sin escuela y sin nadie
que les controlara] incontrola-
dos, sin colegio
825 de ellos [falta]
826 jamás] nunca
827-828 Paulina, sus roncas y malsanas
voces de viejo me asustaban,]
Paulina:
828 niños [falta]
829 Sus ropas [falta]
830 verano, frecuentaban] verano. Frecuentaban / antiaéreos] medio
831 agujeros negros [falta]
833 Las Ánimas, del catecismo ni del
coro] las Ánimas (A)] B = A, salvo:
las] Las
834-835 dejando morir la conversación,
pero el melancólico celador insistía] pero el celador insistió
836 nuestra] aquella / bonito y [falta]
837 propició] era consecuencia de / que
era [falta]
840 Y habló... [seguido] / Y habló Ñito]
Habló
841 tebeos y periódicos] diarios y tebeos
842-843 y de su voz agazapada, revieja,
abyecta y reverencial contando
aventis [falta]
847 –No sé de qué juego barato me
hablas –gruñó la monja. [falta]
848 Pero las mejores... [seguido] / siempre [falta]
850 romana y se quedaba en casa, recordó el celador: fue] romana. Fue
850-851 éstos cuando a Java] esos que
851-852 aventura inventada] historia
853 niña [falta]
854 este] aquel
854-856 al ver a Juani prisionera de la
aventi, contuvimos el aliento y
el auditorio se quedó expectante
y desconcertado] el auditorio
contuvo el aliento, desconcertado, las pupilas fijas, las bocas
abiertas, las manos quietas sobre las rodillas
856 Java [falta]

856-857 se metió él mismo en las historias y acabó por meternos a nosotros,] nos metió a todos en
las historias, se metió él mismo
858 el juego [*falta*]
859 que,] que / pensado,] pensado
860 de oyentes [*falta*]
863 Java [*falta*]
864-866 de verdad, nuestras calles y
nuestras azoteas y nuestros re-
fugios y cloacas, y [*falta*]
866 periódicos] diarios
867-868 y registros, detenidos y desaparecidos y fusilados] detencio-
nes y desaparecidos
869 intrigas] cosas / conocíamos a medias y] conocían
870 Hermana [*falta*]
871-872 pero que, a pesar de ello resultaban] aquellas en las que no
había que esforzarse para que
resultaran
873-880 Hermana, ¿se acuerda?... Aun
así. [*falta*]
881 En realidad... [*seguido*] / pensó Ñito
[*falta*] / aquellas] sus
882-883 que unos chavales siempre callejeando podían siquiera llegar a
imaginar:] imaginado por ellos.
883-888 historias verdaderas...por Sarnita. [*falta*]
889 nuestra] su
889-890 captábamos los signos] capta-
ban las señales
890 tres viudas] mujeres
891 y de harina [*falta*]
894 paciente [*falta*]
896 cómo] como (B)   un
policía secreto] uno de la bofia
897 caza, pero] caza
898-900 en invierno, al anochecer, la
niebla nos traía la sirena lejana
y fantasmal de un buque en la
entrada del puerto] la niebla les
traía la sirena fantasmal de un
buque en el muelle
901 una sirena surgida] viniendo
903-904 Paulina, quitándole de las manos un frasco sin etiqueta–. Haz
el favor de no mezclarlo] Paulina–. No me lo mezcles (A)]
Paulina–. Haz el favor de no
mezclarlo todo. (B)
905 sus historias [*falta*]
907 camufladas] camuflada
908 del Brasil [*falta*]
909 si flojeaba su imaginación, [*falta*] /
con un] con el
910 «¡tuuuuuuut...!»] ¡Tuuuuuuu...!
maravillosamente [*falta*]
912 «¡tuuuuuuut...!»] ¡tuuuuuuu...!
913 una nueva] la / enseguida] en seguida

922-923 La niña que empujaba la silla,
la Fueguiña, ¿hasta dónde lo
llevaba? [*falta*]
923 ella] la Fueguiña
924 ayudarla] ayudar a la chica
925 estos detalles, tal vez] estas cosas,
quizá
925-926 sabía gran cosa más por aquel]
lo sabía
927 ella] ella misma
930-931 perfumada cabeza de negros
cabellos engomados reclinada]
cabeza de engomados cabellos
abandonada
931-933 los ojos cerrados, el fino bigotito tan bien recortado en la cara
blanca como la] cerrados los
ojos, el bigotito negro recortado
en aquella blanca cara de
936 con una esponja rosa [*falta*]
940 Hermana...] Hermana.
941-942 Vuestro refugio favorito estaba
en Las Ánimas –dijo la monja–.
Dios mío] Su refugio favorito
era el de las Ánimas, sí –
admitió la monja.] B = A, salvo
las] Las
943 Nadie] Entonces nadie
948 de licor de pera, [*falta*] / del taburete
metálico [*falta*]
949 bocamanga] manga
950 ahora tengo que ir a] tengo que
951 La monja lo vio] Ella le miró
951-952 lo miraba [*falta*]
952-953 pero no parecía verle, pórtate
bien] como si no le viera
954-956 pasillo y desenfundó rápido y
disparó, ligeramente inclinado
sobre el costado derecho. El doctor se reía] desenfundando rápido y disparando, el doctor se rió
957 en este hospital [*falta*]
958 ¿qué, alguna novedad?] qué, ¿alguna novedad? / escuetamente] con estilo lacónico
959 ingresaron] han ingresado / coche]
coche en Garraf
961 los parientes (=B)] la familia
962 –No tienen. / El doctor Albiol le
miró fijamente.]–No tienen
967 de cara a la pared y congestionado]
con la cara congestionada
968-969 coño, [*falta*]
969 Albiol [*falta*]
970 enseguida] luego
971 crispada:] crispada,
971-972 alejaba: ¿quién] alejaba.
¿Quién
973 Doctor, decía... [*seguido*]
974 la tensa piel del] el duro
bajando, [*falta*]
975 el hueso debajo] los huesos / enseguida] en seguida

164

976 Juanita] ella
977 y como un cariño [*falta*]
982 mascullar [*falta*]
983 ni te vas a enterar, es] eso no es nada,
984 enseguida] no te apures que
985 asustada, yo?, ella] asustada?,
986 puercas [*falta*]
987 fuerza] energía
988 arriba, cerca de las ingles, [*falta*]
989 criccric] cric-cric / duros [*falta*]
990 decir:] decir
993 Ella [*falta*]
994 la presión de [*falta*]
995 se me comen con lo ojos, [*falta*]
996 y alguien dijo:] alguien dijo
997 otro] otro le / ella [*falta*]
998 plasta negruzca] mancha blanca
999-1000 El pañuelo del Tetas mojado
con agua de regaliz. Respira,
tonta, te estamos anestesian-
do. [*falta*]
1001 Juanita pataleó... [*seguido*] /
Juanita [*falta*]
1002 y] oyó y
1003 doctor, y ella cochinos, me]
doctor. Me
1004 juntando] ella cerrando / enseguida] en seguida
1005 ansiosas [*falta*]
1010 sus labios, soñó [*falta*]
1012 arriba] allá arriba
1015 el más sobón] alguien
1017 él.] el:
1018 lanzó] soltó
1020-1021 la cara [*falta*]
1021 maldita [*falta*]
1023-1024 –Te marcaremos como a la
Mujer Marcada –amenazó el
Tetas. [*falta*]
1026 ésta] esa (A)] ésa (B)
1028 más.] más. La conozco bien.
1029-1030 mojando de nuevo el pañuelo
en el líquido negro de un botellín de vermut] arrojando
el pañuelo
1032 protestó] protestaba / ¿Esto?
[*falta*]
1035 ¡animal! [*falta*]
1036 ¿De qué te ríes, mamona? ¡Luis,
el boniato!] De qué te ríes, chorra. Luis, el boniato
1037 la palma de [*falta*]
1038 en el quirófano [*falta*] / ¡Rápido!]
Rápido.
1040-1041 y clausuró una vez más el dulce ensueño de aquello [*falta*]
1041-1042 y frío [*falta*]
1043 ahora [*falta*]
1044 sin embargo] ahora
1045 diabólica habilidad] habilidad
diabólica
1046-1047 Juanita [*falta*]
1047 respirar] descansar un poco

1048 Luis encendió... [*seguido*]
1049 chinchín] chin-chin
1050 llegaban] provenía / calles:
calles a la vez, las más próximas
1052 Joanic] Joanich
1052-1053 Dentro del amplio solar de
Can Compte, cuya tapia me-
llada se recortaba negra] Junto a la tapia del solar de Can
Compte, una silueta desden-
tada recortándose
1054 malignos] amodorrados / sujeta]
amarrada
1055 y] por el fuego y
1059-1060 levantaba del suelo una
efusión de] aún parecía traer
1062 niña [*falta*] / y semidesnuda [*falta*]
1063 balas;] balas:
1065 Rosita, [*falta*] / Acuclillado] En
cuclillas
1067 chavala, [*falta*]
1068 durmiendo [*falta*]
1069 pastillas juanola] juanolas
1070 a] en
1073 que ardía en medio] en el centro /
clavado] sostenido
1075 *trinxes*] trinxas / Tápame un
poco, tú] Tú, ¿me tapas?
1076 hasta la mitad de los muslos [*falta*]
1082 la] una
1083 rastrojos] rastrojos quemados
1084 abatidas, arrasadas como] de
espinos como abatidas
1085 asomando] asomándose
1086-1087 sedán] Sedán
1087 sin ruedas ni puertas] con las
cuatro puertas arrancadas / podri-
do] un caracol podrido
1089-1090 inmóvil sobre arpilleras
deshilachadas, Java alum-
brando el dorso de su mano
con una linterna de pilas, mirándolo como si leyera en la
piel] sobre sacos deshilachados, alumbrándose con una
linterna de pilas
1090 hombro:] hombro,
1092 cinto] ancho cinto
1094 un buen rato [*falta*] / temblorosa
[*falta*]
1095 prisionera,] prisionera
1097 Sobre todo, su sonrisa torva y
descarada. [*falta*]
1098 Juanita miraba... [*seguido*] /
Juanita [*falta*] ella
1098-1099 ansiedad y malicia, las orejas
encendidas como ascuas:]
sus ojos fríos y las orejas encendidas como ascuas, con
una sonrisa podrida por la
emoción y la malicia
1100-1101 saber? Venga, pregunta.
¿Qué] saber, venga, qué

1102   todavía [falta]
1103   tú y tus amiguitas [falta]
1109   la prisionera] Juanita
1110   Este territorio... [seguido] / –Este
        ] Este / nuestro –dijo–. Habla]
        nuestro, dijo, habla
1112   sugirió] dijo
1113   encendidos [falta] / uñas] uñas de
        los pies
1114   siempre] todavía / Java. Parpa-
        deó.] Java, parpadeó:
1115   Algo oí decir... [seguido]
1115-1116 –Algo oí decir en Las Áni-
        mas, pero no me acuerdo–
        masculló.] algo oí decir en
        las Ánimas, masculló, pero
        no me acuerdo... (A)] B =
        A, salvo: las] Las
1117   chavala [falta] / peludo [falta]
1120   algo por aquí] una bomba de mano
1121-1122 –¿El qué? / –Una bomba de
        mano [falta]
1124   Yo qué sé, por aquí] Por aquí, yo
        qué sé
1125   desencajadas de la puerta [falta]
1125-1126 sangran las muñecas] hago
        sangre
1127   Oye,] Oye, chavala, / Las (=B)]
        las / le preguntó] dijo
1130   las [falta]
1132-1134 –¿Qué te rascas, gorrino? –
        Súbitamente puso cara de
        pena–. ¿Tienes cucs? Huy,
        qué mal lo vas a pasar.
        ¿Quieres saber cómo se cu-
        ran enseguida?] ¿Tienes
        cucs, tú? –dijo ella poniendo
        cara de pena–. ¿Quieres saber
        cómo se cura en seguida?
1135-1136 Luis asintió. Ella volvió a
        mirar a Java, pero el trapero
        seguía inmóvil y silencioso.
        [falta]
1137-1138 Y no intentes desviar la
        conversación, muñeca. [falta]
1139   –dijo ella– [falta]
1139-1140 Trinxes. Kabileños estropajo-
        sos. Indecentes gorrinos.]
        Trinxas, kabileños.
1141   descascarillado [falta]
1142   donde Java apoyaba el pie, y leyó
        en la cara de Java,] y miró a Java,
        leyó en su cara,
1144   inertes, cruzadas sobre] frente a
1145   inquieta [falta]
1146   había sido] fue
1149   Las (=B)] las
1150   –Yo fui una vez –dijo Mingo.] –
        Yo –dijo Mingo–. Fui una vez. / –
        Y qué.
1155-1157 –Tú qué sabes –dijo el Tetas-.
        Tienen mesas de ping-pong y
        equipo de fútbol, con un ba-

lón de reglamento, y botas y
        camisetas y todo. Y además]
        Pero tienen mesas de ping-
        pong y equipo de fútbol –dijo
        el Tetas-, con botas y camise-
        ta y todo. Y
1160-1161 –Sí, pero a cambio te hacen
        tragar hostias y pasar el rosa-
        rio todo el puto día –insistió
        Mingo–. Y te enseñan el cate-
        cismo, esas beatorras.] –Pero
        a cambio te hacen tragar hos-
        tias y catecismo todo el día.
1158   –Son muy buenas] No tanto
1159   merienda...] merienda.
1160   –Pero bueno, ¿quién habló de ir a
        Las Ánimas?] –Bueno, ¿pero
        quién habló de ir?
1163   Y [falta]
1165   Podrá interrogarlas. Investigarlas.
        ] Interrogarlas.
1166   –Ya. [falta]
1174-1175 –A mi madre le gustaría que
        yo fuera a Las Ánimas – dijo
        Luis –. Dice que así estaría
        menos en la calle.] Luis dijo:
        / –A mi madre le gustaría
        verme en las Ánimas, dice
        que así estaríamos menos en
        la puta rue. (A)] B = A, sal-
        vo: las] Las
1176   puerta-camilla] mesa /ahora [falta]
1177   la prisionera] Juanita / hasta] hacia
1180   relumbró en] iluminó su
1181   llena de] las / polvo de [falta]
1182   dijo. Habla] dijo, habla
1183   Nos] nos / sereno. Se] sereno, se
1184   en medio de] entre
1185   instante fugaz] momento
1187-1188 y mordía el aire, hasta que se
        vio aplastada bajo el peso y
        el ansia] mordiendo hasta que
        quedó aplastada bajo el peso
1190   y levantó despacio las rodillas,]
        despacio
1191-1192 buscó a Java con los ojos y
        desde su ambiguo someti-
        miento le dedicó] dedicó a
        Java
1193   linterna,] linterna
1194   emborronada por el polvo y una]
        sucia de polvo y de
1195   dijo con una extraña indiferencia,
        [falta]
1197   ordenó] dijo
1198   y] con las manos
1199   incorporaba] había incorporado
1200   ella] ella desde lo alto
1201   a la luz] más a la vela
1204   esta] esa
1206   tironeando briznas de hierba
        [falta]
1209   ¿Por qué?] Por qué.

166

1210   tonto [*falta*]
1210-1211 sacudió la melena airosamente] sacudiendo la melena
1211   Que] Qué / ¡Ay…!] ¡Ay!
1213   zarrapastrosos [*falta*]
1214   y sin tapas [*falta*]
1215   un almanaque] uno
1216   indignada,] indignada:
1216-1217 un trato es un trato [*falta*]
1217   bueno] tonta
1219   listo [*falta*]
1222   dijo Juanita–. Quiero irme. [*falta*]
1223   Mayor. Cochinos] Mayor, guarros
1224   se [*falta*]
1226   otro tebeo] uno
1228   del barrio [*falta*]
1229   su] esa
1230   podría sentirlo sobre mí [*falta*]
1232-1233   con quien le gustara
[*falta*]
1233-1234 me traía aquí] veníamos
1237   fueron todas] habían ido / Parroquia] parroquia
1238   en la calle Sors [*falta*]
1239-1240 las fiestas] la fiesta
1240   Rosita] Mari Carmen
1242   lo] le
1243   Parroquia] parroquia
1244   Iglesia] parroquia / pueblo,]
pueblo, que él comprendía que
había que divertirse un poco
1245   entonces [*falta*]
1248   decían] dijo
1249   era] es
1250   Tampoco tú tienes padre] Tú
tampoco tienes padres (A)] B =
A, salvo: padres] padre
1251   Juanita se encogió de hombros,
los labios prietos. [*falta*]
1252   gruñó contrariada] algo irritada
Juanita
1253   palabras–. (=B)] palabras–: /
interesa.] interesa, pero se lo tenía
merecido
1254   presumido. Para qué me quieres
[*falta*]
1255   es] era / es por eso [*falta*]
1261   pataleando] pateando al vacío
1262   ansiosa [*falta*]
1264   risitas del Tetas y de Amén] risas
1269   se entera] sabe
1272   escapamos.] escapamos…
1273   de la Casa… [*falta*]
1276   Todo el santo día. [*falta*]
1277-1278 Y también hacemos encaje
de bolillos, [*falta*]
1279   fuera, de criadas] fuera. De criadas,
1280   corte y confección] Corte
1282   le] la / carrasposa para darle
miedo [*falta*]

1283   niña [*falta*] / voz [*falta*]
de su] del
1284   causaba] daba
1286   Juanita se estremeció] El estremecimiento se redobló
1289-1290 el mar espejo de mi corazón
[*falta*]
1291   –insistió Java [*falta*]
1292   Yo [*falta*]
1293   pueblo] pueblo…
1293-1294 –las veces que me ha visto
llorar– [*falta*]
1294   Yo,] Yo / aquí [*falta*] / Barcelona,
] Barcelona
1295   –la perfidia de tu amor [*falta*]
1296   dijo] insistió
1296-1297 A las otras huérfanas. [*falta*]
1299   ése] ese
1300   investigas en realidad] quieres saber
1300-1301 eso que ver] que ver todo eso
1301   trapero (=B)] Trapero / le hizo
ningún] hizo
1302-1303 dirigiéndose a Juanita, en el
mismo tono afable pero frío
de antes,] en el mismo tono
helado de antes
1304   Habrás oído algún comentario
sobre] Has oído hablar de
1305   Moix [*falta*]
1306   chica [*falta*]
1306-1307 haya conocido, supongo,
entre las mayores. Pero] conoció, las mayores, pero
1307   nombrarla. Yo] nombrarla, yo
1310   trapero. Ellos] trapero, por el silencio: ellos / de Java] que le hacía
1310-1311 Este interrogatorio] Esto
1312   la cara [*falta*]
1318   furcia] cualquiera
1322   impaciencia y fastidio] fastidiosa
impaciencia
1326   así. Oye, (=B)] así, oye:
1327   ella?] ella
1327-1328 insistía Java con sus preguntas] dijo Java / preguntas–.
¿Sabéis] preguntas–, sabéis
1329   Fueguiña. Ella] Fueguiña, ella /
creo [*falta*]
1331   protestó de nuevo] insistió
1331-1332 la prisionera] Juanita
1333   automóvil] coche
1334   sin mucho interés] desinteresado
1335-1336 le juntaba las muñecas a la
espalda] mantenía sus brazos
en la espalda
1337   no,] no, dijo,
1340   yo [*falta*]
1342   Le] La
1345   Martín–: Tú] Martín, advirtiéndo-
le–: Y tú
1346   –Se va a quemar. [*falta*]
1347   ella [*falta*]
1348   rasguñados] regados de sudor

1350   exagerando un aullido [*falta*]
1351   dijo Sarnita [*falta*]
1352   –Canta, mala zorra. [*falta*]
1355   una cosa [*falta*] / intervino] dijo
1356   empeño,] empeño
1359   marca] seña / alguna vez oíste
       decir] has oído hablar
1360   una señal en la piel] alguna señal
       / cicatriz?] cicatriz…?
1361   –¿Una cicatriz en la piel?] –Qué
       vergüenza, madre mía –gemía
       ella, y reponiéndose–: ¿Qué dices,
       una cicatriz?
1362   –Sí. Unos costurones…] –Sí, una
       marca, algo así.
1363   Y [*falta*] / repito:] repito, / Fue-
       guiña. Yo] Fueguiña, yo
1364   Java se quedó pensando y [*falta*] /
       nuevo:] nuevo, despistados
1365   ¿qué misterio se trae? [*falta*]
1366-1367   dijo: / –Soltadla, y que se
       vaya a bailar.] dijo: soltadla,
       que se vaya.
1369   Luego sacudió su falda y su pelo.
       [*falta*]
1370   dijo] le dijo
1371   ¡Y a mí qué!] Y a mí qué.
1372   acompáñala] acompáñala fuera
1373   esto] eso
1374   además [*falta*]
1376   esta noche [*falta*] / listos] vivos
1376-1377   Lo único que sois unos co-
       chinos] Marranos
1378-1379   en dirección al boquete de la
       tapia que daba a] hacia el
       boquete en la tapia de
1379   matorrales y] los
1381   al ir a] cuando quiso
1382   en voz baja, casi dulce: conozco]
       yo sé
1383-1384   un collar de ajos. Te regalaré
       uno, aunque no te lo mereces,
       no guarro] te haré un collar
       de ajos, que no lo mereces,
       no, bestia
1385   Y fue esa misma noche cuando]
       Fue esa noche que
1389   dos horas] una hora
1390   fiestas. Encontró] fiestas: encon-
       tró / a varias muchachas] varias
       veces a las chicas
1391-1392   El Tetas y Amén le abrían
       paso penetrando] Penetraban
1392   a codazos y] formando cuña y
       alborotando,
1393   chicas y] chicas,
1394   balcón a balcón y de una acera a
       otra] una acera a otra y de balcón
       a balcón
1396   La pandilla permaneció] Se que-
       daron

1397-1398   una frenética exhibición del
       batería de la orquesta Melody
       ] al enloquecido batería
1399-1400   de limón y naranja [*falta*]
1400   artista joven] joven artista / y
       [*falta*]
1401   vendía] subastaba
1401-1402   a perra chica la media docena
       [*falta*]
1403   de papel [*falta*]
1404   mala manera] malos modos
1405   Argentona [*falta*]
1407   el bordillo de [*falta*] / acera;] acera:
1408   algo,] algo de debilidad [*falta*]
1409-1410   incorporaron a medias y lo
       sentaron recostado en la pa-
       red, y tenía] recogieron con
1411-1412   joven vagabundo] desconocido
1413-1414   los negros cabellos engoma-
       dos] el cabello engomado
1416   Parroquia] parroquia
1418   plexiglás (=B)] plexiglas
1419-1420   ¿pues qué le queréis a ésa? ,
       aquí tenéis a] pero aquí está
1421   ellos [*falta*]
1421-1422   sombras] manos de él
1422   Las (=B)] las
1425   pistolero [*falta*]
1426   terrible [*falta*] / por la] de
1428   –El «Taylor» –dijo. [*falta*]
1430   amargado, lento y [*falta*]
1435   Joanic] Joanich
1439   con [*falta*]
1444   azul [*falta*]
1446   Que [*falta*] / dijo, y que luego] y
1448-1449   aquel hombre parecía venir
       no de la noche más remota]
       parecía emerger no de la noche
1451   dijo–. Es] dijo–, es
1452   ¡Vaya susto!] Vaya susto.
1453   ser. Está] ser, está
1456   de estraperlo [*falta*]
1458   no es éste] éste no es
1459   juegas? Seguro] juegas?, seguro
1460   AFARE] afare
1461   lo interrumpió] cortó
1462-1463   Pensaban contárselo] Pensa-
       ba decírselo
1463   Y [*falta*]
1464   ellos,] ellos
1464-1465   él y Java [*falta*]
1465   la calle] el
1466   y] pero
1468   enseguida] en seguida
1468-1469   era muy distinta a aquella
       chavala que vio por primera
       vez] no era como la primera
       vez que la vio
1472   de segunda mano [*falta*] / quería]
       parecía
1473   o le gustaba [*falta*]
1476   tiras] flecos de seda desflecado
       [*falta*]

1479   pelusilla] pelusilla flotante y
1479-1480 mientras ella se dejaba sobar
           por su pareja [*falta*]
1480-1481 se interpuso entre ambos y
           [*falta*]
1481   el siguiente bolero [*falta*]
1482   Java de su rival] del tipo
1484-1488 de nuevo con la Fueguiña.
           Cojeando un poco, Sergio to-
           davía la sacó a bailar, pero no
           terminó el bolero. Fue como
           si de pronto le diera un ca-
           lambre terrible o como si
           hubiese recibido una patada
           en los huevos, dijo Mingo]
           con ella, a la que Sergio, co-
           jeando un poco sacó a bailar.
           Era un bolero. No lo terminó.
           Mingo dijo que fue como si
           le diera un calambre terrible
           o hubiese recibido de pronto
           una patada en los huevos
1489   la chica] su pareja / hacia] a
1491-1492 Pensó que al pobre le había
           dado rampa en la pierna. [*falta*]
1493   Al primer baile… [*seguido*]
1494-1495 o como si no le importara]
           Suponía que Sergio tenía
           rampa en una pierna
1498   Tardó un poco en contestar. [*falta*]
1503   Sus ojos de ceniza asomaban] Su
       mirada asomaba
1504   como detrás de un parapeto] con
       aquel apagado fulgor de pantano
1506-1507 apretando un poco más su
           cintura] apretándola un poco
           más

1510   el [*falta*]
1511   explicó ella] le explicó
1511-1512 a coser a casas particulares]
           de criadas
1514   siguiendo los compases de la
       orquesta, [*falta*]
1516   durante [*falta*] / Qué lejos estás de
       mí. [*falta*]
1518   en fiestas [*falta*]
1520-1523 directora? / –¿Qué otra direc-
           tora? / –La que había en la
           Casa antes que ésta, y que te-
           nía cicatrices y dicen que era
           muy roja.] directora, antes
           que ésta, la
1523   roja.] roja?
1524   –dijo la Fueguiña. [*falta*]
1525   No [*falta*]
1532   Lo] Le
1533   Java] él
1534   Ella lo] Le
1535-1536 huérfana] chica
1538   Ni rastro… [*seguido*] / de ella por
       ninguna parte [*falta*]
1541-1542 negro y espeso [*falta*]
1542   desde el tablado [*falta*]
1543   cuestión de] unos
1544   aceras] aceras,
1550   las exhalaciones] exhalaciones
1552   ahora [*falta*]
1557   grave [*falta*]
1557-1558 girando, despeinada, y [*falta*]
1559   la Fueguiña miraba el fuego] mira-
       ba (A)] la Fueguiña miraba (B)
1564   Dos hombres… [*seguido*]
1566-1567 la Fueguiña (=B)] ella

Juan Marsé: lectura y recepción de los relatos cortos. *El fantasma del cine Roxy*

Antonio Mendoza Fillola
Universitat de Barcelona

—¿Para quién escribe un escritor cuando escribe, Errelese?
—Un escritor cuando escribe, escribe para el escritor
que está escribiendo en su escritorio.
—O sea, para sí mismo –el presentador ahogó un bostezo apretando
el bolígrafo entre los dientes—. Miré, yo no he leído casi nada de usted,
ya me perdonará, pero me han dicho que usted escribe del pasado.
—Es una gentileza para con mis lectores no contemporáneos. Ustedes los
que comen en el pesebre audiovisual, están condenados a no tener pasado.
—[...] Permítame ahora una pregunta tal vez un poco incisiva y que nunca
le habrán hecho, seguramente: ¿novela urbana o novela social?
— Novela escalibada.

Juan Marsé, *El caso del escritor desleído*

Estoy hablando de la historia contemporánea de este país.

El fantasma del cine Roxy

Yo nunca había ido al Roxy o al Rovira para que me contaran
cómo era la vida, sino cómo podía ser

en M. Ordóñez (1993)

Introducción

Hablar de alguna de las obras de Juan Marsé es para mí una satisfacción y una ocasión que no imaginé que pudiera llegarme, cuando en estas aulas de la Universidad de Barcelona estaban en mis manos algunas de sus novelas de cuya lectura surgieron comentarios informales en los pasillos y entre estudiantes que veíamos en ellas una novedad renovadora en sus textos, y también algún incipiente estudio con las limitaciones propias de quien se inicia en los estudios literarios. En este momento debo pasar de ser lector a comentarista –y no aspiro a más–, para dar un paso que vaya más allá de la lectura personal.

El tema de mi intervención se centra en los aspectos del juego de recepción que ofrece la lectura de su cuento *El fantasma del cine Roxy*, las referencias que aparecen sobre la compleja comunicación a través de los códigos artísticos y las consideraciones entorno a la reflexión metaliteraria del diálogo entre el auto, el texto y el lector que, en mi opinión, creo que es el verdadero fondo intencional de este cuento.

Tal vez, la discreción con que Juan Marsé ha asumido siempre su actividad de escritor permite que pueda comenzar diciendo: «Érase un escritor de ficciones [… que] gozaba de cierto prestigio y de una moderada fama, pero ni la una ni la otra le interesaban», palabras del propio autor entresacadas de otro cuento, *El caso del escritor desleído* (1994), en las que la personalidad del escritor se muestra a través de un nuevo relato lleno de imaginación. Afortunadamente, pese a esa discreción de creador entregado a su obra y no a los *"efectos mediático'' colaterales*, nuestro autor no corre el riesgo de ser un escritor desleído, en ninguna de sus posibles acepciones. El interés y la calidad de su obra tiene una permanencia bien afirmada entre la literatura contemporánea. Efectivamente, hace ya bastante tiempo que Juan Marsé tiene un lugar destacado en el mundo de la creación literaria; un lugar especial reconocido por los lectores y por la crítica, porque ha sido y es un escritor *contemporáneo* que en todo momento ha sabido conectar con los intereses de un amplio sector de lectores y que en la sucesión de sus publicaciones ha sabido mantener el interés por la renovación y, a la vez, mantener una constante personal en sus intenciones ideológicas y, digamos, estéticas.

El contenido de muchas de sus narraciones –enraizadas en un tiempo, en un contexto social y en unos lugares muy concretos– es especialmente asequible para aquéllos que hoy tenemos algo más de cuarenta y cinco años, porque en muchos casos identificamos nuestras vivencias y muchos aspectos recogidos en nuestra memoria personal con las referencias de la memoria del autor que matizan y acompañan la ficción narrativa en cualquiera de sus obras. Posiblemente los más jóvenes acceden a la lectura de estas obras con otra perspectiva, con la distancia generacional de quienes no han vivido en el momento ni en el contexto que suele ser el marco de sus historias. Posiblemente para ellos el factor de la ficción les sirva de referente suficientemente atractivo para profundizar en la lectura.

La actualidad y la permanencia de su obra es evidente porque su obra forma parte de lo que podría considerarse un *canon esencial* de la literatura española contemporánea y figura entre las lecturas obligadas ("obligatorias" resultaría casi peyorativo para un autor que se caracteriza por su discreción y por su reserva ante calificativos como el de "intelectual"). Nuestros estudiantes de secundaria y, por supuesto, los del ámbito universitario hallan sus obras en el canon formativo escolar y en el canon de especialización.

La permanencia de la obra y del interés por un autor resulta ser un caso poco frecuente en el mundo de las letras, donde la aceptación continuada no suele ser vista con agrado por todos. La presencia sin altibajos de la obra de Juan Marsé dice mucho a favor de la calidad de su obra. Sin duda, parte de ese mantenimiento se deba a que nuestro escritor ha querido apostar personalmente por ser fiel a las propias convicciones –mezcla de credo literario e ideológico– al margen de los vaivenes de las modas y a pesar de algunas valoraciones de la crítica; como dice Pozuelo Yvancos (2003), «su talento ha acabado imponiéndose a modas pasajeras». Buen ejemplo de su independencia es la actitud del personaje protagonista del cuento *El escritor desleído*, relato con el que *El fantasma del cine Roxy* mantiene una relación temática sobre las creencias personales sobre el mundo de la creación literaria.

En muchas ocasiones, las clasificaciones de la crítica y la catalogación en los espacios de la historia literaria se establecen según el patrón de las primeras obras de un autor, de modo que los criterios inicialmente establecidos sirven de referencia para enjuiciar las siguientes creaciones. Y así, sucede que «como la historia literaria es reacia a modificar esquemas y parece vivir de repetirlos», anda Juan Marsé con sus hombros cargados del mochuelo del "realismo" y de otros mochuelos, como ese de novelista "urbano" con que se trata de caracterizar a Marsé (Pozuelo Yvancos, 2003). Juan Marsé no ignora este tipo de hechos, y sabedor de estos encasillamientos poco rigurosos de la crítica, hace burla de ellos: en *El caso del escritor desleído*, ante la «pregunta tal vez un poco incisiva y que nunca le habrán hecho, seguramente: ¿novela urbana o novela social?», el escritor responde con un *épatant*: *"Novela escalibada"* Es una respuesta con la que el autor deja en entredicho la fiabilidad de las interpretaciones y sobre todo de las "caracterizaciones" con que se pretende encasillar su obra.

Efectivamente, algo de ese tipo de encasillamiento poco riguroso es lo que ha sucedido en el caso de la obra de Marsé, de modo que la crítica no siempre ha sabido destacar la «portentosa deriva hacia lo imaginativo, a ese misterio que anida en lo cotidiano» (Pozuelo Yvancos, 2003) que ha seguido a partir de sus primeras obras. En su obra, más que de referencias biográficas, creo que es más pertinente hablar de evocación de la memoria combinada con la imaginación como parte del entramado del texto literario; lo suyo es un narrar lo imaginado con apoyo de lo recordado: «Contar una historia es así revivir lo vivido y, a la vez, mostrar el mundo con otros ojos», como el propio autor reconoció hace años.[1]

El interés de los relatos cortos

Sin duda, los cuentos de Marsé son una muestra clara y, con frecuencia, muy condensada de su esencialidad narrativa y de su capacidad para organizar los referentes de la imaginación y de la memoria en forma de relato. Entre el conjunto de la obra de Juan Marsé, los cuentos tienen un

---

1 En Leer, nº 67, agosto-septiembre, 1993: "Juan Marsé: un maestro de la memoria", entrevista de Luis Suñén.

espacio relevante, que la crítica ha destacado, pero que aún necesitan de una valoración más detallada, porque en el espacio hipertextual que sería el conjunto de su obra, sus relatos breves y sus cuentos son piezas del conjunto de su mosaico narrativo que ofrecen claves, en el discurso, en la misma acción y aún más en la intervención del narrador.

En muchas de sus obras —especialmente a medida que fue avanzando su producción—, sus creaciones fueron adquiriendo un peculiar rasgo de caleidoscopio; es decir, en sus obras se va estableciendo cierto tipo de continuidad manifiesta en la renovada presencia de elementos y de referentes —contextos, ámbitos, personajes...— que se entrelazan de modo distinto, dando lugar a distintas formas de narración y, por el tema que aquí me interesa destacar, dando pie a un atractivo juego en el proceso de recepción. La habilidad de Marsé por intuir o prever las formas que podrían resultar de esas combinaciones es extraordinaria en la composición de *El fantasma del cine Roxy*.

Teniendo en cuenta las concreciones anteriores, la elección de este cuento se debe a que, en mi opinión, lo considero una obra clave que permite comprender cierta faceta de unidad que en sí tiene el conjunto de la obra de Marsé. Señala E. Turpin: «El análisis de la producción cuentística de Juan Marsé reviste una importancia capital para la completa comprensión de su obra, entendida ésta como un todo unitario, desde el momento en que cualquiera de sus manifestaciones narrativas verbalizan el mundo que tanto tiempo lleva construyendo y perfilan los contornos de su universo personal, uno de los más poderosos —por vastos y complejos— que han dado las letras castellanas» (Turpin, 2002, p. 92).

La elección de *El fantasma del cine Roxy*.

El fantasma del cine Roxy es un cuento sobre el que hay unanimidad de valoración: la crítica y los lectores lo consideran una de las obras más logradas, más unitariamente elaboradas y especialmente representativa —por cuanto tiene de implicación personal del autor— de su credo narrativo y de su comentario informal, pero muy explícito, de las vinculaciones y distancias entre la narrativa literaria y la narrativa cinematográfica. Se trata de un texto en el que «el cine y la literatura se encuentran en lo que ambos tienen de mirada oblicua sobre la realidad» (Mainer, 2000, p. 170). A modo de justificación, valga la valoración que recientemente ha hecho el profesor Pozuelo Yvancos:

Y si se trata de experimentos con el lenguaje narrativo he aquí el portentoso ejercicio de registros variados que ofrece el cuento "El fantasma del cine Roxy", otra de las obras maestras de la colección. [...]En un estilo entrecortado, visual, que imita el de los guiones de cine. Si el lector quiere teoría sobre límites de la narración fílmica y literaria, aquí tiene desarrollada una excelente indagación sobre lo visual. Por eso mismo el cine está en el corazón de la literatura de Marsé, quien ha sabido hacer verbal y literario nada menos que las imágenes vistas en la infancia y en las fantasías. De ahí su fuerza (Pozuelo Yvancos, 2003).

De la lectura del cuento, he tomado dos citas (cito por la edición de Turpin, 2002) que considero relevantes para concretar la intencionalidad del texto y, por ello, para establecer una interpretación coherente:

Te estoy hablando de la historia contemporánea de este país (p. 196).

He visto el mejor cine malo [...] películas malas de esas que a ti no te gustan y a mí sí... (p. 195).

En mi opinión, *El fantasma del cine Roxy* es una obra que puede servir de paradigma para alguien que se aproximara por primera vez a la narrativa de Marsé. En su brevedad, es un amplio exponente de forma, estilo, estructura, temática y juego con la complicidad del lector que recoge rasgos específicos compartidos con muchas de sus obras. Por ello, las semejanzas, las afinidades que presenta este cuento con su obra en general tienen la poderosa virtud de introducir al lector en la senda de un lector implícito del conjunto de su obra.

Una lectura comentada de *El Fantasma del cine Roxy*

Es bien sabido que entre los indicios de calidad literaria de una obra está su capacidad para sugerir múltiples matizaciones en su lectura e, incluso, interpretaciones diferenciadas. Otro indicio puede ser la capacidad que tiene el texto para dar soporte a análisis y comentarios desde distintos supuestos y opciones teóricas. Ambas facetas están presentes en lo que sucede con la lectura de *El fantasma del cine Roxy*, que como excelente obra de creación sugiere una amplia gama de opciones de análisis que podrían ir desde la ubicación significativa de este cuento en el conjunto de la obra de Marsé, hasta una revisión de facetas como la crítica social, el contraste entre realismo y ficción, la presencia de una ideología, hasta un pormenorizado desmontaje de las particulares referencias que vinculan este cuento con el cine, pasando por los recursos intertextuales que lo vinculan con el mundo de la creación de su autor. Cualquiera de estos aspectos tendría interés para desarrollar un estudio sobre sus relatos cortos.

Por mi parte, su lectura (entiéndase que me refiero a una sucesión de atentas *relecturas*) me ha sugerido la posibilidad de comentarlo desde la opción teórica de la recepción. Es decir, me ha llevado a desarrollar un comentario sobre cómo, en la obra, el juego de la recepción literaria es un componente clave que pone en juego/contraste la intención del autor, la de la obra y la del lector, de modo que, en realidad, *El fantasma del cine Roxy* podría considerarse como una reflexión sobre la complejidad de la comunicación literaria.

Aclaro que no pretendo ofrecer más que un *comentario*, esto es, una personal explicación derivada de la valoración y de la interpretación que resultan de mi propia lectura. Me limitaré, pues, a presentar este *comentario*, sin pretensión de considerarme un *lector modelo* (según el concepto propuesto por Eco), capaz de *cerrar* las claves de una obra que, por muchas razones ofrece diversas opciones de interpretación al lector. Y, sobre todo, porque sospecho que, sin duda, quedarán fuera de mi perspectiva y perspicacia muchas facetas que otros críticos y lectores con mayor implicación y conocimiento de la obra y de la personalidad de nuestro escritor pudieran hacer.

Me interesa especialmente la faceta de la recepción –cómo se desarrolla la interacción entre el texto y su lector– y, este caso, la observación de cómo el autor (a través del texto) juega con la perspectiva metaliteraria de la recepción, cómo el tema de la recepción se proyecta desde la misma ficción del discurso literario, desde el mismo texto.

Como es sabido, en el proceso de lectura tienen singular relevancia las actividades de anticipación, la formulación y reformulación de expectativas, el estableciendo de inferencias, la presencia de referencias explícitas del texto y su reconocimiento por parte del lector para comprender e interpretar el texto. Con esta enumeración indico que tomo como coordenadas de mi comentario la proyección que se deriva de las teorías de la recepción por una parte y, por otra, la base intertextual, en la que entran en juego los referentes que permiten ordenar una lectura coherente y apropiada. El encuentro de los dos ejes –el del proceso de recepción y la clave intertextual– constituirá el espacio de la lectura o el de la construcción del significado y de la interpretación (Mendoza, 1998, 2001).

El eje temático

En *El fantasma del cine Roxy* hay un eje temático clave que, a mi entender, es el debate entre la preeminencia del escritor-autor frente a la del director autor. Y la historia de la ficción cinematográfica es el soporte para exponer y ejemplificar la dificultad de transferir la narración literaria al código cinematográfico. La trama base de este cuento es, pues, la dialéctica controversia que surge en el proceso de interpretación de un texto (el guión que en sí incluye una historia plagada de reminiscencias propias de la obra de Marsé) que tiene por interlocutores privilegiados al mismo escritor-autor y a su destinatario específico, el director-autor.

El eje narrativo gira en torno a la incapacidad del director-personaje para captar la intención del texto que se le propone. Ese director-receptor no parece ser el receptor implícito o modelo que desearía el autor del texto. En el desarrollo del cuento y en las distintas intervenciones de sus protagonistas es posible apreciar la presencia de un guiño de complicidad, hacia fuera, hacia el lector real, para que se avenga a aceptar y comprender la funcionalidad de las indicaciones que se esfuerza en matizar el escritor-guionista.

La obra como ensamblaje de referencias. El mosaico del discurso literario

El desarrollo del cuento se presenta como un mosaico que se va formando con fragmentos narrativos, que proceden de dos contextos narrativos distintos: el de la narración marco y el de la ficción de la historia que se desarrolla en el guión. En este sentido cabe recordar lo que se ha dicho:

la obra literaria no es más que un *mosaico de citas*, en palabras de Julia Kristeva, para destacar el carácter intertextual del discurso literario. La ventaja que ofrece un planteamiento discursivo de este tipo es que el lector se siente cómplice de la intencionalidad del autor. El inconveniente –si ello lo fuera– estaría en que la lectura de una sola obra de Marsé puede ofrecernos sólo un fragmento de su panorámica narrativa.

En *El fantasma del cine Roxy* se cuenta una historia –en ciertos aspectos convencional y previsible– encajada en otro marco narrativo, que es precisamente el diálogo entre el escritor-guionista y el director-receptor. En el caso de este cuento, como también sucede en otras obras de Marsé, el ensamblaje a modo de mosaico es una técnica, un recurso que permite volver de modo recurrente a la evocación de la memoria, a los personajes que aparecen en una y otra obra, a los mismos o similares parajes, a una misma época, incluso a un similar tipo de elaboración-creación del discurso literario –para generar el efecto de caleidoscopio que antes mencioné– como recurso para aglutinar facetas y componentes tan dispersos y referentes tan humildes y cotidianos como los personajes de la ficción, acompañados de evocaciones de la película de Stevens, *Shane*, y de otras *películas menores* de la época.

Quizá resulte atrevido establecer una comparación con la técnica del *trencadís* (la decoración con cerámica troceada) característica de las obras de Gaudí, pero ahí están las múltiples alusiones al dragón/salamandra de la entrada del Parque Güell que se traslada al espacio de la ficción literaria. Creo que la cita siguiente puede entenderse como una referencia respecto a esta interpretación...

> — *Maldito Dragón –dijo el director–. No entiendo qué puñeta pretendes con ese Dragón.*
> — *Se trata del mundialmente famoso Dragón de Gaudí –dijo el escritor deseando impresionarle con la escenografía–. De cerámica troceada, ya sabes...* (ed. cit. p. 210).

Tal vez sea mucho aventurar la posible alusión con cierta correlación entre lo que puede considerarse el mosaico narrativo que es este cuento –mosaico impecable y soberbio– en el que cada una de las piezas ocupa exactamente su lugar, ya sea por contraste ya por afinidad. El cuento es un mosaico narrativo, compuesto de fragmentos de procedencia dispar –las secuencias del guión—, en el que contrastan formas, fondos, matices e intenciones de la narración, pero que se unen y que se unen en una imagen y en una temática.

La trama

La estructura formal es clara y evidente, no supone dificultades de identificación. Obviamente, el lector la va identificando en el avance de su lectura. El análisis detallado de los componentes de cada una de estas secuencias, sin duda, daría lugar a un interesante estudio de cómo se combinan los recursos y los referentes narrativos. Pero no es el objeto de mi comentario. Es un relato con una excelente disposición de la trama, de los asuntos y de los temas más gratos al mundo de la ficción de Marsé, que se enlazan con una estrategia y un dominio técnico en el que se funden los recursos del cine que permiten cambiar de secuencia, mezclar referencias, ir hacia atrás, evocar y proyectar hacia el presente; el discurso narrativo se presenta como un mosaico de breves referencias entrelazadas.

Por otra parte, el comentario necesita que nos situemos: a) *El fantasma del cine Roxy* es un excelente fragmento del hipertexto que constituye el conjunto de la obra de Marsé, porque en este cuento están muy presentes, y condensados, los aspectos peculiares de su narrativa; b) además, hay un matiz de especial interés para un estudio desde la perspectiva de la recepción, que también se apunta en esa primera página: se trata del enfrentamiento entre el escritor y el director, o sea, del enfrentamiento entre dos formas de narrar y, sobre todo, en la dificultad del director para captar la funcionalidad de los matices y recursos de la narración literaria, según el estilo que el escritor-Marsé propone. Desde el inicio se apunta que el director no es el receptor implícito que hubiera deseado el escritor; c) con respecto a esta relación dialéctica entre las *intenciones* del autor, de la obra y del lector, hay que tener en cuenta que la intención de la obra se revela sólo cuando el lector hace sus conjeturas sobre ella, es decir, cuando formula sus expectativas.

Para explicar esta conexión, Eco se ha referido a la necesidad de establecer un enlace dialéctico entre *intentio operis e intentio lectoris*; «el problema es que, si acaso se conoce lo que se entiende por "intención del lector"», *parece más difícil definir abstractamente qué se entiende por "intención del texto"* (1992). Porque la intención del texto no siempre se refleja en la superficie textual; o, si aparece expuesta, no lo está en el sentido de la literalidad, ni en la apariencia de la trama. Y, precisamente, éste es uno de los conflictos metaliterarios que se plantean en la obra. La intención del lector puede ser muy personal, pero éste ha de tener en cuenta las 'condiciones' que el texto impone.

Evitaré hacer la glosa del argumento del cuento, que supongo conocido y, además, porque en el comentario que propongo desarrollar surgirá la cuestión. Podría tomarse la síntesis crítica que presenta Mainer (2000, pp. 168-170), pero también nos vale otra escueta síntesis:

> *Un diálogo entre un director de cine y el escritor permite ofrecer a la vez una historia novelesca, la de Susana y el charnego Vargas que la auxilia, pero desde la perspectiva de un niño, como le ocurre al Alan Lad de Raíces profundas, película con la que el cuento comunica constantemente. Al mismo tiempo se ofrece un homenaje a varias películas vistas en el cine Roxy, y a ese mundo perdido de los cines de barrio* (Pozuelo Yvancos, 2003).

El cuento se organiza en bloques bien diferenciados que el autor encabeza con el enunciado de las *secuencias* correspondientes. Su estructura podría describirse como una introducción (que podríamos considerar como 'Secuencia 0'. Esta secuencia inicial carece de referencia y sirve para enmarcar el resto del relato. Con ella se introduce al lector súbitamente en una discusión que ya ha comenzado y con la que el lector se encuentra sin mayores advertencias.

Siguen un total de trece secuencias correspondientes al guión objeto de debate y que aparecen ordenadas de modo aleatorio. Las 'secuencias' en que se organiza el relato tienen varias funciones: explicitar la historia de la hipotética película, evocar recuerdos de infancia del escritor, transformar la ficción del cine con la realidad, criticar la dificultad de vincular los códigos literario y cinematográfico, reflejar el trasunto social de una época, entre otras posibles que el lector podrá detectar. Pero es muy difícil separar cada una de estas funciones, porque están totalmente trabadas entre sí en cada línea, en cada palabra, en cada evocación, en cada secuencia narrativa del guión-cuento; paradójicamente no son secuencias correlativas del guión, aunque logran un efecto aglutinador y de coherencia discursiva suficiente en su conjunto.

Esta compleja trabazón que fusiona personajes y acciones de distintos niveles narrativos está presente desde el principio: alguien narra (una narrador omnisciente, supuestamente desde fuera del relato) y expone el coloquio de los dos personajes protagonistas, que a su vez discuten o comentan la historia del guión que cuenta con sus propios protagonistas. En el desarrollo del cuento, la conversación entre el *escritor* y el *director*, no es sólo la concreción "de diálogo cotidiano", es una conversación entre «el escritor de ficciones y el director de cine», en la que se tratan aspectos de la colaboración en la concreción del «guión original de una película que no debería rodarse jamás». En realidad, es un diálogo que versa sobre una cuestión literaria, en concreto sobre la dependencia que puede haber entre la intención del autor, la del texto y la de un receptor intermediario, como es el director de cine. Así se plantea una reflexión metaliteraria sobre cuál es la intención del autor-escrito-guionista, que se explica a través de las elaboradas descripciones y matizaciones que incluye en el guión objeto de la controversia y que insiste en la defensa de cuál es la intención del texto (literario) que no debiera perderse en su trasvase al código cinematográfico y los intentos de captar cuáles son éstas por parte del receptor-director.

Marsé se recrea en el desarrollo de un tema tan complejo en este debate, sabiendo, como escritor hábil y experimentado (y como referente del narrador omnisciente), que lo más complejo y arriesgado (para un autor y para un crítico) es explicitar la intención del texto –cuestión que Umberto Eco ha destacado en términos generales–; por ello, hace que el personaje del escritor por una parte exponga claramente sus intenciones y por otra acumule recursos narrativos que enmascaran la verdadera intencionalidad del texto-guión, lo que confunde y exaspera al director.

El soporte de la trama del cuento se centra en una sesión para revisar un guión de una historia que el *escritor* ha imaginado y que el director no comprende ni capta. El relato se inicia, sin ningún tipo de preámbulo, con la intervención dialogada del *escritor*. Su intervención se refiere a una escena muy concreta, por lo que el lector infiere de inmediato que le resulta necesario centrar toda su atención en poder reconstruir el asunto de la conversación y las referencias sobre la temática concreta de la historia-guión de la que se habla, e igualmente, estar pendiente de todo lo que el cuento le ofrecerá en un momento u otro sobre los datos complementarios que puedan servirle para completar los antecedentes, según el convencional recurso de la narración *in media res*.

El fantasma del cine Roxy y su lector implícito

El texto ayuda a su lector implícito. Por las mismas características del conjunto de su obra, creo que no es insensato afirmar que la obra de Marsé (me refiero al conjunto de sus creaciones) ha sabido ir formando a su lector implícito –objetivo al que aspirarán muchos autores–, ha conseguido que sus lectores asiduos lleguen a conocer los recovecos de su mundo de ficción, la recursividad de sus temas y de sus personajes. Ello resulta más meritorio, si se tiene en cuenta que cada obra tiene su propia entidad, que constituye una unidad en sí, y que no se percibe una transparente intención de intercontinuidad entre sus obras.

Todo texto, toda obra prevé a su potencial receptor, como señalan Iser y Eco; para Lotman esto indica que «cualquier texto (y de modo especial el literario) contiene en sí mismo lo que podría denominase *la imagen de su audiencia*» (Lotman, 1982, p. 81). Como es sabido, el lector implícito es el tipo de lector al que se apela desde el texto, teniendo en cuenta el hecho de faceta pragmático-discursiva. Se denomina *lector implícito* al que prevé el autor como *destinatario ideal* de sus textos; es un tipo de lector ideal que habría de estar dotado de todos los específicos conocimientos que le permitieran identificar *e interpretar legítimamente* cualquiera de las referencias textuales, a través de una activa cooperación de sus competencias y de su intertexto, contando con la intervención de las *ineludibles aportaciones* personales del lector. El lector implícito es el que el texto –a través de su autor– ha previsto, por sus saberes y capacidades, como el lector que podrá establecer la correspondencia de su horizonte de expectativa (Jauss, 1989).

La llamada del texto a *su lector implícito* se establece según la previsión intencionada del autor del texto y según las mismas características del discurso. Este lector implícito, receptor modélico lector sería un (hipotético) lector dotado de (todos) los específicos conocimientos que requiere un texto concreto, de modo que pueda identificar e interpretar todas las peculiaridades y referencias textuales; y habría que añadir que, además, gracias a ellos activa su intertexto, coopera con el texto y participa con sus ineludibles aportaciones. Con frecuencia, este tipo de lector no se halla en la realidad. Al respecto Pozuelo Yvancos (1994, p. 88) destaca que el lector implícito «es diferente del empírico o real y se trata de un constructo teórico para explicar la pre-estructuración del significado potencial de un texto y, al mismo tiempo, la personificación de ese potencial en el proceso de lectura».

En este sentido, la obra de Marsé en su renovada continuidad ha sabido formar a su lector implícito –al lector que es capaz de interpretar de modo coherente y pertinente la obra–, o sea un tipo de lector como el que el autor ha deseado tener. En ello hay dos facetas: la complicidad y la incondicionalidad de un lector que disfruta con el juego narrativo que se le ofrece. Acaso, *El fantasma del cine Roxy* resulta especialmente atractivo por este efecto de identificación que ha suscitado entre los lectores de Marsé, a quienes les ha sido más fácil identificar las múltiples evocaciones a las obras del autor.

La interacción

La lectura conecta el texto con *su* lector; la interacción receptora se genera como un pulso entre la intención del texto y la intención del lector. La actividad del lector es una *suma de iniciativas de aproximación* a la intencionalidad del texto; porque si se capta la intencionalidad, se tiene la clave de la interpretación de todos los demás componentes textuales o discursivos. Por ello, además de las peculiaridades estilísticas y de los recursos narrativos que se utilizan en este cuento, hay que destacar como aspecto clave la cuestión de la intención de la obra, la intención del autor y la intención del lector, que también se plantea de modo implícito en la trama argumental de este cuento. Esta faceta, que resulta especialmente interesante para el análisis semiótico-literario, es esencial para comprender que la interacción entre la obra y el receptor es la correlación que se da entre las tres intenciones (del autor, la del lector y la de la obra). En este cuento, el escritor (aquí me refiero a Juan Marsé) controla el desarrollo del discurso, de modo que en *El fantasma del cine Roxy* juega con las expectativas del lector real que, evidentemente, es el verdadero destinatario de su creación.

Ante el cuento, nosotros, como lectores, tenemos un espacio privilegiado, aunque arriesgado, según lo ha previsto la mente estratégica de Marsé; el texto ofrece todo tipo de referencias y de indicios, de claves de interpretación para que intervengamos, asumiendo la actividad propia del lector implícito que desearía para su obra. Pero el lector real no puede salir del círculo que le ha marcado el texto del cuento. De modo que nuestra función es, por una parte, recomponer la historia-guión de ficción, a través de lo explícito de la narración y a través de los excursos que constantemente aporta el escritor-guionista y, por otra, seguir y valorar las controversias que mantienen los dos protagonistas, escritor y director, para determinar la intención del texto.

Dos receptores: el director/ el lector

En este juego con el lector implícito, el cuento se desarrolla en un doble marco de acción. La narración marco sólo tiene dos protagonistas: el escritor y el director; fuera de ese círculo se halla el receptor real, empírico, quien lee el texto en su totalidad. Cualquiera de nosotros, como lectores, quedamos fuera de ese espacio. En la *narración marco,* el 'escritor' es el autor y el 'director' es el receptor, mientras que el guión es la obra objeto de la controversia entre ambos. El 'texto-guión' es el núcleo de un *convencional* relato de ficción, que se halla dentro de la narración misma que constituye el cuento. Esto es fácil de detectar y de observar.

Los protagonistas del cuento mantienen un pulso en el que el *escritor-guionista* (el de la ficción) defiende la intencionalidad de la *obra-guión*, mientras que el *director*, desde su postura de técnico en la narración cinematográfica se esfuerza por ajustar la intención del guión a los criterios que regulan su código y según una tendencia estética actual.

Este marco narrativo genera dos espacios peculiares: uno es el núcleo narrativo (fragmentado en secuencias) que constituye el guión cinematográfico en fase de discusión, con sus propios personajes principales y otros secundarios –entre ellos aparece Juanito Marés…–; el otro, la acción o trama convencional del contenido del guión sobre la que se superponen diversos elementos complementarios que, según el "escritor-guionista", permiten matizar el efecto y la fuerza de las secuencias.

Esquema

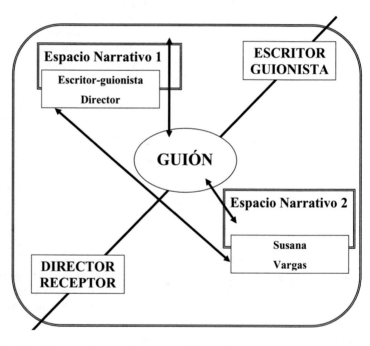

La peculiaridad de ese juego de recepción está en que, como receptores, en muchos momentos de la lectura nos sentimos compartiendo con el personaje "director" las mismas o similares dudas y confusiones: la duda respecto a la fiabilidad de nuestras expectativas (especialmente cuando coinciden con las del confundido director...), los interrogantes sobre la intencionalidad que ofrece el texto. El texto suscita expectativas, y a la vez refleja el error de algunas de ellas e, incluso, de ciertas inferencias que tanto el receptor-director como el lector fenomenológico haya podido establecer. Cuando el texto va mostrando su intencionalidad, se impone la voluntad del autor que, obviamente, percibimos como fusión del escritor-guionista y del propio Marsé.

El lector del cuento es un receptor externo, un testigo de ese debate. Y su participación activa en la recepción consiste en que él mismo ha de buscar indicios para establecer sus propios criterios para determinar cuál debe ser la intencionalidad de la obra. En este proceso hallamos, llevado a la práctica, un presupuesto de la semiótica de la recepción: la *conjetura sobre la intención del texto*, como ha señalado Eco (1992: 64) es el único recurso con que cuenta el lector para acceder al texto y a su significado. Sólo es posible hablar de la intención del texto a partir de una conjetura (ya sea una expectativa provisional o una inferencia acertada o, en su caso, errónea) aportada por el lector o el receptor: *La iniciativa del lector básicamente consiste en hacer una conjetura sobre la intención del texto* (Eco, 1992).

Marsé utiliza al máximo este hecho para presentar al director como receptor que yerra en sus expectativas y sobre todo en sus inferencias. Y ahí se halla la clave para la ubicación del lector y para establecer el pacto de lectura que se le propone. A partir de este momento, el lector competente puede comprender que su situación se perfila en un ángulo muy particular: por una parte, ha de seguir las indicaciones que aparecen en la conversación de esos protagonistas y, por otra, ha de tomar el hilo argumental de un film (guión cinematográfico) que, de momento, aún se está revisando –y que sólo parece estar claro en la mente del escritor-guionista–. El pacto de lectura queda establecido de modo que el escritor avanzará según su criterio y voluntad –él es el narrador omnisciente– y el lector asume su rol de receptor (que en parte puede compartir con el rol que representa el personaje del director). El lector entra plenamente en un peculiar juego de recepción de la ficción.

El "director" y nosotros somos receptores en manos de un "escritor" que constantemente propone nuevos retos a nuestra capacidad interpretativa del texto –el cuento o el guión cinematográfico. El lector en su proceso de recepción ha de contar con un doble juego de recepción: la suya propia y la observación de la actividad receptora del director. Esta parte, que considero el núcleo de este comentario, se centra en la faceta que desempeña el personaje del director como correlato del receptor literario de este relato concreto.

La historia que cuenta el escritor y su personal visión de cómo quisiera que sea filmada desconcierta a su interlocutor, el director, a quien el discurso del escritor-guionista plantea graves dificultades para formular sus personales expectativas. Su incomprensión de la propuesta de guión es un indicio de su incapacidad para seguir el discurso (guión-literario) que se le propone. El lector participa de ambas perspectivas, pero las posibles dificultades de comprensión del texto están apostilladas por las aclaraciones explícitas que presenta el escritor; con sus concreciones y recapitulaciones ayuda a que el receptor controle la adecuación de sus expectativas.

En el siguiente esquema se representan los interrogantes del receptor-director y las explicitaciones del escritor; sólo se han transcrito los pasajes más representativos:

La expectativa inicial. Corresponde a una hipótesis global y genérica sobre el contenido y la intencionalidad del texto. La primera secuencia del cuento la abre el parlamento del "escritor" con un extenso comentario sobre una escena cuya funcionalidad ignora el lector que acaba de incorporarse a la narración. No hay expectativa inicial firme.	—Estás loco —dijo el director—. Olvídalo, no pienso rodar ninguna de tus calenturas juveniles. —Bien. ¿Dónde estábamos? Ah, sí… —¿Casibeso? ¿Empieza a nevar dónde?	—¿Calenturas? Te estoy hablando de la historia contemporánea de este país.
INDETERMINACIÓN DE EXPECTATIVAS	—Un momento —rugió el director—. Que ya no sé dónde estoy. ¿En qué historia me has metido? —Puede ser. Pero recapitulemos.	—Estás en casa, muchacho —dijo el escritor—. En la triste historia de siempre, en la idea y en la rabia de siempre —Muy bien
NECESIDAD DE IN-DICIOS EXPLÍCITOS	—¿Qué estamos contando, pluma ilustre?	—Una historia de amor… Si te atreves
CONFUSIÓN DEL RECEPTOR	—Bien. ¿Y qué tenemos por ahora, además de mucha nieve?	—Tenemos a un joven charnego paria-desertor-quincallero o como quieras que en 1941 llega medio muerto de hambre a un barrio de Barcelona y el destino le convierte en el defensor de una joven viuda catalana y de su hija pequeña, enfrentándose a unos flechas chulitos y matones de la vecindad, y trabajando para ellas, la madre y la hija, el resto de su vida. INDICIOS / EXPLICITACIONES

INFERENCIA (ERRÓNEA O FALLIDA)	—Una especie de *western* de barrio con mucho fango y mucha nieve rodado en el parque Güell con ese Dragón de cerámica como protagonista! ¡¿Es eso lo que quieres?!	NO HAY EXPLICITACIÓN NI INDICIOS
PREVISIÓN DE EXPECTATIVA (errónea)	—Ya está. El retorno de un pandillero a su antiguo barrio —dijo el director desalentado—. ¿No es ése el tema?	—No
NUEVA PETICIÓN DE INDICIOS	... —Explícate, maldito *writer*	
EXPECTATIVA	—Pero es un delincuente. Un tipo duro, peligroso.	—Eso lo decidirá el espectador, ¿no crees?
REFLEXIÓN / INDICIOS		—Comprendo que pedirte que hagas verosímil al espectador una copiosa nevada dentro de un túnel, cuando habitualmente en tus películas ni siquiera has sido capaz de hacerme creer en personajes corrientes haciendo cosas tan simples y cotidianas como conducir un coche o encender un pitillo o abrir una puerta, comprendo que pedirte esa nieve, repito, son ganas de perder el tiempo. El don de crear vida se tiene o no se tiene. Los simples fotógrafos como tú deberíais empezar por el principio, por las "vistas animadas": salida de los obreros de la fábrica de papá. Y ante todo, deberíais devolver a Hollywood aquel Óscar, los inmerecidos aplausos y el esmoquin prestado.

		—No lo considero un insulto.
IMPOSIBILIDAD DE FORMULAR CLARAS EXPECTATIVAS	—Pues anda que tú. En el fondo no eres más que un redactor. **—Pero ¿qué historia es la que debe avanzar? ¿Qué película queremos hacer? Porque no te aclaras.** … —Te he hecho una pregunta.	**—Está bien —suspiró el escritor—. Veamos, ¿qué tenemos por ahora? Tenemos a un fugitivo de su propio destino que la marea migratoria de la posguerra arroja a Barcelona, y del que sólo sabemos que se hace llamar Vargas; que no entiende una palabra de catalán, lengua abolida por el Imperio; que se acoge a la hospitalidad de una joven viuda con su hija y que él las protege del miedo y la soledad de Falange que gallea en el barrio. Ésa es, digamos la armazón argumental, pero…** **—…pero lo que vamos a contar no es eso, no es eso, don Pepote**
INFERENCIA (pero no aceptada por el receptor/director)	—De ningún modo pienso contar una estúpida historia de contrariados amores transidos de sociología política… y de mitología del Oeste camuflada.	—[...] Decía que lo que vamos a contar en realidad es una historia de amor-no -correspondido, muy frecuente en Cataluña; el amor callado del charnego desarraigado y analfabeto hacia una tierra-mujer-cultura oprimida, simbolizada en Susana y en su humilde librería-papelería, un reducto de libros prohibidos. **—Te hablo de un sueño …**

ENFRENTAMIENTO DE INTENCIONES —falla la comunicación—	—El asunto es —dijo el director incompetente y zafio— si a mí me interesa que esa imagen exprese esto o aquello o de más allá. —Maldito novelasta –gruñó el director inventando quizá sin saberlo un insulto de doble filo: contra el novelista y contra el cineasta–. **Maldito seas, tú y tus pajilleras sesiones de tarde del sábado.**	—El asunto es –replicó el escritor con la voz impertinente y meliflua de Humpty Dumpty- quién es el maestro aquí. Eso es todo.
AMPLIA EXPLICITACIÓN		Así pues, añadió el escritor, la línea argumental se tensa como un arco ensartando cinco fechas clave en la historia: 1941, la llegada al barrio del joven delincuente, su protección a la viuda (supuesta) y a su hija, su trabajo en la papelería, su alfabetización, su veneración por Susana. 1950-1952, Vargas arraigado en Cataluña, fiel servidor y guardaespaldas de Susana, enamorado de ella y viviendo en secreto su mal de amores. El punto de flexión más tenso del arco está ahí: los planos del chamego aplicándose en la lectura de libros catalanes, echado en su colchoneta y a la luz de una vela, la llegada de la carta de Toulouse que hace llorar a Susana, el cine de barrio en invierno, la noche de la torcedura del tobillo, etc. 1960, el inesperado regreso al hogar de Jan Estevet con su prestigio de héroe, aclarando malentendidos y suscitando el perdón, la alegría de Susana, la soledad de Vargas. Y la curva ya en descenso: 1975, Vargas es un viejo *murciano* afable y pintoresco, cojo y servicial, algo borrachín y pendenciero, del que hacen mofa los chiquillos y que aún trabaja en la PAPELERIA I LLIBRERIA "ROSA D'ABRIL", ampliada y con nueva fachada. Un hombre al que el barrio aprecia, pero que ha empezado a olvidar. Y fin.

Sobre las expectativas, reformulaciones e inferencias que suscita el texto

Desde la perspectiva de la recepción, es muy posible que el lector empírico coincida (al menos en las páginas iniciales) con la postura del *director*, o sea con la de un personaje (¿antagonista?) del cuento. Las informaciones de la secuencia introductoria son la base de contexto de que dispone el lector. Lo que se le ofrece al lector no se trata de un relato lineal, sino de un relato que emplea recursos cinematográficos –en un metaproceso de elaboración, como es una narración sobre un guión cinematográfico.

El cuento se desarrolla en un doble juego de paralelismos: Marsé también asume de modo simbólico el espacio compartido con su "escritor-guionista" de la ficción. El "escritor-guionista" juega con las expectativas de su receptor que es el "director". Y, también realiza una doble actividad receptora.

- Podría ser posible que la expectativa inicial del lector coincidiera con la primera expectativa sobre la intencionalidad de la obra y sobre su esencialidad que propone el director, expectativa que está vinculada con una tipificación simplista de algunas obras de Marsé: *"Estás loco. Olvídalo, no pienso filmar ninguna de tus calenturas infantiles"*.
- El lector empírico podría pensar que se está hablando de un relato sobre las nostalgias de infancia perdida. Pero el mismo Marsé (o, si se quiere, el texto, por boca del "escritor") aclara de inmediato que no se trata de algo tan superficial y obvio, sino que se trata *"de la historia contemporánea de este país"*.
- La complejidad para captar la intencionalidad de la *obra-guión* (también de todo el cuento, si se quiere) radica en la estrategia y en los recursos narrativos que utiliza Marsé: se trata de un relato inserto en un discurso que, como en un caleidoscopio, cada vez que se cambiala secuencia, las piezas –personajes, referentes urbanos, sociales, etc.– ofrece un nuevo efecto, atractivo y sorprendente. Además, efectivamente, el cuento utiliza recursos propios del cine, los desplazamientos de perspectivas, las evocaciones que entran en el discurso como secuencias tamizadas por un evocado recurso cinematográfico. Y todo ello hace que nos sintamos lectores y espectadores a la vez.
- El contrapunto del relato es la incapacidad de un director que desconoce los "valores" de la evocación de las películas y de los cines de los años cuarenta, cincuenta y sesenta que fue realidad para muchos, que Marsé ha guardado en su memoria y que la evoca más que como nostalgia como referencia imaginativa con atisbos de crónica social. El conflicto es cómo hacer entender eso a alguien que no lo ha conocido…, que no ha vivido y que no lo puede/sabe imaginar, es decir visualizar a partir de las palabras.
- La dualidad de la trama y las aparentes, pero constantes digresiones "visuales" con que se complementa la narración de la acción básica *distraen* al lector, hasta que éste no advierta que se trata de una es-

trategia narrativa vinculada a la intencionalidad de la obra, de modo que, en tanto que no capte cuál es esa intencionalidad, sus expectativas pueden resultar fallidas, a pesar de que, constantemente, el escritor se esfuerza por mostrar e imponer sus razones y criterios.

- El texto-guión tiene un autor, pero se realiza según la *lectura* que es capaz de realizar su inmediato destinatario, el director. El texto-guión es un discurso que debiera surgir del consenso entre los dos *autores*. Cada uno utiliza sus referentes para visualizar el resultado final, o sea la nueva obra.

Finalmente, la lectura de *El fantasma del cine Roxy* parece haber previsto la sugerencia entre el paralelismo que pueda establecerse entre la actitud del *receptor-director* y la actividad del lector real. Me explicaré: por una parte, el director se encuentra perdido ante las explicaciones que el escritor añade a la trama básica del guión que se revisa —unas no las comprende, otras no las acepta, otras no las comparte...—; por otra, el director (como nosotros lectores) intenta llegar a captar la intencionalidad del autor para transferirla a una actualización (película para él, relato para nosotros) del guión y, de nuevo, o bien no llega a captarla o bien no acepta la propuesta. Y aquí está el gran hallazgo de Marsé: el desarrollo de la narración como un juego de paralelismos entre las expectativas de dos receptores como son el "director" y el lector (implícito). Con una salvedad, el director receptor carece de los conocimientos suficientes para ser el lector receptor implícito; el autor confía en que su lector fenomenológico sí sea capaz de captar su intencionalidad.

El título del cuento puede remitir a un fantasma increíble e incomprensible para todos aquéllos (potenciales lectores) que no tienen en su memoria (como en el caso del director) la referencia de un tipo de películas y de sus dudosas cualidades cinematográficas, igual que de los actores de otra época, su presencia en un contexto social, las veladas que tienen lugar en los años cuarenta y cincuenta. La desaparición de un cine se convierte en el símbolo de un fantasma, de algo muerto, derribado, inexistente ya para todos aquéllos que no vivieron a través de la magia de un tipo de películas la superación imaginativa con que se encubría la sordidez y se nutría la fantasía de niños y de adultos, donde el cine malo cubría las necesidades de evasión de un sector social, un espacio en el que la vida se transformaba durante la duración del programa doble. En ello está precisamente que el cuento trate de "la historia contemporánea de este país".

EL CINE EN MARSÉ, MARSÉ EN EL CINE

La narrativa de Juan Marsé, a caballo entre el cine y la literatura

Jorge Marí
North Carolina State University

Las interacciones de Marsé con el cine son tan amplias, profundas y significativas que es casi imposible acercarse a cualquier faceta de la producción literaria de este autor sin ocuparse de las mismas en mayor o menor medida. Por esa misma razón, analizar debidamente el conjunto de las interacciones de Marsé con el cine en un ensayo como éste sería imposible. Bastante difícil resultaría tratar solamente la presencia del cine en su obra de ficción, dejando de lado sus colaboraciones periodísticas, por ejemplo, o los guiones que ha escrito o en los que ha colaborado, o las adaptaciones cinematográficas de sus novelas. La lista de críticos que han abordado la presencia de elementos cinematográficos en la obra de Marsé también es demasiado larga para consignarla aquí. Algunos de los participantes en este mismo simposium, como Samuel Amell y Celia Romea, han publicado ensayos sobre el tema, y ellos mismos, junto a otros como José Belmonte, William Sherzer, Joaquim Marco y Marcos Ordóñez, por ejemplo, han incorporado la cuestión cinematográfica a sus intervenciones en este foro.

Yo no quisiera centrarme en el uso del cine como referente cultural en los textos de Marsé –es decir, en la manifestación del cine a través de menciones explícitas o alusiones implícitas a actores, personajes, películas, salas de cine, argumentos o rasgos de géneros cinematográficos, por ejemplo (aunque habré de referirme a dichos elementos). Lo que propongo, en cambio, es prestar especial atención a algunas de las estrategias discursivas mediante las cuales algunos textos marsianos imitan o evocan ciertos recursos expresivos del cine, ciertos efectos propios de la retórica cinematográfica y cómo, al hacerlo, tratan de acercar la experiencia lectora a la experiencia espectatorial, es decir, cómo intentan transformar los estímulos, percepciones y sensaciones del lector para asociarlos a los de un espectador de cine. En último término, trataremos de vislumbrar qué es lo que esta indagación puede decirnos acerca de las posibilidades y los límites de la interacción entre el medio cinematográfico y el literario. Espero, por cierto, que el título de esta comunicación, en particular los varios sentidos de la expresión "a caballo entre el cine y la literatura" se hagan evidentes a medida que mi argumento se vaya desarrollando.

Me gustaría invitaros a iniciar esta indagación mirando a través de un imaginario telescopio, más bien un humilde catalejo hecho con una libreta enrollada. Si nos fijamos bien, a través del círculo delimitado por ese improvisado "objetivo" observaremos a un hombre que se acerca. Como sólo podemos ver la parte superior del cuerpo del hombre, y dado que éste lleva las manos en la hebilla del cinturón y además cojea, nos produce la impresión de que viene montado a caballo. Paradójicamente, el propio límite, claustrofóbico y opresivo del círculo del catalejo es el que nos invita a crear mentalmente la imagen de un caballo que no existe. Esa limitación física impuesta por el "objetivo" del catalejo es análoga a la que el objetivo de la cámara y sobre todo el inapelable rectángulo de la pantalla ejercen sobre el espectador de cine. Y esa conciencia de encuadramiento no hace sino estimular un ánimo de expansión espacial, una necesidad de imaginar que se oculta en esa zona de sombra e indefinición a la que no puede acceder nuestra mirada. A eso se refería André Bazin cuando hablaba del «carácter centrífugo» de la pantalla, por efecto del cual el espectador se ve empujado a una negociación entre el espacio delimitado por ésta y la oscuridad sin límites que la rodea (Bazin 100)[1]. Dicha negociación, que tan certeramente provoca Juan Marsé en la escena de *El fantasma del cine Roxy* que acabo de citar y que muchos de vosotros habréis reconocido, proporciona una metáfora idónea de las relaciones entre cine y literatura, más exactamente del esfuerzo de la literatura por desplegar una mirada hacia el cine. La mirada a través del catalejo, que al mismo tiempo que muestra, oculta, y que al ocultar abre los ojos a la imaginación, evoca los esfuerzos de la literatura por acercarse al cine —no en vano el catalejo de *El fantasma del cine Roxy* está hecho precisamente con una libreta de papel, y no en vano la imagen del hombre enfocado por el catalejo está directamente inspirada en la figura de Shane, el pistolero interpretado por Alan Ladd en el clásico "western" del mismo título. Los esfuerzos de la literatura por imitar recursos retóricos del cine son también miradas a través de un catalejo de papel e, irremisiblemente, exploraciones en esa zona oscura e indefinida que separa la página de la pantalla y la narrativa escrita de la audiovisual, entre las cuales no es posible una correspondencia exacta.

La imposibilidad de hablar de una correspondencia exacta entre lenguaje fílmico y literario deriva no sólo de la diferencia de base entre el simbolismo de la palabra escrita y la iconicidad de la imagen visual, sino

---

1. Bazin contrapone ese "espacio centrífugo" de la pantalla al "espacio centrípeto" del escenario teatral. Stanley Kauffmann rechaza los planteamientos de Bazin en "Notes on Theater-and-Film".

del hecho, ya destacado por Christian Metz, de que el lenguaje cinematográfico carece de "vocabulario", "gramática" o "sintaxis" en un sentido equivalente al del lenguaje verbal. En respuesta a los intentos de teóricos tempranos como Eisenstein, Pudovkin y otros, por identificar palabras con imágenes, planos con oraciones o secuencias con párrafos, Metz señala que, a diferencia de las palabras, las imágenes no tienen significados asignados de antemano, que el número de imágenes posibles es infinito, y que su ordenación en el texto fílmico según el montaje está guiada no por reglas gramaticales, sino por decisiones estéticas.[2]

Es necesario aceptar la diferencia irreductible entre ambos medios. La cuestión radica en discernir cómo se produce la apelación al cine por parte de la novela, qué formas de asociación se establecen, con qué aspectos del lenguaje cinematográfico se dan dichas asociaciones, mediante qué mecanismos y estrategias los textos acercan a sus lectores al mundo del cine y a la experiencia fílmica, y dónde se sitúan los límites de tal acercamiento. En el marco construido por estas preguntas, la indagación en la narrativa de Juan Marsé resulta particularmente reveladora.

Consideremos en primer lugar *El fantasma del cine Roxy*, texto al que ya he aludido, cuyo discurso narrativo se desarrolla, como recordaréis, a dos niveles. En el primero, un director de cine y un escritor discuten acerca de la película cuyo guión éste está escribiendo y aquél habrá de dirigir. El segundo nivel, intercalado en esas discusiones, consiste en una serie de fragmentos redactados al modo de un guión cinematográfico y que corresponden, se supone, al guión de la mencionada película.[3] Cada fragmento comprende una secuencia de la misma y aporta datos sobre la localización, iluminación, tipo de transición entre planos y, en algunos casos, indicaciones sobre diálogos, voces en *off*, música e incluso efectos especiales. En la medida en que la narración de esos fragmentos se canaliza a través de una hipotética cámara y se articula de acuerdo a los principios del montaje, el texto propone a los lectores una visualización mental estrechamente vinculada a las leyes del movimiento cinematográfico. Es decir, les invita a leer el texto como si fuera una película. Y sin embargo, el propio texto provee las claves que socavan esa ilusión fílmica y proclaman la condición literaria del relato a través de un sugerente juego de ambivalencias que vamos a analizar.

Cabe hacer en primer lugar algunas consideraciones muy generales sobre el guión cinematográfico. Por lo común, un guión no se suele considerar un texto literario ni un medio de expresión artística en sí mismo, sino tan sólo uno de los elementos del proceso de producción de una película.

---

2 Ver Metz, *Film Language*, en particular el capítulo 3, "The Cinema: Language or Language System?" (pp. 31-91) y el 4, "Some Points in the Semiotics of the Cinema" (pp. 92-107).
3 La alternancia entre dos o más niveles narrativos es un recurso estructural frecuente en los textos marsianos. Véanse, por ejemplo, la oscilación entre los capítulos de memorias de Luys Forest y los capítulos que relatan la vida presente de éste y su relación con su sobrina en *La muchacha de las bragas de oro*, y la alternancia entre la vida diaria de Daniel y el relato de Forcat en *El embrujo de Shanghai*.

Antonio Monegal lo ha descrito como un híbrido, un «intermedio», «un puente que posibilita la transposición de un medio a otro» (*Monegal,* Luís Buñuel, pp. 16-17). Análogamente, Pier-Paolo Pasolini hablaba del guión como «una estructura que aspira a convertirse en otra estructura». En ese carácter transitorio, de "aspiración" y transformación, el guión expresa una continua tensión entre el medio literario y el cinematográfico, entre el orden simbólico del lenguaje verbal y el icónico de las imágenes, entre la escritura y la oralidad. Del guión se ha llegado a decir que es «un texto invisible [que] tiende a la ausencia», porque su destino es desaparecer, difuminarse en la película (Oubiña y Aguilar, p. 173). «Un guión no se lee», afirman David Oubiña y Gonzalo Aguilar, «se lee la intuición de un filme posible: la película no existe hasta que no está en la pantalla y antes no está en ningún lado» (p. 174). Cualquier teoría del guión se convierte así en un ejercicio de articulación de negatividades, vacíos y paradojas. Todo en el guión es paradójico: es sólo una parte del proceso de producción de la película, pero a la vez, en cierto modo la contiene entera; es una historia y el plan de su puesta en escena; es una escritura que culmina con su propia destrucción: es «un texto que no será» (Oubiña y Aguilar, p. 174). Destinado a desaparecer, el guión es sin embargo imprescindible, y ésa es otra de sus paradojas. Una empresa colectiva, jerarquizada y especializada como la producción de una película no puede normalmente prescindir del fundamento y la coordinación ofrecida por el guión. Éste se constituye en un espacio múltiple de negociación: negociación entre cine y literatura, palabra e imagen, estilo y función instrumental, y además, como todo texto, negociación entre el autor y sus lectores.

¿Para quién se escribe un guión? Primariamente, un guión se escribe para el equipo del filme, lo cual condiciona su propia estructura, estilo, y técnicas narrativas. Para vender la película a los distribuidores, por ejemplo, el productor necesita con frecuencia una historia clara, que no tenga un carácter literario muy exagerado, que pueda ser leída, como apunta sarcásticamente Jean-Claude Carrière, «por gente que no tiene la costumbre de leer» (p. 23). Los actores, a su vez, buscan en el guión las claves de sus personajes, unas pautas donde basar su interpretación. El director de producción necesita conocer detalles prácticos para confeccionar el plan de filmación: cuántos días, cuántas noches, cuántos extras. El vestuarista, el director de iluminación, el escenógrafo, todos ellos dependen del guión y cada uno de ellos aporta una lectura diferente. Si en la mayoría de los casos, el guión ni se escribe para el público general ni llega a ser leído por éste, cuando un lector no directamente vinculado al entorno cinematográfico lee un guión tiende a recibir un cierto efecto de intrusión, un extrañamiento, una sensación de adentrarse en un terreno indefinido, con unas leyes que no son enteramente las del cine ni las de la literatura, pero que se evocan y apelan mutuamente. Por la condición del guión como elemento integral de la producción cinematográfica, su lectura conlleva siempre estrechas e ineludibles asociaciones fílmicas. Dadas las continuas referencias a planos, movimientos de cámara, transiciones y otros detalles de la retórica cinematográfica –incluyendo elementos auditivos: voces, efectos sonoros, música–, el cine permanece en un primer plano –valga la expresión. Por su insistencia en detalles visuales, perspectivas, movimientos y formas, el guión construye un mundo eminentemente fenomenológico que enfatiza las percepciones y estimula la visualización mental de los lectores.[4]

La apropiación que *El fantasma del cine Roxy* hace de rasgos característicos de un guión de cine constituye un poderoso factor de condicionamiento de la lectura. Por su abierta pertenencia al contexto fílmico, los rasgos guiónicos del relato de Marsé actúan de entrada a modo de "marcadores" que predisponen al lector: mediante la evocación de movimientos de cámara, ángulos de toma, planos, encuadres, cortes, fundidos, *flashbacks,* acciones simultáneas, indicaciones de iluminación o de sonido, el texto invita a los lectores a entrar en el juego de leerlo y visualizarlo mentalmente como si fuera una película. A su vez, las alusiones a películas y actores como Shane y Alan Ladd, respectivamente, impulsan a los lectores a aplicar la "competencia cinematográfica" derivada de su experiencia espectatorial a la experiencia de lectura. Pero al mismo tiempo, como vamos a comprobar, la incorporación de comentarios narratoriales –a menudo digresivos–, pausas descriptivas y referencias literarias difícilmente visualizables atentan contra esa ilusión fílmica y consiguen imponer la condición literaria del texto, reiterar su dependencia inescapable del lenguaje verbal y la escritura. El texto, pues, propone una ilusión, la de estar "leyendo una película", y al mismo tiempo la desdice al proclamar el carácter de simulacro de ese juego.

La sucesión de planos y secuencias en el pseudo-guión de *El fantasma del cine Roxy* conlleva abruptos desplazamientos espacio-temporales que articulan la narración, a semejanza del cine, como una continuidad hecha de rápidas discontinuidades:

Encadena a mesa camilla en el comedor con Susana de noche enseñando a leer y a escribir a Vargas... Paso de tiempo: en sobreimpresión páginas y páginas del cuaderno escolar escritas por la mano de Vargas.... Encadena a ropa mojada tendida en alambres en azotea gris barrida por el viento.... Corte al Roxy sesión de tarde y chavales que fuman furtivamente un cigarrillo compartido.... (pp. 91-92).

Si la agilidad narrativa, los desplazamientos espacio-temporales y el predominio de lo visual en fragmentos como el que acabo de citar sugieren una vinculación directa con el lenguaje cinematográfico, ciertos comentarios metanarrativos y digresiones de índole literaria actúan "desde dentro" del propio texto para contrarrestar esa impresión. Un claro ejemplo es

---

4 Mis comentarios se refieren particularmente al llamado "guión técnico", esto es, la versión más elaborada del guión en la que el director ha incorporado especificaciones técnicas (numeración de escenas, descripción del tipo de planos, indicación de efectos especiales e incluso estimación del tiempo de rodaje) y que, complementado con *story boards* y otros apoyos, le sirve a éste de pauta para el rodaje. La versión inicial del guión, escrita por el guionista, no incluye tipos de plano ni otras anotaciones para la cámara.

precisamente la secuencia del catalejo-cuaderno, que mencioné al principio, a través del que los niños observan acercarse a un desconocido, que resulta ser el protagonista Vargas. El punto de vista narrativo, identificado con un punto de vista óptico –que evoca el recurso cinematográfico de la "cámara subjetiva"–[5] sigue a Vargas a través del "objetivo" circular del cuaderno-catalejo:

> *Corte a Vargas que avanza todavía lejos visto en teleobjetivo-catalejo (con mucho cielo azul sobre su cabeza), el ala del sombrero sobre los ojos y los pulgares engarfiados en la hebilla plateada del cinturón, aunque sus manos no se ven porque estamos en plano medio, por lo que parece un jinete insomne y fatigado viniendo al trote* (p. 59).

Inmediatamente después de una descripción que reproduce recursos visuales fílmicos de un modo tan preciso, se intercala un comentario del guionista que reinstaura la secuencia a su condición de artificio literario: «(El plano-catalejo es más que convencional, es pura mentira, artificioso y falaz, pero honesto en un detalle: la falsa impresión que produce Vargas de llegar desde muy lejos montado a caballo se debe a una leve cojera del propio Vargas, según veremos en seguida)» (pp. 59-60). No sólo el reconocimiento explícito del plano-catalejo como una convención retórica, sino también la frase anticipatoria «según veremos en seguida» funcionan como recordatorios de que las secuencias a modo de guión de cine no son sino fragmentos de un texto estrictamente verbal, dirigido y manipulado por una voz narrativa que actúa a través de la palabra escrita y de la conciencia literaria.

¿Qué consecuencias tiene la incorporación de un guión, o pseudoguión, al macrotexto de un relato literario como el de *El fantasma del cine Roxy*? Si el guión es un texto efímero, condenado a morir, su incorporación al relato equivale a "conmutarle la sentencia" en la medida en que *El fantasma del cine Roxy* es un texto literario destinado a permanecer. Cambia también la función que cumple: de ser un instrumento, pasa a ser un objeto al que se le reconocen valores estéticos y significación propios dentro de un texto literario destinado a ser leído como tal. Cambian sus lectores, implícitos y reales: ya no es un texto dirigido a un director, actores, productores, técnicos y distribuidores, sino a un público lector mucho más vago y abstracto; el texto sigue siendo un espacio de negociación, pero ahora las ecuaciones que intervienen en ella y la dinámica de lectura que genera adquieren una nueva dimensión. Cambian también sus recursos y su estructura, al incorporársele elementos literarios, comentarios, reflexiones ajenas al lenguaje cinematográfico no transmisibles a la pantalla y que por ello no hubieran sido incluidas en un guión real. En la medida en que *El fantasma del cine Roxy* provoca una ilusión fílmica y al

---

[5] Un "plano subjetivo" es aquél que muestra lo que está viendo un determinado personaje, como si la cámara fuera el ojo de dicho personaje.

mismo tiempo la subvierte para proclamar la condición literaria del relato, este texto de Marsé da un paso, aventurero y lúdico, hacia ese espacio limítrofe entre la literatura y el cine a la par que indaga en los mecanismos de la narratividad, la lectura, la escritura y la visualización.

Tanto en cine como en literatura, el acto de "visualizar", o sea, el acto de "ver", se plantea en una diversidad de niveles. Podemos hablar de la vista y de la mirada a un nivel físico, óptico, que en el cine consiste en la captación de imágenes visuales a través del ojo, y en literatura en la producción de imágenes mentales sugeridas por la palabra escrita.[6] También podemos plantear el acto de "ver" en un sentido retórico, discursivo, que abarcaría tanto en cine como en literatura conceptos como el punto de vista narrativo o la focalización. En cualquier caso, la mirada es por ende una cuestión ideológica, puesto que "mirar" y "mostrar" conllevan necesariamente un posicionamiento, o un juego de posicionamientos relativos entre espectadores o lectores, textos fílmicos o literarios y narradores y personajes. Que la articulación de imágenes constitutivas de la narración cinematográfica sirve para desarrollar una función ideológica ya lo puso de manifiesto Eisenstein cuando sentó las bases del montaje como un proceso dialéctico. Y el análisis de las estrategias discursivas mediante las que las películas interpelan, construyen y conforman a los espectadores a través de la manipulación de la mirada ha sido, como sabemos, uno de los principales focos de atención de la teoría cinematográfica durante las últimas tres décadas.

Estas consideraciones pueden servir para encauzar una reflexión sobre el papel de la visualización como elemento articulador de las interrelaciones de cine y literatura, función que la visualización cumple en la medida en que vincula el lenguaje verbal al lenguaje de las imágenes y asocia la figura del lector a la del espectador. Si la imaginación visual puede jugar un papel destacado en la experiencia de lectura, la narración verbal, oral o escrita, en el cine también puede propiciar un proceso de visualización mental en los espectadores que se superpone a la visualización óptica de las imágenes proyectadas en la pantalla.[7] De nuevo, la obra de Marsé nos ofrece un terreno particularmente propicio para esta indagación.

Consideremos ciertas escenas de la novela *El amante bilingüe* que desarrollan la relación entre dos personajes, Carmen y el protagonista Juanito Marés. Como recordaréis, Carmen es una muchacha ciega que vive y trabaja en la pensión regentada por su abuela, pensión a la que Marés, haciéndose pasar por un amigo de la infancia llamado Faneca, acude para alojarse por una temporada. La mayor afición de la chica es sentarse frente al televisor y quedarse embobada imaginando las películas que su

---

6 Por supuesto, en el cine las imágenes han sido a su vez previamente captadas por la cámara y sometidas a diversos procesos de selección, elaboración, alteración, etc.

7 Empleo el término 'visualización óptica', a pesar de su redundancia, para distinguirlo de la 'visualización mental' o ejercicio de la imaginación visual que puede darse como parte del proceso de lectura y también, desde luego, como parte de la experiencia cinematográfica.

ceguera no le permite ver. Llevado por la ternura que la muchacha le despierta, Marés empieza a contarle las películas, poniendo atención a los detalles y aportando sus propios comentarios:

> *Sin apenas darse cuenta [la vida de Marés empezó a organizarse en torno a la muchacha ciega y su mundo de sombras. Cuando no tenía nada que hacer.... se sentaba ella en la mecedora y le pedía que le contara la película de la tele.... según [Carmen, el señor Faneca sabía contárselas maravillosamente; le hacía ver la película, porque no se limitaba a explicar las imágenes, no sólo describía para ella los decorados y los personajes, narrando lo que hacían en todo momento y cómo vestían, también comentaba sus emociones y sus pensamientos más ocultos ... las películas ganaban tanto explicadas por el señor Faneca, que era mejor oírlas que verlas* (pp. 192-193).

El texto de *El amante bilingüe* pone en juego simultáneamente una variedad de discursos y niveles narrativos, cada uno de los cuales interactúa con los demás, los modifica y resulta modificado por ellos. El resultado es una meticulosa red de interacciones que ilustra tanto los puntos de conexión entre el cine y la literatura como la distancia que los separa. En primer lugar, cabe imaginar un hipotético "primer discurso" de orden fílmico, el de las películas originales, y un segundo, el de las versiones dobladas y editadas para la televisión, niveles ambos inaccesibles tanto para Carmen, a causa de su ceguera, como para los lectores, quienes están leyendo un texto escrito y no viendo una película. Un tercer nivel sería el de las explicaciones orales que Marés transmite a la muchacha, y que sí están al alcance de ésta (pues está sentada junto a él escuchándole) pero no de los lectores, quienes por estar leyendo un texto escrito no tienen acceso al discurso oral de Marés. En un cuarto nivel, la "transcripción" escrita, elaborada y estilizada de las explicaciones orales de Marés mezcladas con preguntas de Carmen y comentarios autoriales, que constituye el texto de la novela y es el único de los discursos mencionados al que sí tienen acceso directo los lectores.[8] En un quinto nivel, fuera del texto de la novela aunque promovido por éste, quedarían incluidas las múltiples y variadas reconstrucciones mentales que los lectores pueden hacer de las películas que Marés explica. Tales imágenes mentales variarán de lector a lector, y sobre ellas podrán influir las peculiaridades de la imaginación y de la competencia cinematográfica de cada uno, que la novela apoya no sólo mediante la abundancia de sugerencias visuales y un constante énfasis fenomenológico sino también mediante frecuentes referencias intertextuales. Si en *El fantasma del cine Roxy* dichas referencias incluían, entre muchas otras, a Alan Ladd y su personaje Shane, en una de las escenas narradas por Marés en *El amante bilingüe,* los detalles de la acción y las

---

8 El proceso por el que los textos audiovisuales de las películas de la televisión se incorporan a la narración oral de Marés, que a su vez es elaborada y estilizada para integrarse en el texto escrito de la novela corresponde a lo que Antonio Monegal ha caracterizado como "traslaciones". Ver Monegal, "La pantalla de papel" (pp. 186, 191-192) y *Luis Buñuel* (pp. 105-114).

menciones a "Alicia", "Alex Sebastian" y "Mr. Devlin" (pp. 215-218) servirán para revelar la asociación con la película *Notorious* de Hitchcock.[9] Para aquellos lectores que hayan visto la película, la visualización mental estimulada por la lectura de dicha escena estará marcada ineludiblemente por las imágenes de Ingrid Bergman, Claude Rains y Cary Grant. Por otra parte, en la caracterización, el ambiente y las peculiaridades de la interacción de Marés/Faneca y Carmen resuenan ecos de la película *City Lights* –*Luces de la ciudad*– de Chaplin: la muchacha ciega, que también vive con su abuela; la doble, engañosa identidad del protagonista, y el juego que tanto la novela como la película desarrollan en torno a dicho engaño; la relación afectiva, el tono sentimental y el sentido de protección que impulsa tanto a Marés como al vagabundo de Chaplin hacia las respectivas muchachas.

La cuestión del engaño y la ocultación, los juegos de apariencias que constituyen uno de los temas centrales de *El amante bilingüe* y que son también la base de *City Lights*, resultan igualmente importantes en *Notorious*. En primer lugar, porque el género de espionaje se basa, por definición, en el engaño de las apariencias, la doblez y la ocultación. Pero además, la escena de *Notorious* que Faneca relata a Carmen gira precisamente en torno a ese tema. En dicha escena, Alicia coge disimuladamente una llave del llavero de su marido y la guarda en su puño cerrado para que éste, que entra en la habitación en ese momento, no la descubra. El espectador del filme de Hitchcock puede ver como Alicia coge la llave. También puede verlo Marés (dentro del mundo ficcional de la novela), puesto que está mirando la película por televisión, y a través de su relato pueden visualizarlo mentalmente los lectores de *El amante bilingüe*. Sin embargo, la llave queda oculta para Alex Sebastian, el marido, gracias a los buenos reflejos de Alicia, y también queda fuera de la visión de Carmen, a causa de su ceguera (aunque es informada del suceso por Marés). Hay, pues, un juego de visiones, apariencias, ocultamientos y engaños dentro y fuera de la película y de la novela que involucra tanto a personajes de aquélla y de ésta como a los espectadores y lectores de una y otra. Por otra parte, el propio personaje Marés queda construido como un engaño viviente: disfrazado de Faneca, usurpando y reinventando la identidad de éste, oculto bajo una apariencia física, una manera de hablar –una voz– y una mirada (incluyendo el parche en el ojo) medio apropiadas, medio inventadas.[10]

En los mecanismos narrativos de *El amante bilingüe* y los procesos perceptivos e imaginativos que nacen de las explicaciones de Marés y las referencias intertextuales aportadas por la novela, convergen los personajes con los lectores, el mundo ficcional, con el real, el discurso fílmico audio-

---

9 Película que también aparece mencionada en *El fantasma del cine Roxy*.
10 El engaño de las apariencias, la reinvención de identidades propias y ajenas, la ocultación, la máscara y el disfraz son elementos fundamentales en el conjunto de la obra de Marsé, desde el personaje del *Pijoaparte* en *Últimas tardes con Teresa* y *La oscura historia de la prima Montse* hasta los de Forcat y el capitán Blay en *El embrujo de Shanghai*, pasando por Luys Forest en *La muchacha de las bragas de oro*, entre muchos otros ejemplos.

visual con los discursos verbales de la oralidad y la escritura. Por eso, en las secuencias citadas, marcadas por la ocultación y el engaño de las apariencias, lectores y personajes quedan unidos bajo el signo, literal y figurado, de la ceguera: mediante el ejercicio de su imaginación visual, los lectores se constituyen en "espectadores ciegos" de la novela, de la misma manera que Carmen es "lectora ciega" de las películas que Marés le cuenta.[11]

¿Qué conclusiones podemos sacar de estos análisis de *El fantasma del cine Roxy* y de *El amante bilingüe* en cuanto a las posibilidades y los límites de la interacción entre el medio cinematográfico y el literario? Por de pronto, por perogrullesco que parezca, precisamente que cine y novela son medios distintos, cada uno con sus propios recursos, posibilidades y limitaciones. No cabe hablar, por lo tanto, de una transposición literal de recursos entre ambos órdenes de signos, ni sería riguroso atribuir sin más a Marsé, o a cualquier otro escritor, el empleo de técnicas cinematográficas, como a veces se hace. Los instrumentos del cineasta son las cámaras, los focos, el equipo de sonido, la mesa de montaje; los del novelista, el bolígrafo o el procesador de textos. Por definición, una novela no puede usar "técnicas del cine", pero sí está a su alcance, como señala Monegal, desarrollar procesos de imitación que explotan la analogía y la equivalencia, formas de asociación características de la metáfora (Monegal, "Imágenes del devenir", p. 58). Sólo en sentido figurado, pues, se puede decir que una novela "es cinematográfica" o que determinado novelista "emplea técnicas del cine". Lo que hacen los textos, como he querido demostrar, es desplegar un contexto de alusiones y referencias al mundo del cine y al lenguaje cinematográfico para predisponer a sus lectores y proponerles entrar en su juego: un juego de imitaciones y asociaciones, evocaciones y sugerencias, imaginación y visualización mental; un juego que presupone un grado de "competencia cinematográfica" en los lectores, es decir, una cierta habilidad para reconocer referencias y alusiones a películas y a géneros, para desentrañar los entresijos del montaje cinematográfico, para reconstruir y recrear mentalmente los espacios y tiempos fragmentarios, fugaces e ilusorios del cine. En la medida en que invitan a los lectores a participar en su juego de evocaciones, complicidades y fingimientos, las novelas y relatos de Marsé nos invitan a montar en un caballo real o imaginario y a cabalgar, flanqueados por Vargas y Alan Ladd, por ese terreno fantasmal que va de la página a la pantalla para no alcanzarla nunca.

---

11 En su libro de memorias *Viaje de ida,* Román Gubern da fe de la existencia, durante los años cuarenta, de retransmisiones radiofónicas de películas, en las que el locutor, instalado en la sala de proyección, iba "explicando" las películas en directo para que los radioyentes pudieran seguirlas y visualizarlas mentalmente a través de los aparatos. Según indica Gubern, dichas retransmisiones se consideraban idóneas para ciegos y enfermos inmovilizados, aunque eran escuchadas también por aquéllos que no podían costearse la entrada a un cine de estreno (Gubern, *Viaje de ida,* p. 65). La dinámica que se establece entre película, espectador/narrador –el locutor– y audiencia "ciega" –los radioyentes, quienes no tienen acceso visual a la película y deben visualizarla mentalmente– resulta muy similar a la que tiene lugar en *El amante bilingüe* entre la película *Notorious,* Marés/Faneca, Carmen y los lectores de la novela, quienes coinciden con la muchacha y con los radioyentes mencionados por Gubern en su "ceguera" literal o figurada.

El cine en la vida cotidiana de los personajes marsianos

Celia Romea Castro
Universitat de Barcelona

Se desploma en la plaza Lesseps la fachada del cine en medio de roja polvareda, el trecho se abate sobre el patio de butacas, el escenario permanece erguido un instante, se rasgan y desprenden y caen las viejas cortinas azules, los apliques de metal y yeso, y la pantalla se agita y se repliega cayendo sobre sí misma como una vela desinflada todavía con la piel estremecida por otras imágenes de otro desastre, otras voces, otra memoria: sobre las calles de San Francisco se desploman las casas entre nubes de polvo...

Juan Marsé (1987), *Los fantasmas del cine Roxy.*

I

Para la mayoría de los personajes de las novelas de Marsé, el cine y todo lo que de magia, de técnica o de servicios contiene, supone su forma de vida. El cine, desde expresiones variadas, les permite ostentar una forma de vida, relacionarse con seres fantásticos, recorrer países insólitos, enamorarse, llegar a espacios de libertad a la sombra de las salas, emularlos, sentir lo que fuera es inviable... En definitiva, les ayuda a ser, a vivir, a soñar. La cinematografía en sentido amplio y los cines, los cines de Barcelona de manera concreta, aparecen de forma reiterada para dar vida a personajes, activar sus motivaciones y generar dinamismo narrativo. Asimismo, la industria, la técnica, el arte del cine y las propias salas son dinamizadores de intereses laborales, políticos, de entretenimiento o constitutivos de la vida de personajes, que inspiran buena parte de su acción en el quehacer del de los de celuloide. El tiempo contenido en las historias abarca, desde el final de la guerra civil, hasta la transición democrática (1939-1975). Es una etapa dilatada tratada de forma desigual a lo largo de las producciones que estudiamos. En la mayoría de obras, todo o buena parte de los argumentos, está centrado en los años cuarenta y cincuenta. El tratamiento de la época posterior es aleatorio, y con frecuencia sirve para recordar esos años de la vida de los personajes. Podremos entender mejor las historias que nos ocupan situando el país en ese tiempo y, sobre todo, ateniendo al papel que ocupaba la cinematografía en la ciudad.

El final de la guerra civil ocasionó el exilio de sus cineastas progresistas, igual que pasara con otros muchos profesionales. Se confiscó todo lo que pudiera estar relacionado con la producción de películas y se cerraron las salas hasta septiembre de 1939. Después, los cines se iban abriendo pero sólo para exhibir películas revisadas por una comisión del Departamento de Cinematografía del Servicio Nacional de Propaganda del Ministerio del Interior. Se permitía la proyección de títulos españoles, que la censura considerara oportunos y de algunos extranjeros, con los debidos cortes. Se contemplaban los programas con documentales de propaganda del Régimen franquista, donde el héroe habitual era el Caudillo. Durante los pases, era obligatorio saludar a la romana los retratos de Franco y de José Antonio, al aparecer ante el público. Entonces, se empezaba el ritual de los himnos de turno, bajo pena de detención, amonestación o cachete si se hacía caso omiso.

El nuevo Régimen ordenó poner nombres españoles a todos los cines con nombres extranjeros (por ejemplo, el Spring pasó a llamarse Murillo) y en los programas o pasquines publicitarios de las películas se tenía que poner "Año de la Victoria". Sin embargo, no se obstaculizó la continuidad de la producción porque el cine era una estrategia política, no sólo como instrumento ideológico, sino también como medio evasivo. Junto al fútbol y los toros, distraía a las masas de la vida política, de los problemas de la represión y del hambre de la inmediata posguerra. Hay que decir que en 1948, Barcelona tenía 127 salas de cine y 18 productoras. En las novelas de Juan Marsé se destacan, sobre todo, las salas de Gracia. Cines como El Mundial, el Iris, el Iberia, el Rovira, el Roxy, el Selecto, el Delicias, ya en el límite del barrio. También se cita el Kursaal, el Metropol, el Comedia, el Coliseum, el Máximo, el Excelsior, el Proyecciones, el Principal, etc.

A pesar de que los estudios Orphea y Lepanto fueran saqueados y su material trasladado en camiones militares a destinos desconocidos, se pusieron en marcha nuevas producciones y se terminaron las empezadas antes o durante la guerra: como la de *Eran tres hermanos*, de Francesc Gargallo, o *La linda Beatriz*, de Josep M. Castellví, ambas comedias de 1939. Aunque, hasta 1942 no pudo recuperarse el ritmo de producción del período anterior. Desde el principio, las productoras españolas financiaron proyectos llamativos; muchos directores consolidaron su carrera; otros nuevos aparecieron con gran fuerza y surgieron muchos actores y actrices que fueron capaces de seducir a los espectadores de la época. A modo de recuerdo, diremos que la productora Cifesa, la más sólida, atrajo a directores como José Luis Sáenz de Heredia (*El escándalo,* 1943), Rafael Gil (*El clavo,* 1944), Ignacio F. Iquino (*La culpa del otro,* 1942), etc. El más destacado, Juan de Orduña, fue director de títulos tan populares como *¡A mí la Legión!* (1942), *Locura de amor* (1948), *Agustina de Aragón* (1950) y *Alba de América* (1951). Cifesa contrató a los mejores actores y actrices de la época: Manuel Luna; Rafael Durán, Amparo Rivelles y Alfredo Mayo –que fueron pareja de moda durante esos años–, o Luis Peña y Aurora Bautista, etc. Cesáreo González fundaba, asimismo, Suevia Films. Se significó por seguir el interés de la época en cuanto a temáticas, intentando compaginar la producción de calidad con otra más popular. Entre sus películas cabe mencionar *El abanderado* (1943), de Eusebio Fernández Ardavín, *Mar abierto* (1945) y *Sabela de Cambados* (1948), de Ramón Torrado, *La pródiga* (1946), *La fe* (1947), de Rafael Gil, etc. Otras firmas como CEA presentaba *Fuenteovejuna*, (1946), de Antonio Román; Emisora Films, *Una sombra en la ventana* (1945) de Iquino; Ballesteros producía *Mariona Rebull* (1946) de Sáenz de Heredia, o Aureliano Campa *Boda accidentada* (1942) de Iquino. Las productoras trabajaban por su cuenta o asociadas para realizar algunos de los proyectos que salieron adelante con éxito. Fue una década importante para el cine español; confirmaron su eficacia para moverse en el proceloso mar legislativo y financiero del Estado, al tiempo que los directores demostraron gran capacidad narrativa y los actores y actrices su calidad interpretativa –aunque, todavía, se mantiene la exagerada expresividad de la representación dramática, en algunos casos. Es la época de un *star-system* consolidado y, sobre todo, del descubrimiento de un amplio cuadro de secundarios (José Isbert, Juan Espantaleón, Antonio Riquelme, Fernando Freyre de Andrade, Guadalupe Muñoz Sanpedro, Camino Garrigó, etc.) sin los cuales, los grandes rostros pocas veces hubieran tenido la réplica necesaria para su personaje.

Hemos comentado lo anterior porque todo ello implicaba el acercamiento laboral de muchos ciudadanos a la nueva industria, que generaba salas de proyección para la difusión de las producciones con todo lo que comportaba. Situación reflejada, de forma reiterada, en las novelas que comentamos. Tanto los personajes principales, como otros secundarios de las novelas marsianas, pueden tener trabajos relacionados con el cine: reporteros gráficos, críticos de cine, directores, *scripts*, actores o actrices, cámaras, acomodadores, pintores de carteles murales anunciadores y, también, pajilleras, taquilleras, fregonas, etc. Por lo que las salas de exhibición que se citan, no son un mero decorado dentro de la ciudad, ni las películas algo neutro que sólo sirva para distraer, sino que son elementos que suscitan motivos dinámicos dentro de los relatos y crean estados de opinión entre los participantes.

Dentro de este marco, podemos comprobar que, a parte del indudable valor canónico literario de las obras señaladas, las novelas de Marsé son también, en su conjunto, un documento histórico/social de gran interés, porque nos conducen, a través de la mirada y del sentir de los personajes en varios sentidos:

- Muestran el valor del cine como industria en esa época, con fuerza para crear nuevas profesiones y, por tanto, como elemento generador de empleo.
- Señalan el valor que tuvieron las salas de proyección como lugar de encuentro, con cierto grado de libertad o por lo menos de impunidad para los barceloneses de los años cuarenta y cincuenta.
- Inducen a reconocer prestigio del cine como espectáculo y como forma de entretenimiento por el tiempo que le dedicaban y la sensación de fascinación que ejercía.
- Reflejan el sentido que cobraban las películas para unos seres que, en esos años en los que todo escaseaba, tenían las sesiones dobles como fuente de inspiración para poder vivir o recrear historias inasequibles de otro modo.

II

Para operar de una manera que permita organizar nuestra exposición, seguiremos cronológicamente las novelas del autor, según su año de edición. Comprobaremos las sugerencias contenidas en alguno o en todos los aspectos.

Encerrados con un solo juguete (1960),[1] la primera novela de Juan Marsé, se centra en la de la falta de motivación de los jóvenes de clase media: por la situación que comportaba la posguerra en su situación de perdedores e hijos de perdedores de la guerra civil, con familias desmembradas por ausencias o huidas y, por tanto, dentro de una atmósfera enrarecida, llena de silencios, de mentiras, de falsos consuelos entre los que todavía permanecen juntos. Corre el año 1949, ya se ha consumido la esperanza de que cambien las cosas después de finalizada la Segunda Guerra Mundial. Ahora, la situación es de una agobiante continuidad que no se sabe ni cómo, ni cuándo terminará. No tienen motivos que les active. Sienten que su futuro está preescrito.

Tina, la protagonista, o su madre, sumida en una depresión, admiran revistas gráficas –se cita *Primer plano*–, que tratan de la vida de actores y actrices; otros personajes también muestran su interés por la información que genera el cine y, aunque en la novela es un asunto secundario, el cine y lo que le rodea es la distracción que más satisface. En *Encerrados...*, la depresión individual y social de los personajes es tan importante que sólo puede producirse cierta gratificación personal en situaciones excepcionales. Gran parte de la historia se desarrolla en la habitación de Tina, donde hay «por el suelo, pisoteadas, revistas de cine y ejemplares de *Reader's Digest*».[2] Si tuviéramos que tomar una imagen de la obra como la más emblemática,

---

1 Juan Marsé (1970) *Encerrados con un solo juguete*. Barcelona. Biblioteca Breve, Seix Barral. 2ª ed.
2 *Encerrados con un solo juguete*, p. 187.

sin duda, sería la de Tina aburrida en su habitación, mirándose en el espejo, acicalándose y rodeada de revistas desordenadas por las muchas relecturas, tiradas por el suelo. Los itinerarios que se siguen por la calle, parecen más para ir o volver a esa habitación donde pasa lo más importante: y no pasa nada. Esa sensación permite inducir a que, en la atonía que había en ese final de década, el cine gozaba de gran prestigio como espectáculo, como forma de entretenimiento, como productor de noticias y de chismorreos.

En la mayoría de salidas, la madre de Tina, ella misma u otros personajes secundarios van al cine. El tema es motivo de muchas conversaciones e incluso de discusiones, por no ponerse de acuerdo respecto a la película que quieren ver o por los comentarios que generan las que han visto. En un momento de la historia, Tina va al cine Coliseum, interesada por una película de «romanos»[3] para estar, junto con otros espectadores durante «hora y media en desventajoso trato con los sueños»:[4]

> — *Eso será un rollo –decía Andrés. Volvió la cabeza y vio el asfalto esmaltado de la calle y la larga cola de gente doblando la esquina Gran Vía-Balmes. Tina miraba los coches que se detenían frente al cine y a las mujeres que se apeaban –la otra taquilla, la otra cola; siempre había estado segura de cuál tenía que ser la expresión adecuada, el gesto exacto al apearse de un coche: una mano en los cabellos, la mirada en algo que está por encima de las cabezas de la gente– Andrés seguía hablando:*
> — *[...] que es una buena película, estuvo solamente una semana en cartel, y en cambio eso... Eso durará cuatro o cinco meses, ¿Me escuchas, Tina?*
> — *Te escucho. Y repito que quiero ver esa película, ¡quiero verla!*
> — *Me parece idiota estarse aquí haciendo cola como borregos.*
> — *Si quieres puedes irte. No voy a perderme* (p. 115).

Al salir Tina del cine, Andrés la espera. Ella ha visto la película y todavía está impresionada por el esplendor del protagonista. Al encontrarse con su novio, lo compara y le reprocha:

> — *¿Por qué andas siempre con la cabeza gacha? [...]*
> — *Quítate las manos de los bolsillos. No sé, en casa pareces alguien, pero luego, entre la gente de la calle, me resultas bien poca cosa. Eres el timo de la estampita, hijo* (p. 120).

Tina está anestesiada por lo que el cine le aporta: sueña con tener los encantos de las actrices en sus estelares papeles y espera que su pareja también tenga visos de actor, lo que provoca al pobre Andrés:

> — *¡Menos leer pijadas sobre Tyrone Power[5] y más salir a la calle a ver qué pasa, eso deberías hacer!* (p. 152).

---

3 *Encerrados con un solo juguete*, p. 115.
4 Ibíd. p. 120.
5 (1914-1958) Hijo de actores, empezó como intérprete en el teatro, con sus padres. Muy pronto, por sus dotes como actor y su atractivo empezó en la 20th Century Fox, de la que se convirtió una gran estrella desde 1936. Las películas importantes, la mayoría de corte romántico y aventurero,

De acuerdo con ello, precisa Marsé en *Un paseo por las estrellas*[6]

[...] el cine estaba muy incorporado a nuestra vida doméstica. Los actores y actrices eran famosos, además de guapísimos. El cine estadounidense era muy artificioso y cumplía el propósito de ser una fábrica de sueños. Imitábamos los tics y las formas de comportarse de los actores famosos de la época. Y su influencia se notaba incluso en las formas sociales. La seducción de Hollywood era tremenda.

Los años cuarenta se iniciaban con la película *Ciudadano Kane* (1940), dirigida por un jovencísimo Orson Welles que rompió muchos esquemas desde el punto de vista visual y narrativo, y en la que tuvo un gran protagonismo el director de fotografía Gregg Toland. También, estuvieron marcados por la producción de películas de "cine negro"[7], con excepcionales aportaciones en obras como *El halcón maltés* (1941), de John Huston, con Humphrey Bogart; *Casablanca* (1942), de Michael Curtiz, con una pareja protagonista inolvidable: Ingrid Bergman y Bogart; *Laura* (1944), de Otto Preminger, con Gene Tierney y Dana Andrews; y *Gilda* (1946), de Charles Vidor, con Rita Hayworth y Glenn Ford. Fueron años de gran variedad temática y de excepcionales interpretaciones. Se puede hablar de Charles Chaplin (*El gran dictador,* 1940), de John Ford (*Las uvas de la ira,* 1940, con Henry Fonda), de William Wyler (*La carta,* 1940; *La loba,* 1941; las dos interpretadas por Bette Davis) y de George Cukor (*La costilla de Adán,* 1949, con una pareja sorprendente: Spencer Tracy y Katherine Hepburn). Asimismo, tuvieron su lugar historias más humanas y evangelizadoras como *Siguiendo mi camino* (1944), de Leo McCarey, con Bing Crosby, musicales como *Escuela de sirenas* (1944), de George Sydney, con la famosa Esther Williams, westerns como *Duelo al sol* (1946), de King Vidor, con Gregory Peck y Jennifer Jones, *Pasión de los fuertes* (1946), de John Ford, con Henry Fonda, Linda Darnell. Con la entrada del país en la Segunda Guerra Mundial, el cine norteamericano de

---

son: *Lloyd's de Londres* (1936) de Henry King junto a Madeleine Carroll; *Suez* (1938) de Allan Dwan junto a Loretta Young; *Tierra de audaces* (1939) de Henry King junto a Henry Fonda y en la que encarnaba al forajido Jesse James; *El signo del zorro* (1940) junto a Linda Darnell y en la que interpretaba al héroe Don Diego de Vega; *Sangre y arena* (1941) junto a Rita Hayworth, Linda Darnell y Anthony Quinn, la dos dirigidas por Rouben Mamoulian; *El cisne negro* (1942) de Henry King junto a Maureen O'Hara; y *El hijo de la furia* (1942) de John Cromwell junto a Gene Tierney. La II Guerra Mundial interrumpió su estrellato; se enroló en la Marina y, a su vuelta a las pantallas, decayó su éxito. Aún así, interpretó películas como: *El filo de la navaja* (1946) de Edmund Goulding junto a Gene Tierney, Anne Baxter, Clifton Webb y John Payne; *El príncipe de los zorros* de Henry King junto a Orson Welles; *El caballero del Mississippi* (1953) de Rudolph Maté junto a Piper Laurie y Julie Adams; *Cuna de héroes* (1955) de John Ford junto a Maureen O'Hara; *Eddy Duchin* (1956) de George Sidney junto a Kim Novak; y, sobre todo, la obra maestra del thriller *Testigo de cargo* (1957) de Billy Wilder junto a Marlene Dietrich y Charles Laughton.

6 Juan Marsé (2002) *Un paseo por las estrellas* (RBA) Conjunto de 36 paseos con la visión que Juan Marsé tiene del cine, que configuran el texto, y que se publicaron hace algunos años en diario *El País.*

7 El *cine negro* sienta las bases fundamentales de su estilo mientras devuelve a los espectadores, como si de un espejo metafórico se tratase, la imagen de una "sociedad en descomposición sustentada en el miedo colectivo" por el aumento del clima de inseguridad que vive EE.UU. debido al incremento de la prostitución, la delincuencia juvenil y la corrupción durante la guerra.

los años cuarenta vio delimitada su producción por el impulso del cine de propaganda, tanto documental, como de ficción, con películas en las que se exaltaba el heroísmo del soldado estadounidense: *Treinta segundos sobre Tokio* (1944), de Mervyn LeRoy, y *Objetivo Birmania* (1945), de Raoul Walsh, con un Errol Flynn capaz de solucionar él solo todos los problemas. Un retrato más realista de soldados que caminan hacia sus objetivos, sufren, tiene miedo y angustia, pasan hambre lo tenemos en *También somos seres humanos* (1945), de William A. Wellman. La creación estuvo condicionada por la las iniciativas del Comité de Actividades Antiamericanas. Directores, guionistas y actores sintieron la persecución implacable de la Comisión dirigida por el senador Joseph McCarthy. Fue la denominada "caza de brujas", una batalla política con la que se pretendió sanear Hollywood de comunistas.

La producción de los cincuenta continuará, a pesar de las dificultades, su marcha con singulares aportaciones. En el western se revisan sus planteamientos, con películas como *Flecha rota* (1950), de Delmer Daves –en la que el *indio* ya deja de ser el malo de la película–, *Sólo ante el peligro* (1952), de Fred Zinnemann, y *Raíces profundas* (1953), de George Stevens. El cine negro con *La jungla de asfalto* (1950), de Huston, muestra su eficacia. El musical alcanza su cumbre con las aportaciones de Stanley Donen y Gene Kelly (*Un americano en París*, 1951; *Cantando bajo la lluvia*, 1952). Hollywood produce mucha ciencia-ficción influido por la literatura de la época y por la tensión de la "guerra fría" entre las dos superpotencias (*Ultimátum a la tierra*, 1951, de Robert Wise; *El increíble hombre menguante*, 1957, de Jack Arnold). Y también, comedias (*Con faldas y a lo loco*, 1959, de Billy Wilder), melodramas (*Obsesión*, 1954, de Douglas Sirk), historias de ambiente juvenil (*Rebelde sin causa*, 1955, de Nicholas Ray) y mucho cine de entretenimiento que llega con las superproducciones (*Los diez mandamientos*, 1956; *Ben-Hur*, 1959, de Wyler) que acomete la industria estadounidense para intentar atraer al público a las salas que durante estos años vive más pendiente de la televisión y del esparcimiento social.

La segunda novela, *Esta cara de la luna* (1962),[8] situada al final de los años cincuenta, muestra la circunstancia que rodea a Miguel Dot, joven e inconformista, hijo del director de un diario conservador de Barcelona. Repudia los comentarios y críticas de cine en la revista *Semana Gráfica*, al parecer, muy cercana a las revistas del corazón «que lleva las fornicaciones principescas y cinematográficas de todo el mundo a la más humilde barraca del Somorrostro».[9] Se le invita a participar como redactor y él se niega. Dot, que pretende innovar e ir contra corriente, funda una revista literaria y de reflexión, que es clausurada por la censura. Intenta conseguir medios para abrir otra publicación y también fracasa. Finalmente, entra en la denostada *Semana Gráfica* como crítico cinematográ-

8 J. Marsé (1962): *Esta cara de la luna*. Barcelona. Biblioteca Breve de Bolsillo, Seix Barral.
9 *Esta cara de la luna*, p. 115.

fico, como forma de supervivencia. Confía en poder distanciar su espacio de otras secciones, pero es imposible, porque la publicidad inserta sobre películas obliga al semanario a ocultar «la verdad y a esgrimir el opio»:[10] no puede evitar las críticas negativas de algunos estrenos y debe ensalzar lo que no lo merece. Como corresponsal y crítico ha de ir a estrenos de «historias lamentables» que al final todo el mundillo de la prensa aplaude. Luego la rueda de prensa en la que están, entre otros, fotógrafos, reporteros, actores y actrices, amigos.[11]

La novela muestra la importancia que tiene el cine como industria, la fuerza que tiene para crear nuevas profesiones y, por tanto, como elemento generador de empleo. También resalta, de forma evidente, sus miserias, su capacidad para crear fantasmas, de hacer crecer o destruir personajes por el papel que ejerce la censura pero, no sólo la oficial, sino la económica e industrial que orienta al ciudadano en general, de una manera provechosa, hacia quien tiene capacidad económica. El mundo económico y laboral que rodea a Dot es el de personajes que aspiran a ser actores o actrices (Julia Lemos), que escriben, en revistas de papel cuché entrevistas o crónicas sobre personajes con historias intrascendentes e incluso vomitivas, plagadas de mentiras y que no deberían interesar a nadie. Además, como en otras obras, el recurso de ir al cine es un motivo distracción de los personajes.

Últimas tardes con Teresa (1965),[12] de la que celebramos el cuarenta aniversario de su primera edición, no contempla el cine a la manera de otras novelas. Aparece en contadas ocasiones, para enmarcar el contexto histórico y social de la novela, o por su carácter testimonial. Teresa la joven burguesa progresista ve y cita películas que contienen historias relacionadas con situaciones políticas consideradas emblemáticas y sentidas como tales en ese momento. Presenta títulos de películas que fueron importantes en la época contenida, 1956-1957 y muchos años después, por mostrar circunstancias revolucionarias que deseaban conocer y emular los jóvenes progresistas. Manolo, el Pijoaparte y Teresa van a ver *Viva Zapata*[13], que el autor comenta con ironía, por permitirle criticar la mezcla de sentimientos y su modo de engañarse de la protagonista:

Marlon Brando cabeceaba astuta y seductoramente (aprende chaval) con el legendario torso desnudo y los negros mostachos de Emiliano Zapata, sentado en la cama junto a su joven esposa en la noche de bodas, mientras Teresa resbalaba

10 Ibíd. p. 145.
11 *Esta cara de la luna*, p. 113.
12 J. Marsé (1966): *Últimas tardes con Teresa*. Barcelona. Biblioteca Breve, Seix Barral.
13 *Viva Zapata!* (1952) EE.UU. dirigida por Elia Kazan, guión John Steinbeck (Novela: Edgcumb Pichon) música de Alex North y fotografía de Joseph MacDonald. Con Marlon Brando, Anthony Quinn, Jean Peters, Joseph Wiseman, Arnold Moss, Alan Reed, Margo, Harold Gordon, Lou Gilbert, Mildred Dunnock, Frank Silvera, Nina Varela. Emiliano Zapata, un joven campesino de la provincia de Moreles, dirige la revuelta campesina mexicana contra los terratenientes de Porfirio Díaz. Con la ayuda de su hermano Eufemio y de Pablo, un viejo amigo, organizan el movimiento de oposición. Fernando Aguirre, un anarquista que se ha declarado a favor de Francisco Madero, otro de los enemigos del presidente, trata de unir a los dos líderes.

en su butaca hasta apoyar la cabeza en el respaldo y dejar al descubierto, con radiante veleidad, una buena parte de sus muslos soleados. Muy infantil, relajada y feliz, mientras consideraba aquella hermética belleza de la mandíbula del astro, con el rabillo del ojo captaba turbulentas miradas de Manolo lanzadas a su perfil. La escena que se desarrollaba en la pantalla (conmovedora estampa del héroe popular: el revolucionario analfabeto que, consciente de su responsabilidad ante el pueblo, en su noche de bodas le pide a su bella esposa lecciones de gramática en lugar de placer) tenía tanta fuerza que Teresa, creyendo que el muchacho experimentaba la misma satisfacción que ella, que sus miradas expresaban emociones afines, volvía a menudo la cabeza a él y le sonreía.[14]

Marsé aprovecha la escena para ironizar sobre algunas actitudes de los jóvenes universitarios que sólo eran una caricatura de lo que seguramente hubieran debido hacer para conseguir unos cambios más eficaces y rápidos. En algún momento, saca a colación el lamento por la censura impuesta a *El Acorazado Potemkin*[15] «cuándo nos dejarán verla»[16] porque podía verse sólo en sesiones privadas para privilegiados, con copias llegadas desde fuera, traídas por espectadores bien conectados con el exterior del país. Desde el punto de vista formal, en ciertos momentos, la novela recoge la tradición cinematográfica del *flash back* al retroceder a épocas anteriores a las de la propia historia, para hacer más comprensible el presente.

De *La oscura historia de la prima Montse* (1970)[17] interesa su argumento para ver lo que significa el cine para sus personajes. Paco, el narrador, viene de París con el fin de tramitar unos permisos de filmación en la ciudad. Él es ayudante de dirección pero ahora viene en calidad de miembro de producción. La historia rememora la actuación de la familia Claramunt, en relación con Manuel –en muchos aspectos un desdoblamiento de Manolo Reyes, el Pijoaparte de *Últimas tardes con Teresa*– durante unos años de presidio, en los que conoce a Montserrat Claramunt, catequista de una parroquia cercana al Carmelo, por medio de la Jeringa, también presente en la novela anterior que, de vez en cuando, va por la iglesia y pide a la catequista que interceda por el chico, que está en la cárcel. Se evoca el recuerdo de lo ocurrido casi diez años antes; en una larga conver-

14 *Últimas tardes...*, p. 182.
15 *El Acorazado Potemkin* (Bronenosets Potyomkin) (1925) nacionalidad rusa, dirigida por Sergei M. Eisestein y guión de Nina Agadzhanova y Sergei M. Eisenstein. Interpretada por I. Bobrov (marinero), Beatrice Vitoldi (mujer del carrito de niño), Julia Eisenstein (ciudadana de Odessa). Los marineros del acorazado Potemkin soportan duras e injustas condiciones de vida. El intento por parte de los oficiales al mando, de darles carne podrida para comer, hace estallar el conflicto. En junio de 1905 el acorazado de la flota del zar "Príncipe Potemkin de Táurida" se encuentra fondeando frente al puerto de Odessa. Dos marineros de la tripulación incitan a sus compañeros a sumarse a la revolución. Después de una dura batalla consiguen apoderarse del barco. Comenzarán entonces una revolución que más tarde se extenderá por el puerto de Odessa y por toda Rusia. Toda la población de Odessa desfila por el muelle, en señal de dolor por los marineros muertos, y dan víveres a los rebeldes. El almirantazgo ordena al ejército cargar contra el pueblo, provocando una matanza a la cual responderá el acorazado Potemkin, gobernado por los rebeldes, luchando contra toda la escuadra del zar.
16 *Últimas tardes...*, p. 185.
17 J. Marsé (1970): *La oscura historia de la prima Montse*. Barcelona. Seix Barral, Nueva Narrativa Hispánica.

sación sostenida entre Paco y Nuria, primos y amantes, desde la cama de una habitación de la medio derruida torre de la familia Claramunt, situada en la Avenida Virgen de Montserrat. Hay entradas, de forma directa, de los hechos y diálogos reales habidos en aquél entonces; todo fue un cúmulo de desgracias de las que, en parte, se sienten culpables. Montse era hermana de Nuria; en su quehacer apostólico, visitaba a encarcelados por la justicia. La muchacha se enamora de Manuel, con el que como antes ocurriera con Teresa, les separa, además de la cárcel, su clase social; cuando sale liberado y los padres de la burguesita se enteran de su relación con la chica, ponen todos los medios para alejarlo de Montse; corrían los años sesenta. Ofrecen trabajo y seguridad al muchacho, a cambio de que deje a su hija. Manuel no es sensible a idealismos y, sin dudarlo, acepta el cambio: estabilidad emocional, por estabilidad laboral. La muchacha estaba enamorada y le parecía sentirse correspondida por Manuel; ante su abandono, cuando además está embarazada, se suicida. Este suceso golpea duramente a Paco que, también se había sentido atraído a casarse con su prima para ascender socialmente. El impacto del suicidio le hace reaccionar, se da cuenta de su falta de categoría moral y opta por marcharse a París en busca de una oportunidad que le permita ascender socialmente por sus propios méritos.

Paco había nacido en 1939; es hijo de Conchita Claramunt y de un actor de cine secundario, cordobés que había sido alférez durante la guerra civil. Nunca bien recibido por la familia y que muere cuando el niño tiene cinco años, de un paro cardíaco, durante el rodaje de una película en la que encarna el papel de un bandolero andaluz. Después del suicidio de Montse, Paco se va a París como ayudante de dirección de películas eróticas o pornográficas gracias el apoyo de algunas amistades de su madre que había sido *script*. El cine y su entorno hacen posible el desarrollo y la evolución del personaje de Conchita, madre de Paco. Aunque su papel es secundario, propicia la acción de la historia presente y dinamiza el relato, desde el principio. En el pasado: fue *script*, «contraviniendo todas las voces armoniosamente dispuestas»[18] de la burguesa familia Claramunt. Se empareja con «un oscuro actor de cine»[19] que deviene en padre de Paco. A su muerte, vuelve a emparejarse; primero con un productor cinematográfico, posteriormente con un cámara, a continuación con un director de cine de origen franco-argentino, con un "doble de luces" uno de «los que se prestan para las pruebas de iluminación en el cine, ésos que doblan a los actores antes de rodar»,[20] con un fotógrafo de foto fija, también relacionado con el cine… Por todo ello, le hacen sentir la oveja negra de la familia y se ve obligada a alejarse. Se marcha a vivir con su hijo a San Pedro de Alcántara, en la provincia de Málaga, con el fotógrafo que enseña a Paco «los secretos del revelado y del retocado».[21] En aquél entonces, Paco se especializó en fotografías de bodas, bautizos y

---

18 *La oscura…*, p. 67.
19 *La oscura…*, p. 67.
20 *La oscura…*, p. 87.
21 *La oscura…*, p. 73.

primeras comuniones. Más tarde, por el conocimiento que tiene su madre del mundo del cine, le introduce en la ocupación que tiene ahora. Es evidente que la señora tiene ocasión de descubrir el medio cinematográfico desde múltiples perspectivas. Profesionalmente, por su trabajo, y, por sus sucesivas relaciones sentimentales, en relación con actividades a las que no se ha dedicado personalmente. Ya en el presente de la historia, Paco confiesa a Nuria su amor por el cine, desde siempre. En alguna ocasión le dice que su máxima ilusión es rodar una nueva versión de la película mítica, *Los tambores de Fu-Manchú*[22]. Por todo ello, vemos que la obra muestra el valor que tiene el cine como industria y como elemento generador de empleo, también durante los años sesenta. Asimismo, induce a reconocer el prestigio del cine como espectáculo, por la sensación de fascinación que ejerce, también entre los que lo conocen desde dentro.

La obra parte de ideas y de conceptos, pero la lectura de la novela permite hacer una perfecta visualización de los contextos físicos o sociales en los que se desarrollan las escenas, de las características físicas psíquicas, éticas y estéticas de los personajes. Permite ver y distinguir perfectamente entre el pasado narrado y el presente que recuerda el pasado, en clave narrativa, con entradas en directo. La obra está relatada en primera persona y con reiterados *flash-back*, de influencia cinematográfica, que llevan en directo, a bastantes años antes. Por medio de acotaciones, se identifica fácilmente la personalidad, la forma de ser, de pensar y de actuar de los actores, de acuerdo con el rol que se le adjudica a cada uno.

Si te dicen que caí (1974)[23] obtuvo el premio "México" de novela en 1973. Fue otorgado por un jurado internacional entre el que figuraba el propio Mario Vargas Llosa.[24] Relata la vida de los años cuarenta en el barrio del Guinardó, de Barcelona. Son un espejo de lo que también podía ocurrir en otros barrios de muchas ciudades españolas. Se muestran las penurias de adultos y niños, vistas por unos adolescentes que ejercen de narradores múltiples, por las muchas voces de los testigos y participantes. El autor, en ocasiones, también interviene. La parte de la historia que cada uno conoce permite componer el rompecabezas del total de la novela. Todo ello reconstruido casi treinta años después por Ñito, antes Sarnita, celador del depósito de cadáveres del Clínico, que reconoce los de Java y su familia

---

22 *Drums of Fu Manchu* (1940). Presentando a Henry Brandon y Robert Kellard (Serial de la Republic) 15 Episodios (269 minutos). Episodios: 1. Fu Manchu Strikes, 2. The Monster, 3. Ransom In The Sky, 4. The Pendulum of Doom, 5. The House of Terror, 6. Death Dials A Number, 7. Vengeance of The Si Fan, 8. Danger Trail, 9. The Crystal of Death, 10. Drums of Death, 11. The Tomb of Ghengis Khan, 12. Fire of Vengeance, 13. The Devil's Tatoo, 14. Satan's Surgeon, 15. Revolt! Estrenado en España en tres jornadas, con los títulos: "Los tambores de Fu-Manchú", "La venganza del Si-Fan", y "La venganza de Fu-Manchú". Intérpretes: Fu Manchu: Henry Brandon, Sir Denis Nayland Smith: William Royle, Allen Parker: Robert Kellard, Fah Lo Suee: Gloria Franklin, Dr. Flinders Petrie: Olaf Hytten, Professor Edward Randolph: Tom Chatterton, Mary Randolph: Luana Walters, Sirdar Prahin: Lal Chend Mehra, Professor Parker: George Cleveland, Howard: John Wilson, Loki: John Merton, Anderson: Dwight Frye, Dr. Humphrey: Wheaton Chambers.
23 J. Marsé (1976): *Si te dicen que caí.* Barcelona. Seix Barral, Biblioteca Breve.
24 Además de José Revueltas, Miguel Otero Silva y Ángel María de Lera, según Rafael Conte *El realismo proscrito: J. Marsé.*

después de un accidente de automóvil;[25] le acompaña Sor Paulina, antes Paula, ambos vecinos y compañeros de juegos de la calle Verdi. La presencia de los muertos en la sala de autopsias evoca el recuerdo compartido entre Ñito y la religiosa de lo que había sido la infancia de todos. El relato entremezcla presente y pasado en forma cercana a la conversación. La novela muestra unos personajes en un contingente espacio-temporal concreto, en el que confluyen: los golfillos de la calle Verdi, las niñas huérfanas de los perdedores de la guerra –alojadas en el orfanato de las Ánimas–, el sector derechista, los maquis o guerrilleros urbanos, algunos militantes políticos de la resistencia, etc. Todos actúan ante la mirada indiscreta e imaginativa de Sarnita que explica y reconstruye por medio de *aventis*[26] todo cuanto ve y oye a sus compañeros de calle e informa de los hechos al propio lector. La técnica toma visos cinematográficos para los oyentes porque el relato está lleno de imágenes representables y, en la época en la viven, lo que más desean es conocer historias ajenas, y las mejores son las del cine. En algún momento, un personaje le dice a Sarnita: Qué bien inventas… es igual que una peli.[27]

Toda la historia es, en sí misma, una evocación impregnada de sentido cinematográfico, tanto en su carácter formal como en el significativo. La estructura de la novela entrecruza líneas de información, personajes, espacios y tiempos, de forma interactiva; permite ir construyendo la historia de forma polifónica, sin que, hasta el fin, tengamos todas las claves para entenderla. Por otra parte, los personajes viven en un mundo que parece de ficción, dentro de la propia ficción de la historia: transforman la realidad que ven para convertirla en relatos casi fantásticos, con aportaciones de todos:

> *Esos primeros tanteos con las palilleras del Roxy, esa visita como espía al bar Continental, entrando con el saco de tela de colchón al hombro y la romana colgada al cinto, cantando: papeles, botellas, con ronca voz de adulto; ese primer encuentro con el tuerto que resultó que también la buscaba, esas primeras chispas de la Fueguiña que habían de acabar en el incendio, legañoso, ¿de verdad nos divertían? ¿De verdad podían parecernos tan emocionantes como las pelis del cine Rovira o del Delicias?[28]*

Los personajes juegan con situaciones dramáticas que les evocan las películas vistas:

---

25 La novela se inicia y termina en el año 1969-70, y en ese presente, Ñito y Sor Paulina evocan, el pasado sórdido y lejano del tiempo de la posguerra ante el compañero de juegos infantiles, ahora sin vida. Entre el presente y el pasado novelado, se ha producido un substancial cambio en las posibilidades sociales. Java había conseguido salir de la inicial pobreza. Era joyero, se había casado y tenía descendencia. Su vida gozaba de una cierta holgura material: Su cadáver llevaba joyas, su mujer e hijos iban bien vestidos, tenía una bonita casa y un automóvil, Simca 1200, en una versión de lujo. Signos evidentes, luego confirmados, de haber traspasado la puerta de la clase media. Conseguir este hito le pasa una factura excesiva, puesto que el ansia consumista en la que inscribe el afán de velocidad, le ha ocasionado la muerte por accidente en las costas de Garraf, a la vuelta del descanso de un fin de semana, posiblemente en su segunda vivienda.
26 Narración imprecisa y de bordes irreales.
27 *Si te dicen que caí...*, p. 103.
28 *Si te dicen que caí...*, pp. 129-130.

— Tú vas vestida de hombre, con la túnica y el cinturón de oro de San Miguel, con la capa, la espada y el casco. Pero figura que eres una chica, ¿entiendes?, quiero decir que eres una chica de verdad pero te haces pasar por hombre. Y nosotros no lo sabemos.
— Y éste lucha contigo y os caéis al suelo, pierdes el casco y se te ven los cabellos largos de chica, así, mira, como en La Corona de Hierro.[29]
— ¿La has visto?
— No.
— Bueno, es igual. ¿Y Suez[30], la has visto?
— Ésta sí.[31]

También, juegan a adivinar títulos de películas, utilizando fórmulas que estaban muy de moda. "Se levanta el telón y se ve…":

Un fulano va por la calle y le cae de un balcón una braga en la cabeza, luego otra braga y otra y otra hasta que tantas bragas lo matan, ¿cómo se llama la peli, Susana? Bragada criminal[32, 33].

29*La corona de Hierro (La corona di Ferro)* (Italia, 1941) Dirección: Alessandro Blasetti. Guión: Corrado Pavolini, Giuseppe Zucca, Guglielmo Zorzi, Renato Castellani, Alessandro Blasetti. Fotografía: Vaclav Vich, Renato Castellani. Escenografía: Virgilio Marchi. Vestuario: Gino C. Sensani. Música: Alessandro Cicognini. Montaje: Mario Serandrei. Intérpretes: Arminio y Licinio (Massimo Girotti), Sedemundo (Gino Cervi) Elsa y madre de Elsa (Elisa Cegani) Tundra y madre de Tundra (Luisa Ferida) Eriberto (Osvaldo Valenti). Entre mitología clásica y aspiraciones hollywodianas, la película cuenta la leyenda de un joven repudiado por su propia tierra, de cómo se hace hombre y recupera su honor. Todo nace de una tragedia: en el imaginario país de Kindaor, el malvado Sedemondo asesina a su hermano, el rey Licinio, para usurparle el trono y satisfacer su avidez. Consumado su plan, Sedemondo encuentra en el bosque a una enigmática anciana que le vaticina atroces desgracias en su nuevo reinado. Preocupado, el tirano abandona en el valle de los leones al pequeño Arminio, hijo de Licinio, pero los feroces animales, en vez de matarlo, lo crían como a uno de ellos. Ya adulto, Arminio conoce a la joven Tundra, hija de un rey traicionado y derrotado por Sedemondo, y se alía con ella para reconquistar su trono. Mientras tanto, el pérfido soberano ha convocado a los mejores caballeros del reino a un torneo. Arminio participa, gana valerosamente y conquista la mano de Elsa, la hija de Sedemondo. Arrebatado por el coraje de Arminio, el pueblo se rebela y lo ayuda en la revuelta. El héroe, tras el sacrificio de Elsa, se casa con Tundra y reina con ella en Kindaor. La profecía de la anciana se ha cumplido.
30 *Suez* (1938) dirigida por Allan Dwan. Guión de Philip Dunney y Julien Josephson. Intérpretes: Tyrone Power, Loretta Young, Annabella, Sig Rumann. Presenta la figura del impulsor de la construcción del Canal de Suez, Ferdinand de Lesseps, (Tyrone Power). Muestra los problemas con que se encontró Lesseps para desarrollar la idea de la construcción del famoso canal y los dilemas amorosos del personaje. Aborda, también, los temas políticos existentes en el periodo de Napoleón III. Republicanos y monárquicos se enfrentan en Francia mientras en Egipto Lesseps lucha contra la naturaleza, las dificultades económicas y las trabas legales con el objetivo de terminar el cauce, después tan importante para la economía mundial. Trata, también, sus relaciones algo superfluas. La historia destila la esencia del cine de la época, con una ambientación bastante conseguida. Tyrone Power y Annabella contrajeron matrimonio al año siguiente.
31 *Si te dicen que caí…*, p. 229.
32 *Brigada criminal (1950)* España. Dirigida por Ignacio F. Iquino, Guión: Manuel Bengoa y Juan Lladó. Fotografía: Pablo Ripoll, Música: Augusto Algueró hijo. Interpretación: Antonio S. Amaya, Bernabe Barta Barri, Tomy Castels, Pedro de Córdoba, Alfonso Estela, Matías Ferret, Maruchi Fresno, Manuel Gas, Soledad Lence, Mercedes Mozart, Carlos Otero. José Manuel Pinillos, Carlos Ronda, José Soler, José Suárez, Fernando Vallejo, Isabel de Castro, Pedro Córdoba de Córdoba, Sinopsis: Recién salido de la escuela de policía, Fernando Olmo es encargado de la detención de un vulgar ratero, circunstancia que le lleva al ocasional conocimiento de unos individuos que integran una peligrosa banda de atracadores; banda en la que consigue introducirse como un elemento más. Su sagacidad le permitirá llevar delante con éxito su simulación.
33 *Si te dicen que caí…*, p. 219.

Viven las ficciones cinematográficas de los cines del barrio como si de realidades se tratara o las representaciones teatrales de la parroquia con dramatización de pasajes de la Biblia, como la ficción de la ficción, representada por imperativo de la situación.

Las salas cinematográficas dan, también, lugar a la acción de la historia. La primera cita está en la página 69, cuando la resistencia elige el cine Roxy para un atentado en el que muere un policía: como cebo se han dejado unas octavillas subversivas en la puerta y en el vestíbulo. También en el barrio del Paralelo, en un cine que no nombra, junto al teatro Cómico, establecen contactos entre los maquis, en momentos que hay mucho público. Palau, también maqui, comete un robo en los lavabos del cine Kursaal, para sobrevivir él y el grupo. Los cines son un lugar de encuentro discreto; amparados por la oscuridad, permiten comunicarse, informarse, conspirar con personas cuya libertad e incluso integridad física peligra si son vistos a la luz del día. A los golfillos de la calle Verdi les encanta ir al cine, pero el cine cuesta dinero y tienen que ingeniárselas para poder entrar sin pagar, granjeándose la amistad del portero, del acomodador, de la fregona –la madre de Sarnita «friega el cine Rovira y a veces le dan entradas gratis»–[34] o, simplemente, sorteando la vigilancia del que está a la entrada. La figura de la pajillera es habitual y casi emblemática. Están en las últimas filas del gallinero del Bosque, del Roxy o del Delicias, con su higiénico trabajo consiguen unas pesetillas para matar el hambre, al tiempo que el cliente se deleita excitado por una película. Todo ello refleja el sentido que cobraba el poder de la fantasía en unos años en los que todo escaseaba, a partir de las sesiones dobles como fuente de inspiración, para poder vivir o recrear historias inasequibles de otro modo.

Confidencias de un chorizo (1977)[35] son una serie de relatos cortos que tratan de la transición democrática a través de confidencias, entre ingenuas y cínicas, de Paco, el chorizo, a un comisario y de algunas de las cosas que pasan en ese tiempo en Barcelona. En el repaso a los relatos vemos que, ya en el título, muchos incluyen palabras o frases que inducen a elaborar metonimias o paronomasias, relacionadas con el cine. *El ladrón de noticiarios No-Do, Vuelven los tambores de Fu-Manchú, Mareante moviola, Las largas vacaciones del 36, El ciclista de J. A. Bardem en la cárcel, Mirando hacia el poder con ira, Los dulces hoyuelos de Lana Turner, Bogart, Los horrores de la moviola loca.*[36]

En los relatos, se alude al empeño de coleccionistas a recopilar reportajes cinematográficos con valor histórico, la búsqueda de la película *Raza*[37], emblemática del franquismo; se ironiza sobre la vergüenza que suponía tener que soportar la censura de películas que en el extranjero se podían

---

34 *Si te dicen que caí...,* p. 258.
35 J. Marsé (1977): *Confidencias de un chorizo*. Barcelona. Planeta,
36 Ibíd. pp. 9-10.
37 Trata de la guerra civil desde el punto de vista de los vencedores. Basada en la novela con el mismo título, escrita por Jaime de Andrade, seudónimo de Francisco Franco y dirigida por José Luis Sáenz de Heredia en 1941.

ver sin cortes. Se critica actores o actrices de actuación vacua o poco comprometida. Se relacionan las horas que se está delante de la televisión que favorece la diarrea mental, es decir, la idiotez galopante del telespectador.[38] Se ve que series de éxito de televisión como *Kojak,* son armas peligrosas que pueden matar a cualquiera.

La muchacha de las bragas de oro[39], Premio Planeta, 1978. Es de las obras más alejadas del cine de Marsé en cuanto a referencias explícitas al género por parte de los personajes, pero toda ella está concebida como una gran representación, entre teatral y cinematográfica, en la que las imágenes y la actuación de los participantes adquieren, en sí mismos, un valor real y simbólico muy cercano a la que se puede ofrecer, por tragicómico, en *reality show* de medios de comunicación. La presencia tangible y constante de la cámara fotográfica con la que Mariana pretende hacer junto con Elmyr un reportaje gráfico de imagen fija para ilustrar la biografía que está escribiendo, contrasta con la evocación del recuerdo sesgado que se quiere imponer. Luys Forest, había estado en los servicios de propaganda del régimen franquista y ahora desea lavar su imagen y dar la políticamente correcta para los tiempos que corren, lo que le obliga a evaluar permanentemente todo lo que va recogiendo para que sus "memorias" sean publicables; además de esta metalepsis relacionada con los medios, reiterada en toda la obra está, a modo de sugerencia paródica de cuanto ocurre dentro de la casa, la presencia de un aparato de televisión que Mariana mantiene parpadeando, sin voz, como elemento de compañía, chispeante, constante. Los personajes ausentes de los que hablan en alguna ocasión, también están, en buena medida, relacionados profesionalmente con los medios de comunicación: su hermana regenta la dirección de una revista del corazón o uno de sus hijos, el pequeño, trabaja en publicidad.

Un día volveré (1982)[40] evoca la traducción del título español dado a la película norteamericana *Paris Blues*[41], dirigida por Martin Ritt. Vuelve

---

[38] *Confidencias de un chorizo...,* p. 131.
[39] Resalta a ciertos representantes burguesía catalana que ahondan en su pasado, más o menos ligado a la guerra, y recuerdan los motivos de sus frustraciones. El protagonista es un exfalangista que ahora enjuicia y analiza su vida con el pretexto de escribir sus memorias. La novela ofrece una antítesis generacional por medio del enfrentamiento del pasado franquista de Luys Forest y el presente *hippi* de su sobrina Mariana. El presente, analítico y crítico, se sitúa en el verano de 1976, desde el que se evoca la trayectoria y progresiva ascensión social de este hombre. Por medio de una serie de *flash-backs,* se recuerda de forma directa el matrimonio, la crisis de pareja y la política de este arribista que borra o modifica de su pasado todo aquello que ahora puede estar mal visto. Intenta exculpar sus actividades de militancia fascista y esconde la simbología del yugo y las flechas que había exhibido orgulloso, bajo unas paletadas de cal. Ante esta reconstrucción de su vida, Mariana, la sobrina transcribe sus memorias desde su estética *hippi* y actúa de revulsivo irónico y crítico del pasado de su tío y de lo que pretende representar. Durante el tiempo que permanece allí se desarrolla una fascinación entre tío y sobrina, a pesar de sus diferencias, por sus semejanzas de carácter quebradizo e inseguro de ambos, y el descubrimiento de Mariana que *la adhesión* al régimen de su tío fue más una duda, que fe en el franquismo. El frustrado suicidio final es una muestra más de otros absurdos rituales, que nunca llegaron a consumarse.
[40] J. Marsé (1982): *Un día volveré.* Barcelona. Plaza y Janés/Literaria.
[41] *Un día volveré* (1961) EE.UU. Título original: *Paris Blues,* Dirección: Martin Ritt, Guión: Lulla Rosenfeld, Irene Kamp, Walter Bernstein, Jack Sher, Harold Flender, Música: Duke Ellington

a los paisajes de Gracia (plaza Rovira, calles Torrente de las Flores, San Salvador, Sors, Travessera), del Guinardó y de Horta (Av. Virgen de Montserat, calles Cerdeña o Camelias, plaza Sanllehy, etc.) de la ciudad de Barcelona. Regresa a las Ánimas, a las *aventis;* al recuerdo de los maquis –vuelve a aparecer el *Taylor*, también presente en *Si te dicen que caí...*–, un robo para conseguir dinero para la causa, llevado a acabo el año 1947 por el ex boxeador Jan Julibert Mon, es el motivo que activa la historia; el tiempo del relato es 1959 después de doce años de prisión del personaje. Como en *Si te dicen que caí,* se hace una narración polifónica de los hechos –con estructura menos compleja–, en la que intervienen los atentos e imaginativos adolescentes: Néstor Julibert –protagonista y sobrino de Jan–, Oreneta, Paquita, que explican, comentan e interpretan lo que ocurre a su alrededor, bajo sus diversos puntos de vista, con la intervención de otros adultos que les explican sucesos que ellos no han vivido y la puntual intervención de un narrador omnisciente que nos acerca a sus pensamientos. El cine está presente y ayuda a la supervivencia de esa sociedad sin recursos ni alicientes: a los chicos para soñar los sábados o domingos; a los adultos para olvidar durante un rato las preocupaciones, pero también como una forma de ganarse la vida. Es evidente que el cine condiciona la existencia del viejo Suau, el abuelo de Paquita, que trabaja como pintor de carteles para las fachadas de las salas del Verdi, a partir de fotos de los programas de mano, con escenas de las películas que se exhiben; y, condiciona la vida de Balbina Roig, la madre de Néstor, que trabaja como pajillera en el cine Roxy o el Rovira –además con poco éxito por ser vecina del barrio y, por tanto, demasiado conocida por buena parte de los posibles clientes. Otros personajes secundarios de la obra también viven del cine en sus diversas expresiones y ocupaciones: acomodadores, fregonas, etc. Los cines Delicias, Verdi, Proyecciones, Roxy, Rovira, etc., no sólo son lugar donde se ve un película de vez en cuando, sino que forman parte de sus vidas y dentro de sus salas ocurren hechos importantes, en los que participan. En los lavabos del Proyecciones se suicida el policía Polo, ahorcándose con la cadena del perro al que paseaba diariamente. La vida tangible de las calles y la virtual de las pantallas se funde, asimismo, dentro de los personajes más jóvenes de la historia, como se señala en la segunda página del primer capítulo de *Un día volveré*: «Teníamos la sensación de lo ya visto, de haber vivido esta aparición en un sueño o tal vez en la pantalla del Roxy o del Rovira en la sesión de tarde de un sábado».[42] La trama se desarrolla entorno al bar *Trola* con el bodeguero Sicar como jefe de Néstor y como nexo entre los personajes.

Montaje: Christian Matras Reparto Paul Newman, Joanne Woodward, Sidney Portier, Diahann Carroll, Marie Versini, Louis Armstrong, Barbara Laage, Serge Reggiani, Andre Luguet. Sinopsis: Ram va a la estación de San Lázaro a esperar al gran trompetista Wild Man Mooer, allí conoce a dos turistas, Connie y Lillian, y las invita a que vayan a oírle tocar en el Club De Marie. Por su parte, Wild Man le ha prometido que hará llegar su partitura a un importante empresario.
42 *Un día volveré*, p. 10.

En *Ronda del Guinardó* (1984)[43] se explica la historia de un inspector de policía,[44] enfermo y a punto de jubilarse, que va a las Ánimas, el orfanato de la calle Verdi en busca de Rosita, una niña de trece años que había sido violada dos años antes. Quiere que le acompañe al hospital Clínico para reconocer el cadáver de un delincuente que le parece es el culpable de la violación. La chica trabaja fuera del orfanato durante el día. La novela se desarrolla en Barcelona, en mayo de 1947, cuando se anuncia en los diarios la capitulación de Alemania. La historia se desarrolla durante una jornada, en un itinerario que va desde la calle Verdi, al Clínico durante el que se mantiene una larga conversación entre el policía y la niña, que habla sobre temas del barrio, que la niña conoce bien porque hace servicio doméstico a domicilio en muchas casas. En los comentarios que hace, falsea la realidad hasta los límites que cree quiere oír el policía. Durante todo el trayecto, la niña protesta de forma reiterada porque no quiere reconocer a su potencial violador, ni después de muerto; se intercala el paso de la chiquilla por las distintas casas en las que hace faenas domésticas –entre las que también está la prostitución–, mientras el inspector le espera en la calle, sentado en un banco o en un bar. A parte de su estructura como forma cinematográfica muy característica, un *road movie*[45] urbano, la referencia cinematográfica más representativa de la novela es la que hace del cine Iberia situado en la calle Praga, donde proyectan *El embrujo de Shanghai* y de la que la niña dice:

— *Qué peli más extraña...la he visto dos veces y no la entiendo. Estará cortada.*[46]

La frase es corta y el autor no da más referencias, pero el título de la película es el correspondiente a la novela que publique en 1993.

Teniente Bravo (1986)[47] contiene cuatro relatos breves y sin relación entre sí, titulados: *Historia de detectives*[48], *El fantasma del cine Roxy, Teniente bravo, Historia de Bocaccio.* En el primero, unos chicos –Juanito Marés, David Bartra[49], Jaime y Mingo Roca– metidos en un automóvil– *Lincoln Continental 1941*– abandonado en el barrizal del Campo de la

---

43 J. Marsé (1984): *Ronda del Guinardó*. Barcelona. Seix Barral, Biblioteca Breve.
44 Del que no se da el nombre pero que por su figura, características y forma de comportarse, encaja con el inspector Galván también presente en *Rabos de lagartija*
45 *El Diablo Sobre Ruedas* (Duel) (1971) de Steven Spielberg En 1973 George Lucas rodó *American Graffiti* pueden considerarse *road movies* con sabor clásico. Posteriormente, *Thelma y Louise* (1991), *Kalifornia* (1993), *Perfect World* (1993), *Natural Born Killer* (1994), o más recientemente *Diarios de motocicleta* (The Motorcycle Diaries). (2004) de Walter Salles
46 *Ronda del Guinardó...*, p. 30.
46 *Ronda del Guinardó...*, p. 30.
47 *Teniente Bravo* (1986) Seix Barral, Biblioteca Breve, 1987. Antes, publica La fuga de río Lobo (Destino, 1985) es un relato para niños en el que se cuenta cómo Amador se harta un día de sus juguetes electrónicos, se va al Valle y descubre el río Lobo y a una rana cascarrabias. Juntos construyen una balsa pirata y navegan inventando aventuras y palabras. De repente, el río desaparece y los dos amigos inician su búsqueda. Publicada en italiano por Mondadori.
48 Teniente Bravo Tritón Producciones Cinematográficas adquirió los derechos para un cortometraje en formato 35 milímetros basado en el relato "Historia de detectives".
49 Nombre recogido en el protagonista y conarrador de *Rabos de lagartija.*

Calva en lo alto de la calle Verdi, juegan a detectives. Se entretienen contando historias de crímenes, mujeres solas, amores desafortunados y peripecias interminables. En sus pocas treinta páginas, el cine tiene presencia constante. Los participantes del relato emulan personajes de películas:

> *Juanito Marés escrutó a David y a Jaime, en los asientos de atrás, y después a mí. Al clavarme el codo en las costillas, comprendí que me había elegido:*
> *— Bonitas piernas –dijo mirando a la mujer.*
> *— Sí, jefe.*
> *— ¿Te gustan?*
> *— Ya lo creo, jefe.*
> *— Pues no las pierdas de vista.*
> *Entornó los ojos de gato y puso cara de viejo astuto Barry Fitzgerald[50] ordenando al poli sabueso seguir a la chica en La Ciudad Desnuda...[51]*

La cara y ojos de Marés son expresamente confundidos con la del "viejo astuto Barry Fitzgerald" que no es otro que el actor dublinés protagonista de la película que comentan o, la de la mujer de la boina que siguen, aseguran que es igual que la de Fu-Lo-Suee, la hija de Fu-Manchú, «los mismos ojos de china perversa y venérea, caliente y oriental».[52] Poco después, hacen una paronomasia entre el apodo que le adjudican al panadero, Charles Lagartón y el actor Charles Laughton, del que dicen que se comporta «como si estuviera de pie en la cubierta de la "Bounty" poniendo cara bestial de capitán Bligh con su asquerosa verruga en la mejilla».[53] O, Jordi Jardí, un actor secundario, es comparado con un «galán maduro y refinado a lo Charles Boyer».[54] Todo es un juego divertido, como una ensoñación, porque los propios niños saben que "juegan a películas". Aluden, como lugares de referencia en su brújula particular, el cine Mahón, el cine Roxy y el Miramar, todos de Gracia.

El fantasma del Cine Roxy, el segundo relato, es un falso guión cinematográfico que recoge buena parte de los mitos marsianos; fantasea con los espectros de las películas de los cines de barrio con programa doble y No-Do, poco después de ser derribada sala del Roxy, para colocar un banco. El cuento es una forma de homenaje a todas las salas que se han ido perdiendo:

SECUENCIA 37. CINE.
Interior/Exterior. Noche (Blanco y negro)

---

50 *La ciudad desnuda* (1948) (The naked city) EE.UU. Dirigida por Jules Bassin Guión: Malvin Wald, Albert Maltz Música: Frank Skinner, Miklos Rozsa Montaje: William H. Daniels Interpretes: Barry Fitzgerald, Howard Duff, Dorothy Hart, Don Taylor, Frank Conroy, Ted De Corsia, House Jameson, Anne Sargent, Adelaide Klein, Grover Burgess, Tom Pedi, Enid Markey, Mark Hellinger, Curt Conway, Walter Burke, David Opatoshu. Sinopsis: Se describen las investigaciones llevadas a cabo por la policía para descubrir al asesino de una bella modelo. Película filmada íntegramente en las calles de Nueva York, y consiguió dos Óscars: a la mejor fotografía en blanco y negro y mejor montaje, siendo también nominada para el mejor argumento
51 *Teniente Bravo.* "Historia de detectives", p. 8.
52 *Teniente Bravo.* "Historia de detectives", p. 13.
53 *Teniente Bravo*, "Historia de detectives", p. 16.
54 *Teniente Bravo*, "Historia de detectives", p. 30.

Cine Selecto[55] en la barriada de Gracia, verano de 1941, público dicharachero picantón en la platea un rancio olor a jabón barato de fabricación casera y a tortilla de cebolla y el foso de los músicos una catipén a sobaco estofado.[56]

El Roxy es el cine más destacado. También lo es en todas sus novelas. En el fragmento que sigue, muestra el grado de fascinación que ejercía lo que se proyectaba en la pantalla.

SECUENCIA 37. CINE ROXY
Interior/Exterior. Noche
La luz plateada del proyector como un blanco parpadeo de alas de mariposa atravesando las tinieblas del local entre suaves copos de nieve que flotan sobre la gran platea blanca, inmaculada y fantasmal.[57]

El fantasma del cine Roxy (1986)[58] es, asimismo, un poema musicalizado, escrito en colaboración con Joan Manuel Serrat[59] en el momento

---

55 El cine Selecto estuvo en la pequeña Plaza de Trilla abrió sus puertas en 1911 con el nombre de cine Trilla, después se llamó Selecto y finalmente pasó a ser cine Fontana.
56 *El teniente Bravo*, "El fantasma del cine Roxy", p. 46.
57 *El teniente Bravo*, "El fantasma del cine Roxy", p. 50.
58

El fantasma del cine Roxy
Sepan aquéllos que no estén al corriente,
que el Roxy, del que estoy hablando, fue
un cine de reestreno preferente
que iluminaba la Plaza Lesseps.
Echaban NO-DO y dos películas de ésas
que tú detestas y me chiflan a mí,
llenas de amores imposibles y
pasiones desatadas y violentas.
Villanos en cinemascope.
Hermosas damas y altivos
caballeros del Sur
tomaban té en el Roxy
cuando apagaban la luz.
Era un típico local de medio pelo
como el Excelsior, como el Maryland,
al que a mi gusto le faltaba el gallinero,
con bancos de madera, oliendo a zotal.
No tuvo nunca el sabor del Selecto
ni la categoría del Kursaal,
pero allí fue donde a Lauren Bacall
Humphrey Bogart le juró amor eterno
mirándose en sus ojos claros.
Y el patio de butacas
aplaudió con frenesí
en la penumbra del Roxy,
cuando ella dijo que sí.
Yo fui uno de los que lloraron
cuando anunciaron su demolición,
con un cartel de: «Nuñez y Navarro,
próximamente en este salón».
En medio de una roja polvareda
el Roxy dio su última función,

y malherido como King-Kong
se desplomó la fachada en la acera.
Y en su lugar han instalado
la agencia número 33
del Banco Central.
Sobre las ruinas del Roxy
juega al palé el capital.
Pero de un tiempo acá, en el banco, ocurren cosas
a las que nadie encuentra explicación.
Un vigilante nocturno asegura
que un trasatlántico atravesó el hall
y en cubierta Fred Astaire y Ginger Rogers
se marcaban «el continental».
Atravesó la puerta de cristal
y se perdió en dirección a Fontana.
Y como pólvora encendida
por Gracia y por La Salud
está corriendo la voz
que los fantasmas del Roxy
son algo más que un rumor.
Cuentan que al ver a Clark Gable en persona
en la cola de la ventanilla dos
con su sonrisa ladeada y socarrona,
una cajera se desparramó.
Y que un oficial de primera, interino,
sorprendió al mismísimo Glenn Ford,
en el despacho del interventor,
abofeteando a una rubia platino.
Así que no se espante, amigo,
si esperando el autobús
le pide fuego George Raft.
Son los fantasmas del Roxy
Que no descansan en paz.

del derribo la sala, para convertirla en un banco. Exalta el cine, su capacidad evocadora y las salas de cine de barrio, de sesión doble, que permitían soñar dentro de la cotidianidad sórdida de la posguerra.

Es la expresión de un conjunto de emociones contenidas, ante el Roxy caído, como resumen y compendio de lo que habían sido muchas salas de cine, el Kursaal, Maryland, Selecto, Excelsior, y...tantas otras, citadas en las novelas.

Teniente Bravo, el tercer relato, no contiene una relación explícita con el cine, aunque el tema y su tratamiento es un guión que permite un corto de interés cinematográfico. Presenta un pasaje del servicio militar en Ceuta, el año 1955, con un personaje, el teniente Bravo, que da el nombre al cuento. Personaje odioso inicialmente y que se redime por su patético enfrentamiento contra un potro de gimnasia que se convierte en el arma maléfica que acabará con el teniente, por su cabezonería y fanático sentido del honor.

Las noches del Bocaccio, el cuarto cuento parodia la *gauche divine* barcelonesa del año 1968 y lo que ocurría en su popular sala de fiestas.

El amante bilingüe (1990)[60] es la obra que trata de una época más cercana. Presenta las memorias de Juan Marés[61] y se inicia un mes de noviembre de 1975, momento de la muerte de Franco. Llega a su casa inesperadamente y se encuentra a Norma, su mujer, con un amante, un limpiabotas del sur, que ha conocido en las Ramblas. Sin mediar reproches ni palabras, Norma se marcha de casa sin justificarse. El abandono de su mujer produce a Juan una depresión y progresiva degradación personal. Se transforma en un mendigo que toca el acordeón en el barrio Gótico de Barcelona y bebe para olvidar. Se sitúa por donde diariamente puede ver pasar a su mujer, sin ser descubierto, porque sigue enamorado de ella. Norma[62] pertenece a la burguesía catalana y es funcionaria del Departamento de Normalización Lingüística de la Generalitat de Catalunya. En la novela, la chica siente una especial fascinación por tener relaciones sexuales con *charnegos,* nombre despectivo adjudicado a los inmigrantes

---

59 Serrat fue uno de los pioneros de la *Nova Cançó* catalana. En 1968 se anuncia que Serrat será el representante de España en el Festival de Eurovisión, con el tema "La, la, lá", un guiño de la dictadura a las nuevas generaciones rebeldes. Serrat anuncia que actuará si canta en catalán, lo que le valió el veto en la TV. Fue Massiel quién actuó y se llevó el premio con el mismo tema de Serrat. En 1969 publica *Dedicado a Antonio Machado* y en 1970 *Mi niñez.* A finales de 1970 se encierra en el Monasterio de Montserrat, en Barcelona, junto a intelectuales y artistas, como protesta por el proceso de Burgos y en contra de la pena de muerte. En 1971 publica uno de sus discos más importantes: *Mediterráneo.* Serrat ya significaba un canto a la libertad, en España y en América Latina. Un año después rinde tributo al poeta: *Miguel Hernández* es el título. En 1974 se le retira el veto en Televisión Española *En tránsito,* (1981) *Cado loco con su tema* (1983). Posteriores son *El sur también existe, Bienaventurados, Utopía* y *Nadie es perfecto.* En 1996 hace un gira con Víctor Manuel, Ana Belén y Miguel Ríos *El gusto es nuestro,* de gran éxito. Después de muchos años el maestro Miralles vuelve a trabajar con Serrat en los arreglos y la orquestación de los temas que componen su nuevo álbum, *Versos en la boca,* una colaboración ya había producido verdaderas obras maestras de la música española.
60 J. Marsé (1990): *El amante bilingüe.* Barcelona. Planeta.
61 Coprotagonista en *Historia de detectives.*
62 Su nombre de ficción es el mismo que el del personaje utilizado en la primera campaña, por el Departamento de normalización lingüística del catalán.

que llegaban a Catalunya antes y después de la guerra civil. Su jefe y amante habitual, encarna el sentir de algunos sectores catalanes más dogmáticos. Entre las argucias que Juan Marés sigue para contactar con Norma, cabe señalar las llamadas telefónicas con voz impostada, solicitando asesoramiento lingüístico. La conversación entre la pareja crea situaciones bastante surrealistas. Juan se siente a gusto, de manera que su transformación es cada vez más profunda y se presenta a Norma con la apariencia de un amigo de la infancia, Juan Faneca, que ahora trabaja en Alemania. Intenta atraer a Norma con la nueva personalidad, muy en la línea de sus apetencias. Consigue verla y reconquistarla. Pero, ahora Norma le decepciona: ha perseguido un fantasma. Juan Faneca vuelve su barrio de niño, al final de la calle Verdi. Ve cine junto a una joven ciega, nieta de una antigua vecina, a la que le explica las películas. Aun con esa falsa personalidad, Marés es feliz; ha vuelto al lugar de convivencia de catalanes de condición humilde y emigrantes.[63]

La mayor parte de la novela es una representación teatral y cinematográfica. Marés había vivido con una actriz y él era actor aficionado, antes de conocer a Norma. Incluso, se conocen en una exposición fotográfica. Después de la pérdida de su mujer, sólo pretende actuar para dar la imagen que atraiga a Norma, para recuperarla. El lema —«Lo esencial carnavalesco no es ponerse careta, sino quitarse la cara»– de la primera parte del relato, avisa al lector de la importancia que tiene no fiarse de las apariencias.[64] Marés estaba acostumbrado al mundo del teatro y del espectáculo donde la distinción entre realidad y su representación era sutil. Su padre había sido ilusionista, el famoso Fu-Ching «en realidad Rafael Amat»[65]; su madre, una cantante de variedades y, desde muy pronto, Marés hacía buenas interpretaciones. A los diez años, por ejemplo, Marés representaba con perfección el papel de *charneguillo* que le pedía el señor Valentí;[66] a los catorce años, era *El Torero Enmascarado* en «los cines Selecto y Moderno, que ofrecían espectáculo al concluir la proyección de películas»,[67] que recupera años más tarde, para tocar sardanas en la Sagrada Familia. Al conocer a Norma, le dice que pertenece a un «colectivo teatral catalán».[68] También, actúa como músico callejero con diferentes papeles, detrás de carteles a propósito para conseguir limosnas, por ejemplo, es un «pedigüeño charnego sin trabajo ofreciendo en Catalunya un triste espectáculo tercermundista»[69] es un «Fill natural de Pau Casals» buscando «una oportunidad» puede ser un «músico en el paro, reumático y murciano, abandonado por su mujer»,[70] un «Músic català expulsado de TVE en

---

63 El autor construye con ironía y cierta melancolía un complejo delirante escenario con el objetivo de analizar aspectos sociales, culturales y lingüísticos de Barcelona, su ciudad natal.
64 *El amante bilingüe*, p. 7.
65 *El amante bilingüe*, pp. 41-42
66 *El amante bilingüe*, pp. 128-129
67 *El amante bilingüe*, pp. 181-182.
68 *El amante bilingüe*, p. 16.
69 *El amante bilingüe*, p. 22.
70 *El amante bilingüe*, p. 52.

Madrid amb 12 fills i sense feina»,[71] un «ex secretario de Pompeu Fabra, charnego y tuerto y sordomudo».[72] Marés adopta los nombres y personalidades de Juan/Joan Marés, Juan Tena Amores y Juan Faneca, según lo que pretenda. Se disfraza de Faneca para acercarse a Norma. Le habla de Marés como si no fuera él, sin ser descubierto. A la chica le fascina su carácter de charnego "de ley" sin sospechar, en ningún momento, quién es. Al acostarse con Norma, Faneca ha conseguido dominar a Marés. Su conversión en Faneca coincide con el traslado de Marés/Faneca del barrio gótico a la calle Verdi. Ahora está en la Pensión Ynes, donde relata las películas de la televisión a una chica ciega, Carmen, nieta de la señora Lola. Faneca se convierte en los ojos de Carmen, son escenas muy logradas:

> — ¿Y ella qué hace, señor Faneca? –dijo Carmen– ¿Dónde está ahora?
> De pie tras la mecedora donde se sentaba la muchacha, las manos apoyadas en el respaldo, él veía la película por los dos con una sola pupila camuflada de verde. La luz plateada inundaba la sala y el sueño en blanco y negro de la pantalla anidaba coloreado en los ojos de ceniza de Carmen. El señor Tomás se había dormido apaciblemente en la butaca.
> — Ahora Alicia s'acerca al tocador –explicó Faneca con la voz suave y persuasiva, neutralizando en lo posible el acento del sur. Se mira en el espejo y luego mira el llavero de su marido, donde se encuentra la llave que debe coger sin que él se entere... Lleva un vestido de noche precioso, negro, con los hombros desnudos. ¡Qué hermosa se le ve, niña, qué mujer tan fascinante y fabuloza! La sombra de Álex, su marido, se proyecta en la puerta del cuarto de baño mientras termina de peinarse...[73]

Igual que en las restantes novelas, la actividad laboral de algunos personajes está relacionada con el cine y se nombran algunas salas de la ciudad. Ahora del centro: el Coliseum. Se critica la falsedad de las voces de doblaje de las películas.[74] Comenta su doblaje al catalán. Como el autor suele hacer en sus novelas, de forma recurrente, aparece la cita a *Los tambores de Fu-Manchú,* ahora en cromos.

La novela tiene un objetivo desmitificador «lo que el ciudadano indefenso debe hacer es mirarse en el espejo con frecuencia para evitar sorpresas desagradables».[75] El autor se propone hacer visibles los mitos sociales que mantienen el *statu quo* para que desaparezcan. *El amante bilingüe* intenta conseguir este propósito en el campo de la identidad cultural, tratando de desglosar los mitos que constituyen Cataluña. Marés intenta explicarse y explicar a Norma quién es, al tiempo que su personalidad cae en pedazos como las losetas del edificio Walden 7 donde vive. La declaración de Norma sobre la incapacidad de Marés de representar «lo que realmente es»[76] y sus declaraciones admitiendo su doble personalidad, hace dudar

---

71 *El amante bilingüe,* p. 173.
72 *El amante bilingüe,* p. 191.
73 *El amante bilingüe,* p. 215.
74 *El amante bilingüe,* p. 212
75 *El amante bilingüe,* p. 84.
76 *El amante bilingüe,* p. 105.

de la veracidad de sus memorias. Norma le da equilibrio y le ayuda a dejar atrás su identidad de mestizaje cultural. La crisis le lanza a protegerse de su fragmentación, porque Marés desea volver a acostarse con su mujer para recuperar su identidad, que ha perdido desde su abandono. Irónicamente, la única manera de reestablecerla es asumiendo otra opuesta.

El embrujo de Shanghai (1993)[77] se desarrolla en el Guinardó y Gràcia, (1951-1952), de cotidianidad dura, con muchos ausentes o muertos y apariciones de maquis ocasionales como única anécdota que rompa la monotonía. Daniel ha terminado la escuela y pronto empezará a trabajar. Su padre ha desaparecido durante la guerra. Su madre acuerda con Doña Conxa que, durante las vacaciones, el chico acompañe a su marido, el viejo y medio loco capitán Blay, a recoger firmas para conseguir que destruyan o alarguen la chimenea de la fábrica de plexiglás y celuloide que contamina el aire. Para tener más éxito en la empresa, dibuja a Susana de quince años y tuberculosa, en la cama, con el fin de que su imagen acompañe y justifique las firmas de la reivindicación. En la habitación de la enferma, se configura la mayor parte del relato. La niña desea reunirse con el Kim, su padre, un maqui al que, casi no conoce, pero mitifica. Nandu Forcat, compañero de exilio del Kim, llega de Francia y se instala, escondido, en casa de Susana. Mientras Daniel dibuja a la chica, Forcat les explica la historia de resistencia franquista del Kim, que se ha marchado a Shanghai, dice, siguiendo a un criminal nazi. La narración, siempre junto a la cama de la enferma, evoca un mundo exótico y maravilloso en el que el Kim tiene un papel importante y en todo momento mantiene la posibilidad de que algún día vuelva para recoger a su hija y llevársela a Shanghai. Desde el presente, el relato evoca un pasado que cobra vida propia con imágenes directas que se intercalan en el discurrir de la historia principal por medio de múltiples narradores, testigos presenciales y copartícipes de los hechos.

El cine está presente a lo largo de toda la historia. El propio título evoca otros de películas emblemáticas en la historia del cine. *Shanghai Express* (1932) (*El expreso de Shanghai*) de Josef Von Sternberg con Marlene Dietrich y Clive Brook; *The Shanghai Gesture* (1941), (*El embrujo de Shanghai*) con la interpretación de Gene Tierney y Victor Mature como protagonistas y dirigida, también, por Von Sternberg o *The Lady From Shanghai* (1948) (*La dama de Shanghai*) de Orson Welles, protagonizada por el propio director y la inefable Rita Hayworth y basada en la novela del mismo título, escrita por Raymond Sherwood King. La segunda da el nombre a la novela en la versión castellana. Las tres películas podían ser conocidas para los personajes de la historia porque el tiempo del relato, corresponde a unos años después (1948-1952). El relato de Shanghai, que da el título a la obra, recuerda algunos elementos de las películas de Von Sternberg y de Orson Welles. De la segunda, el desarraigo del protagonista, su

---

77 Juan Marsé (1993): *El embrujo de Shanghai* Barcelona. Plaza y Janés.

idealismo, el currículum carcelario, su contratación como guardaespaldas de una bella dama, etc. Los propios acontecimientos, también tienen coincidencias de revanchas, engaños, asesinatos, juicios, enamoramientos, celos… En un ambiente social de gran poder económico, pero lleno de corrupción.

Dña. Conxa tiene papel secundario de cierta importancia: es «rechoncha y pizpireta, de labios regordetes y largas pestañas untadas con rímel»[78] apodada *Betibú*, homofonía de la provocativa Betty Boop de Fleischer

Betti Boop

(1930-1935). Personaje de unos dibujos animados censurados más tarde por los tribunales neoyorquinos. Los adolescentes de la obra la relacionan con uno de los mitos más conocidos del cine de animación; también su marido es llamado capitán Blay, el Hombre Invisible, atendiendo al título de la película *The invisible man* (1933) de James Wale, director de las primeras películas relacionadas con el monstruo Frankenstein. Le llaman así porque se pasea por la calle con la cabeza y la cara vendada, con una gabardina abierta y el pijama como vestido. Muchos otros personajes están relacionados con el mundo del cine: la madre de Susana, la señora Anita, trabaja de taquillera en el cine Mundial de la calle Salmerón, anteriormente había estado en el Iberia; su padre, Kim, antes de la guerra trabajaba como «representante de una marca alemana de proyectores para cabinas de cine».[79] Su nombre completo era Joaquim Franch i Casablancas. El segundo apellido también, con resonancias cinematográficas. Como en otras obras, las distracciones más queridas por la niña enferma están relacionadas con el cine, aquí en el aspecto que ella puede por estar enferma. Recorta anuncios de películas, de los periódicos; colecciona los programas de mano semanales del cine Mundial y recorta las caras de artistas de algunos de ellos, para colocárselas a otros. Daniel convence a Susana para hacerle una buena fotografía, cuando le enseña la copia manual que ha hecho de la propia Gene Tierney, protagonista de *El embrujo*… a partir de un programa de cine, de mano. Los adultos viven pensando en el cine del domingo por la tarde. Resaltan los cines Roxy, Metropol, Iberia, además del Mundial, que es el más citado. Los chicos van al cine tanto como pueden y siguen las argucias mejor tramadas para entrar gratis: tienen amigos entre los acomodadores, controladores de taquilla, técnicos de cabina, etc. que les facilitan las entradas. Comentan las películas que ven o el *glamour* de sus actrices o actores, a los que tienen mitificados.

---

78 *El embrujo de Shanghai*, p. 25.
79 *El embrujo de Shanghai*, p. 47.

Rabos de lagartija (2000).[80] Narrada por un feto de cuatro meses de gestación en el momento del inicio de la novela. Los seis años que transcurren abarcan desde la bomba de Hiroshima en agosto de 1945 hasta la huelga de tranvías de marzo de 1951. Situada en el Guinardó de los vencidos de la guerra civil española, los personajes son David, su hermano no nato pero actor en la historia desde el vientre de su madre, el recuerdo del hermano muerto Juan y el del padre desaparecido Víctor Bartra y la pelirroja Rosa, su mujer, que es una maestra de escuela represaliada; historias secundarias son las del inspector Galván, la de Paulino Bandolet, amigo de David y de Chispa, el enfermo y ciego perro de David. Los espacios contienen gran simbolismo. Rosa y su hijo David, viven realquilados en el despacho de un otorrino. Rosa cose durante horas en una vieja máquina. El inspector Galván, un policía de la brigada social, le visita con asiduidad y acabará enamorándose de ella. El barranco, junto a la casa, es el lugar real de juego de David y de su amigo Paulino y el imaginario como punto de encuentro del adolescente con sus fantasmas particulares. Lejana y gris, en el valle, Barcelona se sume en una especie de anonimato urbano, de la que sólo se cita un bar próximo a la jefatura central de policía, alguna calle del centro y el barrio chino. Como resultado de un depurado dominio del género novelístico, Juan Marsé consigue que la historia de Daniel Bartra, contada por su hermano en gestación, dé un carácter mítico a la ciudad y a sus habitantes, reales o literarios.

El cine y los cinematógrafos siguen siendo el punto de encuentro para presentar muchas situaciones importantes de la historia. Un 17 de marzo David pierde a su hermano Juan, al que no llega a recordar, y muere a la puerta del cine Comedia, por la explosión de una bomba, durante le guerra. Describe a su padre, Víctor Barta, desaparecido y presente en una fotografía, con una «viril y seductora sonrisa que triunfa en las películas, la que precisamente más gusta a la pelirroja, la de Cark Gable».[81]

El autor, en unas declaraciones hechas al diario Avui, dice que el cine de Hollywood de los años treinta y cuarenta le ha influido en la forma seguida para el relato de esta obra, en la que hace:

> *[...] aparecer diálogos de clásicos como El ladrón de Bagdad, Guadalcanal y La carga de la brigada ligera. Es una manera de hacer un homenaje personal al cine. Además, se trata de diálogos que la mayoría de los niños de mi época nos sabíamos de memoria.*[82]

Vuelven a ser el cine y su industria la forma de vida o de defensa de sus personajes: la Dirección general de Seguridad, en la ficha que hace de Víctor, señala que ha tenido relación con el «Sindicat d'Espectacles públics de la CNT» al que pertenecen gentes de teatro, proyeccionistas de cine, aco-

---

80 Juan Marsé (2000): *Rabos de lagartija*. Barcelona. Lúmen, Areté. Premio Nacional de Narrativa de 2001.
81 *Rabos de lagartijas*, pp. 66-67.
82 Domínguez, Lurdes Diari Avui , 5-5-2000. La traducción es mía.

modadores, entre los que está un amigo suyo. También se señala que posteriormente ha trabajado en la desinfección y desratización de salas cinematográficas y se le imputa la acusación de «repartir propaganda subversiva camuflada en las sacas donde se reparten las bobinas de las películas».[83]

El cine, aquí también, es algo que permite tener modelos y conocer actuaciones distintas de las que se producen en la realidad de los adolescentes de la historia. Eso satisface a los jóvenes y no quieren perder detalle para aprender formas y palabras. David está en el cine con su inseparable amigo Paulino:

> *Se deja resbalar en la butaca, pone los pies en la fila de delante y entorna los párpados para fijar mejor el gesto felino del joven agricultor al ladearse y desenfundar el revolver.* [84]

Se guarda el encendedor del inspector. Supone que es una prueba de su asesinato de Chispa. Sigue otra película para actuar:

> *Recuerda lo que decía aquel indio en una peli: el arte del buen rastreador consiste en encontrar algo fuera de lugar.* [85]

También, le permite tener un referente para establecer un canon estético:

> *«Pues sepa usted que estas gafas de sol, por ejemplo, son una monada y son igualitas que las que lleva Ginger Rogers. Y no me diga que Ginger Rogers no tiene buen gusto...»* [86]

La intimidad del cine Delicias permite los primeros intentos de relación erótica entre David y Paulino. En la sala cuentan con el apoyo del acomodador, que había sido amigo del padre de David, Víctor Bartra, y, por su mediación, se comunica con su familia y les hace llegar alguna ayuda económica:

> *Primer sábado de mes, cine Delicias, noticiario No-Do, una de guerra contra los japoneses y una del oeste, otra vez No-Do y empieza de nuevo la guerra y ellos despatarrados en la butaca.* [87]

Las películas son un referente para entender y explicar diversas situaciones. De vuelta a casa, en una ocasión, David le pregunta a Paulino si sueña:

> *— Una vez soñé que Errol Flynn me preguntaba si tenía una espada a mano. ¡Rápido, chico, dame una espada!, me dijo plantándose de un salto frente a mí. Y enseguida de eso me llevaba con él a los Almacenes Jorba y me compraba*

---

83 *Rabos de lagartijas*, p. 178.
84 *Rabos de lagartijas*, p. 261.
85 *Rabos de lagartijas*, p. 309.
86 *Rabos de lagartijas*, p. 322.
87 *Rabos de lagartijas*, p. 263.

una bufanda de lana preciosa, y me acuerdo que eran las fiestas de Navidad... ¡Errol Flynn en persona! [88]

Las películas y los héroes de las películas son como sueños soñados despiertos, transportan a mundos inalcanzables, y más, en un periodos como ese de gran penuria.

III

Este final nos lleva a situarnos: los humanos seguimos una inexorable repetición de la historia. De hecho, ha habido, desde los albores de la humanidad, el deseo de sentir y vivir la aventura a través del relato: se sueña con maravillas, con proezas, con peligros superados. Se necesitan héroes y heroínas para que las personas puedan evadirse de la monotonía de la vida real y ver reflejada en ellos la propia ansia de aventura; la aventura mitológica corresponde a la épica de las antiguas civilizaciones con relatos sobre reyes, héroes o dioses que, ante la magnitud de sus proezas, obligan a los pueblos a acatar sus normas de vida y de conducta –cabría considerar el *Ramayana* o el *Mahabharata* en ese sentido. En la Edad Media, se entremezclaban héroes paganos y cristianos. Hay las sagas nórdicas o los caballeros andantes que actúan de forma individualista, ansiosos de desentrañar misterios, correr aventuras, enfrentarse a peligros, hacer méritos frente a sus amadas –Tristán, Perceval, Lanzarote, Galeos o el rey Arturo– etc. El libro de *Las mil y una noches* es una recopilación de leyendas orientales de distintas épocas y de diversos países, conocido en Europa desde el siglo XVIII. Qué duda cabe que *El Quijote* es una extraordinaria novela de aventuras desde la perspectiva del protagonista, que se siente un héroe emulando las hazañas de los caballeros andantes y se lanza a un sin fin de avatares gratuitos: se enfrenta a gigantes, arremete contra un ejército y quiere ofrecer todo su sacrificio a su amada Dulcinea. Sin embargo, al Quijote le rodean una serie de personajes que ven otra realidad más prosaica: Molinos viento, rebaño de ovejas o una rústica campesina en vez una bella dama y sólo consiguen ver, en el personaje, a un loco que ha perdido *el seso*. Marsé sensible a perder el seso en mil aventuras leídas y releídas, vistas, interiorizadas; con oído atento a las trasformaciones de los personajes, con los nombres de los héroes y heroínas, con las acciones que hacen, con el mundo en que viven, nos las depura, digiere y convierte en nuevas aventuras, para deleitarnos, trastornarnos, hacernos soñar y... también, para recordar, reflexionar, deducir..., en definitiva, para rememorar otros mundos –tan cerca, tan lejos–, y así, culturizarnos, civilizarnos, explicarnos en clave, quién, por qué y cómo somos lo que somos. Todo escrito con un lenguaje de orfebre: gramado, heñido, amalgamado para conseguir una difícil sencillez, que nos evoca y nos transporta a ese pasado... Que siga.

---

[88] *Rabos de lagartijas,* p. 260.

Retos y dificultades en la realización de las películas

Diálogo entre
Vicente Aranda, director de cine,
y Juan Marsé, autor

Vicente Aranda. La primera cosa que voy a recomendar es que se tenga en cuenta que el guión llamado definitivo generalmente está arreglado, porque aquí se ha señalado como guión el que realmente vosotros leéis y es lo que ha leído el director antes de hacer la película; de ese guión, normalmente, es del que se saca la película. El resto también son equívocos equivalentes. Voy a hacer una cita de Sábato «¿por qué no hay críticos de operaciones del corazón y así les podrían explicar a los médicos cómo coger el bisturí?». Eso, cómo coger el bisturí, es lo que han estado diciéndome todo el tiempo esta tarde; yo sé cómo cogerlo y yo sé las dificultades que tengo con las películas.

Como tratamos de *Retos y dificultades de las películas* voy a hacer un pequeño paseo por tres películas que se refieren a Juan Marsé, del cual me he considerado amigo durante mucho tiempo y creo que hoy volvemos a serlo. Para *La muchacha de las bragas de oro* yo no hablé con Marsé nunca, lo que sí pasó es que Juan vino al rodaje un día, fue un día terrible y él se quedó patidifuso y no sabe todavía cómo acabó aquello. Había una actriz que yo había reclutado en Venezuela, la película es una coproducción con Venezuela, era Hilda Vera, extremadamente conocida en Venezuela y estaba ya muy cerca de los sesenta años; por respeto a esta actriz y creyendo en el cine, hablé con Alcaine y le dije que estaba dispuesto a hacer lo que fuera pero en el *flash back* que hay, de esa mujer joven, me tenía que ayudar, «hagamos lo que sea necesario con sombras, maquillaje, poniéndola de espaldas, vamos a hacer lo necesario para que sea ella la que haga el *flash back* por respeto a la actriz». La verdad es que se presentó Juan, se sentó a mi lado, hicimos un plano general y nada más abrir la puerta y salir ella, tenía cincuenta y tantos años sin remedio, yo miré la cara de Marsé y me dije, qué estará pensando este chico. Lo que no sabe él es que todo eso lo tiramos y lo repetimos con otra actriz que no recuerdo ni cómo se llamaba; y que entre otras cosas tenía que columpiarse en un balancín desnuda mientras gritaba «quiero follarme a Forés» o algo por el estilo. De su novela se decía que la habían encargado para ganar el Planeta. Yo ni lo creí ni lo dejé de creer pero eso era lo que decían: «es una novela muy floja, pero de las novelas flojas acostumbran a salir las grandes películas». De rumores alrededor de un proyecto estoy acostumbrado y paso sobre ellos con toda tranquilidad; lo que sí era cierto, es que yo veía ahí el esquema potencial de algo que ha resultado verdad y es que tengo la impresión de que Juan (me dirigiré a él cuando hable) escribió –basándose en unas memorias de Laín Entralgo– la historia de un individuo que trataba de reconciliarse con su presente y yo quería leer que era la historia de un individuo que intentaba cambiar su pasado y además decía: esto es lo que quiere hacer todo el país, estábamos en plena transición, y ha resultado verdad. Tu novela es muy importante por esto, porque trae ese mensaje, el testimonio de un reconocimiento evidente que nos ayuda a comprender este país, que ha querido cambiar su historia, cambiarla, no reconocerla; y eso al mismo tiempo que es muy grave, es muy elocuente, porque creó unas dificultades que posiblemente aún sufrimos sus consecuencias.

Juan Marsé. Es verdad que Laín Entralgo me sugirió la idea, hay algunas similitudes con el personaje, que es falangista; el hecho de que remite a la transición, etc.; pero de lo que se trata no es de la novela, se trataría de que hablaras de la película. Tu intención era buena, el punto de arranque está, era eso, pero cuando una película es buena lo es, en mi opinión por su mecánica estrictamente cinematográfica.

Vicente Aranda. Respecto a eso, a mí que me gusta citar ejemplos, hay uno de Hitchcock en *Vértigo,* en el que una pareja habla y la mujer dice, hay que decidirse. Esa mujer bella y misteriosa a la que él sigue, se tira al río y él se tira detrás de ella; la salva y en la siguiente secuencia, ella está desnuda en la cama, nos ha sido eludido todo. Según el señor Marcos Ordóñez eso es lo bueno pero, a mi modo de ver, eso es lo que no haría Buñuel. A mí me interesa saber cómo desviste a esa mujer y yo sigo esa teoría. Hitchcock es un contrabandista tal y como descubrió François Truffaut en esa maravillosa entrevista que le hizo, y como yo también lo soy, me encanta ver que hasta a mí me engaña y que hasta yo acabo asociado con el asesino. Esa habilidad que tiene Hitchcock está bien; por lo demás, su cine es de un zafio y de un aplastado que te mueres, porque sólo le interesan dos secuencias y el papanatismo lleva a decir que todo Hitchcock es espléndido. No es así y no todo es espléndido en el cine clásico. En conversaciones entre Cabrera Infante y José Luis Guarner empezaban a hablar de una película y se acordaban hasta de la hora que era cuando el perro había cruzado la calle; era realmente fabuloso. También hablaban de los peinados de unas actrices determinadas, como de algo glorioso, que yo no lo veo así. Me parece, en cierto modo, papanatismo.

De modo general, yo quería que hablásemos de porqué a los autores no les gustan las adaptaciones. En principio, hay un problema que los escritores parecen no querer entender. Por ejemplo, para poner en escenas toda la novela *La muchacha de las bragas de oro,* que es un tanto barroca, necesitamos una construcción no lineal. Para poner la novela en orden, cinematográficamente se necesitan cuatro, cinco o diez horas. Lo primero que me planteo es "cómo meter cuatro elefantes en un seiscientos". Lo que quería hacer con *La muchacha de las bragas de oro* era dar trascendencia a algo que me parecía que estaba latente en la novela, pero no suficientemente claro: yo creo que la película es un testimonio de la transición, que era lo que a mí me gustaba y yo entendía. *Comité central*[1] es como un guión, ahí sí que había que ser fiel sin remedio; la única infidelidad que yo podía cometer es que yo no era comunista y él sí, entonces yo inventé el discurso comunista, inventé la manera de decir que yo no era comunista dentro de la película pero, aparte de eso, cogías una escena y los diálogos y estaban hechos como si fuesen un guión, cosa que no ocurría en *La muchacha de las bragas de oro.* Si abres la novela, la abras por donde la abras, te puedes encontrar con una frase que diga «le dolía el estómago y quería disimularlo». Esto, en cine, significa justamente lo que significa. Si en literatura no se avanza se nos cae en la mano, porque el discurso interior aburre. Que nos digan qué hay dentro del pensamiento de los personajes, incluso, sin comas ni puntos, es un disparate. La solución para ello la ha traído el desarrollo del cine que explica cómo hay que hacer para expresar el pensamiento, pone una lupa, el ojo humano, que es muy hábil en descubrir lo que piensa la persona y si encima le das la mirada del cine... Stendhal, que inventó la descripción de esa manera que él lo hace, que es imposible encontrar en ningún diccionario y que dice «la palabra nos ha sido dada para disimular nuestros pensamientos»; esto es el cine y no lo entienden ni los del cine.

Yo no planifico, yo le digo al actor: «tú piensa como el personaje y yo me ocuparé de ir en busca de lo que piensas» y esto es la planificación y esto es el cine para mí. Es imposible que yo pueda ser fiel a una cosa que sólo entiendo yo y, conforme a esto, me atengo a todo lo que hago, a mi relación con los actores, a mi relación con los técnicos, a la fotografía, todo está enfocado a ir en busca del pensamiento de unos actores. *Si te dicen que caí,* a mí me parece una de las mejores películas que he hecho; sin embargo, es con la que tengo más disgustos, porque el productor suspendió pagos...Cuando la quieren proyectar, me piden permiso a mí porque no se sabe quién es el dueño de la película... A consecuencia de esto y por complacer a una señorita que se dedica a ir por provincias con películas

---

1 Vázquez Montalbán (1981), *Asesinato en el Comité central.* Llevada al cine en 1982.

y directores, fui a Almería donde se pasaba, y al final hubo un silencio espeso, espeso. Se acabó la película y nadie intentó ni aplaudir, es una película que la llamaban "Si te dicen que entendí", una película que no se acercaron a mí porque no sabían quién era el tonto si yo o él (Juan Marsé). Yo había hecho ya *Tiempo de Silencio*, era un proyecto desde hacía tiempo. En realidad, el autor antes de morirse estuvo en el Colegio de Médicos dando una conferencia y poco después apareció la novela. Desde el primer momento me interesó. Me dije «yo quiero hacer esto porque soy de la periferia», igual que Martín Santos. Veo Madrid con este anecdotismo tan esperpéntico, –lo siento así– y, al mismo tiempo, Madrid me atrae y tengo ganas de explicarlo, sólo es cuestión de ponerse los prismáticos al revés, pensé yo; y con esta idea se construyó *Tiempo de Silencio*. Pero, en su lugar, un día me ofrecen *Si te dicen que caí*; en realidad, me dieron a elegir entre *Si te dicen que caí* y *Ronda del Guinardó* y yo elegí. Pero, al mismo tiempo, yo siempre advierto al productor de qué es lo que yo espero de la película y, hasta ahora, no me he equivocado económicamente, aunque en otras cosas puedo equivocarme del todo. Le dije: «si tú esperas que yo ponga lineal esta estructura como de crucigrama que tiene la novela, estás totalmente equivocado»; esto lo voy a respetar, porque es lo que me atrae de la novela. El productor me dijo que yo tenía que hacer lo que creyese conveniente, que no pasaba nada. Y añadí, «no obstante, haré todo lo posible para que no te arruines». Ahora es más fácil hacer cine. *Si te dicen que caí* se podría hacer ahora sin riesgo, pero en aquel momento había que correr más riesgos. Nueve meses antes Victoria Abril me dijo que iba a quedar embarazada, pensé que era una tontería; ya teníamos el proyecto en marcha para rodar a finales de año –esto era a principios de año–. Pensé que era difícil que se quedara embarazada. Sin embargo, a los dos meses me dijo «ya estoy embarazada y ahora ¿qué hacemos? porque dentro de seis meses hay que rodar la película –dijo–; yo creo que esto es un aliciente para la película, hay que aprovecharlo; piensa que para las escenas donde no deba estar embarazada pues ya buscaremos trucos, ya me pondré una faja muy fuerte o lo que sea». Esto crea un aliciente, y yo acepté, a pesar de que no me hacía demasiada gracia; yo no quería rodar la película con una Victoria con una barriga de seis meses, pero era lo que iba a salvar al productor y lo hice por eso. En una película, hay tantos factores que es muy difícil explicarlos todos al autor de la novela. Hay, además, otro: yo me entiendo muy mal con niños y en la película había niños y esto es un gran inconveniente porque están muy mal, no me entiendo bien con ellos; yo tengo que hablar con los actores y tengo que llegar a un pacto con ellos y es lo único que sé hacer, lo más que les explico es repetir qué he dicho antes; pero a los niños es inútil explicarles eso y encima son muy "cabroncetes" porque acaban descubriendo quién es el que manda en el plató, en la película. Tú les pones un monitor, trucos de todo tipo, pero acaban no aceptándolo y quieren que sea yo quien les diga las cosas y yo no sé qué decirles, la verdad; porque, además, en cuanto hay varios –y ahí había una pandilla–, pues son increíbles, se dedicaban a inventar: el operador era el abuelito aquél que estaba de moda, el de Heidi, y cada uno tenía un nombre en aquella película... todo por los niños que se pasaban el día jugando... Hay otros errores en la película; hay un error con el maquillaje. Por ejemplo, al final, hay una escena muy importante que está "cagada" con el maquillaje. El maquillador era de teatro y yo lo acepté, y no debí aceptarlo; porque una cosa es un maquillador de teatro, que cree que con rayas resuelve que han envejecido porque lo van a ver desde cuarenta metros; pero, aquí está la lupa del cine, del objetivo en el primer plano que se ven las rayas. Y yo siempre estoy preguntando de quién es esta película para ver si me dejan arreglarlo porque hoy en día digitalmente se puede arreglar; pero es que no se sabe de quién es, ya he hecho ofertas para comprarla y todo porque es una de las películas que más quiero, de las que he hecho. Ésta es una de las preguntas que me hacen y nunca sé qué decir, y con *Si te dicen que caí*, lo puedo decir, porque, además, es un díptico que tiene mucha importancia porque es mi vida. Hay una cosa que yo metí, además, en *Si te dicen que caí* y es que en mi infancia en la posguerra las armas las teníamos los niños y sabíamos dónde estaban y los mayores, al menos mis mayores, las estaban buscando y no decíamos dónde estaban y eso lo he metido como he podido. Y, como además estaba rodando a doscientos metros de mi acta de nacimiento, puse los anteojos correctos, como tienen que estar para ver las cosas de cerca, al revés que con *Tiempo de Silencio* que es la posguerra que yo no he vivido; la que he vivido de verdad es la de *Si te dicen que caí*. Había una gran dificultad de lo que yo llamo el gran crucigrama, que resultaba muy atractivo para mí. Tenía la impresión de que lo había resuelto, pero en fin... A mí me alegraba cada vez que decían eso de "si te dicen que entendí" porque pensaba: «claro, la novela tampoco la han entendido pero es que no es la misma gente la que lee la novela que la que ve la película», por descontado.

En cuanto a *El amante bilingüe,* Marsé me envió el manuscrito y tuve que oír que eso constituía un ajuste de cuentas y yo no tenía ninguna cuenta que ajustar. Lo que más me interesa explicar es que este siniestro amigo mutuo que es Andrés Vicente Gómez, que es un dechado de manipulación y malas intenciones, fue quien compró los derechos, no yo, y no creía en la película. Le decía «pues devuélveme los derechos porque yo tengo a los productores de *El Lute* en Los Ángeles dispuestos a hacer esta película; pero allí, con un anglo y un sudaca. El "quiero ser otro" en lugar de ser murciano quería ser sudaca; la adaptación es muy fácil y salimos del problema de la dialéctica entre el catalán y el castellano; pasamos a la dialéctica entre el español y el inglés» decía yo. Cada vez que decía esto se reafirmaba en hacer la película aquí y no sólo la hizo aquí sino que encargó un cartel con la bandera catalana. Yo le conté mil veces que por aquellos días en una cena, en un restaurante, había visto cómo los clientes retiraban una botella de Vichy Catalán. Es evidente que lo de Cataluña no está bien visto en el resto de España y establecer esta dialéctica pues era un mal asunto. Una vez más planteé la solución pero no quiso el productor.

Por aquel tiempo yo estaba harto de aquella clasificación respecto al erotismo. He estado en Badajoz la semana pasada por *Libertarias* y parece ser que había coincidido con Gala, que dice que yo he convertido la poética de un amor en un vulgar encoñamiento" y resulta que a mí me gustan los "vulgares encoñamientos", es lo que he tenido varias veces en mi vida y estoy conforme con eso. Y, como siempre, hice lo mismo, poner todo el cariño en la película que hago y, además, sujetarme a esa teoría que me la he creído... En otros tiempos, cuando hice *Fata Morgana* sostenía que los actores tenían que decir lo que pensaban y ahora ya escribo los guiones con la intención de que no digan lo que piensan, que disimulen, que es lo que hacemos todos. Yo era partidario de la fórmula de *Tirant lo Blanc* donde llegaba uno y decía su pensamiento; uno hablaba, se callaba y hablaba el otro. Más expresivo fue en *El cadáver exquisito,* que utilizaba ese procedimiento. Pero luego leyendo a Stendhal y aceptando las bofetadas que me daba el respetable me di cuenta de que lo que impone el público es el realismo y en cuanto pasas a zonas de fantasía o incluso a vanguardia, se van corriendo, incluso la cultura. Yo recuerdo que, aprovechando que era el año de "no sé cuantos", que inauguraban el museo Picasso, estrenaron *El misterio Picasso* y no iba nadie, porque la anunciaron como un hecho cultural. Con esto del cine te tienes que volver astuto; la astucia es lo más importante en este caso. Es verdad que en el cine hay una pantalla, pero delante de la pantalla hay sillas y esas sillas son para que se siente la gente. Inevitablemente, esto hay que tenerlo en cuenta y, yo le llamo, no perder la faz. Hice la *Pasión turca* y no me equivoqué; después *El amante bilingüe* y después *Intruso*, que era lo contrario de *Amantes.* Yo *Amantes* la había hecho con el criterio de «hagamos una película de gente inculta pero muy lista» y en *Intrusos* dije «ahora vamos a hacer una película de gente universitaria tonta» y fueron a verla gente inculta y lista pero con tontos y universitarios no había forma. En realidad he tenido suerte; algunas películas han funcionado peor, pero de casi todas se ha sacado algo y hay quien ha hecho un cuadro por ahí que dice que yo soy el director que más espectadores tiene, de promedio, en películas. Salvar la faz para mí es muy importante, no claudicar y hacer un cine que quiero llamar didáctico; pero en todo caso tengo duchas de humildad muy gordas, como en *Carmen,* que es una película de estudio y que pienso que está bien que la gente retome la afición de ver una película que le ilustra incluso acerca de la historia de España y de un mito que es tan español, que siempre han odiado y ahora van a verlo. Esto me complace, pero al mismo tiempo está *Días de fútbol* que todavía es mejor que *Carmen.* La asistencia del público al cine es un accidente, lo único a lo que esto me lleva, inevitablemente, es a tener otra medida para las películas y también para las novelas y para todo; es importante entender en qué medida una película se convierte en un documento revelador de la sociedad en que vivimos. Yo un día fui a ver *Air bag*: es la película con la peor crítica que se pueda imaginar. Dicen que es horrible pero yo la vi con público; el cine estaba lleno, porque es una película que funciona muy bien; entonces, yo estaba más atento a las reacciones del público porque estaba reciente todavía *El amante bilingüe* en la que yo saco una criada negrita que habla catalán y resulta que todo el mundo se queda como si no pasase nada; saca este chico un lehendakari que es negro y se mondaban de risa, estaban encantados. Viendo esa película saco la conclusión de que el pueblo español está enamorado de los vascos y al mismo tiempo detesta a los catalanes. Esto me ha servido de algo, porque me parece una evidencia y eso es lo que puede dar una película. A solas, disfruto más con unas películas que con otras y no me gusta casi ninguna ni de los clásicos ni de los actuales pero, en cambio, voy en busca de secuencias que son perlas; hay secuencias que son realmente increíbles en el cine. Hay momentos, muchos momentos. Hay una película de Von Sternberg en la que lían un cigarrillo y es espléndido lo que pasa... He visto con mucho interés una película que ha pasado desapercibida. Se llama *El diablo era mujer,* es una adaptación de *Carmen*, se dice que es una adaptación de *Carmen* con Marlene Dietrich y César Romero. Esa película tiene momentos que son impresionantes, ver la fábrica de tabacos... Yo estaba atento a esas cosas, pero a veces tengo interés por razones concretas, no tienen porque ser razones universales. Tiene que ver con razones directas, con infinidad de detalles. En una película reciente, *Monster ball,* hay una secuencia de seducción que es una verdadera maravilla, aunque la película sea un aburrimiento porque... que cuenten que está en contra de la pena de muerte; pues ya lo sé, yo también estoy en contra de la pena de muerte, a mí lo que sí me interesó fue esa secuencia porque es lo que está bien hecho, y la veo muchas veces. Luego en Hitchcock, escenas en que se besan y con beso muy largo, me parece que es en *Encadenados,* me parece interesante. Me siento bastante despegado de los sentimientos de la gente en general. El vínculo de unión con el público está en la sensualidad o el erotismo o como le quieras llamar. De todas formas, en *El amante bilingüe* llegué a establecer esa etiqueta de "erotómano", de la que ya estaba harto y pensé ¿cómo se acaban las cosas? con su parodia. Vamos a hacer la parodia de los sexos. Yo quería que *El amante bilingüe* fuese una película esperpéntica y me parece que está fallida, no lo es. La parodia del sexo sí que está, sí que la logré. Llega un momento en que la cama cruje, están dando brincos follando y se levanta la pareja, da una vuelta en el aire y vuelve a caer en la cama.

Juan Marsé. Pensé que lo más interesante para ti en *El amante bilingüe* podía ser la esquizofrenia cultural y lingüística del personaje, el deseo de ser otro el juego de espejos...

Vicente Aranda. Cumplía con una advertencia que me hacía constantemente Warner «tú siempre haces citas literarias, tú eres de literatura, tú no eres del cine» y en *El amante bilingüe* vi la ocasión de que las citas fueran del cine. Pero pasaron un par de cosas: el operador no entendió lo del expresionismo alemán y por eso las citas quedaban en un vacío de imagen, en una cosa que no era; y no era porque apareció una señorita que tenía maquillador y tenía peinadora, un equipo, Ornella Mutti, y el operador puso el nanolight, (una luz que graduada para que cuando se acerque disminuya y cuando se aleje gane intensidad de forma que los ojos de la bella dama brillarán siempre y estaba preocupada por eso). El defecto estaba en que, como no se planteaba una dialéctica inglés español, que eso es lo que debía ser, todo lo otro ya era accesorio. Procuré, eso sí, que fuese una película que la gente pudiera tomar en broma, a ver si conseguía que la gente se riese, que se liberase en el cine. Un día nos fuimos al cine y mi acompañante, que era más atrevido que yo, le preguntó al señor que se pone en la puerta «¿qué cara ponen cuando salen de ver esta película? Una cara muy seria», dijo, esto no es lo que yo quería; yo quería que se liberasen. Yo he visto la película con público en Canadá y allí sí la tomaban bien y la entendían mejor que aquí porque se establecía una dialéctica de bilingüismo que ellos tienen, entre el francés y el inglés, parecía que el esquema que se reproducía allí y se liberaban, se divertían con la película, pero aquí no había forma; me tomaron el erotismo absolutamente en serio: dar una vuelta así y caer en la cama es lo que se hace en los coitos bien hechos. Y, posiblemente, si hubiese hecho la película aquí con otro enfrentamiento, inglés español, seguramente se hubiera entendido, de forma que yo tenía la llave pero no pude, por culpa de Andrés Vicente, porque no le dio la gana de soltar la película, porque, por lo demás, yo lo tenía resuelto. Respecto a *El Embrujo de Shanghai* yo leí el manuscrito y simplemente yo tenía la sensación de que repetía; en realidad, no tenía ganas de repetir; pero, por lo demás, lamento no haber hecho esa película; no la hubiese hecho tan mal. No es que sea mala, es que está mal hecha. No tiene significación de ningún tipo. No sirve para que nos masturbemos, ni nos aliviemos, ni pensemos, ni nada, pero eso nos lo explicará aquí Fernando Trueba.

El embrujo de Shanghai, de la novela a la película

Diálogo entre
Fernando Trueba, director de la película,
y Juan Marsé, autor de la novela

Fernando Trueba. Le he pedido a Juan que estuviera aquí conmigo, que por lo visto no quería, porque él es bastante crítico con algunos aspectos de la película y de la adaptación, y yo creo que eso para un encuentro como éste siempre es interesante. Estaba contando aquí un profesor que, en un libro de hace años, a Juan le encuadraban dentro de los *young angry men* de la generación ésa de escritores, digo yo que eso sería, en versión española, la de los jóvenes cabreados. Yo le decía a Juan antes de hacer la película: tienes que prepararte porque haga lo que haga nunca te gustará. Es imposible porque tú has hecho esta película antes que nadie, la has hecho en tu cabeza, has puesto colores, decorados, caras, ropas, las referencias, la luz... Todo está escrito en la novela: cómo se viste la gente, cómo está peinada, cómo se miran, lo que les pasa por dentro y lo que les pasa por fuera.

Yo creo que el tema de las adaptaciones cinematográficas está lleno de trampas y de equívocos. El primero es que yo considero que la adaptación cinematográfica es muy anterior a la invención del cine; creo que, incluso, anterior a la invención de la escritura, porque desde el momento que alguien se puso a contar una historia alrededor de una hoguera a otro grupo de seres humanos, en la cabeza de cada uno de los oyentes había una adaptación cinematográfica del relato oral que aquella persona hacía. Desde que existe la literatura escrita y la imprenta, creo que cada lector ha hecho adaptaciones cinematográficas y ha puesto luz, color, fotografía, rostros, emociones, tiempo, ritmo... Ha puesto todo a las novelas que ha leído y, claro, eso es lo bonito; lo bonito de la novela es cómo lanza la imaginación de cada posible lector a crear un mundo y a tener una experiencia personal que es distinta a la de todos los demás; creo que incluso es distinta a sí misma si se vuelve a leer esa novela. Cuando uno empieza a tener cierta edad y empieza a releer las novelas que leyó de joven, hace una nueva adaptación; aunque lea la misma novela con las mismas comas, los mismos puntos y las mismas palabras, la película, esa adaptación cinematográfica que hace en su cabeza es distinta porque, a lo mejor, cuando leyó por primera vez esa novela la muerte significaba una cosa para él y veinte años después significa otra; el amor significaba una cosa para él y luego significa otra. Realmente, uno no se baña dos veces en un mismo río ni lee dos veces la misma novela; yo creo que son experiencias irrepetibles. Ahí viene la primera complicación en esto de las adaptaciones. El libro tiene esa capacidad de sugerencia, pero el cine siempre tiende a decir que lo da todo más hecho: porque ha puesto cara a todo el mundo, ha puesto la luz, el color, la música. El cine está hecho para un espectador más perezoso y da las cosas hechas; a pesar de eso, creo que el cine, de otra manera, también dispara las imaginaciones y hace que las experiencias que hay en la cabeza del espectador sean siempre distintas, y también que las revisiones de una película sean distintas. De hecho, cuando volvemos a ver las películas, a veces no entendemos cómo nos gustó una determinada porque no apreciábamos tal cosa en aquella época, o los directores que nos parecían importantísimos hace veinte años. El director de moda, el director mítico, que, de repente, te parece un idiota redomado o un mediocre sin interés y, viceversa; alguien de quien nadie habló o que se consideraba un director comercial, de repente, se convierte en un gran artista. Hitchcock fue el gran sorprendido cuando la crítica francesa leyó sus películas de una manera distinta a como se habían estado leyendo durante décadas. Hitchcok era considerado un simple director comercial que hacía películas de entretenimiento. De repente, cuando Rohmer y Chabrol publican el primer estudio que se hace sobre él, un poco de otra manera, con una lectura casi metafísica de sus películas –no sé si él llegaría a leer alguna vez ese libro– probablemente se sorprendió mucho.

El otro gran equívoco que veo yo con las adaptaciones es el de la fidelidad: siempre que un director hace una película, en las entrevistas o en las conversaciones, se está hablando de si ha sido fiel o ha sido infiel al texto, como si eso tuviera interés o relevancia. Con los años, hemos descubierto que, primero, desde luego con la calidad no tiene nada que ver. Hay películas que pueden ser muy fieles y ser ilustrativas; hay películas que son muy fieles y son obras autónomas y tienen su vida propia y no por ser fiel es buena o es mala, no por ser fiel es mejor película o peor película ni aporta más o menos; yo creo que la fidelidad es un término equívoco porque creo que es un espejismo que nos hace mirar un lado del trabajo, el de la adaptación cinematográfica, que carece absolutamente de interés. Si tomamos el ejemplo del teatro, cada vez que se monta Hamlet, evidentemente, siempre es de una gran fidelidad y, en un altísimo porcentaje de los casos el respeto a las palabras y al texto de Shakespeare puede ser absoluto o casi absoluto y aún así no vemos nunca dos Hamlets que tengan nada que ver, el uno con el otro. Lo que pasa es que yo creo que no ha llegado al cine esa manera de considerar la adaptación, como consideramos las puestas en escenas teatrales, pero creo que se llegará, porque cada vez va a haber más películas y versiones de una misma obra, de una misma novela, de una misma obra de teatro o incluso de una misma película. Los guiones de las películas empiezan ya, a rehacer *remakes* de dos, tres y cinco veces, lo cual es muy bueno y enriquecedor porque es bonito ver esa historia contada por uno, contada por el otro o por el de más allá o por alguno que ahora ni conocemos. Cuando yo me planteé adaptar la novela de Juan, todo el mundo me aconsejó que no lo hiciera, y que ni se me pasara por la cabeza, que me estaba buscando muchos problemas por aceptarlo. Pero, como me importan un pimiento los problemas, problemas tienen los iraquíes no los directores de cine, pues entonces decidí hacer la película porque era una novela que me había gustado mucho cuando la leí, me había emocionado y, sobre todo, creía que tenía un poder cinematográfico. Creo que toda la obra de Marsé tiene una relación muy grande con el cine. No sólo una relación desde el punto de vista de referentes continuos de película, de escenas, de personajes, sino también, por la utilización que hay del cine a veces puramente de decorado. Sus cuentos, sus novelas están llenas de cines, de cines reales, de cines imaginarios de referencias a películas, de películas en cines pero a la vez yo creo que su novela es muy cinematográfica; su escritura ha estado muy influida por el cine porque él pertenece a la generación que creció con el cine y a la generación para la que el cine era la única probable evasión; bueno había la literatura, pero era otra cosa. Yo creo que el cine tenía un carácter más fantasmagórico y era, más, una evasión mítica de la realidad, sobre todo en un país como la España de la posguerra. Yo creo que ese papel que el cine juega en la vida y en la escritura de Juan acaba por tomar el protagonismo en *El embrujo de Shanghai*, porque es una novela a partir del cine, sobre el cine que se alimenta del cine, que trata del cine y lo introduce dentro de sí misma; hay una novela dentro de una novela, que es, a la vez, una película dentro de una novela y todo eso me interesaba, me parecía que era un material lógicamente casi condenado, predestinado al cine o, por lo menos, una provocación para cualquiera que le guste hacer películas y que le guste la manera de escribir y de contar historias de Marsé como es mi caso. Entonces, acepté hacer la película y yo creo que he hecho una adaptación en cuanto a lo que es la letra de la novela o lo que es la acción, relativamente fiel o bastante fiel, sobre todo, porque la novela me gustaba mucho y ésa es la historia que yo quería contar; no quería hacer otra cosa, al contrario de lo que me ha ocurrido, a veces, adaptando por ejemplo una obra de teatro que no me gustaba nada, he intentado hacer otra cosa. O, una novela que me divertía pero que no me interesaba especialmente, la usaba como punto de partida para irme hacia otro lado y, al final, lo que quedaba en esos dos casos de adaptaciones anteriores, probablemente no llegaba a un diez por ciento del original que yo había usado. En el caso de *El embrujo de Shanghai,* al contrario, yo creo que, de alguna manera, quería preservar la historia, los personajes al máximo y, mi único trabajo era el de recrear aquello, darle vida y verlo a través de mis ojos, de mi visión y de cómo yo veía la cosa. Por supuesto, ese trabajo de adaptación que siempre hay en el cine con respecto a la novela, un tipo de construcción que tiene unas servidumbres, unas libertades y unas limitaciones distintas a las de la novela, donde uno tiene que reelaborar determinadas situaciones y prescindir de otras; en mi caso hay una que sé que algunos, antes que yo, se habían planteado no tener en cuenta: la historia del cuento de Shanghai. Yo no concebía hacer la película sin esa parte, yo creo que no la hubiera hecho. A mí, no me habría añadido nada; me hubiera seguido pareciendo una historia muy bonita, pero creía que el desafío de poner en cine esta novela era intentar tener en cuenta y representar esas dos partes, la de la imaginación y la real. Que Barcelona y Shanghai coexistieran y avanzaran paralelamente y que ambas estuvieran presentes, eso era lo que para mí planteaba realmente un desafío o riesgo y me incitaba a hacer la película. Porque yo creo que, si una película no tiene para el que la hace un desafío, que pueda verse en pantalla y los demás sean conscientes, carece de interés; carece de interés hacer una película donde no te juegas algo, desde el punto de vista de lo que estás contando y cómo lo estás contando; te lo juegas contigo mismo que es con quien uno juega las partidas habitualmente y, entonces, digamos que en esta división que hay entre Barcelona y Shanghai, entre la realidad y la ficción, opté por conservar las dos. Y luego, la parte de la realidad tiene a su vez varias líneas que avanzan, que como en el cine, uno tiene que sintetizar y elegir siempre; obviamente di más importancia a las dos que a mí me parecían más importantes que corresponden a Dani y Susana; lo que ocurre entre el niño y la niña en la casa, lo que implica Forcat, Anita y los personajes que pertenecen a ese mundo que es la casa de Susana, y al capitán Blay. En el camino tuve que dejar cosas que a mí me gustaban mucho de la novela, relacionadas con la vida del barrio, o con los hermanos Chacón, que en la película aparecen convertidos en uno solo, porque apenas había tiempo para tanto en la película y me parecía que, encima, dividirlo entre dos, iba a ser todavía más difícil, sobre todo en la primera parte; no sé si es el primer capítulo de la novela, porque en literatura tienes una libertad temporal maravillosa en la manera de contar las cosas y es muy bonito para mí como está, con una primera escena de Dani y Blay en la calle y veinte páginas más tarde saber quién es Blay y, después, saber cómo Blay ha conocido al niño y porqué están allí. Por ejemplo, inmediatamente después de arrancar, conocemos y es presentado Forcat, que a su vez es un personaje, que desaparece y reaparece una vez que el niño ya se ha instalado en la casa, que debe ser por el capítulo tercero o cuarto y, a la vuelta, Forcat ya no se queda en una pensión sino que acaba instalándose en la casa del Kim y pasa a formar parte de esa familia. Esa especie de aparente desorden que tiene ese primer capítulo, que yo he leído muchísimas veces porque era el que me resultaba más difícil y el que más problemas estructurales me causaba, yo tenía que trabajarlo y sintetizarlo y más; organizarlo, para poder contarlo cinematográficamente. Cuanto más lo leía, más me gustaba esa especie de aparente desorden porque no es un desorden, está muy bien organizado, muy bien construido y la información está dada exactamente en el orden que el autor quiere y como interesa para la historia; que cada cosa se sepa en el momento que el lector debe saberla. Dicho esto, había también otro desafío que era ese mundo de Shanghai. Juan había tomado prestado el título de la novela, de la película *Shanghai gesture* de Josef Von Sternberg, del título que se le había dado en España cuando se estrenó. El título español de la película no está dentro de la mítica mía, como espectador infantil que descubre el cine y todo eso. Para mí, Von Sternberg es un director que yo veo en las filmotecas, un director muy manierista, muy estilizado, muy amado por la crítica. Una especie de artista dentro de Hollywood, pero al que yo nunca he sido sensible; la verdad es que es un director que nunca me ha interesado demasiado y, especialmente *Shanghai gesture* de Sternberg, siempre me ha parecido una película pésima. Hay una película que me gusta muchísimo de Von Sternberg, es *El ángel azul*, creo que ahí hay mucho mérito de la obra, de los guionistas, del productor Erich Pommer y de él. De hecho, es una de las películas menos características de Sternberg, más realista, mucho más dura y menos estilizada que sus películas americanas y toda la mítica de Marlene, Shanghai, Lilí y otras cosas. La verdad es que siempre he encontrado un poco ridículo ese cine, lo he visto con agrado, viendo la inteligencia y el lado artístico, con la luz y el trabajo de síntesis narrativo de Sternberg, pero a la vez siempre me ha parecido que era una broma, que era un juego, y para mí no tenía la fuerza que pueden tener otros cineastas de esa época o anteriores, como pudieran ser Murnau o Stroheim, o directores que realmente me parecían directores de peso. Entonces, a la hora de plantarme la parte de Shanghai, intenté no hacer lo que parecía más obvio, un pastiche; entonces, intenté no reproducir el plano de ninguna película en concreto, no imitar el estilo de ningún director en concreto, sino intentar ser yo mientras hacía ese trozo de la historia de un director de aquéllos pero no intentando ser ninguno; tratando de ser uno más de aquéllos que podían trabajar contratados en un estudio, para no caer nunca ni en la caricatura, ni en el pastiche ni en la falsificación, aunque algo de falsificación había, porque es muy difícil que un director de Madrid se ponga en la piel de un director que está trabajando en un estudio de Hollywood de los años treinta o cuarenta. Era un ejercicio bonito e interesante y, dicho esto, yo creo que estaría bien que Juan puesto que está aquí diga también su punto de vista.

Juan Marsé. De entrada, como podéis observar, hay una gran diferencia entre lo que ayer oíamos sobre el cine y la literatura o lo que estáis oyendo hoy; la diferencia es enorme. Fernando sabe muy bien lo que se dice y en muchas cosas le doy la razón. Vamos a empezar por lo del título y Sternberg, que me da la impresión que te lo has tomado como muy en serio en el sentido de que eso para ti podía significar una señal. Yo nunca pretendí eso ni en la novela, yo robé el título de la versión española de *Shanghai gesture* y confieso que es una película que de chaval, de 10 u 11 años, me fascinó por razones que no tienen nada que ver con el arte cinematográfico; seguramente ni con la narrativa cinematográfica. En primer lugar, me fascinó Gene Tierney, la protagonista, su belleza y su glamour; en esa época las actrices estaban ahí para que tú te enamoraras de la actriz. En segundo lugar, por una cosa que es una de las cualidades del cine de Sternberg, su capacidad enorme para crear climas y atmósferas: ese cabaret, ese cafetucho que está en *Marruecos* (1931) y está en el *Embrujo*, nunca más los he vuelto a ver en el cine. Esa gente en esos antros es una cosa absolutamente fascinante. Y, luego, por otra cuestión, porque, en los años cuarenta, los espectadores creíamos de buena fe que la película no se entendía por culpa de la censura y la historia que contaba no se entendía muy bien porque estaba mal contada realmente: es una película fallida; pero, la idea de la censura tenía hasta tal punto poder en esa época, que todos estábamos de acuerdo en creer que la película había sido cortada, de tal manera, que la habían dejado absolutamente destruida y absolutamente inviable y no era así. Eso también pasó en la película *Gilda* (1946) en la que hay toda una secuencia inventada por el rumor popular y que nunca existió: El momento en que Gilda es rescatada por Glenn Ford por orden del marido y ella le dice «¿a qué no sabes de dónde vengo?, vengo de la playa de bañarme», «no te creo» y ella dice «¿quieres que te enseñe el traje de baño?» y está a punto de levantarse la falda y no pasa de ahí, y por eso la gente decía que la escena de la playa la habían cortado; después esperábamos ver la versión definitiva de *Gilda* para ver esa escena y, cuando la vimos, no estaba la playa. Es una película frustrada, mal construida, fallida; pero, de cualquier modo, transmitía algo que para un chaval de doce años era muy importante. En cualquier caso yo utilicé el título: nada más, porque la historia de Shanghai es una historia de cartón piedra que remite más bien al cine negro.

Otra cuestión sería en relación con la película, con la adaptación. Estoy de acuerdo contigo, ayer lo dije y lo he repetido millones de veces y lo voy a repetir una vez más, una película es buena cuando lo es por la bondad de su narrativa, estrictamente cinematográfica, sea fiel o no al texto literario original, es decir que lo es por méritos propios, por sus propias reglas narrativas, en relación con el cine, no con la literatura y hay un aspecto en la novela que no puede recoger la película porque no te da tiempo y que tiene que ver precisamente con el paso del tiempo: lo que el tiempo hace con los personajes por decirlo así. Es algo que, en la novela, yo trabajé muy concienzudamente: el paso del tiempo es tan importante como la misma historia de los personajes. El paso del tiempo hace lo que ellos son al final; esa historia patética de Susana encerrada en ese especie de nicho de la cabina del cine es así por el paso del tiempo y en la película, al contar las dos historias, la de Shanghai y la de Barcelona casi no te da tiempo a trabajar el paso del tiempo, en mi opinión. Yo pude llegar a implicarme, me parece notar que es muy difícil que te impliques por alguna razón y yo creo que un poco es ésta. El trabajo en esa atención al paso del tiempo hubiera permitido crear climas y atmósferas también;

esa galería donde está la muchacha tísica, esa estufa con sus vahos de eucaliptos, me hubiera gustado olerlo de alguna manera, pero yo comprendo que si haces eso, te sale una película de cinco horas, es evidente. Creo yo que, tal vez, el error podría partir de la concepción del guión, de la adaptación; es decir, que ya hay muchas cosas eliminadas. Tal vez, habría que haber eliminado más y conseguir algún tipo de elipsis. Ésa es mi sincera opinión. Se podría hablar un poco del *casting*, no sé si tienes una opinión concreta, concretamente con Antonio Resines me sorprendió que lo escogieras como el Kim porque yo lo tenía muy relacionado con un actor de comedia excelente, pero no ese rostro mitificado por la imaginación juvenil como sería el Kim, un tipo misterioso y muy sugestivo. Me recordaba a las comedias, lo que transmite su rostro y no acaba de tener identidad de personaje, tenía que ser una especie de icono.

Fernando Trueba. Son cosas muy subjetivas, eso depende de los actores que nos gustan y los que no nos gustan. Hay actores a los que respeto mucho y nunca voy a ver sus películas porque no me transmiten nada al margen de la técnica que tengan y de su competencia y, a veces, actores infinitamente menos capacitados desde un punto de vista técnico te pueden conmover y transmitirte cosas; actores más elementales te pueden llegar a transmitir más cosas que un actor técnico. Un ejemplo es Nicole Kidman es una actriz intachable, técnicamente perfecta pero, a día de hoy nunca consigo sentir nada. Cuando yo voy a ver *Los otros,* de Amenábar voy a verla por Amenábar, a pesar de Nicole Kidman. Tuve una opción anterior a Antonio Resines, pero el actor al que se lo propuse no lo quiso hacer y lo entendí perfectamente porque es el único personaje que no es personaje: es un actor que trabaja desde adentro; cualquiera de los otros son personajes, pero éste es un icono y no quería ser eso. Resines fue la segunda opción, porque lo que es verdad es que en el cine español abundan los iconos, aquí hay más López Vázquez, Antonio Gamero… esa tipología. Azcona siempre era muy claro en eso porque, decía, «yo escribo todas las películas para López Vázquez, si alguna vez alguno tenéis un contrato con Robert Redford y me lo enseñáis y yo veo que ha firmado escribimos lo que queráis». Era muy difícil encarnar al Kim, lo ideal hubiera sido hacerlo electrónicamente, cogiendo la cara de un actor de los años cuarenta, usando plano de esa época, pero no soy yo muy amante de la electrónica. Todos hacemos una película en nuestra cabeza.

Juan Marsé. En la cuestión de quién habría estado mejor o peor no acabaríamos nunca. Respeto a Antonio Resines como actor, lo que ocurre es que el cuento de Shanghai se puede visualizar de varias maneras, una de ellas es como una parodia, por eso está en blanco y negro, del cine negro. De hecho, formalmente ya es eso lo que pasa; pero la historia está tan comprimida que no acaba de funcionar. La finalidad en la novela era ser una parodia y no me importaba que el lector lo intuyera y, al mismo tiempo, que se lo creyera; es un cuento chino, pero la intención es que podría ser verdad. Admito que en literatura eso es mucho más fácil que en el cine. La imagen es tremenda, brutal, o te transmite algo de entrada, o no te dice nada. En literatura tienes más soluciones, más trucos. Puedes utilizar determinados trucos que yo utilizo en la novela hasta el punto de que, en cierto momento, los uso con tal realismo, por decirlo así, que hacen pensar que es una historia verdadera. Los detalles realistas tienen la intención de atrapar al lector en una especie de trampa; pero en cine no puede haber truco, la imagen es lo que transmites, es lo que ves y ahí el rostro de Antonio Resines es el suyo y cuesta mucho identificarlo con ese personaje mitificado que es el Kim. El ideal hubiera sido un rostro de un actor desconocido pero que diera las pautas del personaje mitificado.

Fernando Trueba. Yo quiero pensar que dentro de unos años, la elección y el trabajo de Antonio se verá mucho mejor porque no habrá un referente tan cercano; se verá con más distancia y se verá mejor.

La obra de Marsé en el cine

Marcos Ordóñez
Escritor y crítico de teatro de *El País*

El ritmo es la madre del cordero de cualquier adaptación literaria. Muchos cineastas entienden ritmo cuando en realidad una novela está hecha de ritmos. Por otra parte, como es obvio, esos ritmos son verbales y es muy difícil traducirlos a ritmos cinematográficos sin que algo muy importante se pierda por el camino, sin que corramos el peligro de quedarnos con los hechos "mondos y lirondos". Un ritmo literario es un tempo que suele servir para establecer una atmósfera y también es *estricto sensu*, un concentrado temporal que puede contar en unas pocas líneas una vida entera o hacer avanzar su andadura uniendo paisaje y acción física y sobre todo acción mental o moral. Para poner sólo un ejemplo, el desolador final de *El embrujo de Shanghai,* el encuentro del protagonista con su antiguo amor convertida en taquillera encerrada para siempre en una cárcel de estuco de la que apenas asoma por una ventanilla, nunca podrá tener en cine la misma fuerza que tiene en la novela porque, en sus páginas, el ritmo del texto la va enterrando en vida, por así decirlo, como una araña va envolviendo a la mosca indefensa en vueltas y más vueltas de su tela que es una tela verbal.

Hay ritmos literarios que parece que no puede permitirse el cine, o no puede permitirse con frecuencia. Por ejemplo, la apertura extraordinariamente amorosa de *Bajo el Volcán* [1]de Lowry en la que la evocación que

---

[1] Malcolm Lowry (Gran Bretaña, 1909-1957). A los 18 años se embarcó a China. Posteriormente estudió algunos años en la Universidad de Cambridge. En 1935 marchó a Cuernavaca, México, que sería el escenario de su obra maestra, *Bajo el volcán* (1947) y está considerada como una de las mejores del siglo XX. Esta obra, escrita en la década de 1930, relata mediante una visión grotesca y de pesadilla el último día de la vida de un cónsul inglés, alter ego del autor, contraponiendo imágenes, pensamientos y descripciones que están marcadas por la presencia del alcohol, la incomunicación y la muerte. La novela no logró el reconocimiento de la crítica y del público hasta después de la muerte del autor. Lowry vivió algunos años en Hollywood, donde trabajó como guionista. La técnica narrativa que emplea en la novela está sin duda en

hace Jack de su amigo el cónsul Firmin, muerto un año antes, sirve para marcar la atmósfera y el tempo del libro. Naturalmente eso fue lo primero que desapareció en la adaptación cinematográfica de Huston. A menudo, no es sólo el tempo lo que se esfuma. En *Si te dicen que caí* yo creo que Aranda optó por los hechos pero quizá primando los más violentos, los más escabrosos y dejando un tanto de lado sus contrapuntos. *Si te dicen que caí* hubiera sido una buena serie televisiva al estilo de las grandes series de la BBC. Porque requiere tiempo y tempo, y porque es un entretejido de voces e historias. Es quizá la novela de Marsé que está más compuesta en un sentido musical y en la adaptación de Aranda se prescindió, creo yo, de los contrapuntos, de las líneas melódicas; se suprimieron los *adaggios* para ir, digamos, al *andante*. Desaparecerían el humus y la ternura y la poesía y más parecería el trailer de una película muy larga que una película en sí misma. Una sucesión de números fuertes que acababan estresando. Un poco como si, en una galería de arte, se colgaran todos los cuadros similares en una misma pared. No deja de resultarme curiosa esa digamos falta de sintonía o de empatía poética entre Aranda y Marsé, y no dejo de intentar explicarme los motivos. Aranda tiene un buen puñado de adaptaciones en su haber y algunas son magistrales y enriquecen el original como los dos *El Lute*[2] con espléndidos guiones de Joaquín Jordà. A veces he pensado que Aranda funciona mucho mejor con materiales que le van a contrapelo como en el mundo de Gonzalo Suárez que en principio no parecía tener demasiado que ver con el suyo y que, en sus manos dio lugar a las interesantísimas *Fata Morgana* (1965) y *Las Crueles* (1969) para mi gusto, su mejor adaptación y quizá la menos valorada, *Asesinato en el comité Central* (1981), basada en la novela homónima de Montalbán, que pasa por ser una película menor, rodada un verano en Madrid, creo que con muy poco tiempo, y que, en mi recuerdo, resultó muy fiel y a la vez muy libre respecto a la novela original.

El otro gran problema de las adaptaciones, sobre todo en nuestro país, es caer en un realismo chato, un realismo a la primera potencia, cuando cualquier novela digna de ese nombre opera simultáneamente en varios niveles de realidad, moviéndose de la quinta a la décima. Los miembros de la obra de Marsé no son, aunque lo parezcan, los de la novela realista, sino que proceden de otro territorio, el de la imaginación, ya por la vía de los recuerdos con todas las trampas que ello conlleva o, directamente, por la

---

deuda con el arte del cine. En 1984, *Bajo el volcán* fue llevada a la pantalla por el director John Huston. Cabe destacar asimismo su primera novela, *Ultramarine* (1933) y una recopilación de sus poemas, *Poemas selectos* (1962), aparecida póstumamente, así como su libro de relatos *Oscuro como la tumba donde yace mi amigo* (1968) y la novela *Lunar caustic* (1968).
2 *El Lute camina o revienta* (España, 1987). Intérpretes: Imanol Arias, Victoria Abril, Antonio Valero, Carlos Tristancho, Manuel De Blas, Luis Marin, Máximo Astray. Música: José Nieto, Guión: Eleuterio Sánchez. Dirección: Vicente Aranda. *El lute II: mañana seré libre* (España, 1988). Dirección: Vicente Aranda. Interpretación: Imanol Arias, Jorge Sanz, Pastora Vega, Angel Pardo, Antonio Valero, Blanca Apiláñez, Silvia Rodríguez, Terele Pávez. Guión: Joaquín Jordá y Vicente Aranda (Novela: Eleuterio Sánchez). Música: José Nieto. Fotografía: José Luis Alcaine.

vía de la recreación inventada, es decir por las *aventis* de sus protagonistas. En muchas novelas de Marsé abunda lo que llamaríamos el "narrador poco fiable" ese narrador que evoca hechos pasados o que fabula un tanto exasperadamente sobre los mismos. Ya sabemos que la evocación es siempre engañosa, porque no recordamos el hecho en cuestión sino el hecho deformado por las sucesivas evocaciones; esto es el recuerdo y siempre es el de la última vez que fue recordado. Todos los que se dedican a levantar historias saben que, en el fondo, los hechos son lo de menos. Lo importante es lo que hacemos con ellos, cómo se cuentan cómo se gradúa su posición; lo que ha de ir antes o después, lo que ha de ir dentro y muy especialmente lo que se deja fuera. Lo que apenas se insinúa pero que operará como una cámara de ecos. Lo que suele perderse siempre en las adaptaciones y sobre todo en las de Marsé es el perfume. Tal vez por esa obstinación de directores y productores en que lo importante es el argumento Yo creo que algunos de los textos más claramente cinematográficos de Marsé son los que nadie ha pretendido adaptar. Estoy muy contento de que Wilma Labate se haya atrevido con *Ronda del Guinardó*³ donde bien poco pasa en términos argumentales, y me encantaría que alguien se decidiera a adaptar *Teniente Bravo,* uno de sus mejores relatos que es una pura gradación de trama mínima y que daría para un buen metraje de una media hora, casi en tiempo real para televisión.

Hablemos ahora de argumentos, no de los argumentos *per se,* sino de lo que podríamos llamar tramas ocultas, según lo que Hemingway llamaba la teoría del iceberg: «el iceberg basa su fuerza en que tres cuartas partes de su materia están bajo el agua y sólo asoma la cúspide». Según este precepto la buena narrativa suele funcionar por sustracción, sembrando la semilla y dejando que la planta crezca con el abono mental del lector y del espectador. Un ejemplo significativo de esto es el siguiente: hará unos años se suicidó en directo ante las cámaras, el secretario del tesoro de la ciudad de Pennsylvania. Este hombre atrapado en un desfalco de muchísimos millones convocó a la prensa televisión incluida y cuando las tuvo a todos allí no dijo ni una sola palabra, abrió un maletín sacó una pistola se la metió en la boca y se voló la cabeza. Esto sucedía cuando en España comenzaban a emitir las cadenas privadas. Ese mismo día pasó algo muy curioso: que las cadenas oficiales (TV1, TV2) optaron por censurar las imágenes y las cadenas privadas por darlas en su totalidad. Yo vi la primera imagen del suicidio en las noticias de Televisión Española; en el instante en que aquel pobre hombre se metía la *magnum* en la boca y apretaba el gatillo, los del telediario insertaron una imagen en negro sobre la que se escuchaba en *off* el disparo y los gritos de la gente. Esa imagen en

---

3 *Domenica* (Italia, 2001). Dirección: Wilma Labate. Intérpretes: Annabela Sciorra, Claudio Amendola, Domenica Giuliano, Valerio Binasco, Peppe Servillo, Rosalinda Celentano. Guión: Sandro Petraglia, Wilma Labate, Bruno Roberti. Director de fotografía: Alessandro Pesci. Montaje: Enzo Meniconi. Dirección de arte: Marta Maffuci. Música: Paolino Dalla Porta. Productor: Maurizio Tini. Producción: Sidecar Films & TV, Rai Cinema.

negro duraba unos cinco segundos y acto seguido volvía la imagen real del hombre caído sobre la mesa de la rueda de prensa. La imagen en negro de cinco segundos fue terrorífica porque nos hizo imaginar lo peor, los sesos estallando, los ojos saliéndose de las órbitas, la sangre salpicándolo todo. Yo creo que muchos literalmente vimos eso. Un rato más tarde, pillamos la misma noticia en Telecinco o Antena 3 que, como digo, la emitían sin censura y fue sorprendente. El hombre se metía el cañón de la pistola en la boca y el disparo era lo más parecido a un estornudo o un pequeño golpe de tos, la cabeza se le sacudió un poco y caía sobre la mesa sin sangre, sin sesos reventados ni los ojos estallados, sólo una pequeña sacudida. Marsé inserta, por así decirlo, muchas de esas imágenes en negro en sus novelas. Imágenes en negro a lo largo, por ejemplo, de sus historias de amor que tienden a ser elípticas. Hagan la prueba y verán cómo, aparte del romance entre Teresa y el Pijoaparte las más intensas, las que más recordamos como lectores, son justamente aquéllas que no se cuentan, como la historia de amor entre Joan Julivert Mon y el juez Klein en *Un día volveré* o la de Susana y el hijo de Kim en el *Embrujo*... o la tristísima relación entre el inspector y la pelirroja en *Rabos*... Como sabemos, el narrador de *Rabos*... es un feto, es una cámara que lo registra todo, instalada en el vientre de su madre, pero que deja de filmar cuando el inspector y la Pelirroja entran en una habitación y la puerta se cierra tras ella. En *Frenesí* (1972), de Hitchcock, hay un planteamiento muy similar: una cámara omnisciente que filma casi con delectación morbosa, los crímenes del asesino de la corbata. Después de que este pájaro haya estrangulado en primerísimo plano a la rubia de la agencia de colocaciones, la cámara baja por la escalera en un *travelling* en retroceso y se detiene para tomar un plano general del edificio. Llega una mujer, sabemos que se va a encontrar con el cadáver, pero la cámara no abandona su posición estática, no vemos el hallazgo, tan sólo escuchemos el grito en *off* de la mujer. Más tarde, en la misma película, el protagonista inocente de los crímenes está siendo juzgado. Un ujier de la audiencia escucha las palabras del juez a través de una puerta entreabierta y en el instante en que va a leer el veredicto llega otro ujier que reclama al primero haciendo perversamente que cierre la puerta en nuestras narices, por lo que nos quedamos sin conocer la suerte del acusado que se nos revelará más tarde. Estos procedimientos de aplazamiento de la sentencia que sin duda vienen del folletín y de la novela por entregas del XIX, tan cara a Marsé, aparecen con frecuencia en su literatura. Pero, volvamos a un ejemplo concreto en *Rabos de lagartija,* su última novela. Hay allí una imagen perfecta, un ejemplo perfecto de la imagen negra. La desaparición del inspector Galván, quizá en el momento en que, irónicamente, le vemos más nítido. La última imagen que nos da Marsé es la de las puertas batientes del hospital que siguen moviéndose un poco después de que el inspector, que ha asistido a la muerte de su amada, cruce por ellas y desaparezca para siempre. Marsé mantiene el plano y así consigue que Galván se fantasmalice ante nuestros ojos y veamos que, aunque Marsé no nos lo muestre, se derrumbe. En *off,* la caída empezará tan pronto como deje atrás el hospital. Es una estrategia narrativa fílmica y, al mismo tiempo, moral porque tras ellos hay la voluntad de Marsé –como contaba en una entrevista– de que cuando un personaje cae, conviene cortar ahí y no regodearse en su caída. Es exactamente la actitud de Howard Hawks en *Luna Nueva*[4] ante el suicidio de Mollie Malloy, la puta de corazón de oro que se tira por la ventana de la sala de prensa del juzgado para llamar la atención de los periodistas y permitir así la fuga de su novio, un anarquista condenado a muerte. En el guión de Hawks se lee exactamente «Mollie Malloy salta por la ventana y nos olvidamos de ella». Está claro que no nos olvidamos, nos olvidamos mientras dura la película por la cascada de acontecimientos, pero a la salida del cine nos vuelve, por efecto de esa sustracción con más fuerza que si la viéramos tendida por el suelo varios pisos más abajo. Es un procedimiento de la Edad de Oro del cine americano, pero a mí también me recuerda a uno de los cineastas que más detesta Marsé, Michel Angelo Antonioni, concretamente el final de *El Eclipse*[5] cuando la cámara registra el lugar de la cita a la que los amantes han decidido no acudir, con la diferencia de que el plano de Marsé dura muchísimo menos que el de Antonioni. Hay una película reciente que también me hizo pensar mucho en Marsé, *Deseando amar (In the mood for love)*[6], de Won Kar Way. Cuando le entrevistaba a propósito de *Rabos de Lagartija* recuerdo que a la hora de hablar del Inspector Galván y de la pelirroja mencionó dos arquetipos que muestran muy bien la amplitud de su arco de gustos Gloria Graham, por un lado, y Russell Crow, por otro. Russell Crow interpretaba al policía brutal pero herido por un dolor secreto en *L.A. confidential,*[7] la extraordinaria adaptación de la novela de James Ellroy. Marsé es un devorador de películas y sus gustos no son nada previsibles. Hablando de la homosexualidad del Juez Klein en *Un día volveré* también recuerdo que me hizo fijar en una escena de *Érase una vez en América*[8] de Sergio Leone,

4 *His Girl Friday* (EE.UU, 1940). Interpretación: Cary Grant, Rosalind Russell, Ralph Bellamy, Gene Lockhart, Helen Mack, Porter Hall, Ernest Truex, Cliff Edwards, Clarence Kolb, Roscoe Karns, Frank Jenks, Regis Toomey, Abner Biberman, Frank Orth, John Qualen, Alma Kruger, Billy Gilbert, Pat West, Edwin Maxwell. Guión: Ben Hecht, Charles Lederer, Charles MacArthur. Dirección: Howard Hawks. Música: Sydney Cutner. Montaje: Joseph Walker.
5 *L'eclisse* (Francia, Italia, 1962). Dirección: Michelangelo Antonioni. Guión: M. Antonioni, Elio Bartolini, Tonino Guerra. Fotografía: Gianni Di Venanzo. Música: Giovanni Fusco. Interpretación: Monica Vitti, Alain Delon, Francisco Rabal, Lilla Brignone, Louis Seigner, Rosanna Rory, Mirella Ricciardi.
6 *In the mood for love* (Hong Kong , 2000). Dirección: Wong Kar-Wai. Interpretación: Tony Leung, Maggie Cheung, Ping Lam Siu, Tung Cho Cheung, Rebecca Pan, Lai Chen, Man-Lei Chan, Kam-wah Koo, Roy Cheung, Chi-ang Chi.
7 *L. A. Confidencial* (EE.UU., 1997). Montaje: Peter Honess. Dis. Producción: Jeanune Oppewall. Fotografía: Dante Spinotti. Guión: Brian Helgeland y Curtis Hanson, basado en la novela de James Ellroy. Música: Jerry Goldsmith. Producción: Arnon Milchan, Curtis Hanson y Michael Nathanson. Dirección: Curtis Hanson. Kevin Spacey, Russell Crowe, Guy Pierce, Kim Basinger, James Cromwell, Danny De Vito, David Strathairn.
8 *Once upon a time in America* (EE.UU., 1984). Interpretación: Robert De Niro, James Woods, Elizabeth McGovern, Treat Williams, Tuesday Weld, Burt Young, Joe Pesci, Danny Aiello, William Forsythe, James Hayden, Darlanne Fluegel, Larry Rapp, Dutch Miller, Robert

una escena digamos de tránsito o que yo había recibido así y en la que el personaje de De Niro descubre la homosexualidad de otro personaje, el dueño de un bar, por un detalle absolutamente sutil y oblicuo; es la típica escena en la que por lo general nadie se fija, nadie que no tenga como él un ojo y un oído muy bien entrenado; o, cuando yo intenté relacionar al narrador de *Rabos de lagartija* con el de Tristan Shandy que sacó a colación la olvidadísima película francesa de Jean Boyer, *Garu, garu, la atraviesamuros*[9], basada en una novela de Marcel Aymé, que Marsé vio de pequeño y que le impresionó, porque en ella podía pasar de todo con absoluta normalidad: desde que un señor atravesara las paredes, hasta que un perro hablase.

Quiero volver ahora a *In the moods for love* porque estuve pensando en Marsé todo el rato mientras veía esa película. Pasa en Hong Kong en los años sesenta y sus protagonistas son un hombre y una mujer que son vecinos y descubren que sus respectivas parejas son amantes. La relación que entablan está marcada por ese descubrimiento, hasta tal punto que aún sintiéndose muy atraídos el uno por el otro no se deciden a amarse porque intuyen que podría parecerse a una revancha, a un pie forzado. El asunto es muy británico, casi victoriano, pero el tratamiento es puro Marsé y es imposible no evocar la historia de amor de *Rabos de lagartija* y la sensualidad de sus novelas, la forma de filmar a la protagonista yendo a buscar su comida con una especie de termo o lecherita. Sus vestidos nuevos de los que casi escuchas el roce de las sedas sobre los muslos al caminar, los planos de la pareja atravesada por el deseo pero sin decidirse a pasar a la acción, la banda sonora con las canciones de Nat King Cole en castellano, la vida de barrio, esa sensualidad reprimida lo empapa todo, los vestidos, los gestos, el ritmo, los colores, por eso pensé que Won Kar Way podría ser el adaptador de *Últimas tardes con Teresa* (1984).[10] Imagino que Gonzalo Herralde intentó llevar a cabo una operación similar con su adaptación de la novela pero, para mí, se quedó un tanto en la superficie hasta el punto de que parodiando a Marc Lujan podría decirse que su lema secreto fue el mueble es el mensaje. Digamos, para volver al ejemplo de antes, que la diferencia está en que Won Kar Way filma el

Harper, Richard Bright, Gerard Murphy, etc., etc., Dirección: Sergio Leone. Guionista: Piero De Bernardi, Sergio Leone, Leonardo Benvenuti, Harry Grey. Música: Ennio Morricone.

9 *Le passe-muraille* (Francia, 1951; de la novela de Marcel Aymé, *L'homme qui passait au travers des murs*). Dirección: Jean Boyer. Interpretación: Léon Dutilleul, Joan Greenwood, Marcelle Arnold, Raymond Souplex, Gérard Oury, Jacques Edwin, Roger Tréville, Henri Crémieux, Nina Myral, Pamela Wilde, Nicole Riche, Germaine Reuver, Maurice Biraud, Frédéric O'Brady, René Works, André Dalibert, Jeanne Véniat, Georges Flateau, Edmond Beauchamp, Georges Lannes, Fignolita, Dominique Davray, Georgette Anys, Nicole Rimbaud, Marcel Méral, Nicolas Amato, Frank Maurice, Marcel Charvey, Titys, Alain Raffaël, Gérard Buhr, Alfred Arlais. Adaptación y diálogos: Michel Audiard et Jean Boyer, Música: Georges Van Parys. Efectos especiales: Paul Raibaud. Montaje: Fanchette Mazin, Fotografía: R. Joffres. Produción: Silver Films, Cité Films.

10 Dirección: Gonzalo Herralde. Guión: Gonzalo Herralde, Juan Marsé, Ramón de España. Fotografía: Fernando Arribas. Música: José María Bardagí. Interpretación: Maribel Martin, Ángel Alcazar, Patricia Adriani, Juanjo Puigcorbé, Mónica Randall, Charo Lopez, Alberto Closas.

roce del vestido sobre la carne y que Gonzalo Herralde se limita a filmar el vestido; o, que no es lo mismo, intentar recrear una época de los años sesenta desde dentro, utilizando una gama de colores para pintar un estado emocional o el contraste entre un mobiliario de lujo y un entorno hundido todavía en la posguerra que convertir una película en un catálogo de interiorismo. Aquí entraríamos de hoz y coz en otro de los problemas básicos de las adaptaciones de época: confundir, como decía al principio, ambiente con ambientación.

Durante mucho tiempo, sabíamos que si una película española pasaba en los años veinte y había una escena en un parque, no íbamos a librarnos del barquero y de la chacha con el soldado cruzando al fondo del plano. Herralde intentó ir más allá por la vía de la estilización, pero tampoco tuvo demasiada suerte o su intento se quedó en eso. Obviamente no basta con repartir aquí y allá objetos que parecen recién comprados en Vinçon, o vestir a los personajes con ropas que aún llevan la huella de la percha. Esa ambientación superficial, acartonada de guardamuebles o de guardarropía que es una desgracia frecuente en nuestro cine, rematada la mayoría de las veces por iluminaciones, planos azules de gelatina, etc., arruinó, también, la versión televisiva de *Un día volveré*[11] a cargo de Francesc Betriu que al disponer de más tiempo para contar la historia, hacía presuponer mejores resultados. Si no fuera porque el blanco y negro es según los productores veneno para la taquilla, bien porque atufa a pretendidamente artístico o a decididamente vetusto, yo creo que hubiera sido un gran acierto rodar en blanco y negro *Un día volveré*.

Hay otra novela de Marsé que pide a gritos el blanco y negro *Encerrados con un solo juguete;* el blanco y negro claustrofóbico de techos bajos de *L'enfant terrible* de Cocteau o el gótico proletario de *Nada* (1947*)*, la novela de Carmen Laforet adaptada por Edgar Neville con sus alcobas sombrías, pasillos interminables y aparadores como catafalcos. El blanco y negro sólo restituye muy bien una época, la posguerra e incluso los años cincuenta –como si el color no hubiera surgido en España hasta la década siguiente– sino que, además, abarata los costes de producción, elimina los brillos y evita ese aire irreal de las ambientaciones apresuradas y sin criterio. Pero, también, hay que saber tratarlo para que la imagen no haga pensar en una tele moderna con color estropeado. No fue un mal intento el de Garci en *You're the one*[12] si nos olvidamos de los molestos

---

11 *Un día volveré* (1989 o 1990). Dirección: Francesc Betriu. Argumento: La novela de Juan Marsé. Guión: Francesc Betriu, Gustau Hernández y Juan Marsé. Fotografía: Carlos Suárez. Música: José María Pagán. Montaje: Amat Carreras y Emilio Rodríguez. Producción: Joan Antoni González Serret. Interpretación: Nacho Martínez (Jan Julivert), Eusebio Poncela (Luis Klein), Charo López (Balbina), Assumpta Serna (Virginia Klein), Juanjo Puigcorbé (Augusto Rey), Ulises Dumont, Achero Mañas, Carlos Lucena, Lluís Homar, Ramón Madaula, Cristina Carrasco, Jordi Bosch, Jordi Dauder.
12 *You're The One (Una historia de entonces)* (España, 2000). Dirección y producción: José Luis Garci. Interpretación: Lydia Bosch, Julia Gutiérrez Caba, Juan Diego, Ana Fernández, Manuel Lozano, Iñaki Miramón, Carlos Hipólito, Jesús Puente. Guión: José Luis Garci y Horacio Valcárcel. Fotografía en B/N: Raúl Pérez Cubero. Música: Pablo Cervantes. Montaje:

calcos de sus películas preferidas; pero hay que retroceder hasta las secuencias en blanco y negro del *Sur*[13] de Víctor Erice para encontrar en el cine español más o menos reciente, un blanco y negro con verdadero fulgor y verdadera capacidad evocativa. Y, hablando de Erice, hemos llegado al *Embrujo de Shanghai* la que nos parecía, a los seguidores de Marsé que la gran esperanza blanca de sus adaptaciones. Con todo mi cariño para Fernando Trueba, cuya mejor película para mi gusto es una adaptación modélica de *El sueño del mono loco*[14] de Cristopher Frank, una novela complicadísima de llevar a la pantalla. El encuentro entre Trueba y Marsé nos abocó una comparación odiosa: es muy difícil ver *El embrujo...* y no preguntarse cada cinco minutos lo que hubiera hecho Erice con esa historia. Y más difícil que preguntarse es no responderse porque la respuesta nos llegó en forma de libro, *La promesa de Shanghai,* el guión que Erice jamás firmó, editado por Plaza y Janés. La verdad es que lo de Erice parecía demasiado bonito para durar; este hombre debe tener una maldición con los textos literarios porque sus problemas con los productores –o mejor dicho, de los productores con él– sólo han aparecido en *El Sur* y en *El embrujo de Shanghai.* Curiosamente en ambas ha sufrido el mismo problema pero en sentido opuestos ¿recuerdan ustedes los conflictos de Erice y Querejeta durante el rodaje de *El Sur*? Querejeta decidió cortar por lo sano toda la segunda parte, concretamente la que daba título a la película y Erice se vio obligado a sustraer, a sugerir *El Sur* con una caja de puros y un par de tarjetas postales recuerdo de la vida anterior del protagonista. Claro que antes, como el gran maestro que es, nos lo había mostrado con un pasodoble y con la irrupción de dos andaluzas arquetípicas muy bien dibujadas, llegando al pueblo castellano. La andaluza seca que era Germaine Montero y la andaluza expansiva, dicharachera, sin llegar a ser tópica, estaba interpretada por la gigantesca Rafaela Aparicio. No vimos *El Sur*, pero lo olfateamos, y de qué manera, en la escena en que Rafaela y la niña Estrella hablaban en la cama, en la víspera de su primera comunión.

Miguel G. Sinde. Sinopsis: Julia es una escritora de familia acomodada que escapa del Madrid de 1942, donde ha perdido a su novio artista –muerto en prisión–, para regresar a la Asturias de su infancia, lugar donde poder recuperar el hálito de la vida.

[13] Dirección: Víctor Erice. Producción: Elías Querejeta, Chloe Production. Guión: Víctor Erice, Ángel F. Santos según un relato de Adelaida García Morales. Fotografía: José Luis Alcaine. Montaje: Pablo G. del Amo. Música: Ravel, Schubert, Granados, temas populares. Decorados: Antonio Belizón. Sonido: Bernardo Fco. Menz. Maquillaje: Ramón de Diego. Intepretación: Omero Antonutti, Sonsoles Aranguren, Iciar Bollaín, Lola Cardona, Rafaela Aparicio, María Caro, Francisco Merino, Aurore Clement, Germaine Montero.

[14] *El sueño del mono loco* (Francia/España, 1989; basada en una historia de Christopher Frank). Dirección: Fernando Trueba. Guión: Fernando Trueba, Manuel Matji, Menno Meyjes. Música: Antoine Duhamel. Fotografía: José Luis Alcaine. Intérpretes: Jeff Goldblum, Miranda Richardson, Anemone, Liza Walker, Daniel Flet, Dexter Fletcher, Daniel Ceccaldi, Jerome Natali. Síntesis: Dan Gillis es un joven guionista que trabaja en París, abandonado por su esposa y a cargo de su hijo acepta un nuevo encargo para trabajar junto a un joven y desconocido director; cosas extrañas suceden en el rodaje.

Con Andrés Vicente Gómez, productor de *El Embrujo de Shanghai,* me temo que, como decía antes, pasó lo mismo pero al revés. A tenor del guión publicado, Erice buscó de entrada sustraer el Shangai, dejarlo reducido a la esencia, a un abanico y unas fotos y una imagen del sueño brotando de la pantalla en la escena final, cuando el problema parecía ser justo el contrario. Andrés Vicente Gómez quería Shangai, quería la *machine*, el gran tinglado que se acabó rodando en los baños de la Barceloneta porque tenía que ser una película grande, de gran presupuesto. En fin, si quieren ustedes conocer los entresijos de ese rodaje aplazado, al libro me remito.

En lo tocante a la adaptación de Trueba, me atrevería a decir que el problema de su película estribó en una sobredosis de información, nacida de un respeto excesivo hacia la novela original y de un error de producción al considerar que el espectáculo, el gancho de la historia estaba en Shangai, que en pantalla no hacían más que ralentizar la acción principal: lo que sucedía en la Barcelona de los años cuarenta. Hay un gran precepto de Hollywood: una película es como una bicicleta, si se para se cae. Cada vez que llegaban las secuencias de Shangai, la bicicleta se paraba y nos costaba Dios y ayuda volver a Barcelona, aunque lo estuviéramos deseando con todas nuestras fuerzas. Era un *coitus interruptus,* permanentemente nacido del desmesurado amor de un cineasta por su materia prima. A Marsé le bastaban unas pocas páginas para evocarnos, a través de los *aventis* de Nando Forcat, un Shangai mítico, hecho de novelas de "a duro" con imágenes entrevistas en cine de barrio. Pero para que esa mixtura de realidad y sueño tuviera cuerpo y atmósfera, en la película hacía falta una síntesis poética o, de nuevo, mayor metraje; un formato televisivo seriado, hoy por hoy imposible, como por ejemplo *El detective cantante*[15] de Dennis Potter. A la hora de hacer balance, la conclusión para mí es bastante obvia: por desgracia para los espectadores, las novelas de Marsé siguen a muchas millas de altura en relación con sus adaptaciones cinematográficas y si en el cine hemos podido entrever su universo, siempre ha sido de un modo lateral, como el personaje pijoapartesco

---

15 *The Singing Detective* (EE.UU., 2003). Dirección: Keith Gordon. Guión: Dennis Potter. Género: Comedia/Musical/ Drama/Misterio. Interpretación: Robert Downey Jr. (Dan Dark), Robin Wright Penn (Nicola/Nina/Blonde), Mel Gibson (Dr. Gibbon), Jeremy Northam (Mark Binney), Katie Holmes (Nurse Mills), Adrien Brody (First Hood) Jon Polito (Second Hood), Carla Gugino (Betty Dark/Hooker). Síntesis: Dan Dark es un fracasado escritor de novela negra. Se halla postrado en una cama de hospital, con todo el cuerpo cubierto de dolorosas pústulas producto de una terrible soriasis. Su piel enferma es el reflejo de su alma; un universo plagado de recuerdos de una infancia desdichada, fracasos profesionales y un matrimonio infeliz con Nicola, por no decir infernal. ¿Le engaña realmente su esposa con una extraña figura de su infancia Binney y maquina un plan para robarle el manuscrito de su última novela? Los doctores que le rodean día y noche, ¿son todos unos dementes que estallan de pronto en ataques de euforia, improvisando números musicales?, ¿o es producto de la atormentada psique de Dark? Sólo la enfermera Mills y el excéntrico doctor Gibbon parecen dispuestos a rescatarle de ese delirio sardónico, de los nefastos recuerdos de su juventud y de perderse, definitivamente, en un mundo de fantasía donde unos gángsteres, le persiguen por oscuros ambientes, propios del cine negro de los años cuarenta.

que encarnaba Patxi Andión en *Libertad condicional*[16] de Roberto Bodegas. Una película fallida pero mucho más coherente con el universo de Marsé que las adaptaciones que siguieron, o bien cuando la película ya se había acabado con ese sorprendente plano final de la casa devorada por una ola que cierra *Últimas tardes con Teresa*.

---

[16] (España, 1976). Direción: Roberto Bodegas. Interpretación: Patxi Andión, José Ballester, Barbani, Damia Barbany, Concha Bardem, Nadala Batista, José María Doménech, Nuria Durán, Montserrat García Sagues, Francisco Jarque, Carmen Liaño, Alfred Lucchetti, Carlos Lucena, Josep Minguell, Mercedes Montes, Montserrat Salvador, Concha Velasco. Guión: Juan Marsé. Fotografía: Alejandro Ulloa. Música: Patxi Andión. Sinopsis: Alicia, vendedora de libros a domicilio que practica la prostitución para aumentar sus ingresos mensuales, y Manolo, un ex-presidiario que desea integrarse en la sociedad, deciden compartir su vida partiendo de unos esquemas de libertad mutua. Conscientes de su marginación, intentan acceder a lo establecido, pero esto lleva consigo la semilla de su propio fracaso.

Bibliografía

ALEGRE, S.; CAPARRÓS, LERA, J.M. (1993): *El Cine en Cataluñal. Una aproximación histórica*. Barcelona. Promociones y Publicaciones Universitarias (PPU).

ALONSO, S. (2003): *La novela española en el fin de siglo (1975-2001)*. Madrid. Maresnostrum.

AMELL, S. (1984): *La narrativa de Juan Marsé, contador de aventis*. Madrid. Playor.

—. (1988): "Conversación con Juan Marsé", *España Contemporánea*, 2, 100, pp. 81-101.

—. (1988): "Elementos satíricos de la obra de Juan Marsé", *Romance Quarterly* 32, 4, pp. 205-211.

—. "Cine y novela en la España del siglo XX: El caso de Juan Marsé", en G. Cabello et alii. (eds.): *Essays on Peninsular Film and Fiction*, Oregon State University-Ree Collage. Pórtland State University. pp. 49-54.

—. (1988): "Presencia de Cervantes en la novela española actual", *Rilce*, 4, 2, pp. 9-19.

—. (1997): "Juan Marsé y el cine", *Cuadernos para la Investigación de la Literatura Hispánica*, 22, pp. 55-65.

—. (2000): "Mito e historia en las novelas de Juan Marsé", en *Homenaje a José María Martínez Cachero. Investigación y crítica*. Oviedo. Universidad de Oviedo pp. 123-132.

BAQUERO GOYANES, M. (1970): *Estructuras de la novela actual*. Barcelona. Planeta.

BALZAC, HONORÉ DE (1963): *Le Père Goriot*. 1839. Paris. Garnier.

BATEILLE, G. (1987): *La literatura y el mal*. Madrid. Taurus.

BAZIN, ANDRÉ (1977): "Theater and Cinema". *Film and / as Literature*, ed. John Harrington. Englewood Cliffs (New Jersey). Prentice-Hall, pp. 93-105.

BELMONTE SERRANO, J.; LÓPEZ ABIADA, J.M. (eds.) (2002): *Nuevas tardes con Marsé. Estudios sobre la obra literaria de Juan Marsé*. Murcia. Editorial Nausícaä.

BIRKETT, MARY ELLEN (1999): "A Romantic Approach to *The Red and the Black*". De la Motte, Dean and Haig, Stirling (eds.): *Approaches to Teaching Stendhal's "The Red and the Black"*. New York. Modern Language Association.

BLANCO, A. (1997): "Los blancos afluentes del recuerdo: la memoria colectiva", en J.M. Ruiz-Vargas, *Claves de la memoria*. Madrid. Trotta, pp. 83-105.

BORGES, J. L. (1989): *Obras Completas*, 3 vols., Barcelona. Emecé

BRAINE, JOHN (1958): *Room at the Top*. Signet. New York

—. (1962): *Life at the Top*. New York. Hougton Mifflin.

CABALLERO BONALD, J.M.: "Las aventis de Juan Marsé", *El Urogallo*, 43 (diciembre de 1989), pp. 70-71.

CAPARRÓS LERA, J.M. (1999): *Historia crítica del cine español (desde 1897 hasta hoy)*. Prometeo Libros.

CARRERAS, C. (2003): *Un paseo por la Barcelona literaria*. Barcelona. Proa Literaria.

CARRIÈRE, JEAN-CLAUDE (1997): "Una novela de aprendizaje", *El guión cinematográfico*. ed. Oubiña y Aguilar. Buenos Aires. Paidós, pp. 15-31.

CASTELLET, J. M. (1960): *Veinte años de poesía española (1939-1959)*. Barcelona. Seix Barral.

City Lights. Dir. y prod. Charles Chaplin, 1931.

COLLARD, P. (1988): "Ironie, satire et parodie dans *La muchacha de las bragas de oro* de Juan Marsé", *Cahiers du C.R.I.A.R,* 8, pp. 77-104.

CONTE, R.: "Juan Marsé y la herencia del realismo", *El País*, 7 de marzo de 1982.

—. "Marsé, un narrador aparte", *ABC.es.cultural*, "Libros" (3 de septiembre de 2001).

CRUZ, J. (2003): "La ciudad confortable". *El País, Domingo*, 24 de agosto, pp. 8-9.

CHESTERTON, G. K. (2003): *Autobiografía*. Barcelona. El Acantilado.

DREISER, JAMES (1925): *An American Tragedy*. New York. World.

ECO, U. et al. (1992): *Interpretation and overinterpretation*. S Collini (ed.). New York. Cambridge University Press.

EICHENBAUM, H. (2003): *Neurociencia cognitiva de la memoria*. Barcelona. Ariel Neurociencia.

ERICE, V. (2001): *La promesa de Shanghai*. Barcelona. Areté.

ESTÉBANEZ CALDERÓN, D. (1977): *Diccionario de términos literarios*. Madrid. Playor.

FLÅGESUND, PETER (1999): "John Braine's *The Room at the Top*: The Stendhal Connection". *English Studies* 80.3. pp. 247-64.

FREUD, S. (1973): "El poeta y los sueños diurnos", en *Obras Completas*, 4 tomos. Madrid. Biblioteca Nueva, pp. 1.343-1.348.

FISHMAN, J. (1988): *Sociología del lenguaje*. Madrid. Cátedra.

GARCÍA BARRIENTOS, J.L. (1996): *El lenguaje literario 1. La comunicación literaria*. Madrid. Arcos Libros.

GARCÍA MONTERO, L. y MUÑOZ MOLINA, A. (1994): *¿Para qué sirve la literatura?*. Madrid. Hiperión.

GEERTZ, C. (2003): *La interpretación de las culturas*. Barcelona. Gedisa.

GIL CASADO, P. (1973): *La novela social española (1920-1971)*. Barcelona. Seix-Barral.

GIL DE BIEDMA, J. (1994): *El pie de la letra*. Barcelona. Crítica.

GILABERT, J. J. "Catalunya y la obra de Juan Marsé", *Ojancano* 1.1 (octubre 1988), pp. 61-70.

—. "Apuntes sobre la disidencia ideológica en la obra de Juan Marsé", *España Contemporánea*, 3,1 (primavera 1990), pp. 87-96.

—. y José Schraibman. "Arte e historia en *La muchacha de las bragas de oro* de Juan Marsé", en Luis González del Valle y Darío Villanueva (eds.), *Estudios en honor a Ricardo Gullón*. Boulder CO: Society of Spanish and Spanish-American Studies, 1989, pp. 121-129.

GIMFERRER, P. (1998): *Cine y literatura*. Barcelona. Seix Barral.

GIRARD, RENÉ (1961): *Desire, Deceit and the Novel*. Trans. Yvonne Freccero. Baltimore and London. Johns Hopkins.

GÓMEZ REDONDO, F. (1996): *El lenguaje literario. (teoría y práctica)*. Madrid. Edad.

GRACIA, JORGE y MAUREL, MARCOS (2002): "Conversación con Juan Marsé". *Cuadernos Hispanoamericanos* 628, pp. 45-57.

GUBERN, ROMÁN (1997): *Viaje de ida*. Barcelona. Anagrama.

GUBERN, R.J.E.; MONTEVERDE, E.; PÉREZ PERUCHA, J.; RIAMBAU, E.; TORREIRO, C. (1995): *Historia del cine español*. Madrid. Cátedra.

GUERRERO RUIZ, PEDRO y HERNÁNDEZ, MARÍA (2002): "*Ultimas tardes con Teresa* o la plenitud de una carencia". Belmonte Serrano, José y López de Abiada, José Manuel. *Nuevas tardes con Marsé. Estudios sobre la obra literaria de Juan Marsé*. Murcia. Nausícaä.

HARRINGTON, JOHN (ed.) (1977): *Film and / as Literature*. Englewood Cliffs (New Jersey). Prentice-Hall.

HERNÁNDEZ PELAYO H. (1996): *Estilística. (Estilo. Figuras literarias. Tropos)*. Madrid. Alianza.

HUIZINGA, J. (1998): *Homo ludens*. Madrid. Alianza Editorial.

HURT, JAMES, (ed.) (1974): *Focus on Film and Theatre*. Englewood Cliffs (New Jersey). Prentice-Hall.

IBORRA, J. R. (2000): "Juan Marsé: Si no conservas al chaval que fuiste estás muerto", *el Dominical*, Domingo, 30 de julio, pp. 54-63.

—. (2002): *Confesionario 2*. Barcelona. Ediciones B.

ISER, W. (1975/1976): The *Act of Reading: A Theory of Aesthetic Response*. Baltimore. John Hopkins University Press. (*El acto de leer. Teoría del efecto estético*. Madrid. Taurus. 1987).

JAMES, HENRY (1950): *The Princess Casamassima*. 1885-86. New York. Harper and Row.

JAUSS, H.R. (1989): "Reception et production: le rythme des freres ennemis", en L. Hay (comp.). *La naissance du texte*, Paris. Corti, pp. 163-173.

JULIÁ, S. (2002): "¿Falange liberal o intelectuales fascistas?", en *Claves de razón práctica*, 121, pp. 4-13.

KAUFFMANN, STANLEY (1974): "Notes on Theater-and-Film", *Focus on Film and Theatre*, ed. James Hurt. Englewood Cliffs (New Jersey). Prentice-Hall, pp. 67-77.

KIRSCH, J. A. (1980): *Técnica novelística en la obra de Juan Marsé*. Michigan. University of Wisconsin-Madison.

LABANYI, J. (1989): *Myth and History in the Contemporary Spanish Novel*. Cambridge. Cambridge UP.

LAÍN ENTRALGO, P. (1976): *Descargo de conciencia (1930-1960)*. Barcelona. Barral Editores.

LEUENBERGER, D. (2002): "Apariencias y realidades en *La muchacha de las bragas de oro*", en *Nuevas tardes con Marsé*. J. Belmonte y J. M. López de Abiada (eds.), Murcia. Nausícaä, pp. 117-135.

LÓPEZ DE ABIADA, JOSÉ MANUEL (2002): "*Antes morir que volver a Ronda*. Hacia una caracterización de Manolo Reyes, alias Pijoaparte". Belmonte Serrano, José y López de Abiada, José Manuel. *Nuevas tardes con Marsé. Estudios sobre la obra literaria de Juan Marsé*. Murcia. Nausícaä.

LUKÁCS, G. (1970): *El alma y las formas*. Barcelona. Grijalbo.

MACHADO, A. (1996), *Poesías Completas*, edición de Manuel Alvar, Madrid. Espasa Calpe.

—. (1989): *Poesía y prosa, tomo IV, Prosas Completas (1936-1939)*, edición crítica de Oreste Macrì. Madrid. Espasa Calpe/Fundación Antonio Machado.

MAINER, J. C. "Vistas desde la Ronda del Guinardó", *Libros* 28 (Julio 1984), pp. 6-8.

—. "Juan Marsé o la memoria en carne viva", *El Urogallo* 43 (Diciembre, 1989), pp. 66-71.

—. (2000): La escritura desatada. El mundo de las novelas. *Temas de Hoy*. Madrid.

—. (2002): "Juan Marsé, Novelistas españoles del siglo XX (IV)", en *Boletín informativo* (Fundación Juan March), 320, pp. 3-12.

MANGINI GONZÁLEZ, SHIRLEY (1985): "La novela picaresca y la obra de Juan Marsé". *Hispanic Journal* 7.1, pp. 67-78.

—. La novelística de Juan Marsé (tesis doctoral). University of Wisconsin.

MARGERY PEÑA, E. (1973): "*Últimas tardes con Teresa*, de Juan Marsé. (Una aproximación a sus claves)", *Cuadernos Hispanoamericanos* 279 (setiembre), pp. 483-513.

MARÍ, J. (1997): "Embrujos visuales: cine y narración en Marsé y Muñoz Molina", *Revista de Estudios Hispánicos,* 31, 3 (octubre), pp. 449-473.

—. (1999): "Del espacio sideral a las librerías: viajes intergaláctico-textuales al Planeta Hollywood", *La Chispa '99 Selected Proceedings,* pp. 199-209.

—. (2000): "La astronomía de la pasión: espectadores y estrellas en *El día que murió Marilyn* de Terenci Moix", *MLN* 115.2, pp. 224-47.

—. (2003): *Lecturas espectaculares. El cine en la novela española desde 1970*. Madrid. Libertarias.

MARSÉ, J. (1970): *Esta cara de la luna*. Barcelona. Seix-Barral.

—. (1975): *Últimas tardes con Teresa*. Barcelona. Seix-Barral.

—. (1976): *Libertad provisional*. Madrid. Sedmay.

—. (1977): *Señoras y Señores*. Barcelona. Planeta.

—. (1977), *Confidencias de un chorizo*. Barcelona. Planeta.

—. (1978): *La muchacha de las bragas de oro*. Barcelona. Planeta.

—. "El cine de hoy", *Por Favor* (25 de noviembre de 1978), p. 3.

—. (1979): *La oscura historia de la prima Montse*. Barcelona. Argos Vergara.

—. (1984): *Ronda del Guinardó*. Barcelona. Seix-Barral.

—. (1985: *Si te dicen que caí*. Edición: William M. Sherzer. Madrid. Cátedra / (1990): Barcelona. Seix-Barral.

—. (1987): *Teniente Bravo*. Barcelona. Seix-Barral.

—. "El fantasma del cine Roxy", *Teniente Bravo*. Barcelona. Seix Barral, pp. 41-109.

—. (1988): *Señoras y Señores*. Barcelona. Tusquets.

—. (1989): *Un día volveré*. Barcelona. Seix-Barral.

—. (1990): *El amante bilingüe*. Barcelona. Planeta.

—. (1993): *El embrujo de Shanghai*. Barcelona. Plaza Janés.

—. (1994): "El caso del escritor desleído", en *Cuentos de La isla del tesoro*. Madrid. Alfaguara, pp. 109-159.

—. (2000): *Encerrados con un solo juguete*. Barcelona. Lumen.

—. (2000): *Rabos de lagartija*. Barcelona. Lumen.

—. (2002): *Cuentos completos*. Edición: Enrique Turpin. Madrid. Espasa.

MARTÍNEZ CACHERO, J. M. (1997): *La novela española entre 1936 y el fin de siglo*. Madrid. Castalia.

MASOLIVER RÓDENAS, J. A. (1999): "Realidad, fábula y verdad en las novelas de Juan Marsé," en Fernando Valls et al. (eds.), *Miguel Espinosa, Juan Marsé, Luis Goytisolo. Tres autores claves en la renovación de la novela española contem-poránea.* Barcelona. Fundación Luis Goytisolo, pp. 87-123.

MÉNDEZ, J. (ed.) (1997): *Las mujeres de Juanito Marés.* Madrid. Espasa Calpe.

MENDOZA FILLOLA, A. (1998): *Tú lector. Aspectos de la interacción texto-lector en el proceso de escritura.* Barcelona. Octaedro.

—. (2001): *El intertexto lector. El espacio de encuentro de las aportaciones del texto con las del lector.* Cuenca. Universidad de Castilla-La Mancha

METZ, CHRISTIAN (1974): *Film Language: A Semiotics of the Cinema.* Trad. Michael Taylor. New York. Oxford UP.

MIGUEL, A. DE. (1980): *Los intelectuales bonitos.* Barcelona. Planeta.

MONEGAL, ANTONIO (1993): "Imágenes del devenir: proyecciones cinematográficas en la escritura de Pere Gimferrer", *Anthropos* 140, pp. 57-61.

—. (1993): "Luis Buñuel de la literatura al cine: una poética del objeto". Barcelona. Anthropos.

—. (1994): "La pantalla de papel: proyecciones intertextuales, o la economía del préstamo", *Letras Peninsulares* 7, pp. 185-92.

MOREIRO, J. (1996): *Cómo leer textos literarios.* Barcelona. Edaf.

MORET, X. "Juan Marsé gana a los 68 años, con *Rabos de lagartija*, su primer premio Nacional", *El Pais.es*, "Cultura" (10 de octubre de 2001).

MUÑOZ MOLINA, A. "Un día volverá", *El Urogallo* (1989), pp. 68-69.

MYERS, D. G. (1994): *Psicología.* Barcelona. Panamericana.

Notorious (1946): Dir. Alfred Hitchcock. Act. Cary Grant, Ingrid Bergman, Claude Rains. RKO / Selznick International.

ONG, W. J. (1982): *Orality and Literacy: The technologizing of the World.* London. Methuen.

ORDÓÑEZ, M. (1993): "Un paseo con Juan Marsé", en *Co & Co*, 10. pp. 12-13.

OUBIÑA, DAVID y GONZALO AGUILAR (eds.) (1997): *El guión cinematográfico.* Buenos Aires. Paidós.

PÁEZ, E. (2001): *Escribir. Manual de técnicas narrativas.* Madrid. S.M.

PÀMIES, T. (1977): *Los niños de la guerra.* Barcelona. Bruguera.

PARDO BAZÁN, E. (1998): *La cuestión palpitante*, edición de Rosa de Diego. Madrid. Biblioteca Nueva.

PARRA RAMOS, J. (ed.) (2001): *Actas del Congreso Narrativa Española (1950-1975) "Del realismo a la renoación".* Jerez de la Frontera. Fundación Caballero Bonald.

PAZ GAGO, J.M. (1993): *La estilística.* Madrid. Síntesis.

POZUELO YVANCOS, J.M. (2003): "Juan Marsé en su fragua literaria", *en Blanco y Negro Cultural.* 27-9-2003. p. 11.

REYZABAL, M.V. (1992): *El aprendizaje significativo de la literatura.* Madrid. La Muralla.

RIAMBAU, E. Y TORRERIO, C. (eds.) (1996): *Estados Unidos (1932-1955). Historia General del Cine Vol. VIII.* Madrid. Cátedra.

RICOEUR, P. (2003): *La memoria, la historia, el olvido.* Madrid. Trotta.

RIERA, C. (1984): "El río común de Juan Marsé y Jaime Gil de Biedma", en *Quimera*, 41, pp. 56-61.

RIVERO SÁNCHEZ, J.A. (1996): *Diccionario del Cine español.* Madrid. Ariel.

RODRÍGUEZ-FISCHER, A. (1991): "Entrevista a Juan Marsé", en *Ínsula*, 534, pp. 23 y 25.

ROJAS, C. (198): Reseña de Samuel Amell "La narrativa de Juan Marsé", *Revista de Estudios Hispánicos*, 20, 3 (octubre), pp. 126-127.

ROMEA CASTRO, C. (1990): "Últimas tardes con Teresa. Una novela picaresca" en F. Menchacatorre (ed.), *Ensayos de literatura europea e hispanomericana*, San Sebastián. Servicio Editorial de la Universidad del País Vasco, pp. 461-467.

—. (1995): "La ciudad y los perros de Vargas Llosa y Si te dicen que caí de J. Marsé. Voces polifónicas de la adolescencia urbana". *Lenguaje y Textos* 6-7

—. (1998): "La narración audiovisual", en A. Mendoza Fillola, (coord.) *Conceptos clave en la didáctica de la lengua y la literatura,* Barcelona. ICE/ Horsori, pp. 347-359.

—. (2001): "Qué une y qué separa al cine y a la literatura?", en G. Pujals y C. Romea (coord. y ed.), *Cine y literatura. Relación y posibilidades didácticas.* Barcelona. ICE/Horsori.

—. (2002): "De la literatura al cine. Una lectura interpretativa", en M.C. Hoyos Ragel, R. Gómez, M. Molina; B. Urbano y J. Villoria (eds.), *El reto de la lectura en el siglo XXI*. Granada. Grupo Editorial Universitario. CD.

—. (2003): "El embrujo de Shanghai. Impacto de relecturas", *Letras Peninsulares, 16.1*. Davidson NC EE.UU., pp. 41-71.

—. (2004): "Memòria i biografia d'una ciutat: un retrat de Barcelona, la marsiana (anys 40 i 50)", *Temps d'Educació, 28*, pp. 111-145.

RUIZ-VARGAS, J. M. (1994), *La memoria humana: función y estructura*. Madrid. Alianza.

—. (comp.) (1997): *Claves de la memoria*. Madrid. Trotta.

SÁNCHEZ HARGUINDEY, A. "Marsé vuelve al cine de barrio", *El País. Libros* (6 de febrero de 1986), p. 4.

SÁNCHEZ-OSTIZ, M. (2000): *Derrotero de Pío Baroja*. Irún. Alga.

SARTRE, J. P. (1978), *La imaginación*. Barcelona. Edhasa/Sudamericana.

—. (1982): *La náusea*. Buenos Aires. Losada.

—. (2002): *Las palabras*. Madrid. Losada.

SAVATER, F. (1995): *La infancia recuperada*. Barcelona. Taurus.

—. (1998): *Loor al leer*. Madrid. Aguilar.

Shane (1953): Dir. George Stevens. Paramount.

SHERZER, W. M. (1982): *Juan Marsé. Entre la ironía y la dialéctica*. Madrid. Fundamentos.

SOLANO, F. (1993): "Juan Marsé", *El Urogallo*, pp. 29-30.

SOLDEVILA DURANTE, I. (1989): "La obra narrativa de Juan Marsé como objeto de estudio y de polémica: a propósito del libro de Samuel Amell, La narrativa de Juan Marsé", *Revista Canadiense de Estudios Hispánicos, 13*, 2 (invierno), pp. 285-290.

—. (1980): *La novela española desde 1936*. Madrid. Alhambra.

SOLER, A. "El embrujo de Marsé", *ABC Cultural, 216* (21 de febrero de 1994), p. 22.

STENDHAL (1830): *Le Rouge et le Noir*. 1989. Paris. Garnier.

STEVENSON, R. L. (2002): *La isla del tesoro*, edición de J. A. Molina Foix. Madrid. Cátedra.

TENA, J. (1988): "Les voix (voies) de la memoire: *Ronda del Guinardó* et *Teniente Bravo* de Juan Marsé", *Cahiers du C.R.I.A.R, 8*, pp. 124-135.

—. (2001) : "L'ecriture de la memoire: la "Generation inocente," en Anne Bussiere-Perrin (ed.), *Le roman espagnol actuel. Practique d'ecrire 1975-2000. Tome II*. Montpellier. Editions du Centre d'etudes et de recherches sociocritiques, pp. 237-274.

TORRES FIERRO, D. (2001): *Estrategias sagradas*. Barcelona. Seix Barral.

TRILLING, LIONEL (1950): *The Liberal Imagination*. New york. Doubleday.

TUSELL, J. (1998): *Historia de España*. Madrid. Taurus.

TYRAS, G. (2003): *Geometrías de la memoria (conversaciones con Manuel Vázquez Montalbán)*. Granada. Zoela ediciones.

UNAMUNO, M. DE (1958): "El secreto de la vida", en *Obras Completas*, vol. III, Ensayos I, prólogo, edición y notas de Manuel García Blanco. Madrid. Afrodisio Aguado editores, pp. 1.027-1.042.

VALLS, F. (ed.) (1999): *Miguel Espinosa, Juan Marsé, Luis Goytisolo*. El Puerto de Santa María. Fundación Luis Goytisolo.

VANDERLYNDEN, A. M. (1988): "*Un día volveré*, de Juan Marsé: les recours d'un recit incertain", *Cahiers du C.R.I.A.R, 8* , pp. 139-161.

VARGAS LLOSA, M. "Una explosión sarcástica en la novela española moderna", *Ínsula 233* (abril 1966), pp. 1 y 12.

—. (2001): *Historia secreta de una novela*. Barcelona. Tusquets.

VÁZQUEZ MONTALBÁN, M. "Los años épicos de una izquierda señorita", *El País. Libros* (17 de febrero de 1985), p. 9.

VERNON, K. M. (1989): "El lenguaje de la memoria en la narrativa española contemporánea", en Sebastián Neumeister (ed.), *Actas del IX Congreso de la Asociación Internacional de Hispanistas*, 2 vols., vol. II, Frankfurt. Vervuet Verlag, pp. 429-437.

VILA-MATAS, E. (2002): *Bartleby y compañía*. Barcelona. Quinteto.

VILANOVA, A. (1995): *Novela y sociedad en la España de la posguerra*. Barcelona. Lumen.

VV.AA. (1999): *Miguel Espinosa, Juan Marsé, Luis Goytisolo. Tres autores claves en la renovación de la novela española contemporánea*. Edición de F. Valls, M. Amores, D. Roas y E. Turpin. El Puerto de Santa María. Fundación Luis Goytisolo.